U1016679

全国高等教育自学考试指定教材

秘书学专业（独立本科段）

中国秘书史

（附：中国秘书史自学考试大纲）

全国高等教育自学考试指导委员会组编

杨剑宇　著

武汉大学出版社

图书在版编目(CIP)数据

中国秘书史/全国高等教育自学考试指导委员会组编;杨剑宇著.—武汉:武汉大学出版社,2000.7(2023.1 重印)
全国高等教育自学考试指定教材 秘书学专业(独立本科段)
ISBN 978-7-307-02993-4

Ⅰ.中…　Ⅱ.①全…　②杨…　Ⅲ.秘书—工作—历史—中国—高等教育—自学考试—教材　Ⅳ.C931.46

中国版本图书馆 CIP 数据核字(2000)第 20824 号

责任编辑:王雅红　　责任校对:刘凤霞　　版式设计:支　笛

出版发行:武汉大学出版社　(430072　武昌　珞珈山)
(电子邮箱:cbs22@whu.edu.cn　网址:www.wdp.com.cn)
印刷:武汉邮科印务有限公司
开本:880×1230　1/32　印张:14.25　字数:405 千字
版次:2000 年 7 月第 1 版　2023 年 1 月第 10 次印刷
ISBN 978-7-307-02993-4/C·98　定价:36.00 元

版权所有,不得翻印;所购教材,如有缺页、倒页、脱页等质量问题,请与当地教材供应部门联系调换。

组编前言

当您开始阅读本书时，人类已经迈入了21世纪。

这是一个变幻难测的世纪，这是一个催人奋进的时代，科学技术飞速发展，知识更替日新月异。希望、困惑、机遇、挑战，随时随地都有可能出现在每一个社会成员的生活之中。抓住机遇，寻求发展，迎接挑战，适应变化的制胜法宝就是学习——依靠自己学习，终生学习。

作为我国高等教育组成部分的自学考试，其职责就是在高等教育这个水平上倡导自学、鼓励自学、帮助自学、推动自学，为每一个自学者铺就成才之路。组织编写供读者学习的教材就是履行这个职责的重要环节。毫无疑问，这种教材应当适合自学，应当有利于学习者掌握、了解新知识、新信息，有利于学习者增强创新意识、培养实践能力、形成自学能力，也有利于学习者学以致用，解决实际工作中所遇到的问题。具有如此特点的书，我们虽然沿用了“教材”这个概念，但它与那种仅供教师讲、学生听，教师不讲、学生不懂，以“教”为中心的教科书相比，已经在内容安排、编写体例、行文风格等方面都大不相同了。希望读者对此有所了解，以便从一开始就树立起依靠自己学习的坚定信念，不断探索适合自己的学习方法，充分利用已有的知识基础和实际工作经验，最大限度地发挥自己的潜能，以达到学习的目标。

欢迎读者提出意见和建议。

祝每一位读者自学成功。

全国高等教育自学考试指导委员会

1999年10月

目　录

第一章　我国秘书工作的起源……………………………………… 1
第一节　孕育于部落联盟的昌盛时期…………………………… 1
第二节　萌发于夏朝…………………………………………… 7
第三节　形成于殷商…………………………………………… 9

第二章　两周时期的秘书工作 ……………………………………… 17
第一节　秘书机构的形成 ………………………………………… 17
第二节　秘书官吏 ………………………………………………… 23
第三节　文书档案工作 …………………………………………… 33
第四节　西周的社会调查制度 …………………………………… 48

第三章　秦、汉时期的秘书工作 …………………………………… 53
第一节　秘书机构的确立和演进 ………………………………… 53
第二节　秘书官吏 ………………………………………………… 65
第三节　文书档案工作 …………………………………………… 69

第四章　魏晋南北朝时期的秘书工作 …………………………… 84
第一节　秘书机构和官职………………………………………… 84
第二节　主官与秘书的关系 ……………………………………… 92
第三节　文书档案工作 …………………………………………… 98

第五章　唐、宋时期的秘书工作……………………………………… 109
第一节　朝廷的秘书机构…………………………………………… 109
第二节　皇宫的秘书机构…………………………………………… 122

第三节　秘书官吏……………………………………………… 128
第四节　文书档案工作………………………………………… 142

第六章　辽、金、元时期的秘书工作………………………… 159
第一节　辽、金的秘书工作…………………………………… 159
第二节　元朝的秘书机构和官职……………………………… 165
第三节　元朝的文书档案工作………………………………… 175

第七章　明朝的秘书工作……………………………………… 181
第一节　秘书机构和秘书官吏………………………………… 181
第二节　秘书人员的来源和地位……………………………… 188
第三节　文书档案工作………………………………………… 190

第八章　清朝的秘书工作……………………………………… 198
第一节　中央秘书机构………………………………………… 198
第二节　秘书官吏　………………………………………… 214
第三节　文书档案工作………………………………………… 222

第九章　中国近代的秘书工作………………………………… 233
第一节　南京临时政府的秘书工作…………………………… 233
第二节　北洋政府的秘书工作………………………………… 246
第三节　国民党政府的秘书工作……………………………… 267

第十章　中国共产党的秘书工作（1921～1935 年）………… 278
第一节　党内秘书和秘书机构的出现………………………… 278
第二节　中共中央秘书处的扩展……………………………… 284
第三节　苏维埃政府和红军中秘书工作的建立……………… 290
第四节　文书档案工作………………………………………… 295

第十一章　中国共产党的秘书工作（1936～1949 年）……… 307
第一节　中央秘书机构的发展………………………………… 307

第二节　其他秘书机构的发展…………………………… 312
第三节　文书档案和保密工作…………………………… 318

第十二章　历代秘书工作的经验和鉴戒………………… 328
第一节　秘书机构设置的经验和教训…………………… 328
第二节　秘书官吏的选拔和管理………………………… 338
第三节　历代秘书人员的优良传统……………………… 352
第四节　主要秘书业务的经验教训……………………… 363
第五节　新中国成立前中国共产党的秘书工作经验…… 377

后记…………………………………………………………… 389

附录：中国秘书史自学考试大纲………………………… 391

第一章 我国秘书工作的起源

中华民族历史悠久，中国的秘书工作也源远流长。

秘书工作的产生需要两个社会条件：一是有了社会组织的领导部门；二是有了文字和公务文书。

据此，从古籍记载和考古成果来探溯，可知我国秘书工作的起源经历了一个漫长的过程，这一过程的发展由模糊到清楚，大致可分为孕育、萌发、形成三个阶段，即孕育于部落联盟的昌盛时期，萌发于夏朝，形成于殷商。

第一节 孕育于部落联盟的昌盛时期

一、秘书工作产生的社会条件

秘书工作的产生需要社会条件，即有了社会组织的领导部门、有了文字与公务文书。

秘书工作是领导部门的辅助性工作，因此，只有出现了领导部门，才会随之而产生秘书和秘书工作。这是秘书工作发源必不可少的社会条件之一。

领导部门是人类结成了社会组织，有了管理、指挥它的人员后形成的。社会组织的领导部门需要有人辅助，为它们处理日常事务，上传下达，参谋咨询。这导致了秘书人员的诞生。

人类早期的社会组织随着生产力的发展、阶级的产生而演进为阶级压迫的工具——国家，其领导部门也转化为统治集团，它们的秘书人员也转化为朝廷的秘书官吏。由于国家的管理工作比部落联盟时期要复杂得多，事务大量增加，因此，作为辅助人员的秘书官吏也增多了，并开始分工、分层次，进而设置起秘书机构，并逐步形成了秘书工作制度。

文字是人类文明的标志，是表意的工具，也是书写文书的先决条件。

文书是人类在社会实践中形成的材料，它只有在文字出现后才可能产生。两河流域的苏美尔人创制出楔形文字后，才有了泥版文书，尼罗河畔的古埃及人创制出图形文字后，才有了纸草文书。各文明古国的进化史都证实了这一点。

社会组织的领导部门为了颁布命令、制定规章制度、记录事件，以便实施管理，需要制作文书，由此产生了公务文书。

公务文书需要有人拟制、处理、传颁、保管，由此产生了以文书工作为主要业务之一的秘书人员和秘书工作。因此，文字和公务文书的出现，是秘书工作起源的又一个社会条件。

国家出现后，统治者为了发号施令，指挥国事，必须使用文书，因而产生了国家公务文书。

斯大林说的“生产的继续发展，阶级的出现，文字的出现，国家的产生，国家进行管理工作需要比较有条理的文书”（《马克思主义和语言学问题》，《斯大林文选》，人民出版社 1962 年版，第 537 页)，正是指出了文字和公务文书对秘书工作产生的重要催化作用。

二、社会组织领导部门的形成

人类最早的社会组织是原始人群。原始人群的结构极为简单，其成员只是共同劳动，共同享用劳动成果，以谋生存，尚无发号施令的领导，自然也没有领导部门。

经过几十万年的漫长发展，原始人群形成了以血缘关系为纽带的、较为稳定的社会组织，即氏族公社。

马克思说过“一切……直接的社会劳动或共同劳动，都或多或少地需要管理”（《马克思恩格斯全集》第 23 卷，人民出版社 1962 年版，第 367 页)。

氏族为了保证社会劳动和生活的正常进行，需要建立一定的社会秩序，这种秩序是通过推选出来的首领来实施管理而形成的，所以，氏族公社已经出现了首领。传说中的伏羲、神农等就是这类人物。

但是，氏族公社的结构还甚为简单，一个氏族集居于一个村落，地域小，人口少，公共事务简单，凡交换意见、互通情况，只需交谈就能办到；如果需要决定重大问题，就在村落中央的公共房屋中聚众商议，当场决定；首领运用口语即可了解情况、表达意见、发出指令，这些意见、指令很快就能传遍全氏族。所以，氏族公社虽然有了首领，但是，其管理过程中尚未出现文书。《淮南子·氾论》就云："神农无制令而民从。"制、令是后世的文书。由此可见，当时尚未形成产生秘书工作的社会基础。

又经过漫长的岁月，一些有亲缘关系的氏族结成为部落，不少部落又结成为部落联盟。

我国部落联盟的昌盛时期起始于距今约4500年的黄帝时代。那时，黄帝部落击败了南方的蚩尤部落，降服了黄河上游的炎帝部落，结成为炎黄部落联盟，以黄帝为首领，在黄河流域长期生存、繁衍下去，构成了以后华夏族（汉族的前身）的主干。

据说，当时有了许多发明创造，如养蚕、舟车、音乐、医学、算数、炼铜、文字等，说明生产发展，门类增多，公共管理事务复杂起来。为了管理的需要，黄帝设置了官职，即所谓的"六相"，分管各方面事务，由此形成了部落联盟的领导部门，黄帝成为这一领导部门的核心人物。

黄帝以后，部落联盟继续发展，其后的领导部门先后以少昊、颛顼、帝喾、尧、舜、禹为核心。

我国部落联盟的昌盛时期，自黄帝至禹，大概时间约为距今约4500～4100年。

因此，从理论上而言，秘书工作产生的社会条件之一——社会组织的领导部门，在黄帝时代开始的部落联盟昌盛时期已经具备。

三、原始文字的演进

我国最早的文字产生于约6000年前，在西安半坡、临潼姜寨等仰韶文化遗址中出土的陶器上刻有符号几十种。郭沫若认为："其为文字，殆无可疑。"（郭沫若于1958年7月6日为半坡博物馆的题词）

在距今约4500～4400年的大汶口文化、良渚文化、龙山文化遗址中，都发现了大量陶文，这些陶文已经是有形可识、有义可辨，字画端正规整，形体很像日后青铜器上的铭文，有的能依照古文字规律释读，和殷商甲骨文有一脉相承的迹象。这一时期正是黄帝时代。

在西安市西郊一个原始社会遗址中发现的原始社会末期的甲骨文，其"字体极其细小，笔画若蚊足，刚劲有力，字形清晰，字体结构布局严谨，与殷代甲骨文字接近"。有关专家分析认为，这种文字距今约4200年（《人民日报》1986年5月1日报道）。又有专家经过大量考证，认为早在甲骨文之前，已经有了金文，即距今4200年以前已经有了金文。

在距今约4000多年的登封王城岗遗址，也出土有陶文。

这一些考古发现说明，我国的原始文字自6000年以前萌发后，经历了漫长的演进过程，在部落联盟的昌盛时期被不断改进、发展，有关这一时期伏羲造字、仓颉造字的传说以及上述考古发现，分别标志着原始文字改进过程中的一个个跃进阶段。

当时，随着部落联盟的活动地域扩大，人口的增多，事务的增加，领导部门仅靠语言已经难以实施管理。因为语言难以准确、及时地传遍整个部落联盟；一些重要的约定、经验、大事也难以依靠语言而准确、长久地留存下去，语言在空间上不能传于异地，在时间上不能传于异时。因此，必须运用文字，借助于文书以代替口语，才能实施管理。这样，原始文字开始被运用于公务活动中，首先被用于记事。

《后汉书·祭祀志》云："自五帝始有书契。"

《周礼·春官》中有属臣外史，专掌保管三皇五帝之书。

传说我国最早的古籍是"三坟、五典、八索、九丘"，"三坟"为三皇所作，"五典"为五帝所作。据说，后世有不少人读过这些书。《左传·昭公十二年》载，春秋时楚国史官倚相就能读懂这些书，为此深得楚灵王赞赏，誉其为“良史”。宋人作有《三坟书》。有学者认为，“三坟”讲法，“五典”论宗教，“八索”议八卦，具有哲学性质，“九丘”则指九州，是有关地理方面的记载。

黄帝曾命大挠作甲子以记日，命容成制历法以定农时，还与名医岐伯问对，被记录、流传为《黄帝内经》。

上古政治文件的汇编《尚书》，收录的文献起自《尧典》。《尧典》又称《帝典》，是尧、舜言行的记录。它为战国时人所作，但作书人当有所依据，蒋伯潜《十三经概论·尚书概说》认为，它“为夏代作史者所追记”。

这些记载都说明，在部落联盟的昌盛时期，先民已经使用原始文字记事、记录首领言行，并有了原始的公务活动记录。

四、有关秘书活动的记载

据古籍记载，黄帝除设置了六相以外，还设置了史官，陪侍于黄帝左右，记录言行，汇编成册，以备忘、信守。“史官”这一名称始见于商，黄帝设史官，可能是后人将当时的官名套用于黄帝时期。但是，它说明黄帝时代已经出现了类似于后代史官那样的人员。

黄帝左右有不少史官。

司马迁的《史记》、班固的《汉书·古今人表》说：仓颉是黄帝的史官，执掌记录言行。后人将他说成是左史，偏重于记事。

《汉书·田蚡传》载：孔甲是黄帝的史官，“主书史之流”、“执青纂记”。

《世本·作篇》宋衷注云：大挠、沮诵、隶首、宾成“皆黄帝史官”，可见，在黄帝时代，史官不少。

黄帝以后，部落联盟继续发展，公共管理事务越发繁忙，古籍中有关秘书活动的记载也日益增多。

据《大戴记·保傅》、《淮南子·主术篇》、崔豹的《古今注》等古籍记载，尧在位时，曾于庭前设置“进善旌”（即一面旗帜），让百姓站在旗下，向他提出对政事的建议、评论。一时，进善言治理天下者甚众。

后来，尧又根据舜的建议，命舜在土阶前树立了一根木柱，让百姓在上面书写意见，指出自己的过失，以修明政治，称为“诽谤之木”（此处的“诽谤”指民众批评首领的过失），由于此木是舜受命而立的，舜又名重华，所以又称华表。舜继位后，天天去进善旌下、诽谤木前，倾听和阅读百姓的意见，使他能了解下情，便于清除社会弊端。

后来，舜由于事务日繁，抽不出时间天天去，于是，就命人在庭前设置了一面“敢谏之鼓”，凡民众欲反映情况、建言陈事，只需击几下此鼓，他就出来接见，听取意见。

这进善旌、华表木、敢谏之鼓，当是我国官方信访活动的源头。

舜在位时设立九官以治天下，其中有纳言一官，命龙（人名）担任。《尚书·尧典》载：“帝曰：龙！朕堲谗说殄行，震惊朕师，命汝作纳言，夙夜出纳朕命，惟允。”舜命龙不论白天黑夜，需要时就宣布他的命令，并忠实地汇报民情，不让散布谣言、干坏事而使百姓震惊的人胡作非为。《史记·五帝本纪》孔安国注云：“纳言，喉舌之官也，听下言纳于上，受上言宣于下，必信也。”可见，纳言是调查、了解下情，向舜汇报，供舜决策，并传达舜的命令，起上通下达作用的人员，类似于当今的秘书人员。

部落联盟的昌盛时期尚属我国历史上的传说时期。世界各文明古国的历史上都有一段传说时期，这是由于年代久远，当时文字尚欠发达，现在找不到保存下来的当时的记载实物，只能依靠传闻撰史而致。但是，传说时代并非纯属虚构。近百年来，历史学、考古学、古文字学、人类学等学科，对我国传说时代进行了大量研究，证实了有关传说时代的记载包含有一定的真实成分，部分反映了先民的社会生活。因此，古籍中有关传说时代秘书活动的记载也有一定的可信成分。

综上所述，我国部落联盟的昌盛时期，已经形成了社会组织的领导部门，有了原始文字、原始的公务活动记录，有了专事记录的人员，出现了秘书活动（指国家出现前，类似于今天秘书工作的活动）。

因此，秘书活动在国家产生之前就已经出现了，而这一时期也就成为我国国家秘书工作的孕育时期。

第二节　萌发于夏朝

一、国家的建立

关于我国国家形成的时间，众说纷纭，概括起来，有如下数说：

大汶口文化中晚期（约4500年以前）；

龙山文化中晚期（约4500~4400年）；

龙山文化晚期；

尧舜时期；

禹时期（约4100多年前）；

夏朝（约4100年前）；

商朝（约3700年前）；

西周（约3000年前）。

此外，1986年7月，在辽宁省西部地区发现了一处遗址，出土有大批文物，这些文物为夏以前三皇五帝的传说提供了实物依据。据初步推断，五千多年前，此地曾存在过一个具有国家雏形的原始文明社会，如果能被确证，那么夏以前一千多年，我国已出现了国家。

虽有上述争论，但是，多数学者认为，夏朝是我国国家的起始。理由如下：

第一，《礼记·礼运》中描述，禹在位时，尚无私有财产，无剥削人、奴役人的现象，即尚无阶级，是“大同社会”。禹以后，出现了私有财产，有了人剥削人、人奴役人的现象，即出现了阶级，从而进入了“小康社会”。

第二，从考古成果来看，近几十年来，在河南偃师市发现的二里头文化遗址，有城墙、宫室、青铜器，并证明它是夏文化的遗址，多数学者确认它是夏朝的国都，说明夏启建国是可信的。

我国历史上最后一位部落联盟首领——禹死后，其子启夺取了权力，废除了禅让制，建立了夏朝。

从古籍记载来看，夏王是最高统治者，将其统治区域划分为九州，分官设治；王以下有六卿分掌各方面事务，称“六事之人”，还有牧正、庖正、车正等官职，组建起军队，设立了贡赋制度，制定了刑法——禹刑，修建起监狱——夏台（又称钧台），对奴隶和平民实行专政。·

这样一来，部落联盟随着生产力的发展、阶级和阶级压迫的产生，演变为国家，其原为管理公共事务的领导部门，也随之转化为统治集团，即朝廷。

根据前面斯大林的论述，国家的出现，行政管理的需要，必然催生出国家公务文书。夏朝也确实产生了公务文书。

二、夏朝的文字和公务文书

登封王城岗出土的陶文，就其形体结构而论，已较大汶口发现的陶文前进了一大步，众多专家认为，它已经是较为成熟的古文字，它上承大汶口文化的陶文，下启殷商甲骨文，其产生的时间正处于夏代。因此，不少专家认定，这就是夏朝的文字。

唐代张怀瓘《书断》云：“大道衰而有书，利害萌而有契。”

夏朝一开国，就产生了公务文书。由于夏是废除禅让制而建国的，遭到维护禅让制者的激烈反对。因此，开国之初，战争频繁，其公务文书也大多是讨伐敌方的军事动员令。如《尚书》中所收录的：

《甘誓》：是启讨伐有扈氏时发布的檄文。《史记·夏本纪》云：“启伐之，大战于甘；将战，作《甘誓》。”

《胤征》：启之子仲康在位时，掌管天时历象的官员羲和沉湎于酒乐，荒废职守，仲康命胤侯带兵征讨，行前作《胤征》。

夏代末年，商汤征伐夏桀时，战前也发布了檄文，即著名的《汤誓》。

《尚书》中这些以帝王名义发布的命令，格式相同，都是先谴责敌方违逆天命，罪恶深重，己方秉承天意，予以剿灭，将征讨神圣化、合法化，最后，激励将士奋勇拼杀，勇猛者赏，违命或贪生怕死者严惩。其文字虽简略，但中心突出，要言不烦，措词干净利落，明快有力，富有气势和鼓动力，且已有了文体名称“誓”。所以，它已是一种比较规范的古代公文。

《论语·八佾》中孔子云：“夏礼吾能言之，杞不足徵也——文献不足故也，足则吾能徵之唉。”杞为小国，流传下来的文献不足，所以，孔子无法修其史，而夏礼他能言之，因为夏代流传下来的文献档案不少。

《吕氏春秋·先识览》载：夏末代帝王桀荒淫昏暴，国亡在即，太史令终古取出宫藏“图法”，展示于桀而哭谏。“图法”当是宫中的重要档案，终古则是保管这类档案的官员。当桀执迷不悟，终古只得携带“图法”投归商汤。

这些史料都说明，夏朝已有了公务文书和宫廷档案，并有了以此为主要业务的官员。由于有关夏朝的记载甚少，至今尚难断定其秘书工作是否已经形成。但是，秘书工作已在夏朝萌发，这是可以断定的。

第三节　形成于殷商

一、商朝的史官

(一) 史官的分工与名目

继夏而起的商朝依靠奴隶的血汗劳动，提高了生产力水平，创造出大量财富，推动了社会的发展。社会的发展，社会财富的增加，使更多的人得以脱离生产劳动，专门从事管理事务，因而，国家官职增多了。根据甲骨文、金文和古籍记载，商朝的官职名目已有四十多种，大致可分为政务官、武官、史官、事务官四种，各有职守，其中的史官主要从事秘书工作。

商朝的史官名目众多，有十几种，已经初步分成不同层次，各有不同职掌。大致可分为四大类：

1. 贞卜史官

有卜、多卜等名目，负责占卜，解释“卜兆”（即神意），刻写卜辞。

汪中《述学》云：“天道鬼神灾祥卜筮梦之备书于策者何也？曰此史之职也。”仅甲骨文上记载的贞卜史官就有三十人之多。

商朝人笃信鬼神，《礼记·表记》云：“殷人尊神，率民以事神，先鬼而后礼。”所以，商王每遇有疑难，或逢战争、祭祀、婚姻、筑城、任官等事，都先自己考虑一番，再和卿士商量，最后占卜询问天意。贞卜史官就是天意的解释者，即使商王、卿士都同意干某一件事，只要占卜的结果持相反意见，就得按“卜兆”所示，改变主意。贞卜史官在这种神权统治中，实际上参与了军国大政的决策，起着举足轻重的作用，他们辅助商王决策，实施神权统治，是商王的高级助手。

商朝的占卜有两种方法：一是用筮（即蓍草）占卦问吉凶；二是用龟甲询问天意。所以，商朝的贞卜史官又分为巫和史两种。

巫偏重鬼神，是鬼神的直接代言人和化身，他们擅长于歌舞、音乐、医术，以筮法占卦。

史偏重于人事，他们能观测天象，熟悉旧典，长于征实，以龟甲占卜。

2. 祭祀史官

有祝、多尹等名目，负责商王室的祭祀事务。

《左传·成公十三年》云：“国之大事，在祀与戎。”祭祀是商王室的头等大事。祭祀的对象有四类：天神、地、人鬼、物魅。天神包括日月、星辰、风雨。地包括山川、河海。人鬼包括祖先、圣贤、功臣。祭祀的目的是为了求得庇护。如帝辛甲骨111记载，周武王出兵伐商后，商纣王闻讯，立即去宗庙祭祀先王成唐、太乙，求他们保佑自己打败周军。

商朝祭祀的名目繁多，次数频繁，除了平时经常性的祭祀以外，还规定每三年举行一次大合祭，每五年举行一次宗庙大祭。

祭祀史官就专管各种祭祀，安排一切祭祀仪式，如祭坛的布置、程序的制定、礼器祭品的筹办、参加祭祀的人选、位次的排列等等。他们类似于现代负责大会或典礼的筹备、组织、服务的秘书人员。

3. 作册史官

有乍、乍册右史等名目。作册史官原先的职责是祭祀时负责奉商王册命以告神。后来，专门负责制作册命（即王命文书）、保管册命、宣示王命，并兼管策命诸侯大夫。他们类似于商王的贴身秘书。

4. 记事史官

有史、卿史等名目。他们负责记录商王言行、王朝大事，保管典籍，观测天象，记录历法等等。商朝的观测天象和神权统治有着密切的关系；记录历法是为了安排农事，实际上是在编制王朝的工作年历。所以，记事史官主要承担文书档案工作。

上述四类史官中，贞卜史官和祭祀史官占多数，地位较高，带有宗教色彩，所以，有的学者称他们为宗教官。就作用而言，贞卜史官、作册史官偏重于在政务方面为商王服务。祭祀史官、记事史官则偏重于处理事务，而作册史官和记事史官的职能与现代秘书人员最为相近。

综上所述，商朝的史官已经分成不同层次，有了分工，初步形成为一支秘书队伍。

(二) 史官的来源

自夏代起，我国进入了奴隶社会，开始了天子“家天下”的时代。奴隶社会的一切大小官职都由王族和旁系、支系的大小贵族所占据。贵族即意味着官职，官员都为贵族，亲贵合一，官贵合一。《礼记·礼运》就说：这时是“天下为家，各亲其亲，各子其子”。因而，商朝的史官来源于贵族，而且他们是父死子继、兄终弟及，代代世袭。

1976 年，在陕西扶风庄一号西周青铜器窖藏中，出土有一文物《史墙盘》，盘底有铭文 280 字，铭文的后半部分记述了一位名叫墙的史官的家世。墙的祖先是商朝属国——微国的史官，世代相袭，是史官世家。商朝灭亡后，墙的祖先“微史剌祖来见武王”。周武王命周公接纳、安排他作周朝的史官。从此，这一家族就成为西周的史官世家。

史官所以世袭，究其原因，有如下两点：

第一，由于奴隶社会等级森严，贵族和奴隶有着不可逾越的鸿沟。史官属于“劳心”、“务治”的贵族，必须代代世袭。

第二，史官需要有广博的知识、专门的业务技能。当时的文化知识为贵族阶级所垄断，史官的业务技能也依靠手工式的家传而得以延续，在社会上是无法学到的。所以，史官都是子承父业，或弟承兄业，代代世袭。

在当时的历史条件下，秘书官职世袭有它的积极作用。它能使史官不断积累、总结祖先的经验，加以揣摩、改进，使秘书技能一代高于一代，并能使史官的职位具有稳定性、连续性，不会因帝王的更替而中断。

二、中央秘书机构太史寮的诞生

商朝末年，大举用兵，平定了东夷，势力扩展至江淮流域，俘获了大量奴隶，史称商纣王“有臣亿万”，“有亿兆夷人”。

统治区域的扩展，人口的激增，国事日趋繁忙。作为辅助管理者的秘书人员也相应增加了，他们需要被组织起来，各司其职，又互相配合，才能有效地处理各方面事务，这样，就导致专门秘书机构的产生。据甲骨文和金文记载，商朝末年，朝廷中出现了秘书机构——太史寮，其主官称太史，下隶有层次不同、职掌各异的史官，它的主要职责是负责商王的册命及祭祀等事宜。其结构虽然简单，但是，它却是至今我国历史上最早诞生的中央秘书机构，由于商王朝不久即灭亡，它尚未得到发展，仅为雏形，直到西周时，才臻于成熟。

三、甲骨文与甲骨文书

(一) 甲骨文的发现与研究

甲骨文是刻写在龟甲或兽骨上的文字。是我国已发现的最早的、成熟的古文字。

1898 年，清朝国子监祭酒、金石学家王懿荣，在北京的药铺中偶然发现被当作药材的“龙骨”（即龟甲），上刻有符号，经研究，确定它是一种古文字，询问龙骨的来历后，知是河南安阳小屯庄一带的农民从地中掘出卖给药铺的，王氏即以高价收购了药铺中的全部龙骨，并继续搜求。

王氏之后，刘鹗收集得三千多片，著成《铁云藏龟》一书。罗振玉收集到五千多片，悉心研究，证明它是商朝的文字，安阳小屯庄是商王盘庚迁国人于此后建立的都城。

甲骨文早在秦、汉时已有出土，然未被释读。至今，甲骨文已出土15万多片，流散于世界各地，共约有5 000个字，其中一千五百多个字已被释读，其余大多是人名、地名等，尚在研究之中。国内外研究甲骨文的论著已达二三千种。其中影响最大的是郭沫若主编、胡厚宣为总编辑的《甲骨文合集》，它精选有四万多片甲骨文，是集八十多年来研究成果之大成者。

研究成果表明，由于商王敬天信神，实行神权统治，凡事必先占卜询问天意，才制作有大量甲骨文卜辞。

占卜即在甲骨上钻一小洞，用炭火灸烤，使之受热而显出各种形状、走向的裂纹。这些裂纹被称为“兆”，被视为是天的示意。贞卜史官据此解释、判定吉凶，指出某事可行或不可行。然后，将占卜时间、事由、答案和日后验证结果刻在甲骨上。因龟甲、兽骨篇幅有限，书写的文辞简单，大都为十几个字、几十个字，最多仅见九十多字。今人将单个字体称作贞卜文字，成句的贞卜文字称作卜辞。

卜辞的内容以商王的活动为中心，主要是殷商自武丁到纣王150年间的事情，涉及政治、经济、军事、文化、社会组织、风俗习惯、科学技术等方面，是殷商王室活动的真实记录，较全面地反映了当时的社会状况。

（二）甲骨文书的认定

卜辞已有其基本结构，大致可分为四部分：

前辞——某日某人卜问，史官姓名。

命辞——卜问何事。

占辞——“兆”显示的答案。

验辞——日后是否应验。

有些卜辞引用臣下递送报告中的句子。试举温少峰《殷墟卜辞研究·科学技术篇》中一则为例：

"己丑卜，㱿贞：今伐，来曰：'戊𠬝伐𢀛方'。"

"𠬝"读"仆"，"戊"为人名。

全文的意思是：己丑日，商王卜问，占卜人问能否批准戊去攻伐𢀛方，因为据戊送来的报告说，他要去攻打𢀛方。其中"戊𠬝伐𢀛方"一句，就是摘引于戊送来的报告，它类似今天的请示。

因此，从体例上来看，这类卜辞中有时间、事由、占卜者姓名、办法、措施、验证结果，已经形成了一定的格式。

从内容上来看，它以记录商王的活动为中心，并出现了类似于请示、报告的上行文。

这种记录初步具备了文书的基本要素，所以，我们认定它是一种文书，并称其为甲骨文书。

四、甲骨档案的保管

文书是档案的前身，档案是文书的归宿。

殷商时期，商王室制作的大量甲骨文书，记录了以商王室为中心的各种活动和世系、祭祀谱表、贵族家谱、官制和年历、月历、日历等，它们直接关系着商王室的利益，具有查证、参照的作用。所以，当它们使用完毕后，商王都命专人郑重地将它们收藏起来，从而形成为档案。这些甲骨档案已经有了如下简单的收藏规则。

（一）收贮于都城宗庙、社稷

出土殷商甲骨文最多的是河南安阳小屯庄，这是盘庚迁殷民于此而建立的都城，它存在了二百七十多年，是商朝后期的政治、经济和文化中心，所以，商朝后期称殷商。河南安阳小屯庄，后人习称"殷墟"。大量甲骨文出土于此，证实了甲骨档案被集中收藏于都城，以便于商王室查证、使用。

宗庙是历代王朝的神圣之处，被视为王权统治的精神支柱，国家权力的象征。所以，历代王朝一开国，在修建宫室之前，都必须先修建宗庙。《礼记·曲礼》云"宗庙在先，厩库为次，居室为后"就是指这一意思。

古代以农为本，开国伊始，与宗庙同时修建土神和谷神庙，称社稷。

宗庙和社稷是按照左宗右社的规定，修建于王宫的前面。

从殷墟发掘来看，王宫内的宫殿基址有53座，宫殿排列成行，东西、南北对称，中为广庭。小屯庄的庄北、庄南和附近侯家庄南是宗庙、社稷的遗址，而在此两处出土的甲骨文最为集中，这就证实了甲骨档案被收贮于宗庙、社稷。

由于宗庙、社稷都有专人严加守护，一般臣民不准进入，所以，保存于此的甲骨档案很安全，不易流散、外传。这一方面说明，商朝统治者将甲骨档案视为价值甚高的神圣之物，予以高度重视；另一方面也说明，我国档案工作起步之初，首先考虑的是安全问题。

（二）出现了简单的分类收藏法

殷墟的宗庙、社稷左右散布着半穴居式的地下室，室内多有圆窦形或方形的窖。绝大多数甲骨档案是被埋藏于这些窦窖中，有些窦窖内埋藏着一个帝王在位期间的甲骨文，如YH127号坑中就集中出土了商朝第27代商王武丁时期的甲骨文1 700余片，HS20号坑内的甲骨文则全是第25代商王廪辛时期的。

这说明甲骨档案是以帝王划分为类收藏的。

也有的甲骨档案是按内容分类收藏的。如YH127坑中，有少量兽骨被包裹成一包一包地埋着，B区101号坑中，除了一片龟甲外，全是较大的兽骨。根据商朝“龟甲占卜，兽骨记事”的原则，可知这是将卜辞和记事文书分类收藏，以便查找、利用。

这一些，当是我国档案分类法的源头。

（三）有了简单的编号

如YH127号坑中的龟甲，其状如刀，中间钻有小孔，有一片还刻有“册六”两字。它们排列整齐，记序之数自一至十有条不紊。

这说明甲骨档案已有了简单的编号，被编连成册了。

（四）有了简单的归档

殷墟出土的一些甲骨文，其占卜之地不在殷墟，而在别处，如商纣王征伐人方时制作的卜辞。这说明别处的卜辞，臣下向商王递呈的请示、报告，被集中至殷墟保存起来，它类似于今天的归档。

此外，根据商朝史官的分工，宗庙系由祭祀史官管理，可以推断，甲骨档案的收藏、保管是由他们负责的。

综上所述，商朝已有了不同名目、不同职掌、不同层次的史官，商朝末年建立起了我国最早的中央秘书机构——太史寮，有了甲骨文书，文书档案工作已经起步。因此，我国的秘书工作从部落联盟的昌盛时期孕育，经夏朝萌发，至迟在殷商已经形成。

复习思考题：

1. 秘书工作的起源需要哪两个社会条件？
2. 为何说领导部门的出现是秘书工作起源的条件之一？
3. 为何说文字、公务文书的出现是秘书工作起源的条件之一？
4. 为何说部落联盟的昌盛时期是我国秘书工作的孕育时期？
5. 为何说夏朝是我国秘书工作的萌发时期？
6. 殷商有哪四大类史官？各自的职责、地位如何？
7. 殷商的史官有哪些来源？
8. 太史寮产生的社会背景如何？
9. 什么是甲骨文书、甲骨档案？
10. 殷商甲骨档案有了哪些收藏规则？
11. 为何说殷商是我国秘书工作的形成时期？

第二章　两周时期的秘书工作

西周时期，中央秘书机构太史寮成形，王宫、地方政府和诸侯国中也设立了秘书机构或配备有秘书人员；最早的中央档案机构——天府设立；产生了初步的公文拟制、用印、制作制度，公文种类增加，档案被广泛利用；秘书人员形成了职业道德和职业个性。

东周时期，史官地位衰落，产生了御史等一批新的秘书官职，大批士的加入，更新、扩大了秘书队伍。

因此，两周时期，是我国秘书工作的初创时期。

第一节　秘书机构的形成

继商而建立的周朝，因其定都于镐（今西安市西南），史称西周；公元前770年，周平王被迫迁都洛邑（今河南洛阳），史称东周。《论语·为政》云："殷因于夏礼，其损益可知也；周因于殷礼，其损益可知也。"西周王朝正是在夏、商制度的基础上发展起来，成为中国奴隶社会的鼎盛时期。

西周在政体上推行以宗法制为基础的分封制，分封宗室、姻亲、功臣为诸侯，立有72国，姬姓占了53国。它规定天子是政治上的共主，掌握全国军队和政权，诸侯是天子的属臣，负有"以藩屏周"、拱卫王室、代天子管理所在诸侯国的职责。

西周在思想上建立起礼治体系，以"礼，经国家，定社稷"（《左传·隐公十一年》），即以礼治国，规定诸侯、臣民必须绝对服从于天子，诸侯须定期向天子纳贡、朝聘（述职），提供军赋、力役等；"礼"又将人分成各种等级，"以别尊卑，异贵贱"，便于维护、稳固奴隶制的统治秩序，若有违背、越礼之举就要受到讨伐、惩罚。礼治思想成为西周王朝的统治思想。

西周王朝对诸侯国而言是中央政府，其机构已比商朝时复杂得多，不但官职大大增加，层次也越分越多。周王左右有三公，即太师、太傅、太保，直接辅弼天子，三公之下已设置了执掌政务的官署，称卿事寮，其长官称卿士，亦称卿事、卿史。卿事寮包括“六大”官员，亦称六卿，其下有司徒、司马、司空、司寇、司士管各方面事务。中央机构的复杂，必然导致秘书机构的形成。

一、中央政府的秘书机构

（一）太史寮

1. 太史寮成形的社会背景

西周之初百废待举。统治者陷入繁杂的事务之中，如周公为处理事务，常常忙得无喘气之机。为了从事务堆中脱身出来，以集中精力去考虑全局性的问题，统治者迫切需要一个协助他们处理大量日常事务的机构，承担诸如拟制、处理公文，保管档案，调查研究，组织会议，宣布政令，联络接待，提供下情，接受咨询等工作，于是，他们将商末中央秘书机构的雏形——太史寮加以发展，使之成形。

2. 太史寮的“五史”

成形的太史寮有如下人员组成：

太史：亦作大史，为太史寮的长官，总管起草公文、策命诸侯卿大夫、记载史事、编写史书、管理国家档案典籍、制定天文历法和组织祭祀等，相当于中央政府的秘书长。太史也负责起草国家一级的法令性文件，如“建邦六典”和“法”、“则”，“建邦六典”是天子与诸侯之间关系的法则，“法”是官署之间关系的准则，“则”是都（城市）与鄙（乡村）的治理条例，这些都是国家重要的行政法。

小史：是太史的副手，如太史不在，由他代行其职，主要掌邦国之志和贵族家谱。西周实行以宗法制为基础的分封制，“尊系世，辨昭穆”的邦国之志和记录贵族世系的家谱是分辨贵族与天子之间血缘关系亲疏远近的依据，决定着各个贵族的地位、该分封什么等级，对统治阶级来说，这是他们的头等大事。小史即相当于掌管贵族人事档案的秘书官，平时还分工负责重大活动（如祭祀）的组织工作。

内史：亦称作册内史、作命内史、作册，从职名来看，是从商朝的作册史官演变而来。内史有多人，其为首者称内史尹，或称作册尹，掌拟制简册，宣示天子的诰命。《尚书·顾命》载，匡王继位时就由内史手捧先王之诰，宣布和承认匡王即位的合法性，可见其作用之重要。内史拟制的简册主要为"八方之法"，即天子驾驭臣属的一套规则。由于内史最接近天子，其拟制的简册直接关系到天子的利益，所以，其地位渐渐上升，后来，内史为中大夫，太史却仅是下大夫，地位高于太史。

外史：掌四方之志及三皇五帝之书。四方之志是王畿之外的诸侯国内部世系家谱，是决定诸侯子孙谁承袭侯位、谁受封何种官职的依据，相当于人事档案。外史还有"达书名于四方"之职责，即整理、改进、推行文字。

御史：亦称柱下史。据说常侍立于朝堂殿柱之下，接收四方文书，并负有保管档案、典籍的责任，是太史寮中职位最低的秘书官员。

太史寮的这些秘书官员总称"五史"，他们有等级高低，各有不同职掌，标志着太史寮的发展已经成熟。这说明秘书机构作为一个独立的部门，在西周中央政府中形成了。它对于中央政府而言，是一个辅助机构，起着参谋咨询、处理日常事务的作用；对下属职能部门而言，是一个综合性机构，凡各种请示、报告均须先通过它上达中央政府，起了中央政府和下属部门之间的桥梁、纽带作用。

（二）王宫秘书人员

卿事寮以太史寮为辅助部门，作为与下属联系的秘书机构，史籍上常合称为"卿史寮"。

西周天子高居于百官之上，通过卿事寮处理政务，卿事寮需要向他请示、汇报，他要向卿事寮发号施令，这样就需要在天子和卿事寮之间建立一个联系通道，由此导致了王宫秘书人员的产生。西周的王宫秘书人员的首领主要有如下名目：

宰：也称内宰，为王宫秘书人员的首领，直接协助天子处理文书和日常事务。宰在商代已经出现，属事务官，初为天子的厨师，由于经常接近天子，逐渐被引为亲信，西周时使之掌管王宫事务，包括秘书工作。凡天子的命令由他向下传颁，臣民的奏事由他接受、递呈，相当于天子的宫廷总管兼机要秘书。宰地位的升擢，首开帝王近侍执掌机要秘书的先例，此后历朝近侍被任用为机要秘书，成为惯例，即源于此。

左史、右史：陪侍于帝王身旁，专掌记录天子言行。《礼记·玉藻》云："动则左史书之，言则右史书之。"《汉书·艺文志》则持相反意见，云："左史记言，右史记事。"黄以周《礼书通故》却认为左史就是内史，掌记言；右史就是太史，掌记事。众说纷纭。但是，他们均为专司记录天子言（政治性言论）、行（政务活动）者，却是为学者所公认的。西周的礼治使记录天子言行有了一定的规则，称"书法"。这些记下的资料被秘藏于王宫内，供后代史官作为撰写史书的依据。

承：侍立天子之侧，为天子提示遗忘之事，回答天子提问的史官。《大戴记·保傅》云："博闻强记，接给而对者谓之承。承者，承天子之遗忘者也，常立于后，是史佚也。"可见，承者知识广博，善于应对，是天子身边以参谋、咨询为专职的秘书人员。

女史：分两类：一类直接辅助宰掌管有关王后礼仪的典籍；另一类掌文件书写。她们应是具有相当文化知识的女子，是我国历史上最早的女秘书。

行人：掌安排诸侯拜见天子事宜，了解民情以接受天子询问。

典瑞、掌节：保管天子印信的人员。西周天子已有了表示权力的信物，即"瑞"和"节"，特设立官职专司其保管，典瑞保管"瑞"，掌节保管"节"。

上述秘书人员有首领，有各自明确的职掌。

值得指出的是，按照宗法制，周天子既是王族的家长，又是天下的共主，家和国混为一体。周王虽通过六卿处理国事，但卿事寮并不像秦汉以后的相府那样具有相对的独立性。所以，王宫秘书人员往往从事中央政府内的秘书事务；中央政府内的秘书人员也往往参与王宫内的秘书事务。两者并非泾渭分明，而是流动性很大。这是两个秘书机构初创时期的必然现象。

二、其他秘书机构出现

自商末建立起中央秘书机构太史寮后，随之出现了其他秘书机构。这些秘书机构主要有：

（一）诸侯国内的秘书机构

商王朝时已经开始分封王族立国，《史记·殷本纪》载："商子孙分封，以国为信。"如商末纣王的叔父微子、箕子就被封立了微国、箕国。

西周推行以宗法制为基础的分封制，分封宗室、姻亲、功臣为诸侯，立有72国，起到"以藩屏周"、拱卫王室的作用。这些诸侯国是相对独立的政权实体，它们在管理侯国事务中须向臣民发布文告、传颁政令，必须设置辅助部门，即秘书机构。

史籍记载，西周初年，周公的长子伯禽被分封赴鲁国之时，天子还给他配备了宗、祝、卜、史等，让他带着，以建立鲁国的秘书机构。这说明，商分封的属国中已仿照中央政府设置了史官。

又如，《春秋公羊传》疏卷1引闵因叙，说孔子作《春秋》前广泛收集各诸侯国的文件档案，曾遣弟子"子夏等四人求周史记，得百二十国宝书"，各国的"宝书"即各诸侯国史官依据本国文书档案汇编而成的典籍，名称不一，晋国称为《乘》，楚国谓之《杌》，鲁国称作《春秋》，120个诸侯国均有"宝书"，说明诸侯国中普遍建立了秘书机构。

由于礼治制度的规定，众多诸侯国的秘书机构不得超过中央政府秘书机构的规模，分工也不那么细，较为简单些。

（二）中央政府各部门内的秘书人员

西周中央政府内分管各类事务的司徒、司马、司空、司寇、司士，各设有机构，其中也有各种秘书人员。如：管司法的司寇属下有"司民"，负责登录万民之数，以奏报天子；有"司约"，掌"邦国万民之约剂"，即各种法律文件；有"布宪"，负责向四方颁布法律。

这类从事登录、传颁事务的秘书人员，《周礼》中的《天官》、《地官》、《春官》、《夏官》、《秋官》、《冬官》等所记载的六十多个官署中，都各有一些史官，负责秘书工作。

（三）地方政府中的秘书人员

《礼记·内则篇》载，西周的地方政府州府、闾府中已有专职官员将庶人、工、商按人户编制成册，称丁籍，并定期按丁籍检查人户，再逐级上报，作为摊派赋役的依据。这些官员当是秘书人员，说明地方政府中也有了秘书人员。

综上所述，至西周时，秘书机构已经从中央政府发展到诸侯国、地方官府，广泛推行于四方。这标志着秘书工作在全国范围已初步建立，有力地证明了对于任何权力部门而言，秘书机构是不可缺少的辅助性部门。

（四）信访人员

人类出现了社会权力组织之后，就产生了信访活动。部落联盟昌盛时期的进善旌、诽谤木、敢谏之鼓就是我国最早的信访活动的形式。

进入阶级社会后，有了国家机构和各级官府，信访活动增多，设置了专门的信访人员。

据古籍记载，西周初年，周公下令在朝堂外设置了一大块颜色赤红如肺的石头，委派"士"专职掌管。周公号令民众："凡远近孤独老幼之欲有复于上而其长弗达者，立于肺石三日，士听其辞，以告于上而罪其长。"（《周礼·秋官·大司寇》）原来，西周上诉须事先交纳保证金，贫苦百姓往往无力交付这笔保证金。周公这一命令的意思就是说，不管远近，凡孤独无援、无力交纳诉讼保证金的老少百姓，如上诉后地方官扣压冤情不上报，百姓可以来此，站在肺石上三日，表示自己有冤屈要申诉。这时，掌管的"士"就得出来接见，倾听百姓的陈诉，并将情况上报六卿或天子，调查核实后予以处理，并要处罚扣压冤情不上报的地方官。这"士"就是专职的信访官员了。

据《周礼·夏官》记载，西周还在朝门外悬挂大鼓，凡吏民有事，可以击鼓，由专职官员接待，将他们反映的情况向主管大鼓的太仆汇报，再由太仆上奏天子。

第二节　秘书官史

一、史官的素质、特点

先秦的史官作为我国秘书工作者的鼻祖，由于时代的烙印，表现出其特点，并且具有良好的素质。其中，有的是他们所特有的，有的却被日后各朝的秘书官员发扬光大，成为传统。概括起来，史官具有以下一些素质和特点。

（一）宗教色彩由浓至淡

史官是带有浓厚的宗教色彩产生的，他们作为实行神权统治的得力助手，位尊权重，声名显赫。

随着生产力水平的不断提高，社会的进步，人们能解释的自然现象、社会现象日渐增多，积累的科学知识日渐丰富，神权统治日渐削弱，史官的宗教色彩也随之由浓转淡。

夏朝，史官已表现出以文书档案工作为专职的趋势。如太史令终古负责保管“图法”。

商朝，史官已分为神职史官和主要从事记事、作册的人事史官两大类。

西周，统治者重人治而轻鬼神，导致“周人尊礼尚施，事鬼敬神而远之”（《礼记·表记》），神权统治明显削弱，神职史官的人数减少，职掌范围缩小，地位下降，不再像以前那样被奉若神明，位尊权重了。而人事史官的人数却大大增加，从王宫的太史寮到各诸侯国、地方政府中遍布着这类史官，他们的职掌扩大为起草、处理文书，记录帝王言行、国家大事，保管档案，参与制定政治、军事、外交、经济等重要法则，地位提高。这样，专司人事的史官无论从数量上，还是从作用、地位上都超过了神职史官，表现出史官的宗教色彩减弱了。

春秋时期，史官的宗教色彩更为减弱。当时，由于周天子势力衰落，被尊为“天之子”的周王威望大降，为其鼓吹“受命于天”的神职史官在人们心目中也黯然失色，不少神职史官也就被从神圣的祭台上请下来，去从事人间实务性的秘书工作，转化为人事史官。许慎的《说文解字》就说：“史官，记事者也。”以后各朝的史官，就以记事为主要职责了。这一重大的转变奠定了秘书人员以文书档案工作为主要职责的基础，对我国秘书工作的发展，起了重要的开拓作用。

（二）史官的分工、分层次由浅至深

史官在商朝首次被初步划分为四类。西周，由于国家事务复杂，头绪增多，使秘书人员进一步分工，这种分工表现于两个方面：一方面，同一秘书机构中的秘书人员分别承担各种工作，职责明确。如太史寮中的太史，除总管中央政府的秘书工作以外，还具体负责起草国家根本性的文书；小史主要掌邦国之志和贵族世系；内史负责拟制简册、宣示天子诰命；外史掌四方之志和三皇五帝之书；御史负责收受四方文书，保管档案典籍；另一方面，不同秘书机构中的秘书人员承担着内容各不相同的业务。随着社会分工的越来越细，国家机构中的部门也趋于多样，各承担着某一方面的事务，其中的秘书人员也专门从事该部门中的秘书事务。如司马属下的秘书人员专事兵马方面的秘书工作，司寇属下的秘书人员则专事司法方面的秘书业务。这是我国专业秘书的起始。

秘书人员进一步分工有利于他们熟悉、精通业务，提高秘书工作的质量和效率，是秘书发展史上的一大进步。

受礼治制度的制约，西周的秘书人员进一步分成不同层次。这也表现于两个方面：一方面，根据国家机构之间的从属关系，秘书人员分成王宫、朝廷、地方政府、诸侯国等不同的群体层次，上级政府机构的秘书人员一般比下级政府机构的秘书人员地位重要、作用要大；另一方面，同一部门的秘书人员层次增多，如太史为太史寮的长官，小史为其助手，御史的地位最低微，内史、外史介于其间。这种层次的增多，使秘书人员出现了等级，其中的高级秘书有权提供政务建议辅助决策，而多数低级秘书一般无此权力，仅负责各项具体事务，这成为以后历朝的普遍现象。

（三）产生了职业道德

西周秘书人员记录帝王言行、国家大事时有一定的规则，即“书法”。“书法”的核心是“君举必书”（凡天子、诸侯的言行均予以记录）和“秉笔直书”，即实事求是地予以记载，也称为“书法不隐”。这种“书法”使史官起草的文件和记录的大事在一定程度上保持了事件原有的面貌，具有真实性和可靠性。自此，这一职业道德成为我国古代秘书人员的优良传统，经久不衰。同时，客观上对天子、诸侯的言行起了一定的制约作用，要他们遵循礼治制度，“非礼莫动”，以维护奴隶制的秩序。

（四）形成了职业个性

依据“秉笔直书”、“君举必书”的职业道德，史官逐渐形成了刚正不阿、威武不屈的鲜明个性。比如，公元前548年，齐国大臣崔杼弑齐庄公，立庄公之弟杵为景公，齐太史据此秉笔直书“崔杼弑其君”，崔杼命令他删改，太史坚持不改，崔杼大怒，遂杀死太史。太史弟弟闻讯，继承兄长遗志，继续直书“崔杼弑其君”，又遭杀害。另一弟弟仍然坚持直书如故。崔杼慑于太史弟的凛然正气和舆论的指责，只得罢手，无可奈何地让太史记下自己的罪行。与此同时，正在外面的史官南史氏，闻知国内太史因据实记录朝廷大事而被杀，毅然手执记录的竹简，赶回都城，准备继承太史遗志。走到半路，获知太史兄弟已拼死记录在册，才返身而去。齐太史和南史氏为了维护“大事记”的真实性，不畏强暴，前仆后继，不惜以身殉职的精神，几千年来为人们所崇敬，也说明实事求是历来是我国秘书工作者的优良传统。

又如，公元前607年，晋灵公企图杀死执政的正卿赵盾（即赵简子）。赵盾被迫出走，未及越过晋国国境，他的族弟赵穿已经杀了灵公。赵盾闻讯立即返回国都，迎立成公继位，自己继续执政。董狐时任太史，在记录这一事件时，书道：“赵盾弑其君。”并将此向朝臣宣示，以正视听。赵盾不服，辩解自己并未杀灵公。董狐反驳说：“你身为正卿，避难逃亡未出国境，返朝后不讨杀乱臣，罪责难逃，弑君的罪名应该由你承当。”可见董狐是严格依据礼治观念来记录史事的。他不畏权臣，敢于记载执政的罪行，其胆识可嘉，故孔子称赞他“书法不隐”，是“古之良史”。

这种鲜明的个性被代代相传，成为史官的特色，千百年来被人们所美誉，史官给人们留下的是一个可敬、可信赖的良好形象。

(五) 文化素质优秀

史官作为贵族，自小就被送入专门的学校，学习文化等“六艺”，因此，他们掌握了许多社会知识和自然知识，又能吸取各方面的文化成果，使自己学识渊博、见闻广异，成为社会上最有知识、文化素质最优秀的群体。夏曾佑在《中国古代史》中就论述：“周制，学术、艺文、朝章、国故凡寄于语言文字之物，无不掌之于史。故世人之咨异闻、质疑事者，莫不于史。史之学识，于通国为独高。”史官在一定程度上代表了当时的文化水平，他们的记录、汇编反映了当时的先民对自然、社会的认识程度。“六经皆史也”，“子集诸家，其源皆出于史”。西周的秘书人员在总结、保存和发展灿烂的民族文化上作出了重要贡献。

这些都说明，在我国秘书工作的初创时期，秘书人员是统治阶级中的一部分优秀分子，表明了秘书工作的重要性和其职业要求的严格性。

二、史官衰落的原因

公元前771年，西周灭亡。次年，周平王东迁洛阳，延续周祚，史称东周。东周分春秋（公元前770年至公元前476年）和战国（公元前475年至公元前221年）两个时期。

春秋战国是奴隶社会走向崩溃，封建社会逐步建立的时期，社会经历着翻天覆地的巨大变革。这一时期，“礼崩乐坏”，周王室衰微，已无力控制诸侯，天子除了一顶王冠以外，实力类似于一方诸侯。而各诸侯国纷纷崛起，为了争夺土地、人口，取代周天子“天下共主”的身份，连年混战，相互兼并，争霸不休，在国内先后进行社会改革，以废除奴隶制，建立封建制。到了战国时期，卷入混战的数以百计的小国被大量吞并，主要剩下“战国七雄”，最后由秦攻灭其他六国，一匡天下。在长达五百多年的春秋战国时期，由于生产关系的变革引起了上层建筑的变动，上层建筑的核心为国家机构，其秘书工作也发生了相应的变化。

春秋初期，东周王室和各诸侯国内的秘书机构和官职基本沿袭西周体制。随着王室衰微和各诸侯国实力的发展，到了春秋后期，诸侯国的政权机构逐步扩大，秘书机构和官职也随之冲破礼治制度的束缚，发生了变化。这一变化主要表现于史官地位的衰落，新职官的出现，大批士加入秘书队伍。

在先秦兴盛了千百年的史官，到了战国时期，已不能在国君身边参与政务、辅助决策，地位明显衰落。究其原因，有如下几个因素：

（一）人治观念继续增长

战国时期，各国诸侯认识到，要在残酷的兼并战争中求生存、图发展，靠的是实力，而实力来自于人治，并非靠天和神的恩赐。顾炎武在《日知录·周末风俗》中就说："春秋时犹严祭祀重聘享，而七国则绝无此事矣。"《孟子》中说："天下之本在国"、"治大国如烹小鲜"，这些都反映出战国诸侯十分重视人治，残存的神职史官的势力、影响被大大削弱，趋于衰落。

（二）史官与国君在观念上发生冲突

各国统治者在剧烈的兼并战争中渐渐觉察到，不改革无以自强，不自强无以站稳脚跟、争霸天下，而改革首先必须抛弃旧传统、旧观念，要争霸天下就得抛弃"礼乐征伐自天子出"、"政出公门"等旧观念，树立起"礼乐征伐自诸侯出"、"政出私门"等新观念。所以，各国统治者纷纷选用具有新观念、新思想的人参政，以实施改革。旧有的人事史官由于"世守官业"，承袭了职务，也承袭了礼治、宗法、等级等旧的政治思想和传统观念，思想趋于保守，不易接受新思想、新观念，不自觉地起着维护旧制度的作用，难以适应变化了的形势。如人事史官恪守"书法"，以"君举必书"为原则，凡国君的一言一行都予以记录，实际上起了制约国君言行的作用，使他们"慎言行，昭法式"，严格遵循君臣有别的礼治制度，做到"非礼勿言"，"非礼勿动"，否则，一旦被记录于史册，声名就会受影响，这严重束缚了他们的手脚。如鲁庄公准备赴齐国游玩，有人劝谏说，你这样做违反了礼，史官是要记录下来的。为了不在舆论上吃亏，庄公只得作罢。更重要的是各国君在争霸斗争中纵横捭阖，玩弄权术，有许多隐私，不希望史官记录于史，更反对有讥讽自己的记载，以免有损自己的尊严和国家利益。因此，史官的传统“书法”必然和国君的意愿产生抵触、冲突，从而难以为国君所接受，其结果必然为国君所贬降。如秦在受封立国初期就不设记录国君言行的史官。所以，“秦仲之前，本无年世之记”（《广弘明集》卷11引《竹书记年》），直到秦文公时才设记事史官，但因记述受限制，所以，内容简略。“秦记，又不载日月，其文略而不具”（《史记·六国表》）。

这样，作为秘书人员的史官和其服务对象——国君，在政治见解、斗争策略、社会观念上都发生了冲突、对立，也就必然会被剥夺参政、议政的权力。

（三）选官制度的变化

西周为了保持贵族特殊的政治统治地位，采用爵位世袭制，即世卿世禄制。春秋战国时期，随着生产关系的变化，这一制度逐渐瓦解，如魏国实行“实有劳而禄有功”（《说苑·政理》）；燕王实行“察能而授官”（《战国策·燕策二》）；秦国商鞅变法后，实行按军功授爵，废除了世卿世禄制。这样，世代相袭的史官就被新兴贵族所取代，逐渐离开了国君身边，无权参与政务起辅助决策作用了。

史官为我国秘书工作的初创，为文字和文化的发展作出过不可磨灭的贡献。其地位的衰落说明每当社会大变革之时，秘书人员如不站在改革的前列以新观念、新眼光去研究、解决新问题，支持、辅助改革，顺应历史潮流，就势必落伍，为形势所淘汰。

三、新秘书官职的产生

战国时期，史官在新形势下已不适宜承担国君的秘书工作。但是，秘书工作却是必不可少的，为此，各诸侯国内纷纷设置起一批新的秘书官职，来替代原先史官的职能。其设置的方法有如下几种：

（一）从原先低级史官中提拔高级秘书

西周太史寮中御史是职位最低微的史官，他负责收受文书、保管档案，从事实务。各诸侯国中普遍仿照西周中央王朝，设有此职。由于御史与其他史官比较，位微职低，相对而言，保留的旧观念、旧传统少些，较易接受新观念、新思想，加上他熟悉秘书业务，所以，战国时期，御史被提拔为国君身边的亲信，负责起草国家的重要文书，接替了原先由内史承担的工作，并作为重要随员，跟随国君出现于重要场合。《史记·廉颇蔺相如传》记载，秦、赵两国国君渑池之会时，秦王、赵王身边都有御史陪同，分别从本国的利益出发，记录会谈内容。

御史还负责代替国君收受机密文书。《战国策·赵策二》记载，游说之士张仪替秦来说服赵王连横，自称"敝邑秦王使臣敢献书于大王御史"。

御史不但负责秘书工作，还兼有监察百官的责任。《史记·滑稽列传》记载："赐酒大王前，执法在旁，御史在后。"这是指大臣淳于髡因御史在场而不敢放量饮酒。可见御史职掌之宽、权力之大、地位之高。

（二）重新设置一批秘书官职

各诸侯国国君不仅从旧的低级史官中提拔秘书官员，还重新设置了一批秘书官职。这些秘书官职各国名目不同，经爬梳史料，罗列如下：

尚书——秦国设立。"尚"为执掌国君事物之意，"书"指文书奏章，尚书即在国君身边执掌文书的官员。

掌书——齐国设立。"掌"为掌管之意，掌书即掌管国君文书的官员。

主书——魏国设立。"主"为主管之意，主书即主管国君文书的官员。《吕氏春秋·先识篇》中记载有魏文侯命主书取出文件以示于大将乐毅的故事。

尚书、掌书、主书名异而实同，都是国君左右的秘书官员。

令正——鲁国设立。《左传·襄公二十六年》云："子叔为令正。"杜预注："主作辞令之正。"说明令正是鲁国国君身边负责制作重要文书的秘书官员。

（三）从宦官中提拔一些秘书官员

西周时期王宫中已经出现了宦官，他们主要操持杂役，照料皇族的生活。春秋战国时期，各诸侯国中普遍有了宦官，而且，有些宦官被引为亲近之人，"委用渐大"，"故奏请机事，多以宦人主之"。《诗经·秦风·车邻》就记载："未见君子，寺人之令。"即未见到国君，而由寺人（宦官）传下国君的命令。这些被提拔的宦官，或传达命令，或保管国君的印章，有的通文墨者被委以处理文书之职，成为宦官秘书。如秦王嬴政任用宦官赵高为符玺令，是为保管印玺的宦官秘书。

四、士充实秘书队伍

（一）士加入秘书队伍的历史背景

士原来是西周宗法制下最低级的贵族，他们有权接受"官府之学"，因而掌握了文化知识和一定的统治经验，具有一定的政治见解，往往善文章、善辞令，是当时的知识分子阶层。春秋战国时期，随着宗法制、世袭制逐渐瓦解，旧贵族世家纷纷没落，士丧失了原先的特权。同时，随着"学在官府"的局面被打破，私人办学之风盛行，许多平民拜师求学于私门，也成为士，士的数量大增。他们为了寻求个人出路，或想在社会巨变中实现自己的抱负，必须投靠、依附于某个国君、集团或贵族。

春秋战国时期，各国国君在强则存、弱则亡的兼并形势下，纷纷探求富国强国之道，迫切希望士帮助他们出谋划策，实现强国和统一天下的大业。同时，为了战胜世卿世禄的旧贵族势力，建立新型的、可供国君自由任免的政府机构，他们也都乐意从士中去选用官员。这样，士就成为新型官员的后备军而倍受国君重视，其中许多人被任用为客卿之类无具体职掌，主要为国君谋划，供咨询、起辅助决策作用的官员。他们"不治而议论"，是顾问、谋士、幕僚之类的人员，往往兼任起草文书工作，实际上是国君的高级秘书。

（二）士担任秘书工作的特点

士担任秘书工作，除了主要职责为谋划、咨询以外，还有如下特点：

任期短，流动性大。士往往将献计献策当作见面礼，换取有实权的官职，所以，他们担任秘书工作的时间都不长。范雎为秦制定远交近攻的战略后，被任用为相，手握大权；商鞅与秦孝公纵论方略三天三夜后，即被委为左庶长，受命处理国策；苏秦、张仪入秦不久，即奔波于六国之间，致力于游说，成为专职外交家；邹忌以鼓瑟自荐，献策于齐威王，三月而受相印。当时“朝为布衣，夕为卿相”之事屡见不鲜。士一但被授以实权之官职，则基本上脱离了秘书队伍，成为某一部门的主管了。

同时，士如不被重用，则离去，到别国游说，即所谓“行不和，言不用，则去之”（《史记·魏世家》）。春秋中晚期，中原大地就出现了“楚材晋用”、“晋材吴用”的流动状况。

战国时期，思想领域中完全形成了中国是一个整体，它应当统一的“大一统”观念，士的本土观念、故国情感较淡薄，并不以为别国效力为可耻。故李斯《谏逐客书》云：“士不产于秦而愿忠者众。”以历代秦王招纳的客卿而论，由余为晋人，首事西戎，后入秦；商鞅为卫国人，不为魏王重用而入秦；范雎为魏人，受冤屈而投奔秦；韩非为韩国人，不受韩王所重而赴秦；蔡泽为燕人，游说列国均未受重用，最后至秦；李斯则是楚国人，一度入赵游说，后入秦。这说明士的流动性很大。

秘书工作中的参谋职能，不像文书档案业务那样需要具有相对的连续性和稳定性。所以，士任秘书时间的短暂和流动频繁，一方面有不利之处，另一方面也有有利之处。就国君而言，各色优秀人才先后担任一段时间的秘书工作，有利于他们获取各种知识、信息，了解各国情况和各种政见，开阔眼界，便于权衡得失，取其长而提高决策水平；就士而言，能吸收、交流、传播各种新观念、新思想和提高参政能力以及辅助决策的技能，从而提高整个秘书工作水平。

（三）士充实秘书队伍的意义

春秋战国时期，大批士加入秘书行列，不但壮大了秘书队伍，为原有的秘书队伍注入了新鲜血液，带来了新观念、新思想，提高了秘书工作的质量，开创了秘书工作的新局面，也对社会的发展起了重要的促进作用，同时，提高了秘书人员的地位和声誉，并且，导致古代秘书工作中文书档案和参谋咨询业务相对分离为独立性较强、各有专门秘书承担的两大部分，对日后的秘书工作产生了深远的影响。

五、私人秘书的出现

士不但担任国君的秘书，也为一些贵族所招纳，如齐国的孟尝君、赵国的平原君、楚国的春申君、魏国的信陵君和秦国的吕不韦等人都纳士数千，称食客、门客和舍人。他们的来源复杂，但以有文化的游说之士为主。这些纳士的贵族有大量土地、人户，类似于小邦之君，由于家政管理复杂，他们往往从门客中挑选人才，替他治理家政（称宰），或帮助谋划家事国政，或委托去办专项事务，或替他们拟写书信、编纂书籍。吕不韦曾组织门客撰写《吕氏春秋》一书，可见其中善文者甚多，李斯就曾为吕不韦之门客。这些门客的职掌是参与谋划、起草书信、处理日常事务、承担交办事项，实际上是主人的私人秘书，为日后幕僚的祖师。

这些私人秘书往往以各自的才干学识服务于主人，为主人排忧解难，有的还起了很大的辅助作用。比如，孟尝君门下的食客冯谖就是一个例子。孟尝君曾放债于封地薛（今山东省滕县），为维持家门的巨大开支，他派冯谖前去收债。冯谖至薛后仅收账十万，将其余多数无力偿付的债券当着借债人之面焚毁，然后回来复命，孟尝君十分不快，责怪他没办好事。后来，孟尝君因名声震主而被齐湣王免职，离开都城回薛。百姓闻讯，远至百里外迎接。孟尝君这才知道冯谖当时的作为是为他收买民心，留下后路，于是他感激地说："先生为我买的情义，我今天才明白了。"后来，冯谖又游说秦王和齐王，使孟尝君得以复职。冯谖是当时私人秘书中的杰出者。

私人秘书的出现，说明秘书工作开始向社会化发展，使秘书工作的服务对象增加。

第三节 文书档案工作

两周普遍建立起秘书机构，有了许多专司文书档案工作的秘书人员，文字继续被改进，如周初的史官史佚曾先后创制“虎书”、“禽书”、“鱼书”，周宣王的史官史籀创制了籀书（大篆）。这一些原因，使两周的文书档案工作超越了商朝的水平。

一、文书载体

人类早期社会的文书载体，其形式纷繁。国外有泥版文书、草纸文书、羊皮文书等。我国早期的文书则表现为独特的形式，主要有甲骨文书、金文文书、简牍文书、缣帛文书等。

（一）甲骨文书

甲骨文书是迄今发现的最早的官方文书实物，广泛使用于商朝后期。

西周的甲骨文书至今仅出土三百余片，绝大部分是贞卜文书，主要是文、武、成、康、昭、穆六王时期所制，尤以武、成、康三王时期的为多，出土集中。1997 年，仅在陕西岐山县周原凤雏村宫殿遗址西厢二号房内窖穴 H11、H31 中，就发现 289 片，记载着文王遇姜尚、文王受封为西伯、武王伐纣、周公东征、营建洛邑等周建立前后的重大事件，书史性质增强，故学者称其为“周初历史活动的大事记”。这些甲骨文书字体小如粟米，必须用五倍的放大镜才能看清，笔画刚劲有力，雕刻工艺精湛，是我国微雕艺术之始。但是，由于周人重人治轻鬼神等原因，西周甲骨文书已被简牍文书和金文文书所逐渐替代，趋于淘汰。

（二）金文文书

商朝已经掌握了很高的青铜冶炼和铸造技术，人们把铜、锡、铅放在一起冶炼成青铜溶液，再将青铜溶液灌注在雕有花纹的陶范里，铸造出刀、斧等工具，戈、矛等武器，盘、盂等食器，觯、觚、觥、尊等酒器，以及其他日常器皿，有的被置于宗庙，作为祭神、祭祖先之用，称为“礼器”或“吉金”，总称为青铜器。同时，人们开始在青铜器上镌刻文字，起初很简短，有的仅一个字，有的刻上姓名以示归属，渐渐地，文字多了起来，最长的有45字，被称为“铜器铭文”，又称“金文”或“钟鼎文”。它们的字体类似甲骨文，已初步具有书史性质，所以，我们称它为金文文书。

殷商的铭文很早就有出土，宋朝开始，已经有人对之收集、著录、研究。清朝末年，出土日多，至新中国成立前已出土四千多件，新中国成立后至1978年底，出土有一千一百多件。近代著名的金文学家写有大量专著，介绍研究成果，其中以郭沫若的《两周金文辞大系图录及考释》影响为大。

《左传·襄公十九年》云：“夫铭，天子令德，诸侯言时记功，大夫称伐……且夫大伐小，取其所得，以作彝器，铭其功以示子孙，昭明德而惩无礼也。”《礼记·祭统》云：“夫鼎有铭‘铭者之名焉，自铭以称扬其先祖之美，而明著后世者也……铭者，论撰其先祖有德善、功烈、勋劳、庆赏、声名列于天下……以祀其先祖也。’”可见，金文文书主要是用来记载祖先功德、勋劳，以留示后人的，它既记录了史实，又寓教于史，目的明确，其内容涉及政治、军事、民族、宗教、经济等各领域。但是，商朝的青铜器主要为了使用，故金文文书不多。

到了西周，青铜器使用目的起了喧宾夺主的变化，已不是主要充作生活用具，而是主要供勒铭记事。其刻辞字数增多，记事更详，具有明显的书史性质，且字体趋于雄伟整齐，从目前出土的五六千件青铜器上已经看出了三千多个不同的字，其中两千多个已被考释出来，书体有甲骨文、大篆等。

《周礼·秋官·司约》云：“凡大约剂书于宗彝”，即凡属重要的和需要长久保留的文件都镌刻于钟鼎彝器上颁布，然后收存起来。其内容广泛，包括颂扬祖先、记载功业、录写历史、典章制度、册命、赏赐、征伐、诉讼、训诰、契约等等，涉及到政治、军事、经济、外交、法律、文化各个领域。

西周的金文文书是统治阶级活动的直接记录，均出自当时人之手，是“古之真迹”，记事确凿可靠。宋朝金文学家赵明诚在《金石录·序》中云：“盖史牒出于后人之手，不能无失，而刻辞当时所立，可信不疑。”它能证实或纠正史籍记载，所以，郭沫若在《周代彝铭进化观》中，称西周铭文为“《周书》之逸篇”。

综上所述，西周的金文文书有四个特点：记录内容广泛，记述详细，真实可信，数量众多，最为盛行。

春秋战国时期的金文文书比西周时的大为减少，其功能也从以歌功颂德为主转为以颁录法典和记载史实为主。

颁录法典的金文文书以春秋后期制作的郑国刑鼎最为典型。当时，郑国政治家子产为了保障社会改革的进行，主持制定了一套国家大法，称刑书，起初为简牍文书，由于传布面窄，广大平民无法见到，一些旧贵族乘机随意曲解，阻碍改革。为此，子产于公元前536年命人将刑书镌刻于鼎上，置于王宫门口，让全国百姓都能知晓，有力地促进了法律的普及，维护新兴地主阶级的利益。可见，在同旧贵族的斗争中，金文文书被作为一种重要工具而使用。

（三）简牍文书

简牍文书是刻写在竹片或木片上的文书，主要用于记事。刻写在竹片上的称竹简，也称简策、汗简、简册、杀青；刻写在木片上的称木牍、版牍。近人称信稿为“尺牍”、文稿为“文牍”，源出于此。简牍文书在纸张普遍使用之前曾长期流行，内容包括帝王、官员的命令、文告、书信、簿册、典籍等等。其制作过程为：先选取适当的竹木，截、削成片，使之光滑，然后以小火烤，去其水分（汗），称“杀青”，以防蛀防朽，继而即可用刀或笔在上刻写，最后用素丝或细绳将多片简系成册（策）。至今为止，出土的简牍都是战国至魏晋千余年间的文书，战国之前的尚未发现。但是，根据以下理由，可以推断商朝已经有了简牍文书。

第一，甲骨文中有“卌”字，《说文解字》中作“册”，解释为“一长一短，中有二编”，是用绳将竹片串连起来的象形文字。出土的大量简牍有的以丝或绳系连，有的绳虽断而简牍上凿有扎绳用的凹槽，这证实甲骨文中的“卌”即指简牍文书。“卌”中的重要者称“典”，金文写成“㒲”，《说文解字》解释为“从册丌在上”，即将册置于桌上，故又称“大册”。

第二，《尚书·多士》载，周灭商后，周公告诫殷商遗民时说："惟殷先人，有册有典。"《墨子·贵义》云："昔者周公旦朝读《书》百篇。"周公读《书》是为了熟悉商朝历史、民情、典章，以便妥善采取安置殷商遗民的措施，故此处的《书》当是商朝的典籍。这些"册"、"典"、《书》当是商朝的简牍文书及其汇编。

至今未有商朝的简牍文书出土，可能是竹木难以长久保存，加上商朝时防腐技术不发达，简牍绝大部分自然毁坏了。

西周时期，日常使用的文书都刻写于简牍上。《礼记·中庸》曰："文武之政，布在方策。"就是说文王、武王的政令是书写在简牍上的。《周礼·天官》云："凡命诸侯及卿大夫，则策命之。"说明天子分封诸侯、大夫的命令是书于简牍上的。《仪礼·聘礼》云："百名以上书于策，不及百名书于方。""策"即指竹简，"方"即指"木片"，金文中经常出现的"策命"两字也证明当时大量文书是简牍文书。《尚书》中的《酒诰》、《召诰》、《牧誓》、《顾命》等文书，当是天子发布的简牍文书。因此，可知西周是以简牍文书为主的。

战国时期的简牍文书已有大量实物出土。早在西汉武帝末年，鲁共王坏孔子宅，欲广其宫，在孔宅墙壁中发现了用古文字写成的竹简，这是最早被发现的简牍文书，上面的古文字是汉代已不通用的先秦文字，即"蝌蚪文"，经孔子后裔孔安国的研究，证明其是战国时期的典籍，据此整理出《尚书》、《礼记》、《论语》、《孝经》等数十部古籍。西晋武帝司马炎太康二年（公元281年），汲郡（今河南省汲县）人不准盗掘战国时魏襄王（一说魏安王）墓时，掘得竹简十几万根，经学者荀勖、束晰、和峤、傅瓒与秘书丞卫恒等人考订、研究，将其释成当时流行的楷书，整理成《竹书纪年》、《国语》、《穆天子传》等16部古籍。这批简牍文书制作于公元前298年。此后，战国简牍不断出土，新中国成立三十多年来，先后在湖南、湖北、河南等地发掘得长沙楚简、信阳楚简、江陵楚简。1978年在湖北随县曾侯乙墓中出土的二百余枚竹简，制作于公元前433年，即战国初年，是目前国内保存的年代最久远的竹简。

从这些出土实物，可以看出简牍文书的形式：

单片的竹片称“简”，单片的木片称“版”，写上字称“牍”，一尺见方、四面可书写的牍称“方”，也称“觚”。陆机《文赋》中云：“或操觚以率尔。”李善注，“觚”即方，“木之方者，古人用之以书，犹今之简也”。牍和方用来写简短的文书，竹简则用来写长些的文书，最为流行。写的方法有用刀刻，或以漆书写。《后汉书·杜朴传》记载：“于系州得漆书《古文尚书》一卷。”多片竹牍以麻绳，高贵者用素丝、青丝或熟皮条系住成策（即册）。如文书不止一册，则将数册再编连在一起，称编（即篇）。据说孔子晚年喜《易》，经常翻阅，以致“韦编三绝”，此处的“韦”即指系扎用的熟皮条。

简牍文书表面覆盖有一片或二片简牍，比正文的简牍稍宽，称“检”或“赘简”。“检”的背面书明收件人的地址、姓名，“检”的结绳处加盖封泥。“检”相当于现代公文的封页，具有遮盖文书内容以防泄密的作用。当册收卷成一束时，“检”背面的字即显露出来，类似现代卷轴护首外面的题签，这是文书、典籍称“卷”的最初形式。

可以说，先秦时期，使用最多的是简牍文书，它一直被沿用到西晋桓温称帝时才被废止。

(四) 缣帛文书

春秋战国时期，开始用缣帛（丝织品）制作文书，我们称之为缣帛文书。缣帛就像今天作画用的素绢，《墨子》中曾提到“书于竹帛”，帛即缣帛。20 世纪初，在新疆楼兰遗址曾出土缣帛文书。1951 年，长沙楚墓中出土数片战国的残帛，上有图画和文字。

简牍文书笨重，常以车载，书写、制作、携带、翻阅都不方便，且编连的绳子日久易磨断，如“韦编三绝”，即断了三次。简牍散乱后，整理成原状也很费时。缣帛文书却不同，它柔软光润，书写时容易着墨，可依据文书的长短，随意裁取长短宽窄不同的篇幅，又能任意折叠或卷拢，便于运转、携带、阅读、收藏，也不会散乱，远比简牍文书优越，故它的出现，是文书工作中的又一大进步。但是，由于缣帛制作工艺复杂，产量有限，成本过高，所以

"缣贵不便于用"（《后汉书·蔡伦传》），仅在贵族间使用，尚未推广、普及，只是作为简牍文书的辅助品。

二、文书工作的初步规则

约从西周开始，文书工作产生了一些初步的规则，这些规则主要有：

(一) 文书运转有了初步程序

西周中央政府发布的文书，主要由太史、内史或王宫中的女史拟制。中央政府各部门的文书各由其秘书人员拟制。如"建邦六典"(即治典、教典、礼典、政典、刑典、事典，是天子与诸侯间各方面关系的法规性文件）由太史总掌，并亲自拟制治理官府、整顿吏治的"治典"，其余各典则由相关部门制作，如"刑典"由司寇所属部门拟制，由布宪颁发，由司宾递送。

周天子的命令由宰传颁，政府、诸侯、军队及臣民的奏事，由宰接受上呈。

中央政府内还特设有行夫的官职，"掌邦国传递之小事"，即负责公务文书的递送，下有下士三十二人、府四人、史八人、胥八人、徒八十人，显然，这已是一个专门机构。可知当时文书传递业务已初步专门化。

这样，文书的拟制、收呈、颁发、传递都各有专人负责，初步形成了其运转程序。

(二) 根据文书运行方向分类

商朝的甲骨文书是以记录王室活动为主的，为处理国家政务而直接下达的指示性公文不多，因此，它尚是记录性文件，是初级形态的文书。

西周，随着奴隶制的成熟，国家机构的复杂和统治阶级管理国家经验的积累，日益认识到文书的重要，文书的职能扩大，凡传布政令、颁发命令、布行法规、报告情况、请示问题、商洽事务、订立协议都使用文书。这些文书都是西周各级政府制发，有其特定的作者、特定的内容、特定的收受对象、特定的目的，完全具备了文书的特征。所以，它已从商朝甲骨文书以记录为主的初级形态发展为成熟的、功能广泛的政务文书，被作为处理国家事务的重要工具。

根据这些文书的作者、内容、收受对象、目的和运行方向的不同，遂发展为不同类型的文种。

《周礼·春官》云："内史掌书王命"，"外史掌书外令"。这儿的"王命"是指周天子直接颁布的命令性文书，如《牧誓》；"外令"是中央政府根据周天子的旨意而颁布的文书，如"建邦六典"。这些文书运行方向为自上而下，遂形成为下行文。

《周礼·春官》又云："凡四方之事书，内史读之。"唐朝贾公彦疏："言四方之事书者，诸侯凡事有奏白于王，内史读示王。"这些"事书"即诸侯、各级官员向周王汇报情况、请示问题的文书，其运行方向为自下而上，遂形成为上行文。

各诸侯国之间为了协调关系、解决争端而订立的各种协议性文书，其运行方向为横向平行，遂形成为平行文。

从古籍记载中和金文文书中有大量这三类文书来看，也从上行文来自"四方"而不是某一方来看，又从内史专掌此类文书来看，这三类文书已经稳定成形，并经常、大量地被使用。因此，可知西周时，为了适应国家不同层次、不同部门管理的需要，已经出现了一个由下行文、上行文、平行文三类文种组成的配套的文书体系，这一分工明确的文书体系一直沿用至今，所以，西周是我国文书工作史上一个重要的开拓时期。

（三）拟文有了规定程序

春秋战国时期，公文拟制有了一定的规定程序。

《论语·宪问篇》记载，郑国拟制公文有了规定的程序，即"为命裨谌草创之，世叔讨论之，行人子羽修饰之，东里子产润色之"，这就是说公文拟制中产生了起草、讨论、修改、润色四个环节，然后定稿。每个环节均有专人负责，形成为制度。这一制度不但在郑国，其他诸侯国也实行，如春秋时鲁襄公的臣子大叔就是专门负责修正文告辞句的官员。这一制度，尤其是修改、润色两个环节的建立，不但保证了文书的准确性，而且使文字风格大有改进，出现了不少散文体的文书，它们文字精练、语言丰富、逻辑性很强，有的对人物和事件的记录颇为详细、深刻。

(四) 用印制度

印章在西周已出现，然而未得到广泛使用。到了春秋战国之际，随着奴隶制度的崩溃，封建制度的诞生，各诸侯国的政府机构日趋复杂，表明身份、证实权力、履行职能、沟通上下都需要有一种象征性的信物。于是，印章开始流行。随着社会经济活动的发展，除了政府部门、官员以外，生产、贸易、人事交往等方面也使用起印章来。

当时，各国诸侯的印章称玺，它表示周天子赋予诸侯的权力。各国国君任命卿大夫时也都授于印信为凭，免职时收回。如公元前316年，燕国国君哙为了削弱旧贵族势力，扶植新兴地主阶级力量，决定将王位禅让给相国子之，以推行社会改革，事先就下令将俸禄三百石以上大官（多为旧贵族）的官印全部收回，由子之重新任命新官员。这些官印就是国君授予卿大夫的印章，它不但证明了官员的地位、身份，更重要的是作为各级政府部门职权的合法凭证。所以，各国国君或卿大夫发出公文时都须加盖自己的印章，方为有效。

当时的文书都刻写于简牍上，简牍文书由多片竹简或木片组成，由绳系连，其封页称“检”，在“检”的结绳处糊上一块粘泥，在粘泥上加盖印章，显出印文，粘泥干后很坚硬，这种用印法称为“泥封”也称“封泥”。加盖封泥的文书称为玺书。见于史籍的著名玺书有《齐湣王遗楚怀王书》、《秦昭襄王遗楚怀王书》等；公元前238年，秦国长信侯缪毐叛乱，为了征调县卒及卫卒，就是假造秦王之玺和太后之玺，发文征调的。

战国时期，各国国君还有虎符，是调动军队的印信。虎符以铜铸成虎状，一分为二，出兵时，国君收存其一半，另一半授予统兵出征的将领，国君如欲调动军队，须派使臣携带自己的半边虎符去传令，将领以另一半边对验，如吻合无误，命令才生效。公元前257年，秦攻赵，赵求救于魏，魏王惧秦而不敢出兵相助，魏信陵君在魏王宠姬的帮助下，从魏王卧室窃出半边虎符，赶往驻扎在边境的大将晋鄙军中，假传王命，并击杀晋鄙，才调动十万大军击败秦军，解邯郸之围，挽救了赵国的危亡。可见印章作用之大。

此外，国君派遣的使节、准予经商者及商品出入国境等，都由国君发给印信或加盖印章的文书。文书用印制度保证了文书的有效性、严肃性，防止了公文被伪造，加强了对文书的管理和控制，是文书工作也是秘书工作中的一大进步。

（五）公文传递制度

春秋战国时期各国内部和国与国之间频繁的公文往来，必然导致公文传递制度的产生。西周已有行夫领导的机构，“专掌邦国传递之小事”，东周当沿置这一机构，对传递业务加以发展。

春秋战国时期陆路交通四通八达，江河和海上交通更为发达，黄河通过鸿沟与济、汝、淮、泗四水相会，中原地区的宋、陈、卫、郑、蔡、曹等国都能通过水路往来，南方的江、淮、汉水、松江、钱塘江，北方的济、沂等河与人工开凿的鸿沟、邗沟都通航，形成了一个水上交通网，为公文的传递创造了良好的自然条件。

《孟子·公孙丑上》记载“德之流行，速于置邮而传命”。此处的“邮”即路途间专供传递文书者食宿的“传书舍”，也称“传舍”，设有传舍吏专管。这说明当时已经建立了公文传递网。而且，根据公文的缓、急之别和传送目的地的远近，分别以车、马快传或徒步传送。《国语·吴语》记载吴王的言论时说：“徒遽来告，孤日夜相继，匍匐就君。”韦昭注：“徒，步也。遽，传车也。”明顾炎武《日知录·驿》中也断定，春秋时已经用驿马传递文书急件了。

公文传递制度的建立，使文书有了畅通的运转通道，保证其能较迅速地送达目的地，同样是秘书工作中的一大进步。

三、公文文体

整个先秦时期，从夏至战国，公文文体由简单至复杂，越来越多。兹依典籍记载，梳理介绍如下：

（一）王命文书（下行文）

誓——帝王动员部下讨伐敌方的命令性文书，是我国最早出现的公务文书，夏朝时就已经产生。如夏朝的《甘誓》、商朝的《汤誓》、西周的《牧誓》等。

诰——帝王或执政大臣勉励属下的文书，商朝时出现。如商汤的《帝诰》，西周时的《召诰》、《酒诰》等。

命——帝王或执政大臣代表国家发布的命令性文书，商朝时产生。如商朝伊的《肆命》、西周的《顾命》等。

策——帝王封赏王族宗子、贵族、功臣及发布命令的文书，西周时出现。

典——中央政府颁布制度、法规的文书，西周时产生（夏以前的“典”为记录首领典范行为的文体，与之名同实异）。如“建邦六典”。

令——周天子发布的命令性文书，产生于战国时期，系夏、商、西周时诰、誓、命的改称。由于当时王室衰微，令不常见，其作用也大为减弱。

檄文——周天子、各国诸侯或卿大夫用来征召、晓喻或声讨敌方的文书。产生于战国时期，《史记》中就有“为文檄告楚相”的记载。檄文的特点是“事昭而理辨，气盛而辞断”，即叙事明白、说理雄辩、气势强盛、话辞果断，忌隐晦曲折、和缓细巧。声讨性质的檄文往往要宣扬己方的英明，揭露敌方的罪行，分析敌我形势和人心向背，算计彼此力量的强弱，以鼓舞士气，有些类似于古代的誓。由于各国间战争频繁，此文体最为常见。

(二) 上行文

上书——臣下向天子或国君陈述政见的文书。是后代奏、章、表、疏等的前身。上书往往就一件事，运用铺陈、排比的手法，依据确凿的历史事件，纵横议论，逻辑性很强，富有说服力，而且语言形象、生动、有力。其代表作如李斯上秦王的《谏逐客书》。

事书——诸侯及地方政府官员向天子或中央政府汇报事情、请示问题的文书。

丁籍——诸侯国及地方政府将所辖境内的人户、土地、车马、财物及收支数目等定期上报的文书。

计书——郡县主官每年年终将下一年度的民户、赋税的项目、数量作出预算，写在木券上，呈送给国君的文书，相当于现代的财政预算文书。国君将木券一剖为二，自己执左券，右券发还郡县（一说国君执右券，郡县执左券），至下一年度终了时，国君便据右券验收郡县上缴的赋税，并以此作为考核官员实绩的依据。

（三）平行文

盟书——西周时期，周天子与诸侯之间、各诸侯国之间、诸侯和卿大夫之间杀牲歃血、对神盟誓而订立的协议，它没有命令的性质，而是各方均须共同遵守的规则，所以，当划入平行文一类。

载书——也称盟书，系由西周时的盟书演化而来，其实质有所变化。可分为两类：一类是由实力雄厚的诸侯国君，即争得霸主地位的盟主召集各国国君制订的协议，这种协议形式上是须共同遵守的平行文，实质上是强国兼并弱国、大国兼并或瓜分小国的约定，是一种剥削和掠夺的手段；另一类是各诸侯国内部新兴地主阶级之间为壮大力量，联合起来向奴隶主旧贵族夺权而订立的协议。春秋末期开始，剩下的几个大国处于暂时的势均力敌、相互对峙的状态，而各大国内部在社会改革中新旧势力的斗争却趋于激烈，所以，这类盟书较多。最著名的有1956年冬在山西侯马晋国遗址出土的《侯马盟书》。它是春秋末年晋国新兴地主阶级的代表人物卿大夫赵简子（即赵鞅）为盟主时，与晋阳赵氏订立的盟书，相约赵氏集团团结一致，反对招纳奴隶，并组织力量讨伐旧贵族荀寅、范吉射等人。近年来在河南温县出土的《温县盟书》也属此类。这一类盟书，签约各方地位平等，平行文的性质较为明显。

移书——国与国之间、各国官员之间或国内不相统属的各官署之间的往来公文。当时各国交往频繁，国内事务繁琐，这类文书甚为常见。

此外，尚有：

谱牒——记录王室世系的家谱，是实行宗法制、嗣立或分封王族、维护其特殊政治地位的依据。

版——记载周王朝人口、户籍的文书。

图——记载周王朝山川、境土的文书。

《周礼·天官·小宰》云："版谓夫家生齿之版，图谓土地风气之图。"说明版、图是王朝用以摊派贡赋、实行统治的重要依据。同时，它们也是处理民间纠纷的一种依据，凡闾里居民之间发生争讼，则根据户籍之版、土地之图来裁决。

丹书——记载奴隶的名籍，又称奴隶文书，因为以朱色书写，故而得名。《左传·襄公二十三年》就记载一个名叫斐豹的奴隶是登录于丹书上的。奴隶是西周社会最底层的阶级，奴隶主为了世代奴役他们，将其另造名册，以明身份，世代相袭，起约束作用。

约剂——周王朝为了维护各种关系而制定的法律性文书，使用范围非常广泛。近人许同莘的《公牍学史》卷1中就说，凡"治神人，和上下，凡君民之间所以互相维持者，莫不有约剂之义在"。它大致分为两类：一类是天子与诸侯、臣民之间的关系准则，有邦国之约、万民之约等，类似于下行文，因各种典虽是治国治民的根本大法，但不完善，当出现新问题时，典难以施行，就另立约剂作出具体规定，作为典的补充；另一类是诸侯、大夫之间关系的准则，类似于盟书，故合称盟约，相当于平行文。

四、档案工作

（一）中央档案机构——天府的设立

西周时期，由于档案种类、数量增多，档案业务较商朝复杂，因而，设立起我国历史上最早的中央档案机构——天府。根据我们寻查到的古籍，兹对天府的情况作一介绍。

1. 天府收藏的档案种类

天府收藏的档案，主要有如下几类：

第一类：版、图。它们是记载王朝土地、人口的重要材料，是周天子实行统治的基础，必须郑重保藏起来。

第二类：谱籍。它是王族特殊政治地位的依据，是保证家天下制度世代相袭的标志，也须妥善贮存起来。

第三类：盟约。《周礼·秋官·司寇》云："凡邦之大盟约，莅其盟书，而登之于天府。"

第四类：各级官府上呈的重要文书。《周礼·春官·天府》云："凡官府乡州，及都鄙之治中，受而藏之。"

第五类：金文文书。它记载的都是重大史事和天子的训诰，当严加保存，以昭示后代。

第六类：甲骨文书。它是周初重大政事的真实记录，也须集中保存。

可见，天府收藏的档案种类较多，内容较丰富，它们统称为“天府之藏”。

2. 天府的处所

天府置于何处？古籍中没有直接记载，但根据有关记录，可以推知其是置于都城的宗庙里。理由如下：

第一，《周礼·春官·天府》云：“天府掌祖庙之守藏。”即重要的档案收藏于祖庙，由天府掌管、守护。

第二，《周礼·秋官·司寇》云：“凡大约剂书于宗彝。”宗彝即收存于宗庙内的金文文书，可知天府设于宗庙。

第三，商朝的甲骨档案藏于宗庙，周当继续这一传统。西周的甲骨文集中出于早期的都城周原凤雏村宫殿遗址内，就证实了这一点。

宗庙是周王室祖先神灵所在之处，是神圣的场所，建筑比较坚固，便于保密和守护，所谓“事莫始于宗庙，地莫严于宗庙”。重要档案收藏于此，既安全，便于查考，又有祭供祖先、求取庇佑的用意。

3. 天府的地位

周初的中央政府设有“九府”，即九个职能部门，计有：大府、王府、内府、外府、泉府、天府、职内府、职金府、职币府。天府为“九府”之一，相当于现代的部级单位，地位颇高。由于宗庙和其中的档案在统治阶级心目中占有神圣的地位，所以，天府这一机构当然为统治阶级所高度重视。负责保管天府档案的人员称“守藏史”，他们父死子继，世代相袭，成为天府世家。

焦循的《群经宫室图》云：“盖五庙之制，自虞至周，自天子至附庸皆同。”也就是说，西周的各诸侯国也各自于国都筑有宗庙，它们应当也仿照周制，于宗庙置天府以收藏档案，只是限于礼治制度，其规模没有中央政府的天府那样大而已。

（二）副本制度和金藤之匮

西周的重要文书，除正本之外，大都录制有副本多份。正本收贮于天府，其余副本据《周礼·秋官·司寇》记载，分别保存于“太史、内史、司会及六官”处，这是我国文书档案工作中副本制度的起始。同时，说明除天府之外，太史寮、司会及六官处也收藏有档案。

约于西周时，创制了用金属封缄的匮子（一说以金质绳索捆扎箱匝），称“金藤之匮”，用来收藏一些最机密、最重要的档案。如武王于开国后病倒，周公眼见王朝初立，天下未定，不能失去武王，就祈求祖先神灵，愿以自己代武王去死。这一记录就藏于“金藤之匮”中。这一方法为历代王朝所继承，如《汉书·高帝纪下》记载，刘邦与功臣“剖符作誓”，将盟书封存于金匮石室，藏于宗庙。

(三) 档案开始被广泛利用

夏、商、西周三代，档案作为神圣之物，被保存得森严壁垒，束之高阁。自东周起，由于周王室内乱不断，奴隶、平民起义不绝，各诸侯国之间兼并战争剧烈，使中央政府和各诸侯国的大量档案或被毁，或流散于社会。当时的档案为知识的结晶，它大量流散于社会，一方面使档案遭到破坏、损失；另一方面，却使档案从少数奴隶主贵族的垄断中解放出来，突破了学在官府的旧框套，使更多的人能从中了解史事，学习文化知识，广泛利用它来增进和传播知识。

当时，对档案的利用主要有以下几种形式：

1. 作为统治和施政的工具

与衰落的周王室、被攻灭小国的档案流散相对应，强盛起来的大国和战胜国纷纷加强了对档案的收藏、保管、利用，其中最被重视的是版、图，它们是征服和吞并小国的标志，是统治权力的象征，是争夺天下的基础，各国无不严加收藏。如秦在攻灭六国过程中，对本国和被攻灭国的版、图都由丞相府和御史府收贮，由柱下史专门保管，并加以完善。如《商君书·去疆篇》记载，商鞅变法时，凡境内的男女人丁悉数被登录于户籍上，“生则著其名，死则削其籍”，作为征调赋税、兵役、力役的精确依据，以使“民不逃粟，野无荒年则国富，国富则疆”，被用作剥削人民的重要工具。

各国变法中繁多的法令文书，颁行后也都被妥善收存起来，以供统治者随时查用，作为施政的工具。《商君书》记载，商鞅变法时，凡法令文书除正本之外，复制有副本多份，一份收存于王宫禁室内，“封以禁印”，由少府派遣尚书保管，不准私自启阅，专供国君查用，其余的分别存放于丞相府，御史府，郡、县官员处，各设专人保管，以供各级官员及平民查询。

2. 作为传授学问的工具

流散于社会上的档案，主要被士所利用。士为了提高自身的文化修养，完善自己的政治主张，学习理政经验，希望从官府档案中吸取养分，寻找历史依据。所以，他们十分注意收集档案，进行研究，其中造诣深者还利用档案开办私学，招纳弟子，传授学问，造成了一股解释、探索社会大变革趋势、归宿的风气，形成了文化学术上墨、儒、道、法等百家争鸣的繁荣局面。在这方面作出杰出贡献的有老子、孔子、墨子、荀子、孟子、庄子、韩非子等人，尤以孔子为佼佼者。孔子（公元前551～公元前479年），名丘，字仲尼，宋国贵族后裔，因遭家难而迁居鲁国，为没落贵族出身的士。为了推行自己的政治主张，曾两度周游列国，中年后开始授徒讲学。他致力于收集流散于社会上的档案，曾“适周问礼”，求教于曾负责保管东周王室档案的老子，并收集得鲁、宋、杞等国及周王室的档案，遣弟子四处搜求而“得百二十国宝书”。

孔子等学问家利用档案办学，开创了“学在私门”的风气，打破了“学在官府”的垄断局面，对古代文化学术的发展作出了杰出的贡献，也培养了大批人才，其中不少人作为游士，担任过秘书官职，客观上为培养秘书人员起了一定的作用。

3. 档案被汇编成集

孔子等人在收集了大量档案、典籍并予以整理、研究后，怀着一定的政治倾向，将其汇编成籍。相传仅孔子就曾经“删诗书，定礼乐，赞周易，修春秋”，即删定“六经”——《诗经》、《尚书》、《礼记》、《礼仪》、《周易》、《春秋》。清代章学诚的《文史通义》经解中云："故夫子之述六经，皆取先王典章。""六经"中影响最大的为《尚书》、《诗经》、《春秋》。

《尚书》已见前述，是上古政治文件档案的汇编。《荀子·劝学篇》云："书者，政事之纪也。"《汉书·艺文志》云："书之所起远矣，至孔子纂 。"

《诗经》也已见前述，是西周初年至春秋时期采集民歌的汇编，有三百余篇。《史记·孔子世家》云："古者诗三千余篇，及至孔子，去其重，取可施于礼义，上采契、后稷，中述殷周之盛，至幽厉之缺，凡三百五篇。"《汉书·艺文志》也曰："孔子纯取周礼，上采殷，下取鲁，凡三百五篇。"可见是孔子精选而编成，它是我国第一部诗歌总集。

《春秋》是依据鲁国史官保存的档案改订而成，其内容始于鲁隐公元年（公元前722年），迄于鲁哀公十四年（公元前481年），共242年间的史事，其文字简短，每字均寓褒贬之意，号为"春秋笔法"，是我国第一部编年体史书，首创以史书形式汇编一国档案之先例，对我国史学和档案保存都产生了深远的影响。

当时，各国史官为了适应政治斗争和文化学术发展的需要，也纷纷利用档案进行著述。相传《左传》和《国语》就是鲁国太史左丘明依据大量档案编纂而成的，尤其《国语》完全是春秋战国时期各国史事的汇编。

这些古籍以史书的形式，将我国古代大量的珍贵档案保存了下来，流传给后人，使我们能了解几千年前先民的活动。同时，也开始形成了我国秘书工作中的一大优良传统——利用档案汇编成典籍、史书。

第四节　西周的社会调查制度

社会调查是行政决策的基础，是秘书部门的一项重要业务。西周统治者在立国伊始的一些做法事实上建立了社会调查制度。

周朝民间流行编唱民歌。东汉何休注《公羊传·宣公十五年》曰："男女有所怨恨，相从而歌。饥者歌其食，劳者歌其事。"民歌真实地反映了劳动人民的处境生计、喜怒哀乐和民俗风情、社会状况。宋朱熹《诗集传序》说："凡诗所谓风者，多出于里巷歌谣之作。"民歌即为"风"。西周统治者通过采集"风"，了解民情，这就是一种社会调查。采风有各种规定，形成为一套制度。

一、社会调查兴起的原因

西周统治者为何建立采风这一社会调查制度呢？概括起来，有如下原因：

第一，鉴于商灭亡的教训，慑于人民群众的巨大威力。

周原是商的一个附属小邦，周武王趁商纣王昏暴乱国、众叛亲离、民心思变之际，联合众多小邦，经牧野一战，攻灭了商。牧野之战中，纣王亲自统率的七十万军阵前倒戈，成为周胜商亡的重要原因。这一重大事件不能不引起周初统治者的震惊、深思，感到民心的重要，人民群众威力的巨大，要使初建的周王朝站稳脚跟，必须了解民情。

第二，周初统治者对新的统治区域缺乏了解。

周以偏居一隅的小邦成为天下共主，亡商的疆域广袤，域内小邦林立，商残余势力尚存，对周初统治者来说，这是一片陌生而危机四伏的地域，一汪深浅莫测的海洋，除了周活动过的旧地以外，对大部分地区的风俗、情况少有所知，要在这些地区建立起新的统治秩序，必须进行社会调查。

第三，西周统治者重人治，轻鬼神。

《礼记·表记》云："殷人尊神，率民以事神，先鬼后礼。"而"周人尊礼尚施，事鬼敬神而远之"。西周统治者虽然也祭神祀祖，然更注视人治。周公就曾表白："天不可信，我道惟宁王德延。"（《周书·君奭》）所以，他们勤于朝政，谨慎于民事，不敢懈怠。如此重视人治的统治者，必然要求了解、掌握民间动态。

第四，社会调查是周的传统。

《诗经·大雅》中的《生民》、《绵》、《皇矣》、《大明》等篇，反映了周祖先后稷、公刘、古公亶父一直到文王时的社会情况，说明周早在建国前就有了社会调查的传统。武王之父文王在位五十年，积善累德，教化推行于南国，使周成为人心归向的强盛之邦，为灭商奠定了基础。文王少年时曾亲自参加农牧生产，直接接触民众，并关心百姓疾苦，懂得了解民情的重要性。所以，周初统治者继承了这一行之有效的方法，使之为巩固初立的王朝而服务。

二、社会调查制度的内容

西周的社会调查工作由专人总管，由多种人员来承担。调查的时间、方法、情况的上报、汇集都有规定，形成一套较严密的制度。

(一) 各类调查人员和调查方法

全国主管调查工作的是太师。政府设有"采诗之官"，他们分为不同的层次。"从十月尽正月止，男年六十，女年五十无子者，官衣食之，使之民间采诗。"(何休注《公羊传》)，这是从民间提拔专事采风的公职人员，要求年龄高，可使采诗人员具有较丰富的社会生活经验。

《汉书·食货志》云："孟春三月，行人振木铎，徇于路以采诗。"行人是《周礼》中秋官的属下，专管朝觐、聘问，并随时接受天子的咨询，提供民情。为此，他在每年的阳春三月，巡游各地，站在交通要道，摇着木铎（一种类似铜铃的乐器，铜口，木舌），征求民歌，这是朝廷中指定的采风官员。

《国语》中记召公语曰："公卿至于列士献诗。"相传《诗经》中的《豳风·鸱鸮》、《小雅·棠棣》即为周公所作。可知天子要求公卿列士这些职位颇高的官员也要通过各种途径采集民歌，向他反映。

此外，古籍中还有"国史采诗"的记载，说明史官也负有采风的任务。

周天子也亲自定期下民间调查，"天子五年一巡守，岁二月东巡守……命太师陈诗以观民俗"（《礼记·王制》)。

调查是定期的、经常性的，民间提拔的采风人员调查时间是每年"十月尽正月止"，行人是每年"孟春三月"，天子为每隔五年的春二月。

（二）调查情况的上报程序

各类人员调查所获的情况需及时上报。上报有几种方式：一是逐级上报，如从民间提拔的采风人员，因礼治制度规定的身份等级，不能直接面见天子，需将调查情况由“乡移于邑，邑移于国，国以闻于天子”（何休注《公羊传》）。从乡野上报至城邑，由城邑上报至国都，再汇报于天子，“故王者不出牖户，尽知天下所苦”（《汉书·食货志》）。二是职位高的官员可直接将调查情况向天子陈述，如“公卿至于列士献诗”。三是行人采集之风，应“献之于太师，比其音律，以闻于天子”（《汉书·食货志》）。

朝廷专设有乐官，将采集之诗配上乐曲，唱给天子听。“有瞽有瞽，在周之庭。”（《诗经·周颂·有瞽》）“瞽”就是乐官。

（三）调查地域和延续时间

西周社会调查的目的是使统治者“不出牖户而知天下”，从中“观风俗、知得失、自考正也”（《汉书·艺文志》），所以，调查的范围几乎遍及周王朝的整个统治区域。这从《诗经》中占大部分篇幅的《国风》（即各国的风俗民情）中可以证实。《国风》涉及十五国，即周南、召南、邶、鄘、卫、王、郑、齐、魏、唐、秦、陈、桧、曹、豳，相当于今之陕西、山西、河北、河南、山东及湖北一带，主要在黄河流域，也远及长江流域，可见调查范围之广阔。

《诗经》中所收之民歌，绝大部分是西周初年至春秋后期的作品，从约公元前11世纪，延续了五百多年，西周在公元前771年灭亡，说明采风不但盛行于整个西周时期，也为东周所沿袭。

（四）调查内容

从《诗经》中可知，采集的民情包括各方面的内容。有反映劳动人民生计艰难，贵族对他们的剥削、压迫和他们的愤怒，如《七月》、《伐檀》、《硕鼠》、《黄鸟》等篇；有反映人民对连年不断的战争的厌恶和战争造成的妻离子散、田园荒芜的惨景，如《何草不黄》、《击鼓》、《伯兮》、《东山》等篇；有反映人民对统治者的怨恨，如《节南山》、《小弁》、《正月》等篇；有反映统治阶级内部矛盾，如《雨无正》、《巧言》、《召》等篇；也有反映人民的家庭生活和对安定生活的向往，前者如《氓》，后者如《十亩之间》、《芣苢》、《野有蔓草》等篇。

总之，采风的内容包罗万象，涉及到社会的各个角落，是对社会现状的综合调查。明智的统治者可以从这些第一手材料中“知天下”，觉察到隐伏着的危机，制定出相应的政策来缓和社会矛盾，安定社会秩序，巩固自己的统治。

西周进行的规模如此之大、范围如此之广、时间如此之长的社会调查，是我国古代国家行政管理工作中的一大创举。它所以能实行并长期坚持，一个重要的原因是西周各级政府中普遍设置了秘书人员，行人是中央政府中的秘书官员，将调查情况从乡、邑，上报到天子的工作，也由各级秘书人员承担，所以，这又是我国古代秘书工作的一大创举。这一制度除了被东周继承，直到西汉还在实行，如汉武帝曾“立乐府，采诗夜诵”。这说明我国秘书工作者有着注重社会调查、广泛收集第一手资料以供领导者决策、参考的优良传统。

复习思考题：

1. 西周太史寮的五史各自的职责、地位如何？
2. 史官具有哪些特点和素质？
3. 史官衰弱的原因是什么？
4. 战国时期产生了哪些新的秘书官职？
5. 士充实秘书队伍的历史背景、特点、意义是什么？
6. 两周有哪些文书载体？
7. 两周有哪些文书工作的初步规则？
8. 两周有哪些主要的公文文体？
9. 概述天府的所在、地位和收藏哪些档案。
10. 两周的档案被利用于哪些方面？
11. 概述两周社会调查的兴起原因和其内容。
12. 为何说两周是我国秘书工作的初创时期？

第三章　秦、汉时期的秘书工作

秦、汉是我国封建社会的确立时期。

秦始皇统一中国后，创设起一整套中央集权的国家机构，从中央到地方，在全国范围内统一的秘书机构也随之形成。同时，又建立起全国划一的各项秘书工作制度，并初步试图以法令的手段使这些制度稳定开来，从而为封建社会的秘书工作举行了“奠基礼”。

由于秦王朝的短命，这些制度未在秦朝得到充分发展，继起的两汉王朝在巩固统一的封建王朝的过程中，对秦朝的秘书工作制度增损变通，予以充实，使之逐步趋于稳定，并随着统一的封建王朝确立下来，其基本内容为以后历代王朝所仿照、沿袭，视作基本模式。

因此，秦、汉时期是我国秘书工作的确立时期。

第一节　秘书机构的确立和演进

公元前221年，秦攻灭六国，一统天下，建立起我国历史上第一个统一的封建君主专制王朝。随之，它建立起了全新的政体，设置起了各级秘书机构。

一、从丞相府到尚书台

秦朝以丞相府、太尉府和御史大夫寺为政府的中枢机构，其秘书工作以丞相府为主，御史大夫寺为辅。

丞相府设有左、右丞相，由皇帝任命，大多由文人担任，职责为“掌丞天子，助理万机”(《汉书·百官公卿表》)。“丞”字通“承”，“相”是辅助的意思，即秉承天子旨意，协助处理国政。丞相府内设有各曹，各曹均配备有办事官吏。

由于秦始皇实行高度的君主集权，集军事、政治、经济大权于一身，事无大小，一决于己，因此，秦朝的丞相府仅有参谋权，没有决策权，以处理政府日常事务为主要工作，具有明显的从属性。凡地方郡县官衙和军队上呈的文书，都送交丞相府，由丞相府整理后送给皇宫秘书官尚书，转呈皇帝，然后根据尚书转达的皇帝的口谕或批复进行议决、处理，处理完毕后加以收藏。凡皇帝下达的诏书，由尚书转交丞相府，分送各相关官衙执行。

可见，秦朝的丞相府实际是皇帝处理政务的办公厅，丞相则相当于皇帝的首席参谋兼办公厅主任，具有秘书首脑的性质。

丞相府作为秦朝中央政府的秘书机构，帮助进行全国范围内的政务管理，其作用远比前代王朝的秘书机构要大，而且这在中国历史上还是第一次。

秦朝的丞相府在二世昏庸、赵高为相时，职权已出现扩大的趋势，由于秦朝不久就灭亡了，所以，这一趋势没有得到充分发展。

公元前202年，西汉建立。汉初，政体沿袭秦制，到武帝时，对政体开始实行变革，中央政府的秘书机构也随之演进。这一演进过程经历了以下几个阶段。

（一）削弱相府，起用尚书

汉初，丞相府仍如秦制，是皇帝处理政务的办公厅。但是，随着国家行政管理事务的增多，其下属机构也随之增多，除原有的各曹以外，还增加了掌管天下章奏的奏曹、统领百官奏事的西曹、掌管全国户籍的户曹等等。各曹均设有令史或掾负责曹内的文书事务，因而，府内属官大量增加，最多时曾达三百六十多人。

丞相的职权也随机构的扩展而增大了，凡选用和罢黜官吏、执行诛罚、郡国的上计、考课、百官的朝仪、奏事、封驳等等，丞相都有权过问，并开始拥有相对独立的决策权，虽须上奏皇帝，然而，“丞相所请，靡有不听”（《汉书·萧何列传》），丞相的地位因而也提高了。萧何为相时，可以佩剑上殿，入朝不趋，奏事不名，皇帝见了，要“御座为起，在舆为下”（《汉书·萧何列传》）。到了汉武帝时，丞相的权势更盛，《史记·魏其武安侯列传》记载，丞相田蚡入朝奏事，武帝“所言皆听”。后来，田蚡要求武帝不断地任命他中意的人为官，对此，武帝十分不满，说：“你推荐的人够了吧，我也要任用一些人呢。”可见，丞相已不再是秦朝时对皇帝俯首贴耳的办公厅主任，而是手握重柄的执政大臣了；丞相府也不再是往日皇帝的办公厅，而演变为一个政权实体，其作为皇帝秘书机构的因素日渐减弱。

另一方面，自刘邦起，各个有为的皇帝为了提高皇权，都致力于建立各项树立皇帝至高无上地位的制度。蔡邕《独断》卷上表述：“汉天子正号曰皇帝，自称曰朕，臣民称之曰陛下。其言曰制诏，史官记事曰上，车马衣服器械百物曰乘舆，所在曰行在，所居曰禁中，后曰省中，印曰玺，所至曰幸，所进曰御。”

这样，一方面是皇帝要极力提高自己的专制地位；另一方面是丞相的权势日益增大，皇权与相权之间就产生了矛盾。汉武帝时，这种矛盾达到尖锐化，有着雄才大略的汉武帝怀着对皇权旁落的担忧，开始对丞相的职权加以削弱、抑制。他命令三公之下的九卿可以不经过相府，直接向皇帝奏事，由他亲自批答。起初，文书数量不多，他能够亲自处理。后来，奏章日多，无论从个人精力上还是从时间上来说，他都无法承担了，少数重要或复杂的可交朝臣“集议”，而大多数公文则必须委托人帮助审阅，提出初步意见。为此，他开始物色人选，重新设立一个协助他处理文书业务的秘书机构，来替代丞相府。于是，他看中了尚书。

尚书在秦朝已有，汉朝沿置，隶属于皇帝的私府（即少府），设有四人，以其中一人为首领，称尚书仆射。尚书负责皇帝的文书收发事务，凡丞相府上呈皇帝的文书，由他们转呈皇帝；凡皇帝的诏令也由他转交丞相府或御史寺，颁布执行，并负责保管专供皇帝查阅的重要档案。《通典》记载：“秦少府遣吏四人在殿中主发书，谓之尚书。”由此可知，尚书属吏一类人员，秩位不高，还无拆阅奏章的权力，只起传递文件、上情下达和下情上达的作用。由于他们既熟悉中央政府的秘书业务，又职位低微，最重要的是他们经常接近皇帝，为皇帝所信任。于是，汉武帝委托他们拆阅奏章，对奏章中涉及的问题提出初步意见，进而又有权裁决奏章。《汉书·魏相传》记载："故事，诸上书者，皆为两封，署其一曰副，领尚书者先发副封，所言不善，屏去不奏。"

尚书有权拆阅、过滤奏章，说明他们职权增大，地位提高了，并建立了初步的官衙，称尚书署。

(二) 尚书台的设立

成帝时，又将原为副丞相的御史大夫改称大司空，与大司马(太尉)、丞相并列为相，进一步削弱丞相职权（哀帝时，更将丞相名称去除，改称大司徒)。同时，进一步信用尚书，将尚书组织成独立的官衙，称尚书台，其办公处设于皇宫内，称禁中，也称省中、台阁。尚书台设尚书五人，以一人为首领，称尚书仆射，其他四人分曹办事。

尚书台的设立，标志着新的秘书机构正式形成，开始将丞相府的秘书职能转移至皇宫来，使它成为皇帝的机要秘书处，其首领颇受皇帝重用，不少人由此职位升任为丞相。如成帝时的孔光，任尚书台首领十余年，掌管朝廷机要，尽心尽力，深受重用，后被升任丞相。

(三) 尚书台最后取代相府

西汉末年，外戚王莽篡国，灭汉建新朝。王莽的苛政激发了绿林、赤眉大起义。公元25年，西汉皇族刘秀利用农民大起义的力量，重建汉朝，是为东汉。东汉是西汉的延续，其制度沿袭西汉。

刘秀鉴于王莽篡国的教训，极力提高皇权，将西汉开始的中央秘书机构的变革予以继续，使之完成。他进一步削弱三公权力，直接处理政务，为此，继续增强其机要秘书处——尚书台的职权，使尚书台的职掌更宽，凡章奏的收发、拆阅、批处、审查，诏书的起草、封印、转发、记录、底本的保存，帝命的传达，直至对百官的选任、奖罚，无所不统。《后汉书·李固传》载："今陛下之有尚书，犹天之有北斗也。斗为天喉舌，尚书亦为陛下喉舌……尚书出纳王命，赋政四海，位尊权重，责之所归。"《后汉书·仲长统传》说："光武皇帝……政不任下，虽置三公，事归台阁。"三公已成为无实权的荣誉职称，尚书台的作用已大于三公府。

这样，新的中央秘书机构确立了，它替代原先的相府，成为皇帝的办公厅，这标志着从汉武帝开始的将相府的秘书职能转移至皇宫的任务已经完成。

（四）尚书台的结构及地位

光武帝时的尚书台规模颇大，结构严整，主要由以下官员、部门组成：

尚书令——尚书台的主官，直接对皇帝负责，总揽台务，相当于皇帝的办公厅主任。

尚书仆射——尚书令的副手，尚书令不在时由他代行其职。

尚书左丞——负责台内纲纪，处理台内日常事务，相当于尚书台内的秘书长。

尚书右丞——掌管台内钱谷等后勤事务，相当于台内的事务长。

尚书台下分设六曹理事，据《后汉书·百官志三》记载，六曹主官分别为：

三公曹尚书——掌管断狱之事的奏章。

吏部曹尚书——掌管公御的奏章。

民曹尚书——掌管低级官吏的奏章。

二千石曹尚书——掌管郡国二千石以上官员的奏章。

南主客曹尚书——掌管南方各外邦和少数民族的往来文书。

北主客曹尚书——掌管北方各外邦和少数民族的往来文书。

尚书台还从孝廉中选有才能者三十六人，配给每曹六人，称为尚书郎，在皇帝左右处理文书，初入台时称“守尚书郎中”，满一年后称尚书郎，满三年后称侍郎。每曹另辖有令史三名，掌管曹内文书事务。

尚书台的官员地位不高，但备受皇帝优待。如尚书令、尚书丞、尚书郎均仅为年四百石的低品官员，但尚书令在朝会时，皇帝特地为他设有专座，不与百官联席，以示殊荣。凡公御大夫、皇宫内的左右中郎将、校尉等官员，如路遇尚书令、尚书仆射、尚书丞时，都得礼让，待台官过后才行路。由于尚书令地位重要，不论三公、大将军，要成为有实权的执政大臣，必须被授予“领尚书事”或“录尚书事”的衔，意为总领尚书台事务，有权审阅、批发奏章和经手诏书等公文，才能真正掌管国家行政大权。

尚书台发展至东汉末年，职权膨胀，俨然如昔日丞相府，旋被曹操以秘书令替代。

丞相府为尚书台逐步取代的过程，说明在封建社会中，皇帝设置秘书机构的目的是集国家大权于一身，保证其实行君主独裁。一旦此秘书机构职权扩大，威胁到皇权，皇帝就予以抑制、削弱，或直接解散，重新设立一个听命于他的新的秘书机构。这种现象自西汉武帝始，在以后两千多年中反复出现，形成一条规律。它导致封建社会中央秘书机构处于反复建立、兴盛、削弱、解体的周期性演变之中，致使秘书官员的职称处于不断变更、秘书人员处于不断的流动中，具有明显的不稳定性。

二、其他中央秘书机构

(一) 御史寺秘书职能的盛衰

秦在战国时期设置了御史，统一全国后，御史作为皇帝的亲信秘书官员，受到擢升，与丞相、太尉并列为三公，有官署御史寺，配合丞相领导中央政府的整个秘书工作。御史的职掌在秦代时很宽，主要有：

第一，收受公卿、百官吏民的奏事。

第二，掌管“图籍秘书”，即版籍、地图等重要档案和法律文件，以供官民查询。秦朝重法治，法令繁多，为使其推行，规定一切法令都须定期向御史校对，不容许有任何错乱或篡改，保证全国一致。

第三，负有监察百官之职。

第四，受命处理皇帝亲自交办的事项。如公元前211年，有陨石坠落于东郡，有人在陨石上刻写了“始皇帝死而地分”一语，秦始皇立即派御史前往调查。

第五，受遣代皇帝巡视各郡。《史记·蒙恬列传》记载，秦二世曾“遣御史曲宫乘传之代”。《淮南子·泰族训》中记载：“御史冠盖接于郡县。”说明御史受遣巡视于各郡县是经常性的。

第六，被遣往各郡监理郡务。《通典·职官》记载：“秦以御史监理诸郡，谓之监御史。”如监督开凿灵渠的监禄就是派出的御史。

第七，被遣往军队监军。《史记·曹相国世家》记载，曹参击败秦将杨熊时，俘虏一名监军的御史。

可见，御史被皇帝视作亲信，关系非同一般，实际上是皇帝的亲信秘书官。古籍中所见的秦朝御史甚多，如冯劫、钱产、李县、张苍、曲宫、监禄、程邈等人。

西汉初期，御史寺的职权比秦朝增大，它除了负有监督百官、执法等职责以外，承担的秘书工作日益增多，某些制书、诏书须经御史大夫过目，再由丞相府发给各部门办理。下级部门或地方官署上呈的文书，也由御史初阅、筛选，对违反圣意或不合规范的公文，予以筛除，直至弹劾上呈该公文的官员；国家的律令和郡国的上计文书均由御史寺收存。为了削弱相府，皇帝在起用尚书的同时，还将相府的一些秘书职能划给御史寺，这样，御史寺的规模也随之扩大。

御史大夫配备有副职御史中丞，下隶御史，约有三十人，处理纠察百官的文书，又有侍御史十五人，分为两部分，分别对口管理中朝和外朝的往来文书，其中有符玺侍御史专管皇帝的玉玺、符节，治书侍御史在皇帝身边记录言行。

这一时期，是御史寺秘书职权最盛之时。

御史寺内也分曹办事，其中的奏曹专管拟写奏章，书曹负责收受、处理文书，令曹掌管秘令、法令，印曹掌管刻印。各曹均设有令史，下隶吏掾等一般秘书下吏，从事文书档案工作。

成帝时，御史大夫被擢升为与丞相、大司马并列的相，御史中丞遂递补为御史寺首领。东汉“事归台阁”，御史寺承担的秘书事务，一部分移至尚书台，一部分转归太尉府，它成为专事监察百官，保管图籍档案的机构，其秘书职能也就消失了。

(二) 皇宫、朝廷的秘书机构分流

战国时期，各国沿袭西周制度，设有王宫秘书官员，秦统一中国后，也设置了皇宫秘书官员。秦朝在中央实行三公九卿的政体，三公府是朝廷事务机构，九卿中除廷尉、治粟内史、典客、奉常四

卿外，其余基本上是为皇宫服务的，私府与三公府相混合，其中的不少秘书官员既是三公府官员，又属皇宫秘书人员，划分不明显。

西汉武帝时，在起用尚书、削弱相府的同时，将中央官员划分为“外朝”和“中朝”两大体系。丞相府被划为“外朝”，官衙设于皇宫外，属政府系统；由皇帝的近侍组成“中朝”，在皇宫内直接秉承皇帝的旨意办事。由此，皇帝私府和中央政府官署混合的局面结束了，中央秘书机构也随之划分为皇宫和朝廷两部分。

西汉的朝廷秘书机构以丞相府为主，御史寺为辅。

东汉中期，因外戚专权，太尉府的权势上升，凡国家大政都由司徒、司马、司空议决，形成“三公综理政务”、“三公复为宰相”的局面。原丞相府中的曹大都转归太尉府，还增设了法曹、尉曹、贼曹、金曹、谷曹等部门，原先属御史寺的一部分秘书业务也转归它承担，故太尉府成为事实上的政务中心，也是外朝秘书机构之所在。武帝以后的秘书机构以尚书署、尚书台为主，并有宦官秘书机构和其他秘书官职。

(三) 皇宫其他秘书官职

秦、汉两代，除尚书和宦官秘书以外，主要的皇宫秘书官职有：

谒者——负责传达皇帝命令的人员。

符玺令——秦统一中国前称符节令，负责保管皇帝印玺的人员。《通志·氏族略》中记载鲁国被楚国攻灭，鲁顷公之孙入秦，在皇宫任符节令，并改姬姓为符姓。

除上述皇宫秘书以外，汉朝的太史令，其职掌转为推算历法、保管档案图籍，不再参与政事。司马迁就任过汉武帝皇宫中的太史令。

皇宫中还有专掌起居注（逐日记录皇帝言行）的女史，《隋书·经籍二》记载：“汉时起居，似在宫中，为女史之职。”

值得指出的是，东汉桓帝时，在皇宫中设置了秘书监一职，掌管图籍档案，相当于皇宫档案馆馆长，六百石，品级不高。但是，由于他保管的档案图书是供皇帝个人查阅的，故能常接触皇帝，是皇帝亲近之臣，往往得到宠信，实际地位并不低。这是我国历史上首次出现的带有"秘书"两字的官职，但他并非秘书官员。

(四) 宦官秘书

秦始皇实行独裁统治，政事一决于己，对大臣疑虑甚重，晚年很少接见公卿，行踪诡秘。在这种情况下，他宠信身边的宦官，授以保管印玺、起草文书的秘书职权。由此产生了封建统一王朝中的宦官秘书。如秦始皇任用赵高为符玺令。

两汉，皇宫中的宦官秘书主要有：

中常侍——为列侯至郎中的加官，出入宫廷，侍从皇帝，传达诏令，掌管机要文书。

侍中——也为列侯至郎中的加官，往来殿中奏事，后被提升为"切问近对"的侍从顾问，能"喻旨公卿，上殿称制，秉陪见"，品级虽低，权力不小。

黄门侍郎——又称给事黄门侍郎，侍从皇帝，传达诏令。

起初，这些官职大都由宦官充任，尤其中常侍一职，几乎全由宦官担任。刘邦时，大将樊哙直言不讳，以秦始皇宠信赵高而导致乱国的教训告诫刘邦不能亲近宦官。刘邦采纳了这一建议，任用一些士人为中常侍，让他们与宦官秘书相互监督。此举对限制宦官权势甚有成效。但是，刘邦死后，吕后临朝，女主专政，又专任宦官为中常侍，使之"出入卧内"，传宣诏命，刘邦的措施逐渐废弛。下及文帝、武帝之世，传宣诏命，"请奏机事，多用宦人主之"，致使宦官秘书开始参与朝政。

武帝时，曾设中书令，负责起草、传宣诏命，掌管机要，也多以宦官充任。西汉后期改称中者令，也任用一些士人担任，但已不足以监督、制约宦官秘书。汉宣帝提拔宦官石显为中书令，掌管机要文书。至初元时，石显利用职权，欺蒙元帝，害死元帝老师、德高望重的儒臣萧望之，扰乱朝政，宦官秘书势力抬头。

刘秀建东汉，宫中尽用宦官。明帝永平年间，定制设中常侍四人，小黄门十人，统领宦官。东汉中期起，外戚势力膨胀，常擅自废立皇帝。为了专断朝政，所立皇帝都是儿童。小皇帝一旦年长，不甘作傀儡，就利用身边宦官秘书，铲除外戚，旧的外戚被消灭，新的外戚又纠集力量捕杀宦官，另立新帝。东汉王朝就在外戚和宦官不断的相互残杀中衰落、灭亡。和帝时，外戚窦宪执掌朝政，欲除掉和帝。宦官郑众发动宫廷政变，逼杀窦宪，被封为大长秋、剿乡侯，准参与政务，并将中常侍增至十人，小黄门增至二十人，还设置了宦官衙署。从此，宦官秘书作为一股强大的政治力量卷入了东汉的政治旋涡，他们操纵朝政，专横跋扈，导致政治黑暗。

皇帝是名义上的主宰，一切任免大臣的命令只有以他的名义颁布才有效。而拟制、颁布这些命令的是尚书台，所以，尚书台成为宦官秘书和外戚争夺的焦点。控制了它就能洞察机要，能借皇帝的命令置政敌于死地。如桓帝时外戚梁冀专政，桓帝密令宦官单超等人除掉梁冀，梁冀获悉，立即派亲信张恽日夜值宿尚书台，以防宦官制诏、发诏。单超等人见状，即先下手捕捉张恽，再请桓帝出面，命令尚书令尹勋率领尚书台官员，武装起来，把守台阁，并将各种传令的印玺符节全部封存，使梁冀无法以皇帝的名义发布诏令，处于被动挨打的地位，然后以皇帝的名义发禁军逼杀梁冀。

宦官在一系列残酷的杀戮中所以能成为一股势力，正是因为他们利用皇帝秘书的身份，控制着皇宫秘书机构，能假皇帝之名而发号施令。如灵帝在位时，外戚窦武与官僚文人集团的首领陈蕃联合，准备铲除宦官集团，遂写好奏章，上呈窦太后（窦武之女），待批复后动手。收受奏章的宦官见了，立即将奏章送交头目朱瑀。朱瑀与中常侍曹节先发制人，唆使灵帝下令武装宦官，禁闭宫门，收缴传令用的印玺符节，并胁迫尚书台官员起草诏书，软禁窦太后，捕捉窦武。次日，又假传灵帝诏令，宣布窦武谋反，瓦解窦军，击杀窦武，彻底消灭了窦武、陈蕃的力量。自此，宦官势力气焰熏天，其核心为“十常侍”，即十个中常侍，他们胡作非为，直接导致了东汉王朝的崩溃。

（五）信访机构

秦汉时期，在九卿之一的卫尉属下设立公车府，置公车司马令主管，配有助手公车司马丞。他们的主要职责为：掌管皇宫的外门——司马门，晚间巡逻宫中，平时有官吏和百姓要上书陈述冤屈，或欲面见皇帝诉冤，由公车司马令受理，向皇帝传达。公车府中设有谤木和肺石，表明凡不属朝廷政务机构受理范围的建言申诉，都可来此处陈述。接待、受理吏民上书，成为公车府的主要职责之一，因此，它成为皇宫兼职的信访机构。

三、地方政府和军队中的秘书机构

秦朝划分全国为四十郡，郡下辖县，县辖乡，乡下有亭、里。

郡府的主官为郡守，配备有副职郡丞，兼管秘书工作，其下设有：主簿，典领文书和处理日常事务；记室令史，负责文书的起草、保管、收发。郡内各曹设有书史，专掌文书起草、缮写和档案收藏。

县府的主官，大县称县令，小县称县长，均设有副职县丞，兼管秘书工作，也有主簿，职掌同于郡府的主簿，具体办理文书事务的有书史。

西汉初年，地方行政区划沿用秦朝的郡县制，并分封功臣、皇族为王、侯，赐予领地，建立王国、侯国，成为郡县外的独立建制。这些王国、侯国曾一度势力膨胀，和中央分庭抗礼，经文帝、景帝和武帝三代的努力，方打击、削弱了地方割据势力，加强了中央集权。自此，王国力量衰落。至东汉，王国与郡平级，侯国只是寄食于县而已。

汉武帝时划全国为十三州，各州设刺史（东汉末年改称州牧）一人，监察若干郡、国，地方建制遂形成州、郡（王国）、县三级。此外，还特设司隶校尉，监察京师，并领一州七郡，一直沿置至东汉。州、郡、县官衙中均设有秘书机构。

（一）州府的秘书机构

刺史（州牧）建有自己的幕僚组织，协助他处理州务。幕僚中有别驾、治中、部郡国等从事史。起初，由治中从事史“居中治事，主众曹文书”，后改由主簿“录门下众事，省署文书”，即处理日常事务，典领文书，相当于办公室主任，职位虽不高，却是刺史（州牧）的亲近属吏。下有众多的假佐，其中簿曹书佐一人，负责具体处理各方面的簿册文书。州下隶有几个郡、国，州府中就设置几个部郡国从事史，每人负责联系一郡（或一国）事务，督促文书，察举非法。下配备有典郡书佐，每郡（国）一人，负责一郡（国）的上呈和下发文书。

司隶校尉府中的秘书机构与州府相似，据《后汉书·百官志》记载，有从事史十二人，其中部郡国从事史七人，各对口联系一郡，有假佐二十五人，并设有都官书佐，是监察百官的都官从事的秘书。

(二) 郡府的秘书机构

郡的主官为郡守，配备有郡丞、长史、都尉协助他理政，郡府中设有主簿，处理日常事务，管理文书工作，并代郡守宣读教令、奉送要函、迎往送来，为府中总管。郡府也分曹办事，其中有主记室，负责记录以及文书的起草、处理、催办等事务，级别类似于曹，相当于现代的秘书科。其主官为主记室史，简称主记，是地位仅次于主簿的亲近书吏，相当于今之秘书科长。主记室中有主记椽、主记史、记室史、录事、录书史等各种等级名目不同的秘书人员，统称掾史。各曹中均有书佐，具体负责记录和文书的起草、缮写、宣读等工作，统称佐史，地位仅次于掾史，他们人数很多，如河南府中，各曹的书佐就有五十人。

(三) 王国中的秘书机构

各王国的官制仿同中央政府，有丞相、御史大夫等一套官职，只是丞相由皇帝指派官员赴任，代王执掌王国政务。王国初有御史大夫，兼管王国的秘书工作，景帝后减省此职。又有内史、典狱事。相、御史大夫、内史下各有不少掾史，从事具体的文书工作。王国还设有中大夫、大夫、郎官，作为王的侍从，以备顾问应对。他们大多由名士担任，如文学家枚乘、邹阳、严忌等人先后担任过吴王刘濞和梁孝王刘武的大夫或郎官。尚有谒者、侍中、常侍等官员，职掌也同于皇宫内的同类官员。

(四) 县府中的秘书机构

县的主官为县长或县令，配备有副职县丞，兼管秘书工作，也设有主簿一职，为署内总管，设有主记室，由主记（也称主记掾）领导，内有记室史、记室书佐、主记书佐、录事史、录事书佐等吏员。县署中的秘书人员往往并不比上级政府机构少，如《后汉书》注引《汉官》云，此时洛阳县署中就有书佐九十人。

(五）秦汉军队中的秘书机构

云梦秦简中有许多军队的律令、文书，内容包括军官任免、军队训练、对将士的考核、战勤供应、奖励等等，多见于《秦律杂抄》中。从中可知，秦朝的军队中也建立起了秘书机构，负责拟制、颁发、上报文书，检查、核计文书处理情况等事务。汉朝军队中的秘书机构，除前述太尉府中有一套秘书班子，既理政务，也涉及军务外，各统兵将军也都设有幕府，作为参谋，文书部门设长史、主簿管理。凡上司下达的公文，都经幕府，再送呈将军，将军颁发的命令也由幕府拟制后下发。各郡有都尉，统率一郡兵马。都尉配有副职都丞，兼管军内文书工作。也有主管掾史、书佐等秘书人员，类似于郡府，只是人数少于郡府而已。

在边境军队中，都尉府内设有尉史，主管文书事务，居延汉简的《塞上烽火品约》中就记载有由尉史负责拟制上报的文书。尉史下有掾、守卒史、书佐等秘书人员。都尉的下属侯官、侯长属下也有掾、佐、令史等秘书人员。

第二节 秘书官吏

一、秘书官吏的选拔

（一）秦朝秘书官吏的来源

自秦朝始，因秘书官吏需通文墨，所以列入封建王朝的文官系统，其选任途径也类似于文官的选用方法。

秦朝中央政府的重要秘书官员，其来源一是从开国功臣中选用，如李斯；二是从六国旧部中招用，如博士。地方政府的秘书官吏则用试吏法选出来。所谓试吏法，即根据各地民意反映，对地方闲散人才进行调查、了解，然后，召集有关人士，由县以上官员对他们目测外貌、口试问题，选其中较优秀者，派至县、乡当秘书吏员。萧何就是通过试吏法被任用为县衙中的秘书吏员的。

中央各部门及地方郡府的一般秘书人员，则通过学校培养、输送。

秦"焚书坑儒"后，封闭所有私学，禁止士人私自讲学议政，规定欲求学者，一律以吏为师，即将一些幸存的博士集中至京城官府，授予官称，以行政官吏的身份从事教育，培训贵族子弟，这些人就称为吏师。他们按照中央政府的规定，以《秦记》、《诗经》、《尚书》等为指定教材，教育学员。学成后，由吏师推荐，至有关部门从事秘书事务。

(二) 汉朝秘书官吏的来源

汉朝吸取了战国以来选士的经验，建立了一套选用官吏的制度，除了皇宫中的重要秘书（如中书令）和外朝的高级秘书官员（如御史中丞）由皇帝直接任命以外，各级秘书人员大多通过察举、征召、辟除等途径选任。

1. 察举、征召、辟除

察举即皇帝诏命大臣，依标准推荐人才进京，由皇帝提出各种政治问题，考其学识、才能，凡对策（书面考试）、射策（抽签考试）成绩合格者，即分等授官，其中不少人被任用为皇宫中的秘书人员，如房风以射策合格而被武帝用为太史。

征召即皇帝慕其才名，礼聘文人名士为官。这一方法在汉初即实行，由于刘邦、萧何、曹参等西汉的开创者在秦朝分别担任过亭长、掾史、狱吏等低级官职，萧何还直接从事过秘书工作，所以，他们对秘书工作在施政过程中的重要作用有深刻理解，立国后，十分重视秘书队伍的建设，注意招纳秦朝的秘书人才。

辟除即三公九卿、刺史（州牧）、郡守等高级官员有权自行聘用僚属。被辟除的有名士、小吏，也有平民。如元帝时，"材智有余，经学绝伦"的匡衙被贵戚史高聘用为议曹史；东汉的卓茂被丞相孔光辟为丞相府长史；原为郡史的孙宝被御史大夫张忠辟为属员，专掌文书。被辟除的僚属不算朝廷命官，只对主官尽职。主官对他们有聘用之权，也有荐举之权，工作一段时间后，可由主官推荐给朝廷，经过考试（一般士人考经学，文吏考制作章奏），合格后，可任用为正式官吏。可见他们的前途依附于主官，尤其是郡府的僚属，依附关系更深，他们往往因私恩事郡守如君臣父子。郡守在，他们尽职尽力；郡守死，为之服丧；郡守获罪，随同流徙，或声言替死；郡守被斩，则冒死领尸。秘书与主官这种结成死党的倾向，助长了地方割据势力，是造成东汉时地方豪强与中央争权的原因之一。

2. 学校培养

汉武帝时，西汉大批老资格的官员基本上都去世了，为了培养大批新一代的官员，武帝创办了太学，以“厉贤才焉”（《汉书·武帝纪》）。太学中以五经博士为教员，以五经为教材，以儒学为主要教学内容，以对学员统一思想、传授历代兴亡得失知识及理政经验为主要任务。学员称博士弟子，或从民间优秀青年中选拔，或是郡县选送的优秀青年官吏，或是皇亲国戚、高级官员的子弟。武帝时首批招的博士弟子仅五十人，至东汉质帝时发展至三万人。太学成为当时世界上最大的培养国家官吏的专门学校。

博士弟子经策试合格者就授予官职，不少人成为中央政府及郡府的秘书官员。

汉灵帝光和年间，还特地设立了鸿都门学，专门教授辞赋、书法等，毕业后授官，其中不少人被用为秘书官员。这是古代第一所有书法课程的高级学校，它对提高秘书人员的书法水平和文书的书法质量有积极作用。

汉武帝在中央开办太学的同时，还诏令全国各地的郡（国）兴办官学，仿照太学，招收乡村秀民和郡县官员子弟人学，学成后授官，其中不少人被委任为地方官衙中的秘书官吏。

二、秘书官吏的任职资格

（一）秦朝秘书官吏的任职资格

秦朝对各级各类秘书人员的任用有严格的规定，凡从事文书工作的史，其职务是世袭的，史的子弟从小就有资格被送入专门培养读写能力的学校接受教育，继承父业。不是史的后代一律不准进入这类学校，如违犯即依法惩处。秦律规定：“非史子殹（也），毋敢学学室，犯令者有罪。”如不是秘书人员，即使能拟写文书者，也不准代史草拟文书。《内史杂律》中规定：“下吏能书者，毋敢从史之事。”至于犯过罪的人，更严令不准任用为史。秦朝是中国历史上第一个统一的中央集权的封建王朝，秘书人员是各级政府中接触机密者，采取这些措施，显然是为了保证秘书人员政治上的可靠性。可见，秦朝任用秘书人员已很注意政治素质。

(二) 汉朝秘书的任职资格

两汉对秘书的要求很严格。尚书台、御史府等中央秘书机构中的一般秘书人员，需要通过严格的考试而录用。《汉书·艺文志》和《说文解字》卷15引《尉律》中都记载，这些机构的秘书人员，年龄须在十七岁以上，能背诵籀书九千字以上，并考其大篆、小篆、刻符、虫书、摹印、署书、殳书、隶书等八种字体，年终试于郡，合格者由郡守送于太史，太史再面试之，取其优秀者任为尚书或令史，掌写文书。

对于尚书台负责起草文书的尚书侍郎，则要求更高，不但注重其文采，还很注重其实际工作的锻炼，规定初入台时只能称尚书郎中，满一年后称尚书郎，满三年后才能称尚书侍郎。

三、秘书官吏的考核制度

(一) 秦朝的"五善"、"五失"考核法

秦统一天下后，在"明主治吏，而后治民"思想指导下，制定了对官吏包括对秘书官吏的考核标准。

1975年出土的云梦秦简《为吏之道》记载："凡为吏之道，必精洁正直，谨慎坚固，审悉无私，微密纠察，安静毋苛，审当赏罚。"这是对官吏的原则要求。为便于官吏理解和落实，秦政府又把这些原则要求分解为必须遵守的"五善"和必须防止的"五失"。

"五善"是：

"忠信敬上"：就是忠顺于朝廷，尊重上司；

"清廉毋谤"：就是廉洁奉公，任劳任怨；

"举事审当"：就是处理政事要谨慎、妥当；

"喜为善行"：就是多做好事，利国利民；

"恭敬多让"：就是谦虚为事，诚恳待人。

"五失"是：

“夸以迣”：就是防止夸夸其谈，滥唱高调而不务实；

“贵以大”：就是防止好大喜功，不实事求是；

“擅制割”：就是防止自作主张，越权行事；

“犯上弗知害”：就是防止犯上作乱，目无法纪；

“贱士而贵贝货”：就是防止轻视知识和知识分子，只重视钱财。

凡做到“五善”而无一失的秘书官吏予以升迁授爵；如有一失或多失者，予以削爵、降职、罚赀、罢官直至处以死刑。

(二) 汉朝的“常课”和“集簿”

汉朝规定，中央政府各部门的主官要对其所属的秘书官吏每年考核一次，称“常课”或“小考”，每三年一次“大课”，即大考核。小考根据其德行、勤懒，是否忠顺朝廷、忠于主官，是否勤于职守为标准，对一年工作作出评定，好的评为“最”，差的评为“殿”。大课是根据三次小考的成绩予以综合，分别奖或罚。

郡（国）的秘书官吏也由主官郡守或国相考核评绩，“以纠怠慢也”（《后汉书·百官志注》）。

县的秘书官吏由县令（长）考核，“丞尉以下课校其功”（《通典·县令》），即对县丞以下吏员，考核其实绩，予以记录，这种记录称“集簿”。根据考核的结果实行奖、罚。可见，汉朝已经建立起了对秘书官吏由各级主官负责定期考核的制度，比秦朝更制度化了。

第三节　文书档案工作

秦、汉时期，随着封建统一王朝的建立，政务日繁，文书工作量大增；自秦始皇推行“书同文”政策后，小篆、隶书等字体先后出现，成为全国通用文字；公文书写的材料——毛笔和纸产生。这些因素，推动了文书工作发展，在此基础上，制定了一些文书工作制度，并将之归入法律条文之内。

一、文书载体

秦、汉时期的文书载体，以简牍为主，缣帛为辅。汉朝出现了纸质文书和铁质文书。

（一）简牍文书

秦朝的简牍文书已有实物出土，即1975年于湖北省云梦县睡虎地秦墓中发现的秦简，学术界称为云梦秦简，也称睡虎地秦简，共有1155支，另有残片八十支，这批秦简制作于秦朝统一中国前后，最迟为公元前217年。经整理，其内容被列为十类，即《编年纪》、《语书》、《秦律十八种》、《效律》、《秦律杂抄》、《法律答问》、《封诊式》、《为吏之道》和《日书》甲、乙两种，除《编年纪》和《日书》以外，其余都是法律文书。该墓主人喜生前是秦朝安陆县署内的县御史，负有保管法律文书之责，由此可见，秦朝法律文书数量之巨。

两汉的简牍文书自晋元康年间以来，已大量出土，重要的有居延汉简、长沙汉简、临沂汉简、江陵汉简、青海上孙家汉牍、敦煌汉简等等。这些简牍中除了一些古籍、方书、日历、私人书信以外，大部分是官方文书，包括诏书、律令、屯戍事牍、各级政府的例行公文、官吏任免文书、边疆情况报告、军纪处理报告、名籍、牍书、账册等多种类型，其内容广泛，反映了西汉的行政、官制、刑法、军事、经济、边疆军民生活等情况。

（二）缣帛文书

两汉的缣帛文书比秦朝运用得普遍。封演的《封氏闻见录》记载，汉军凡打了胜仗，都将捷报大书于缣帛上，扎于竹竿顶端，晓谕全军，称作露布。后来，凡需迅速让官民知谕的事情，都书写于缣帛上，张贴于宫门、城门及交通要道处。1973年在长沙马王堆三号汉墓中出土了一件帛书，它装于漆饰的奁中，内容类似现在尚存的古代医书《黄帝内经》，并有三幅缣帛地图，为地形图、驻军图和城道图，是文帝以前所制。出土居延汉简的西汉遗址之一、甘肃居延肩水金关烽寨中，还出土了一件红色的缣帛文书，上写"张掖都尉棨信"。这一发现，说明随着社会经济的繁荣，缣帛数量增多，在官员中间已较普遍地用来书写。

（三）纸质文书

由于"缣贵而简重，并不便人"，人们开始寻求一种价廉易得、书写方便的材料来代替简牍和缣帛。据考古发现，在陕西西安市郊的霸桥、陕西扶风、肩水金关烽寨遗址等处，都发现了西汉的麻纸、絮纸，其中陕西扶风出土的三件古纸残片相当结实，有一定的光泽和耐折性。据鉴定，它制作于宣帝年间（公元前73～公元前49年)。据应劭《风俗通义》记载：东汉初年，光武帝于公元25年迁都洛阳时，“载素简、纸经凡二千辆”。据当时的刘珍等人写的《东观汉纪·贾逵传》记载，公元76年，章帝命博士贾逵给学生讲《春秋左氏传》，曾赐予用竹简及纸写成的经书各一部。这说明早在西汉和东汉初期，已发明了纸，并被用来书写，只是尚处于初级阶段，未普及。公元105年，蔡伦改进造纸术，用树皮、麻头、破布、旧鱼网作原料，制成了植物纤维纸，它原料易得，成本低廉，因此产量大增，遂被广泛应用。纸质文书开始逐步取代简牍文书。

(四) 铁质文书

《汉书·高祖纪下》记载：“高祖……又与功臣剖符作誓，丹书铁契，金匮石室，藏之宗庙。”铁契又称铁券，是皇帝将封赏勋臣宿将的记录镌刻于铁片上形成的文书，它既表示郑重、珍贵，又便于长久保存，遂为后朝所沿用，如明朝开国皇帝朱元璋为了防止宦官干预朝政，曾镌刻成一块铁牌，上写：“内宦不得干预政事，预者斩。”1986年，青海省档案馆从民间征集到一块明代铁券，券高38公分，宽21公分，似瓦状，上镏金嵌字，有正、反两面，共有217字，内容为英宗赐赏右军都督陈文贞，以表彰其克敌之功。

二、文书工作制度

从大量出土的秦汉简牍文书和古籍记载中可以看出，秦、汉时期，已经建立了一系列文书拟制、处理制度。

(一) 行文规定

云梦秦简的《内史杂律》中云：“有事请（也），必以书，毋口请，毋羁请。”即规定，凡该行文请示之事，必须书面上报，不得口头或托人代办请示。规定该行文的事项甚为繁琐，如秦简《秦律十八种》中的《田律》明令，凡下了及时雨，谷物抽穗，遇旱、涝、虫灾，都须及时报告受雨、抽穗或灾田顷数、雨量、已可垦而未耕种的田亩顷数等等。

(二) 书写格式

秦汉的皇命文书书写格式要求尚不很严格，写作比较自由。从《古文观止》(清吴楚材、吴调候编) 中的汉高祖《求贤诏》、文帝《议佐百姓诏》、景帝《令二千石修职诏》、武帝《求茂材异等诏》和《贤良诏》来看，其正文一般由缘由、内容、要求等部分组成，文尾使用公文专用语，如“布告天下，使明知朕意”。

臣下上呈皇帝的文书格式却已严格化。自秦朝始，文首必须自报官职、爵位、姓名，然后写“臣昧死上言”或“臣昧死再拜上言”。到了汉朝，上书者在自己的姓名之前还须加上“粪土臣”三字，以示卑恭。如《居延汉简甲乙编》387·12 枚写道：“肩水侯官令史得敬老里公乘粪土臣熹昧死再拜上言变事书。”又如《后汉文》卷72 记载，东汉蔡邕上奏中写道：“议郎粪土臣蔡邕顿首，再拜上书皇帝陛下。”文尾则写“稽首以闻”或“死罪死罪”，以示对皇帝的敬畏。其基本格式如下：

臣昧死再拜上言（文首）

×××××××××××××××××××××××××××××××××××××××(正文)

×× 死罪死罪 (文尾)

同时，文书上凡遇有“皇帝”两字，必须换行后抬头、顶格书写。

(三) 避讳制度

秦始皇自称始皇帝，拥有至高无上的权力，为了维护自己的威严，命令无论是自己颁布的制、诏，臣下上呈的奏、议，还是史官的记载，或各级官府的文书中，凡遇有皇帝名字的字，一律以其他字、词代替，连与皇帝名字音近似的字也不准用。秦朝文书中的“正”字，因与秦始皇嬴政的“政”音似，一律改用他字，如文书中的“正月”，一律改称“瑞月”，以“瑞”代替“正”。史官记载中，则以“主”、“上”代替嬴政名字。这种制度称作避讳。据陈垣《史讳举例》中考证，避讳“其俗起于周，成于秦”，即在秦朝已形成为制度。

上述书写格式和避讳制度，明显表现出尊君抑臣的特点，为以后历代王朝所沿袭，直至清亡才告终。

(四) 文书运转程序

从简牍文书中，可以看出，秦汉的公文运转已很具程序。

《居延汉简甲乙编》中的12·1枚木牍，是一支觚，共有四面。

第一面（B面），抄录了皇帝下达诏书的全文，内容为匈奴有侵犯边境的迹象，命令各边郡实行戒严和坚壁清野，作好防备。文末是负责收受和抄录此诏书的张掖郡太守府中的秘书人员掾延年和书佐光□的签名。可知此诏书是首先下发至郡太守府的。

第二面（A面），是张掖郡太守督责都尉执行此诏命，整顿兵马，严加巡逻的文件。

第三面（C面），是居延县令下发给各侯官、燧长的文件。

第四面（D面），是都尉下发给居延县令命令他执行诏令的文件。

这是皇帝诏书的下发程序。

居延汉简中最典型的中央政府的下行文是《甘露二年丞相御史律令》，它是宣帝时以丞相、御史的名义下发给有关地方政府的一道通辑令。

该文文首先写明此公文于“甘露二年五月己丑朔甲辰朔”，即公元前51年5月16日，由丞相府秘书人员“少史充”和御史府的“少史仁”负责拟写并经手下发的，是发给张掖郡太守的。

该文文尾写明：“传、会重事，当奏闻，必谨容之，毋略。如律令。”就是说公文和它要求送达的时间、地点都是重要的事，于何时何地收到此公文，均应速报中央，且必须严肃认真地办理，不得耽搁，并言明速将追查逃犯的结果写成文书上报。

下面是张掖郡太守和郡丞于同年六月将此文转发给都尉的记录；都尉代理人司马□收到后于“七月壬辰”日转发给侯官，并命令将追查结果在二十天内上报都尉府；侯官福收文后，于“七月乙未”日转发给侯长广，并命令将追查结果在十五日上报侯官。自郡守府至侯官，都有经手人签名，郡守府为“掾便、守卒史安国、佐财”，都尉府为“掾遂、守属□”，侯官处为“令史□”。

从这两件简牍文书中可以看出：

第一，从中央到地方的各级政府，对收文、发文都要详细注明年、月、日、时辰，规定须将收文日期、地点上报，各级经办的秘书人员都须签名，说明汉代公文的签收、签发制度已很严格。

第二，对诏书和中央政府的下行文，各级收文单位都层层转发，并根据来文精神，结合当地实际情况，作出具体指示，说明汉代已有了公文转发制度。

(五) 文书校勘制度

秦朝规定，文书草拟完毕，必须校勘，准确无误才能发出；在文书传抄过程中，也必须校勘，以免抄错，并且，校勘后须作记录。居延汉简中保留有不少这类记录，如《居延汉简甲乙编》126·29枚木牍记载：“前三年十二月辛巳下凡九十一字。”同书117·43枚木牍记载：“□十一月壬下凡八字。”这虽然是汉朝文书的校勘记录，但是，云梦秦简的《秦律答问》中有对“发伪书”者的处置条律，可知秦朝就有了公文校勘、查核制度。这一制度的产生，有效地保证了文书在整个运转过程中始终保持其准确性。

(六) 用印制度

秦统一中国后，对前代的印章作了整理、划一，规定皇帝之印称“玺”。皇帝有六种玺，即皇帝行玺、皇帝之玺、皇帝信玺、天子行玺、天子之玺、天子信玺，不同内容的文书加盖不同的玺。百官的印章则统称为印。根据官员官职的高低，授予不同质地和系扎有不同色彩之绶（丝带）的印，印的质地有金、银、铜，绶的色彩有紫、青、黑、黄。如左丞相、右丞相、太尉和前、后、左、右将军授予金印紫绶；御史大夫、九卿、中尉、詹事等授予银印青绶；郡守、郡尉授予银印青绶；郡丞、边郡的长史和大县的县令授予铜印黑绶；小县的县长和所有县丞、县尉均授予铜印黄绶。县府中的属吏和下属的亭长也有印，如传世的秦印中的“官田臣印”是管理官田的小吏之印。“右牧”半通印是管理畜牧事务的县啬夫之印。1976年至1977年在秦始皇陵墓附近发现的秦朝陶文中，有“丽亭”、“焦亭”等印文，即为亭长之印。

云梦秦简《秦律答问》中记载：“即复封传它县。”证明公文必须加盖印章后才生效，可发出。秦简中的“符”、“传”等类通行证、身份证上，不少加盖有印章。秦朝对于玺印的管理很严格，规定凡丢失、私制或盗用官印者都以犯法论处。《秦律答问》曰：“盗封啬夫何论？廷行事以伪写印。”即盗用官印者依伪造罪惩办。秦律中一再严令防止出现“伪书”，当指加盖假玺印的文书。

秦朝玺印的广泛使用，用印制度的统一，反映了中央政府对各级各类文书控制之严，是君主集权制的必然产物。

（七）公文传递制度

秦始皇推行“车同轨”，大修驰道，从都城咸阳可以东通燕齐，南达吴楚，至九原一线更筑有长达一千八百多里的“直道”，还修筑起攀越五岭的“新道”，并开凿了沟通湘江和漓江的灵渠，在全国范围内建立起了以咸阳为中心，四通八达的水陆交通网。为了便于传递公文，秦朝继承和发展了战国时期的驿传制度：在水陆交通线上每隔五里设一邮，每隔十里设一亭，每隔三十里设一驿。驿分骑马传送的陆驿和以舟船递送的水驿。各县衙所在地设传，传筑有“传舍”，即馆舍，为传递公文的人员提供食宿、快马（称传马）。驿传制度在全国范围内的建立，大大加快了公文传递速度，提高了公文效率。

为了保证文书安全、迅速、及时地送达目的地，秦朝制定了详细的规章制度，它散见于云梦秦简中，尤其是《行书律》中，归纳起来，有如下规定：

第一，公文分为急和不急两类，凡皇帝颁发的诏书、制书和标明急字的公文，必须立即发出，收到者立即向下一站传送；不急的公文也须在当天发出或传送，不得过夜，凡有耽搁者以法律论罪。

第二，传递文件的人员须谨慎挑选，不可靠的奴隶和年老体弱者不得充任。

第三，传送路程近的文件，一般由行走快捷的小吏步行递送；路程远的，或则“吏马驰行”，即指派小吏骑快马传送，或“以邮行"、"以亭行"，即通过邮亭，一站一站向前递送。特别重要或机密文书，如军事命令、报告等，则选派专门人员传送，所经各县不得查问和阻拦，违者受罚。《佚名律》中规定："轻车、赿张、引强、中卒所载传到军，县勿夺。夺中卒传，令、尉赀各二甲。"据学者考证，轻车、赿张、引强、中卒是指专门传送重要文件的、强健勇武的劲卒。

第四，公文传送规定有期限。如《田律》规定一篇公文须于八月底前送达。

第五，无论送出或收到的文书，必须详细登记送出、收到的时间和经手人的姓名，以备查考，并明确责任。这是签收、签发制度的开始。

第六，严格防止公文在传递过程中的遗失，如一旦遗失，要立即向有关官府报告。

第七，严格防止传递伪文书，如收到、拆阅伪文书而未能识别者，要受罚。

第八，定期检查公文传递的情况，专职收发文书的部门，开辟有日报专栏，凡遇有公文该到而未到的要派员追查。

这些规定具体、详细，说明秦朝的公文传递制度已初步成形。

秦朝的文书工作制度用法律的形式予以规定，以刑罚的手段强制秘书人员执行、遵守，这一方面说明了统治者对秘书工作的高度重视、严格控制；另一方面也说明了秘书工作制度已初步确立。

三、公文文体

秦朝建立后，李斯提出建议："命为'制'，令为'诏'。"(《史记·秦始皇本纪》)臣子向皇帝上书，呈文统称"奏"，获得秦始皇允准。从此，制、诏成为皇帝发号施令的专用公文文体，奏则成为臣子呈皇帝的专用公文文体。这是中国历史上第一次由最高统治者明文划定了公文文体，它为封建公文构筑起了基本框架，同时，也给封建公文蒙上了一层浓浓的等级色彩。

经过汉代的发展，公文文体主要有以下几种。

(一) 皇命文书(下行文)

制——也称制书，是皇帝颁布重大制度的命令性文书。

诏——也称诏书，是皇帝发布一般性命令、训示、答复臣下上奏，或皇帝即位、逝世时颁告天下的文书。

制与诏的区别，据《史记·秦始皇本纪》的解释："命为'制'，令为'诏'。"命是重大的、有关全局性的命令；令是一般的、局部性的命令。所以，制书的规格高于诏书。

汉代，皇命文书的种类有了发展。

据蔡邕《独断》卷上和《后汉书·光武帝纪》李贤注《汉制度》云，汉天子之下书有四，"一曰策书，二曰制书，三曰诏书，四曰戒书"，制书、诏书系沿用秦朝，策书、戒书为增设。

策书——用于册封或罢免诸侯王、三公等大臣的王命文书，一般书写于两相连的竹简上。

戒书——也称敕、敕戒或戒敕，起初为皇帝教诲、训戒刺史、太守及三边营官地方军政长官的文书，后来，凡对京外官员的诏谕也用戒书。李贤注《后汉书·光武帝纪》云，其格式为"有诏敕某官"。

此外，还有诏记，指皇帝的手诏、诏令。《汉书·外戚传下》就记载："田客接诏记。"

(二) 上行文

臣下上呈皇帝的文书有：

奏——臣下评议政事、陈述政见、弹劾官员的报告。

汉代，臣下上呈皇帝的文书除沿用秦朝的奏以外，增加有：

章——官员受封赠后向皇帝谢恩的文书。东汉以后凡论谏、庆贺都用章，唐以后曾一度废而不用。

表——官员向皇帝陈述事情的文书。凡论陈、劝请、陈乞、进献、荐举、庆贺、请安、弹劾均可用表。

疏——也称上疏，类似表，凡官员对政事的建议以及弹劾官员皆可用，一般多用于对朝政表示看法或有所匡谏，其特点为分条陈述。如贾谊的《论积贮疏》、晁错的《论贵粟疏》。

议——也称驳议。"议"词源流甚远，《周书》中就有"议事以制，政乃不违"的记载，是臣下抒发意见的形式，管仲曾言，轩辕（黄帝）有“明台之议”。汉代设置此文体，作为官员向皇帝陈诉不同意见之用。

状——官员向皇帝陈述事情或申诉所用的文体。

书——官员、吏民向皇帝报告情况的文书。汉律规定任何人均可向皇帝上书，报告情况，《居延汉简甲乙编》的 387·12 枚和 562·17 枚木牍就是侯官令史熹向皇帝报告情况的《上言变事书》。

（三）各级政府的下行文

汉代，各级政府的下行文有：

告——王国的诸王、公侯向下属发出的公文。《居延汉简甲乙编》484.30 枚就是宣帝时丞相于定国向二千石郡太守和侯国发出的告。

令——中央政府向中下属发出的命令性文书。《甘露二年丞相御史律令》就是以丞相、御史代表中央政府向有关地方政府下达的通缉令。

教——官员向吏民发布的文书。任昉《文章缘起·教》中记载：“汉京兆尹王尊教告属县。”陈懋仁注：“教，效也，言出而民效也。”

敕——官员向下属发布的文书。顾炎武在《金石文字记》云：“汉时人，官长行之掾属，祖父行之子孙，皆曰敕。”可见此文体使用对象较宽，后演变为皇帝专用（见前述之“戒书”）。

（四）平行文

汉代，各级政府之间的平行文有移文、移书，此外还有：

檄移——各级官署和部门之间通行的平行文书。

品约——郡、县、侯官、侯长等同级官署之间互相往来文书，或共同签订的公约。居延汉简中的《塞上烽火品约》就是居延都尉属下三十三个烽塞商定临敌报警、燔举烽火而订立的联防公约。

（五）机密文书

汉代，公文注意保密，凡机密文书都另行封送，其主要名目有：

封事——密封的奏章。凡百官上书奏机密事，为防泄密，用皂囊封缄呈进，故称封事，亦称封章。《汉书·章帝纪》云：“而今群臣得奏封事，以知下情。”《文心雕龙·奏启》云：“自汉置八仪，密奏阴阳，皇囊封板，故曰封事。”

合檄——用于军事命令或重要通报的机密文书。

飞檄——紧急军事文书，都书写于加长的竹简上。

（六）公开张贴的文书

汉代，出现了公开张贴的文书，名目有：

露布——也称露板、露版，是各级官署为了使四方官民迅速知晓其内容而不加封检，公开张贴于宫门、城门及交通要道的文书，类似今天的告示。最早起源于军中，后推广为各类文书所用。

扁书——类似露布的公开张贴的文书。《居延汉简甲乙编》139·12枚就是西汉居延都尉命令下属各地接到后用大字写出，张贴于里、亭之门上的扁书。

板檄——用来公开传递、宣示类似于露布的公文。

秦汉有不少文书对社会政治产生过很大的影响，如刘邦发布的《入关告谕》，废秦苛法，约法三章“杀人者死，伤人及盗抵罪”，公布后大得人心，成为刘邦取得人民支持、击败项羽的重要原因之一。还有的文书，如司马迁的《报任安书》、贾谊的《论积贮疏》、晁错的《言兵事疏》等，直陈政见，内容丰富，语言朴实，是当时公文的范例。

汉代公文的总称为“文书”，也称“文案”。

四、档案工作

（一）档案的收集

秦在攻灭六国和建立统一王朝的过程中，较为注意收集档案。

汉代统治者对档案的收集更为重视，早在刘邦占领秦朝都城咸阳时，当时诸将竞相争夺金帛，独有萧何将秦丞相府和御史府中的档案悉数接收，妥善保管起来。在随之而来的楚汉之争中，刘邦、萧何等人正是从这些档案中，对天下地理险要、人口、物产分布和人心向背了如指掌，据此制定政策、征收兵员、筹集粮饷，成为击败项羽、建立汉王朝一个重要原因。立国后，他们又从这些档案中吸取了秦朝的统治经验，建立起律法、礼仪、军法等根本制度，对汉王朝站稳脚跟起了很大作用。

汉开国后，统治者继续注意收集流散于社会上的各种档案。惠帝废除了秦朝的《挟书律》，大收典籍，广开献书之路，向民间征求档案。成帝曾特地派遣谒者陈农负责征集天下档案。河间献王刘德还规定，凡从民间收到好的典籍，都誊抄一份给献书人，留下原件存档，并赐给献书人财物，致使四方人士不远千里，前来进献旧档案。

这样收集到的档案数量相当可观，加上汉王朝本身形成的档案，至西汉中期，档案已堆积如山。

(二) 档案的利用

秦朝奉行法家思想，它的档案主要是法律档案和版籍。王朝的档案工作由御史府主管。对于法律档案，秦朝沿用前代的副本制和“金藤之匮”制，复制多份，分别收藏于王宫密室、丞相府、御史府和郡、县官府中，各有专人保管，供皇帝、臣民查阅、查询。并规定，凡吏民对法令条文的查询，以及法官的解答都必须记录在竹简上，注明日期，与档案正文一起收藏于封缄的匮子中，以备日后查考。这说明法律档案作为推行法制工作的重要工具而被重视、利用。

同时，秦始皇严禁私人讲学和游说，恢复了西周时“学在官府”的局面，规定“以吏为师”，以法律档案为教材，对官民实行教育，以达到推行法治、巩固王朝的政治目的。

秦朝在全国推行上计制度，境内百姓、官吏分别被登记于户籍、名籍、市籍上。数量最多、作用最大的是户籍。它由县府秘书人员编制，连同应征赋税的数额上报郡府。郡府秘书人员于每年九月编妥计书，上报中央政府，作为重要档案分别收存于丞相府和御史府中，经审查核对，这些档案作为秦朝征调赋税的依据而被经常利用。

值得指出的是，秦朝在攻灭六国的过程中对六国的部分档案，如版籍等予以收缴。但是，六国大量的典籍等档案却因战乱而流散于民间，或仍保存于各国故土的官府中。这些档案都详细记载了秦朝对它们的攻掠，饱含对秦国的谴责、讥讽，且记载有各国原先的典章制度。因此，它们起着使人民怀念故国、仇视秦王朝的作用，是一种潜在的威胁。于是，秦始皇于公元前213年采纳李斯建议，下令“烧灭经书、涤除旧典”，规定除秦国的档案和医药、卜筮、植树等书以外，原六国的典籍、档案一律送官府焚毁，违者严惩，有敢以古非今者灭族，导致了焚书坑儒的惨剧。

秦始皇焚毁六国档案和战国时期各国销毁周王室的旧档案在性质上有所不同。后者是在封建生产关系发展过程中对束缚其的旧制度的否定，具有进步意义；秦始皇焚书，虽然含有巩固王朝统一的目的，但其主要动机是为了维护君主专制的独裁统治，其客观效果是钳制了思想，摧残了文化，受到后人的谴责。

汉代利用档案中的一个特点，是档案被用来修史。其杰出成果是《史记》等书的面世。

司马迁在武帝时任太史令，职责为保管皇宫中的档案。他利用此便利条件，遍览皇宫秘藏档案，著成《史记》。此书记述广博，内容丰富，凡历朝典章制度、经济、政治、军事、天文、地理、历法、音乐、水利、人物及民情风俗无不收录。它大量引用了《尚书》、《左传》、《春秋》、《国语》等史籍，采用了两周谱牒、诏、誓，秦代史官的记录和石刻档案等，更运用了大量的汉朝档案。先秦时孔子等所修史书主要依靠私人收集的档案写成，《史记》则依靠官方档案而撰成，这是一个进步。

汉代由官方组织修史的活动也开始了，如《东观汉纪》就是东汉朝廷组织学者，利用东观丰富的档案修成的当朝史。

（三）档案库的建立

在秦朝，收藏档案有专门的库房，称藏府、书府。与西周以来置于宗庙的天府比较，这些库房专业性、独立性增强，规模也增大。

到汉朝，由于档案增多，更建立起了多处档案库，宫内、宫外都有，“外则有太常、太史、博士之藏，内则有延阁、广内、秘室之府”（刘歆：《七略》）。还有天禄、麒麟等阁，著名的有石渠阁、兰台、东观。

石渠阁于公元前200年与未央宫同时建造，位于宫内，由萧何督造，专用以存放从咸阳所得的秦朝档案，成帝时始将西汉王朝的档案也存入其中。现西安市西北的汉长安故城中尚可见其遗迹。建造时将库房地基的石块凿磨成渠，用以引水，防止档案受潮，故而得名。可见，它建筑时已考虑到了档案保管的特定要求。

兰台修筑于御史府，收藏舆图、律令、章奏等重要档案，由御史中丞掌管，后世因而称御史台为兰台。东汉时则多以著名学者充任兰台令史。

东观建于东汉，收藏诏书、奏章和典籍，设有秘书郎从事典籍的整理。东汉中叶，东观的收藏已十分丰富。

汉代发展了西周以来的“金藤之匮”制，筑金匮石室，收藏重要誓约、封赏功臣的铁券等。

汉代各级地方官署也都辟有档案房。如西汉张掖郡居延都尉所属的甲渠侯官城堡中，发现有一间不足六平方米的小屋，从中集中出土了自王莽天凤年间至东汉建武初年的典籍四十余册，各类简牍文书九百余枚，这就是侯官官署的简易档案库。

(四) 档案保护制度

秦、汉统治者由于认识到档案的重要价值，很重视对档案的保护，建立有一套规章制度。云梦秦简中的《内史杂律》载有档案保管的一系列规章，曰：“毋敢以火入藏府、书府中。吏已收藏，官啬夫及吏夜更行官。毋火，乃闭门户。令令史循其廷府。即新为吏舍，毋依藏府、书府。”归纳起来，有如下规章：

第一，档案库房附近不得建造官吏的住屋，以便于专门人员出入，并有防止泄密、因邻近房屋失火而危及库房等作用。

第二，任何人不得将火种带入库房，档案送入库房后，必须严格检查，确定没有火患，才能关闭库门。

第三，库房每夜由啬夫和吏等人员轮流值班守护，防止被盗、被毁。

第四，责成令史定期检查库房情况。

秦朝的这些档案保管规章，有效地保证了档案的安全，使王朝的大量档案得以完整地保存下来。

汉朝的档案库在吸收秦朝经验基础上，保护工作做得更好。

从上所述可以看出，至秦汉，档案逐渐增多，专门库房设立，档案的利用较充分，表明我国封建社会的档案工作已经确立。

复习思考题：

1. 简述尚书台取代丞相府成为中央秘书机构的过程。
2. 尚书台取代丞相府的过程说明了什么？
3. 东汉尚书台的结构、地位如何？
4. 简述秦汉御史寺秘书职能的盛衰过程。
5. 秦、汉公车府为何属兼职信访机构？
6. 秦、汉有哪些主要文书工作制度？
7. 秦、汉秘书官吏的来源和选拔要求是什么？
8. 汉朝有哪些主要公文文体？
9. 概述秦、汉时期的档案工作情况。
10. 为何说秦、汉是我国秘书工作的确立时期？

第四章　魏晋南北朝时期的秘书工作

魏晋南北朝时期，统治者为了防止秘书机构的权力膨胀，吸取前代的经验教训，不断探索，使中央秘书机构初步发展为中书、门下、尚书三个相互监督、相互制约的部门。

这一时期，统治者高度重视秘书工作，使秘书机构的作用显得很突出。

有作为的政治家开始重视协调和秘书的关系，以充分发挥他们的作用，导致优秀的秘书人才辈出。

公文写作开始和其他文体分流，成为一种独立的应用文体，一项专业性很强的技能，因而涌现出许多专事公文写作的“手笔”；开始了对公文进行理论总结和研究。

纸张成为公文拟写的唯一材料，形成了许多新的公文制作制度。

因此，魏晋南北朝时期是秘书工作大发展的时期。

第一节　秘书机构和官职

魏晋南北朝是我国历史上一大分裂时期。

这一时期，战争连绵不断，王朝更迭频繁，各地割据称雄，小国林立。各国的政府机构名称不一，导致其中的秘书机构也称呼各异，变化复杂，头绪纷乱。但是，仔细梳理史料，仍可以了解其秘书机构演进的过程。

《文献通考》中引司马光之语说：“及魏武佐汉，初建魏国，置秘书令，典尚书奏事。文帝受禅，改秘书为中书，有令有监而不废尚书，然中书亲近，而尚书疏外矣。东晋以来，天子以侍中常在左右，多与之议政事，不专任中书；于是又有门下，而中书权始分矣。降至南北朝大体皆循此例。”

这段话对魏晋南北朝时期中央秘书机构的演进过程作了大致概括，其基本线索就是：以中书省取代尚书台，设门下省分散中书省之权，初步形成了中书、门下、尚书三个相互配合、相互制约的秘书机构。

一、设中书省替代尚书台

(一) 曹操设立秘书令、秘书丞

东汉末年，曹操挟天子以令诸侯，控制了朝廷，任丞相，升魏王，东汉王朝已名存实亡。当时，朝中的尚书台已成为事实上的丞相府，综理财政，权柄很大。曹操为了培植私人势力，进一步削弱东汉王朝的残余权力，创立了秘书令这一官职，下配备秘书左丞、秘书右丞两官员，组成一个秘书机构，负责收发、处理章奏文书，拟制、传发教令，以取代尚书台的职责。

秘书令、秘书左丞和秘书右丞遂成为我国历史上首次出现的名实相符的秘书官职。

以秘书令为首的机构也就成为我国历史上首次出现的名实相符的秘书机构。

(二) 古代“秘书”一词的含义

在此之前，历代对“秘书”一词的含义，有几种解释：

第一，指宫禁中的秘藏之书。如《晋书·荀勖传》：“得汲郡冢中古文竹书，诏勖撰次之，以为中经，列在秘书。”《汉书·刘向传》：“诏向领校中五经秘书。”《后汉书·苏竟传》：“与国师公从事出入，校定秘书。”

第二，指谶纬图录等类书。《说文》：“秘书说曰：日月为易。”段玉裁注：“秘书，谓讳书。”《后汉书·郑玄传》：“时睹秘书纬术之奥。”

第三，指官员。东汉桓帝时创设秘书监一职，掌管宫中图书经籍。使“秘书”一词开始由指物转为指人。

这些都和今天的秘书工作无关。

曹操设置的秘书令、秘书丞则使“秘书”一词产生了本质上的变化，不但使其由指物转为指人，而且由与今天的秘书工作无关转为与今天的秘书工作相吻合上来。所以说，尽管有人认为我国现代“秘书”一词发端于孙中山仿照国外的做法，配置秘书，我们却认为，曹操设立的秘书令、秘书丞，完全可视作我国现代秘书工作的起源。

(三) 曹丕设立中书监、中书令

魏、晋、宋、齐、梁、陈直至隋，这七个王朝的开国皇帝都是前朝手握重柄的权臣，称帝前，他们已经执掌兵权，操纵朝政，在此期间，已网罗亲信，设置自己的幕府。幕府不属国家官署，只是他们的私府，相当于秘书处。幕僚既是谋士，又是办理文书、处理日常事务的人员，相当于秘书官员。

幕僚们在帮助主人夺取帝位的过程中起了很大的作用，博得主人的信任。一旦主人即位称帝，手下的军队转变为国家常备军，幕府也就转变为中央秘书机构，幕僚即转变为国家正式的秘书官员，幕府首领也就演变为中央政府的秘书首脑，替代旧王朝的秘书机构和官员。

魏晋南北朝时期的这一现象，起始于曹丕。

曹丕废汉建魏，立即以其府中的幕僚，组成新王朝的中央秘书机构，改秘书令为中书令，任命长期为他们父子掌机要的秘书左丞刘放为中书监，秘书右丞孙资为中书令。因为刘、孙两人资历不相上下，所以除设中书令外，又增设中书监一职，监略高于令，使两人同掌机要，相互监督，便于驾驭，首开亲信幕僚转化为朝廷秘书首脑的先例。此官署称作中书省，负责起草诏书，掌管章奏，记录朝廷大事，参与政务。中书监、中书令相当于皇帝的机要秘书处长。

这样，从曹操开始的以秘书令代替尚书台的演变过程宣告结束，重演了汉朝以尚书台替代丞相府的那一幕。

中书监和中书令因为处于皇帝左右，多受宠用，时人称中书省为凤凰池。南北朝时，中书令、中书监多由有文学名望者担任，时人以任此职为殊荣。如《晋书·荀勖传》记载：荀勖由中书监调任为尚书令，友人祝贺，他却悻悻而言："夺我凤凰池，诸君贺我耶?"可见当时中书监的职位实际上高于尚书令。

（四）中书省的主要秘书官员

中书省除了主官中书监、中书令以外，尚有不少秘书官员。这些官员的名称在魏晋南北朝时期变化纷繁，主要有以下一些：

黄门郎——曹丕时定制，掌收受、拆封、初阅各方奏章，然后签名，交给通事郎。

通事郎——曹丕时设立，为中书监、中书令的副手，具体负责诏令的起草工作，并负责审读黄门郎转来的奏章，署名后呈送皇帝。晋朝时改称中书侍郎，设四人。

中书舍人——西晋在中书侍郎下设舍人、通事，后合称通事舍人，也称中书通事人。东晋、宋、齐沿置，梁朝除去"通事"两字，改称中书舍人。"专掌诏诰侍从，署敕宣旨劳问，授纳诉讼，敷奏文表，分判省事。"其中文才优秀者冠以"知制诰"称号，有权起草诏书。刘宋时，中书舍人的权力日重，时有中书通事舍人四名，轮流值宿于皇宫，出宣帝命，凡章奏都由他们转呈，并参与处理。萧齐时，中书舍人不离皇帝左右，关系更为亲近。高帝萧道成欲废苍梧郡，清晨，命值班的中书舍人虞整起草诏书。虞整因通宵酗酒，昏睡不醒，高帝立即另召中书舍人刘系宗前来拟诏，说："今天地重开，是卿尽力之日。"刘系宗当即挥笔，拟就诏书，并指挥主书十人、书吏二十人抄录多份，发往各地。可见，中书舍人为皇帝所信重，并能越过顶头上司中书监、中书令和中书侍郎，直接秉承皇帝旨意拟诏。而中书侍郎的职权却相应减弱。齐永明初年，有中书舍人吕文显、茹法亮等四人，权力甚大，时人称为"四户势倾天下"，连太尉王俭也叹息说：我身居三公高位，权力却不及茹法亮。梁武帝时，中书舍人不但专掌诏书拟制，参与机密，而且有时专断朝政，甚至代表皇帝发布诏命。梁陈之时，国家政务几乎都由中书省处理。时设中书舍人五名，下有：

主书——十名，负责保管文书，以备查询，并抄写诏敕，相当于机要秘书，地位虽不高，但职掌重要，朝官都羡慕此职。

书吏——二百名，负责文书的抄录、誊写。

书助——协助书吏抄录、誊写文书的人员。中书省如遇有重大文书事务，书吏不足，难以按时完成，就另外选择通文墨者帮助完成，称书助。

曹丕创设的中书省，起初的职责是“掌赞诏命，记会时事，典作文书”（《文献通考》），即负责起草诏命，记录朝廷大事，拟制文书。显然，它是以皇帝机要秘书处的面目出现的。后来，它的业务日繁，负责二十一个方面的事务，直接与行政中枢尚书省的各曹对口，规模发展很大，相当于朝廷的办公厅。

由于曹操是汉朝丞相，曹丕称帝后不设丞相，三公也只是无实权的荣誉职称，所以，中书省从诞生之时起，就有可能发展为实际上的丞相府。

二、设门下省分中书省之权

随着中书省的势力扩张，从晋朝起，皇帝都力图吸取前代的经验，设法限制、分散中书省的职权，以防止它成为实权机构，与自己争权。

晋朝皇帝将皇宫中的侍中、常侍、给事中、黄门侍郎、谏议大夫、起居郎等秘书官员组织成一个新的秘书机构，称门下省，在皇帝左右议论大政，出纳诏命，办理交付事项等。

门下省的主官为侍中，宋文帝起，侍中始掌奏事，直侍皇帝左右，掌管殿内门下众事，议论朝政，参与政务，过问朝廷大小事情。梁、陈两朝相沿。北魏“尤重门下官，多以侍中为辅政，则侍中为枢密之任”（清汪士铎：《南北史补志刊稿·职官志》），呼为小宰相。

这样，侍中主管的门下省就分掌了中书省的一部分秘书工作，分散、限制了中书省的权力。

南北朝时还建立过集中省，作为皇帝的侍从、顾问机构，掌规谏、评议、驳正违失等事，以散骑常侍为主官，故又称散骑省。隋朝时并入门下省。

三、初步形成相互牵制的三省

曹丕以中书省替代尚书台，作为皇帝的机要秘书处后，旋将尚书台转化为政府机构，起执行作用。

尚书台仍以尚书令为主官，左、右仆射为副手，下属尚书郎的人数增加，分有殿中、吏部、驾部、金部等名目，共有二十五名，负责处理各部曹的往来文书事务。每有一郎任缺，便选五名能办理文案的孝廉来应试，以其中的第一名补缺，录取者年龄须在五十岁以下，既要文笔流畅，又要能谨慎办事，业务能力强干，要求很高。尚书侍郎的人数也增加了，西晋时设有二十三名，东晋初设有十八名，后经省减，仍有十五名。

尚书台内的各部、司设有：

尚书都令史——负责处理日常事务。

主事令史——负责本部、司的文书事务，为令史之首。

南北朝时，为了制约中书、门下两省，统治者将尚书台升格为尚书省，成为中央政府执行政务的总机构。

中书、门下、尚书三省初步形成后，各自承担一部分中央秘书事务。清人汪士铎说："而典枢密，率在中书、门下、侍中、录尚书及仆射而已。"一般说来，魏晋和南朝时以中书省为重，北朝则以门下省为重，尚书省偏重于执行。

魏晋南北朝时期中央秘书机构的反复变化，掌管机要重任的秘书首脑多次更名易号，反映出封建社会中央秘书机构及其官职的不稳定性，皇帝一而再、再而三地提拔身边亲近的秘书人员组成新的秘书机构，来替代原先的秘书机构，以维持秘书机构仅有辅助决策权，而无独立决策权，仅具处理事务的职能，而无执行实权的职能，以致秘书机构不断变化，其根源就是君主专制。

四、皇宫的秘书官职

中书省从皇帝的机要秘书处转化为承担部分中央政府秘书业务的机构后，门下省成为实际上的兼职的皇宫秘书机构，门下省内的许多官员，如黄门侍郎、常侍等成为皇宫秘书。除此之外，重要的皇宫秘书官职还有：

典签——宋、刘时设立，原为处理文书的小吏，后受皇帝信用，常受遣监视出任的方镇、宗室诸王及各州刺史，号称“签帅”，名为典领文书，实为控制地方政权、兵权。前述茹法亮就于宋、齐间数度任典签，握有州、镇大权，揽权一方，势倾一地。

起居令史——记录皇帝的重要言行和大臣对朝政的讨论，日积月累后交著作郎。

此外，曹丕又重设东汉桓帝时初设的、被曹操改变性质的秘书监一职，使其仍然掌管皇宫档案秘籍，不隶属中书省，为一独立机构。晋朝时改称秘书寺，将其长官提升为仅次于三省长官的九卿之一，并在秘书寺内首设秘书卿、秘书少卿、秘书丞和主簿官，形成一套完整的班子。梁武帝又将秘书寺升格为秘书省，与三省平行，北齐相沿，主管档案，编写史籍，作为皇宫内的档案机构。

魏晋南北朝时期，各王朝仿照秦汉旧制，在皇宫中设立信访机构公车府，让百姓申诉冤屈。如南朝梁武帝时，在公车府的谤木、肺石旁各设置一个信箱，规定凡百姓对朝政有意见，可直接投书于谤木旁的信箱中，百姓如受官吏豪强欺压而无处申诉，可以投书于肺石旁的信箱中。信箱称“函”。

五、其他秘书机构

魏晋南北朝时期，与中央秘书机构呈不稳定状态相反，政府各部门内及各级地方政府中的秘书机构却沿袭两汉，相对稳定。

汉代设立的三公府中的长史，从三国至南北朝一直沿置，无甚变动。

魏晋南北朝时期，地方行政单位的建制为州、郡、县三级，各级政府部门中设有秘书机构。

汉代设置的州府主簿，魏晋时成为统兵开府大臣的重要幕僚，由大臣自行聘任，负责上下行文、保管印鉴、总领府内日常事务，作用、权力都颇大，为秘书首脑。不少人因明了上下机密，对天下大势了如指掌，所以他们积极出谋划策，协助权臣废黜旧主，建立新王朝。如萧道成任刘宋中领军时，府中主簿纪僧真曾详细向萧道成分析天下大势，力劝他代宋称帝，最终促成了萧道成创立齐朝。又如东晋权臣桓温府中的主簿王珣，身材短小，人称“短主簿”，却能与参军郗超两人一起，操纵桓温的喜怒，并鼓动、协助桓温一度夺国称帝。由于主簿的能量大，一些幕主在利用他们时都暗加防备，如曹操的主簿杨修，足智多谋，善于测曹操心意，又“总知内外”，他和曹操之子曹植关系甚密，曹操担心他日后会协助曹植与世子曹丕争夺嗣君之位，遂于自己死前杀掉杨修。

郡、县衙门中仍由郡丞、县丞兼管秘书工作。各设有主簿，郡府主簿一职一直为以后各朝所沿用，县府主簿一职一直被沿用到清朝末年。

这一时期，军队中的秘书工作大大加强，原因是手握重柄的权臣和州郡地方官大都是军人，统率军队，他们的幕僚不少人实际上是军中的秘书人员，阵容强大的幕府实际上是军中的秘书机构。

东汉末年，曹操以丞相名义带兵，幕僚多称“参丞相军事”，后省称为“参军事”或“参军”。南北朝时，由于州刺史多带军职，其幕僚也以“参军事”作为官称。“参军事”中属于秘书官员的有：

录事参军——“录”，即总领之意。“录事”即指总领府内日常事务，为幕僚之长，相当于秘书长，是刺史的主要属官。

记室参军——掌府中文书事务。

这一时期，上至中央政府的三公府，下至州、郡衙门中，都设有记室这一专职的秘书部门，内有记室令史、记室省事令、阁下记事令、记室督等名目的秘书人员，从事以文书业务为主的秘书工作。

各级地方政府中的秘书人员大都有一定的编制，保持着一定的数量。如《晋书·职官志》记载，州府中有内吏八人，郡府内有内吏十八人，县衙内有小吏十二人，都是从事文书工作的人员。可见地方政府中的秘书机构处于相当稳定的状态。

魏晋南北朝时期，政局动荡。作为中央机要部门的秘书机构作用突出，为权臣所力争，当时，凡真正执掌朝政的大臣（即宰相职），除本职官衔外，还必须挂有“录尚书事”的称衔。所谓

“录”，即总领的意思。“录尚书事”就是由他兼管秘书部门，过问一切公文章奏，以便他发号施令，也就是说，只有掌管秘书部门者，才有实权，可见秘书机构地位之重要。

第二节 主官与秘书的关系

主官和秘书是相互联系、相互依赖而存在的两个方面，只要有主官，就会有为其服务的秘书，主官决定着秘书的存在；秘书的职责是协助主官领导好全局性的工作，作为得力助手，帮助主官建立、巩固功业，在这意义上而言，主官离不开秘书，秘书在一定程度上也决定着主官的存在。因此，主官只有尊重、信任、了解秘书，量才使用，才能发挥秘书的助手作用；秘书只有了解主官的个性、思维方式和工作方式，才能互相协调，配合默契，相得益彰。

魏晋南北朝时期，由于政局动荡，群雄角逐，有远见的帝王为了保住帝位，权臣为了巩固地位或争夺江山，都重视招揽和量才使用秘书人才；同时，秘书人才在天下大乱之际也纷纷择主而事之，佐主建功立业。由于处于分裂割据的形势中，小国林立，这些秘书人才如不被信任，或与主官关系不融洽，发挥不了作用，就会出走或投奔他处。因此，谁能招揽、使用众多的秘书人才，谁的事业就能兴旺发达起来。在这种形势下，如何处理好主官与秘书之间的关系，有效地发挥秘书的参谋、助手作用，就成为统治者着力探讨的重要问题。在这方面取得显著成效的当数著名政治家曹操和诸葛亮。

一、曹操招纳、信用秘书人才

曹操作为有远见的政治家，深知要成就大业，必须依靠人才。在他执政期间，曾三次颁布《求贤令》，思贤如渴地延聘各色人才。

曹操打破了西汉以来任官讲究门第、资历的旧框框，不拘一格求人才。如他的重要谋士荀彧，世代都是“白衣”，曹操却将他从一个小小的县令提拔为尚书令。

曹操爱才敬才，不计私怨，不拘小节，唯才是举，广纳天下之士。

杨修是曹操的死敌袁术的外甥，曹操不避嫌疑，用为府中主簿，为幕府之长，让他统管府内事务，参与机密，相当于曹操的秘书长。杨修十分感恩，凡事都办得很称曹操心意，加上他精明干练，一度成为曹操的得力助手。

陈琳原是袁绍的记室令史，一个典型的文字秘书人才。曹、袁拼死相争时，他曾为袁绍拟制了《为袁绍檄豫州》这一讨伐曹操的檄文，文中列数曹操罪状，痛斥曹操是“残贤害善”、“败法乱纪”、“专制朝政”的巨奸逆贼，还把曹操的祖上几代都辱骂得狗血喷头。曹操当时正患头痛，读了此文后，出了一身大汗，头也不痛了，深为作者的文才折服，一心想得到陈琳。后来，曹操击败袁绍，平定河北，抓住了陈琳，陈琳惊恐，以为一定会被处死。曹操不但没报复他，反而安慰他说“过去的事就算了”，并任命陈琳为司空军谋祭酒，掌管自己身边的文书事务。

文士刘祯个性倔强，一次，在曹丕的私宴上不肯俯首，平视曹丕夫人甄氏，犯了“不敬”之罪。曹操爱其机警善对答，遂不计小过，不予加罪，任用为丞相掾属，协助处理军国大事。

曹操的心胸开阔，使众多的人才竞相投奔于门下。他手下聚集了大量的秘书人才，仅史籍中著名的就有荀彧、荀攸、郭嘉、崔琰、杨修、贾逵、王凌、繁钦、路粹、王粲、阮瑀、陈琳、刘祯、应易、徐干、华歆、王朗、陈群、仲长统、邴原、王必、杜袭、刘放、孙资、梁鹄等人。

曹操又知人善任，根据这些人才的特长，分别任命为不同类型的秘书。如荀彧有军事谋划之才，曹操用为尚书令。他献计迎汉献帝回许昌，挟天子以令诸侯，使曹操取得政治上的主动；又协助曹操击败袁绍，奠定了统一北方的大业，报答了曹操的知遇之恩，被曹操赞为“吾之子房也”！

崔琰以敢于直言劝谏得名，曹操就用为别驾从事。崔琰果然善谏、敢谏。一次，曹操拟从冀州征兵三十万，崔琰立即当面直谏，说：“主公未为冀州百姓造福，而先征兵扰民，岂非大失民心。”

群臣听了都相顾失色，曹操却认为他说得有理，采纳其建议，取消了征兵计划。曹操常与长子曹丕游猎，对此，崔琰也不放过，上书劝谏，要曹操别玩物丧志。曹操对其颇为敬惧，赞誉他具有伯夷的风骨，史鱼的耿直，使自己受益匪浅。

王粲善文字，祖上几代担任过秘书官职，曹操用为丞相府中掾属，后迁为军师祭酒，专司起草文书，他博学强记，凡朝廷奏议等文书皆由他与王朗等人拟就。

由于曹操广纳人才，使用得法，较妥善地处理了与秘书的关系，使身边的秘书各施其才，成为得力助手；同时也使他如虎添翼，是他能击败各路豪强，统一北方的一个重要原因。所以，他在总结自己十九年的征战历程时说："所征必克，乃是贤大父之力也。"

二、诸葛亮对秘书的要求和提拔

（一）诸葛亮选用秘书的方法

诸葛亮是一位雄才大略的政治家，在处理与秘书的关系上，他有自己独特的一套方法，更胜曹操一筹。

诸葛亮曾比喻说，主官需要好的僚属，就像房屋需要好的柱子一样，柱子以端直为佳，僚属以忠直为好，栋梁之材要到森林里去仔细寻找，忠直的僚属也必须由主官从各处去细心选拔。他用人不注重门第资历，只要有真才实学，德才兼备者，他一律任用，任人唯贤。

诸葛亮的用人之道别具一格，在任用之前，他从七个方面予以考察：

一是"问之以是非而观其志"，就是向对方提出相互矛盾的问题，看对方的辨别能力；

二是"穷之以辞辩而观其变"，就是反复同对方辩论一个问题，看对方的辩才和机智应变的能力；

三是"咨之以计谋而观其变"，就是请对方就某一个问题出谋划策，提出咨询意见，以看对方审时度势和分析问题的能力；

四是"告之以难而观其勇"，就是将面临的危险告诉他，看他的勇敢程度和献身精神；

五是“醉之以酒而观其性”，就是在开怀畅饮的场合，观察对方的自制能力和酒醉以后显示出来的本色；

六是“临之以利而观其廉”，就是让对方面临有利可图的机会，看对方是否廉洁奉公；

七是“期之以事而观其信”，就是从同对方约定某件事上看对方是否守信用。

在那个时代，诸葛亮用这些方法去考察人才，已经是很全面的了。如此选用的秘书人才，其素质也自然是很高的，诸葛亮身边就聚集了不少优秀的秘书人才。

(二) 诸葛亮对秘书的“参署制度”

诸葛亮对秘书除了要求他忠于职守以外，还非常注意听取他们的意见，为此，他专门建立了“参署制度”，让秘书能充分发表意见，实行“纳言之政”。“参署制度”的主要内容有三条，即“违覆”、“直言”、“进人”。

“违覆”即发现公文中主官的批示有与国家政策违背之处，秘书人员应提出自己的看法，陈述理由，送回主官处，建议重新审改。秘书官董和任职七年中敢于违覆，有时就同一件公文竟反复十次向诸葛亮报告，建议修改，对此诸葛亮十分赞赏，要僚属学习董和对公文认真负责的态度。由于主官受精力、时间、才识的限制，处理公务中难免有考虑不周而失误之处，秘书人员要在工作中善于发现这些缺陷和遗漏，建议主官修正之，使主官的失误降到最低限度。这是秘书人员应当具备的基本技能。诸葛亮提出的“违覆”，鼓励秘书人员善于发现主官的失误，敢于提出自己的见解，就是要求他们培养这种能力。

“直言”即要求秘书人员对主官直谏不讳，凡发现主官在处理公务以及其他行为言论中有不当之处，都要及时指出，以避免过失。由于诸葛亮心胸宽广，待下属诚恳，身边的秘书人员都乐于上谏。诸葛亮曾说，崔州平能指出自己的“得失”，徐庶能给自己“启诲”，董和能“尽言”，胡济能“谏止”。主簿杨颙见诸葛亮事无巨细，凡事均要亲自处理，连“校簿书”、罚二十板等琐事也过问，认为大可不必。诸葛亮感到他说的正切中自己的短处。杨颙死后，他难过了好几天，叹息说："掾属丧杨，为朝中损益多矣！"

要求秘书敢于直言，不但有助于弥补主官的不足，修正主官的过失，而且有利于融洽主官和秘书人员之间的关系，使秘书人员能尽可能地发挥自己的作用。

"进人"即要求秘书人员，如主簿、书佐、掾属主动向主官推荐人才。掾史姚伷曾推荐文武人才给诸葛亮，受到赏识，自己也被升为参军。

秘书人员在主官身边工作，了解全局情况，知道各种人才的需求，且他们经常与下属部门接触、联系，较熟悉各种人才，因此，由他们推荐人才是一条可行的途径。诸葛亮属下的文臣武将中，不少是秘书人员推荐来的。

诸葛亮对秘书的这些要求，融洽了自己和秘书人员之间的关系，也发挥了秘书人员的主观能动性，颇值得我们借鉴。

（三）诸葛亮对秘书的提拔

秘书岗位是个培养、造就、储存、输送人才的场所，诸葛亮深明此道，不但发挥秘书的主观能动性，积极培养秘书，而且当发现哪个秘书具备了独当一面或有独特才干时，就大胆提拔，破格使用。

蒋琬原是一个专事抄录文书的书佐，诸葛亮发现他很有才干，就在率军北伐动身前将他推荐给后主。蒋琬一下子被委以留守成都的重任，成功地组织了充足的兵源粮饷，供给北伐的蜀军。诸葛亮临终之时，又将他推荐为自己的继承人，使他成为蜀国后期的重臣。

杨洪原是个功曹小吏，有一次，诸葛亮就一次军事行动征求杨洪的意见，杨洪坦率直言，讲得很有道理。诸葛亮就破格提拔他为蜀郡太守，不久又提升为益州治中从事。

何祇原是杨洪手下的一名书佐，诸葛亮发现他很有才干，就任命他为广汉太守。

诸葛亮对秘书的大胆提拔，一方面使有才干的秘书能发挥更大的作用，有益于国家；另一方面，使更多的秘书忠于职务，努力工作，刻苦锻炼自己的才干，以具备条件后去发挥更大的作用。

与曹操、诸葛亮相反，一些器量狭窄、忌才妒贤的豪强由于处理不好自己和秘书人员之间的关系，致使秘书人员纷纷出走，成为自己失败的原因之一。如王粲曾投奔过刘表，刘表竟以他貌不出众、身体瘦弱为理由，不予信用，致使他日后劝说刘表之子刘琮归顺曹操，自己也转入曹营。荀彧、崔琰、郭嘉原先都是袁绍的秘书，见袁绍"未知用人之机"、"好谋无决"，成不了大事，于是，先后投归曹操，而正是这些人才，协助曹操攻灭了袁绍。

三、寒门掌机要

魏晋南北朝时期，选拔官吏（包括各级秘书官吏）的基本制度是九品中正制。

自曹丕起始的九品中正制，原意为了网罗普天之下的贤士，为国所用。然而，它很快就演变成以门第划分等级，按等级高低授官的腐败制度。从中央到地方的高级官职都由所谓门第显赫的世族担任，目的在于由他们垄断各级政权，而出身低微的寒门子弟只能充任僚属和低级官吏，造成"上品无寒门，下品无世族"的状况。但是，担任高官的世族往往自鸣清高，不屑从事具体事务，且常常身兼数职，甚至数十职，实际上重要的事情十件有九件办不好，连一职也不能胜任，终年养尊处优，过着花天酒地的腐朽生活，以致"肤脆骨柔，不堪行步，体羸气弱，不耐寒暑"，有的连马叫和虎吼都分辨不出，缺乏起码的生活常识，成为一群行尸走肉，根本无能力理政。

这一腐败制度使大量人才受到压抑、埋没，实际上是历史的残渣泛起，世袭制全面复辟。

在"膏粱蹑高位、英才沈下僚"的局面下，那些不会理政的高官往往将日常政务和机要事务都交给寒门出身的僚属去处理。同时，不少皇帝为了维护皇权、架空世族，也有意起用身边的寒族秘书协助自己处理政务。如宋武帝刘裕，依靠武力夺取政权称帝后，因为他自己也出身寒微，对世族怀有戒备之心，所以他特别重用寒门之士理政。这样，从中央到地方的各级政府中，大都由寒门之士在办理具体事务，他们从秘书业务中学到了丰富的社会、政治经验和在官场上周旋的能力，锻炼得精明强干，并在处理文书和日常事务的过程中参与了政务，掌管机要，成为实际上的决策者。

《通典·职官》引刘毅上表中记载，如果州郡长官离职，在新长官未到任之时，上司往往任命府中的主簿、从事等秘书首领官主持政务。比如南朝梁时，寒族吉翂任州主簿时，“出监万年县，摄官期月，风化大行”（《渊鉴类函》卷25《文学部》），在短短的代理执政时间内，将当地治理得井井有条，以至扬州中正与丹阳尹联名举荐他做主官。

所以，这一时期，在公府和地方政府中，主官位尊而大权旁落，秘书位卑而权力膨胀，形成了名实相反的主从关系。当时流行的“寒门掌机要”一语，正是这种状况的写照，反映出秘书权力膨胀这种现象不仅出现在高层，也出现在州、郡、县各级官府。其直接原因是主官腐败无能，处处依赖秘书官员；而秘书官员则凭藉其实力和才干乘机进入这个权力圈。其实质仍是封建统治层内部的权力之争。

第三节　文书档案工作

魏晋南北朝时期，文书工作有了重大的发展，公文已经分离成为一门独立的文体，有了专门拟制文书的人员，产生了一系列文书制作制度，并对文书形式开始了初步的总结与研究。

一、文书工作大发展的原因

魏晋南北朝时期，文书工作所以会有快速的发展，是有其主观和客观上的原因的。

从主观上论，当时政局多变，战争频繁，统治者要实现自己的政治目标，都需要掌握和充分利用文书这一发号施令、指挥政务的工具，对文书工作都予以高度重视。前述凡真正执掌实权的重臣必须冠以“录尚书事”，控制中央政府的文书工作，就是一个实证。

刘勰在《文心雕龙·书记篇》中指出：公文“虽艺文之末品，

而政事之先务也”，这是对当时统治者高度重视文书作用的最好概括。在高度重视下，统治者必然会加强和推进文书工作，促进其发展。

从客观上论，自东汉蔡伦发明植物纤维纸以后，经过劳动人民的长期改进，造纸技术进一步发展。到了东晋初年，大量质优价廉的纸张被用于书写，成为公文的主要制作材料。唐代徐坚《初学记》卷21引东晋初年著作郎虞预《请秘府纸表》云：“秘府有布纸三万余枚，不任给所，愚欲请四百枚，付著作史，书写起居注。”东晋末年，桓温称帝后诏令：“古无纸，故用简，非主敬体也，今诸用简者，皆以黄纸代之。”从考古结果来看，东晋后，未见有简牍文书出土，说明自此起，纸成为日常公文的唯一制作材料，完全取代了使用一千多年的简牍文书。这一变化，大大方便了文书的草拟、修改、转发、携带、批阅、审读、保存、查用，极大地提高了文书工作效率，是古代秘书工作中一大突破。

同时，这一时期笔、墨等书写工具也有显著改进。

汉字在这一时期也有了较大发展，汉末在隶书基础上形成的楷书，也叫真书、正书，这时已在社会上盛行，并产生了草书，又出现了介于草书和楷书之间的行书，都比隶书更便于书写。

这一切都有力地促进了魏晋南北朝时期的文书工作，导致了一系列新的文书制作制度的产生。

二、公文拟写成为专门技能

（一）公文成为一种独立的文体

魏晋以前，公文具有散文的特点，文中常抒写个人情感，发表自己的见解，如李斯的《谏逐客书》、贾谊的《治安策》、晁错的《论贵粟疏》、邹阳的《狱中上梁王书》等，字数很多，篇幅很长。贾谊的《治安策》，洋洋六千言。公文都被视作散文，编入散文集中。人们还未将公文与文学作品及理论文章从内容上严格区分开来。

还有些公文则满篇是歌功颂德之辞、华而不实之语，有名无实。

自曹操开始，公文与散文才正式分家。传世的《曹操集》中，除收录诗文两百多篇，公文也占了百篇以上，大部分是他颁布的“令”。从这些公文中，可以看出公文开始与散文分流。明显表示出自己的特点：

第一，以叙事为宗旨，开门见山，直叙其事，指明原由及解决方法，干脆利落，不抒情咏志。如《明罚令》，开头即说明原由“闻太原、上党等地，有冬至后凡五日皆绝火寒食”的陋习，影响军民身体健康，为此下令：“令到，人不得寒食。若犯者，家长半岁刑，主吏百日刑，令长夺一月俸。”加强了公文的实用性。

第二，带有鲜明的权威性、指令性。如《败军令》中，对败军者的处罚规定：“诸将出征，败军者抵罪，失利者免官爵。”使公文具有严肃性。

第三，篇幅简短。曹操处于群雄角逐的战乱时代，所写公文，尤其是军事公文，时效性很强，如篇幅过长，会贻误战机或时机，所以，他的公文都短小精悍，绝大部分都在一百字左右。他的有些公文所叙之事涉及面甚广，如果面面俱到，势必洋洋数千言，且也不一定能说清楚，他都抓住主要问题讲清。如《求贤令》是下令改革用人制度的，涉及面很广，他抓住“必廉士而后可用”这一最突出的问题，提出了“唯才是举”的用人方针，只用了一百多字就讲清了问题。有些公文，他将正文中的细节部分抽出，作为附件，如《陈损益表》中，就将“遵奉旧训权时之宜十四事，奏如左”，作为附件，因而大大缩短了正文篇幅，加强了公文的时效性。

第四，表述明确，指示具体。如《求言令》中他对下属提出要求：“自今之后，诸掾属治中、别驾，常以月旦各言其失，吾将览焉。”要下属在每月初各写出工作中的失误，以供他阅览检查。时间、范围、具体做法都指示得十分明确，毫无含混之处。这样，利于下属依令执行。

第五，文辞朴实。曹操的公文在语言上朴实无华，简洁明了，不加藻饰，与其他文章明显不同。如《请爵荀彧表》中，记述荀彧的功绩时写道：“守尚书令荀彧，自在臣营，参同计划，周旋征伐，每皆克捷，奇策密谋，悉皆共决。及彧在台，常私书往来，大小同策，诗美腹心，傅贵庙胜，勋业之定，彧之功也。”叙述实实在在，没有渲染夸张之辞，这就进一步增强了公文的实用性。

从曹操的公文中，可以看出，这时期的公文已具备自己的特点，与散文等其他文体明显不同，表现出实用性、权威性和文体风格，开始自成一家。鲁迅称曹操是“改造文章的祖师”（《魏晋风度及文章于药及酒之关系》），这一评价用于他对公文发展所作的贡献，实是当之无愧的。

曹操之后不久，公文成为一种正式的独立文体。当时，撰写文章有了“文”、“笔”之分：

“文”即文章、诗赋，必须有情辞声韵；

“笔”即公文，不需要有韵，也不必具有文采，只要直叙，着眼于述事达意，施于实用，凡表、奏、书、檄都称“笔”，它有一定的格式，类似于近代的文牍。

“文”、“笔”之分，说明公文写作已经成为一门专门技能，有它独特的要求、规格。这无疑大大有助于提高公文的质量，它是文书工作史上的一大飞跃。

（二）出现了专写公文的“手笔”

公文成为一种独立文体后，产生了一批专门拟写公文的人才，如陈琳、阮瑀、王粲、任昉等人。凡善于拟写公文的文人，不一定能写好诗赋文章；而能写好诗赋文章的人，甚至造诣颇高者，不一定能写好公文，不一定能胜任记室参军之类的秘书官职。如与任昉同时代的沈约，为当时著名的诗赋大家，写公文却不如任昉，所以，当时称“沈诗任笔”。时称干练而擅长拟写公文者为“手笔”，著名的“手笔”大家称“大手笔”。可见，当时公文写作在社会上的地位不低。

同时，由于魏晋南北朝楷书、草书、行书流行，书法大有发展。公文一律用纸作为书写材料后，其字体也渐趋讲究，要求具有一定的书法水平。为此，统治者都聘请书法家担任自己的文字秘书。如东汉末年擅长正隶的梁鹄，汉灵帝时即被任用为选部尚书，后为刘表所得。曹操攻克荆州时，慕其名，四处访寻这位书法家，最后找到了他，当即聘任他为选部尚书，掌文书章奏，还将他的弟子毛弘也聘请来，安置于秘书省中，教授官吏书法。

北齐著名书法家赵彦深被尚书令司马子如任用为文吏，专掌抄写文书，后又参与机务，拟写军令，最后官至丞相。著名书法家王羲之、王献之、王徽之等人都担任过郡府内史、中书令、黄门侍郎等秘书官职。

梁武帝萧衍好书法，聘用书法家王褒为秘书郎，还将侄女嫁给他，后又擢升他为太子舍人、秘书丞。

纷纷任用书法家为文字秘书，提高了公文字体的艺术性，使公文面貌整洁、美观。同时，说明掌握书法艺术是我国秘书人员的优良传统之一，今天的秘书工作者必须注重书法的学习和训练。

(三) 对公文开始了理论研究

随着公文写作成为一门专门技能，魏晋南北朝时期已有不少学者开始对公文进行理论上的总结及研究。

蔡邕的《独断》、曹丕的《典论·论文》、曹植的《与汤祖德书》，晋代虞挚的《文章别流论》、应玚的《文论》、陆机的《文赋》，南朝刘勰的《文心雕龙》、任昉的《文章缘起》等都是研究公文或兼及公文的论著。这些论著对公文的文体源流、演变、使用范围、写作技巧、要求、语言风格和作用等多方面进行了研究与论述。

最早研究公文文体的是曹丕。他在《典论·论文》中将文体分成四大类：奏议、书论、铭诔、诗赋，并初步分析了它们各自的特点及语言风格，说："奏议宜雅，书论宜理，铭诔尚实，诗赋欲丽。"前三种就是应用公文，他的意思是：奏议要写得明白、典雅，书论要求讲理，铭诔要写实。

这一时期对公文研究最有贡献的是刘勰。他在《文心雕龙》中，论述了二十多种公文文体的起源与演变、运用范围、拟制要领、语言色彩和作用等，他的论述深刻、精辟而又形象。如论及诏策的文风色彩时，他说："故授官选贤，则义柄重离之辉；优文封策，则气含风雨之润；敕戒恒诰，则笔吐星汉之华；治戒燮伐，则声有雷之威；眚灾肆赦，则文有春露之滋；明罚敕法，则辞有秋霜之烈。”（《文心雕龙·诏策》）意思是说：凡授官选贤的诏令，要冠冕堂皇，饱含正气；封王晋侯的诏令，则要含有风雨滋润的用意；敕戒百官的常诰，要有笔吐银河的光辉；发布用兵打仗的诏令，则需有雷霆万钧的声势；发布赦免重刑犯人的诏令，需像春风雨露一样润泽；发布惩罚或整饰法纪的诏令，则要像秋霜那样猛烈。

这些论著初步构成了我国古代公文的理论体系，这是文书工作乃至整个秘书工作有了重要发展的一个标志。

三、文书制作制度

在魏晋南北朝时期，由于纸张成为公文唯一载体等原因，产生了一系列公文制作制度。

公文用纸制度——桓温诏令公文一律以纸代替简牍后，规定重要的公文以加染的黄纸书写，以防虫蛀；一般公文以白纸书写，这使人们从纸的色泽上就能分辨出公文的类别，初步形成了公文用纸制度。

卷轴制度——将写在若干张纸上的一篇公文粘连起来，成为一幅，在一端粘附上一根细木棍，作为轴，可以将公文自左至右卷拢在轴上，成为一束。因为古人写字是自右至左竖行书写，这样卷起，能使右面文首的内容在最外面，便于展开按顺序阅读，这种方法称为卷轴制度。它在缣帛文书中已见使用，公文普遍用纸后，这一制度遂普遍推广。它开则便于阅读、批答，合则便于携带、收藏，是公文形式的一大进步。

用印制度——简牍文书的盖印方法为封泥，以纸制作公文后，改用朱印，即朱色水印，朱印简便易行，印迹清晰易辨，不易消褪，且能使印章经久耐用，既提高了公文制作速度，又使公文卷面美观，是公文用印制度上的一大进步。

骑缝、押缝制度——骑缝即在两张粘连的公文纸的连接处加盖印章；押缝即在两张公文纸的粘连处或公文末尾署名，又称押字或押尾。宋黄伯思《东观余论》中记载：“魏晋以来法书，至梁御府藏之，皆是朱异……等题名于首尾纸缝间，故谓之押缝，或谓之押尾。”这一制度根据纸质公文的特点，起到了防止公文伪造、保证其真实性的作用。

连署制度——也称联署制度，即几位官员在同一公文上联合签署姓名，以表示对该公文内容共同负责。《北史·颜之推传》记载：“崔季舒等将谏也，之推取急还宅，故不连署。”

勾检制度——魏晋起尚书台（省）中设置了比部，置比部郎中主官，专“掌诏书律令勾检等事”，即稽核皇帝和中央政府颁发的下行文。说明对公文的复核已有专门部门负责。

南北朝时一些昏庸的国君往往荒于朝政，造成文书工作陷入混乱不堪的状况。如齐废帝（东昏侯）萧宝卷厌烦政务，终日游戏，常数月不批阅奏章，积压的奏章被内侍随手取去，包裹鱼肉，以致政令不通，遂产生了一种变通的文书批阅制度。

帖敕——即由主持朝政的大臣在奏章后签署意见，作为敕命，批发判行。如齐废帝在位时，常由始安王萧遥光、尚书令徐孝嗣、尚书右仆射江祏、右将军萧坦之、侍中江祀、卫尉刘暄等人轮流值宿于内省，分日帖敕，代替齐废帝理政。

一文一事制度——即一件公文只直叙一件事，不同的事由不混于一文。秦汉公文，往往一文数事，曹操的公文，多为一文一事，东晋桓温下令公文用纸制作后，逐渐成为定制。此制有效地防止了行文关系错乱，提高了公文的准确性、时效性，加速了公文的运转。它作为公文的主要制作原则之一，一直沿用至今。

四、公文文体

魏晋南北朝时期的公文文体基本沿袭两汉而有所增损。

最高统治者颁发的下行文增加有：

敕——汉代已有此文体，为官长行于下属、祖父行于子孙的下行文。南北朝起，成为皇帝向臣属、地方颁布命令的文体。

北周时，内史上士李德林受命主持修定诏诰格式，对皇帝下发的下行文文体作了一次整理，将制书改称“天制”，将敕改称为“天敕”。

令——西周时，天子的“命”也称令。战国时，将命、誓、诰统称为令。秦朝将令改称诏，而称皇后、太子下达的文件为令。汉代，诸侯王下达的文书亦称令。魏晋时，上级官府发给下级官府的命令都称令。北周时，规定皇太子监国期间颁发的文书称“令书”。令一般比较简短，文字要求凝练、准确，口气坚决，不能含糊。

臣属呈送给皇帝的上行文，除沿用汉代的章、奏、表、疏、议等文体外，还增有：

启事——官员向皇帝陈述事情的文书。如《晋书·山涛传》记载：“涛所奏甄拔人物，各为题目，时称山公启事。”后也用作下级官员向上司的陈事。

笺——也称笺奏。《文体明辨》中云：“笺，表也。”是一种类似于表的文体。东汉起好用笺，南北朝时百官递呈皇后、太子、诸王的公文皆称笺。

各级政府的下行文有：

符——上级官府发送给非隶属下级官府的文书。

帖——官府对吏民颁发的文书。南北朝时战争频繁，帖多为征调兵役、徭役等的文书，如《木兰诗》中：“昨夜见军帖，可汗大点兵。”此“军帖”就是官府征兵的文书。

各级政府的上行文有：

牒——下级政府送呈上级政府的报告、请示类文书。

笺记——官员向上司提呈的公文。

行状——始于汉代，为门生旧友为亡故主人所撰写的其一生行事的叙述，以上奏朝廷，请赐予谥号，或供史官作传记之用，并可作为写铭志时的原始材料，文中须写明死者的姓名、籍贯、世系身份、生卒年月、一生大略事迹。魏晋时，谱牒中由中正官所写的言行表现、才能高下、道德优劣的评语，也称行状。

各级政府间的平行文有：

关——亦称关文，多用于质询。《文心雕龙》介绍其程式为：“某曹官某事云云，被令仪宜如是，请为笺如左，谨关。”

敕——类似汉代的移文、移书。

书——亦称国书，南北朝时期先后二十八个小国之间相互往来的文书。

五、档案工作

魏晋南北朝时期，由于社会动荡，战乱连绵，大量档案被毁，频繁的政权更迭，严重阻碍了档案工作的顺利进行。因此，这一时期的档案工作发展速度明显慢于秦汉时期，其总体水平也未能超过秦汉。

东汉末年起，军阀混战，公元190年董卓逼皇室和百姓迁往长安，焚烧都城洛阳，两汉积累下来的大量档案被付之一炬。西晋的八王之乱、永嘉之乱、晋室南渡以及此后南方东晋、宋、齐、梁、陈的更迭，每一次改朝换代都给京城造成破坏。同时，各王朝内部的相互残杀，又使都城遭受抢掠焚烧，收藏的档案又大批被毁弃、流散。但是，各王朝一些有远见的政治家，鉴于档案对建立、稳固政权的重要作用，都注意对档案的保护、收集。如曹丕代汉建魏，刘备、诸葛亮吞并蜀中时，都首先接管了旧有的档案，予以妥善收藏。西晋将领王浚攻灭吴国时，也曾用心收集吴国的重要档案。

此外，一些官员和士人曾担任过秘书官职，接触过大量的文书档案，他们利用职务之便，收集并抄录档案，藏于家中，世代相继，编辑成集，客观上为档案的保存、流传作出了贡献。如晋人王铨常抄录晋朝政事及功臣行状，其子王隐继承父业，也致力于此行。又如东晋王伟之撰录了太元、隆安年间的诏、表、奏，其子王韶之据此写成《晋安帝阳秋》一书。再如宋人王彪之将朝廷礼仪制度录下，其孙王淮之据此撰就《仪注》一书。

此时期的各政权都建立有档案库，如三国时期的魏、蜀、吴均筑有东观，其他王朝都设有秘府，梁朝还设立籍库，收藏、整理户籍档案。各国尚书省、中书省、秘书监等机构中也收存了部分档案，并设置了著作郎、秘书郎、主书、令书等官职，管理和编撰这些档案。一些重要的档案制有副本，分别收藏于宗庙、尚书省等处。

此时期流行最多的档案是谱牒文书。由于实行九品中正制，将人划为九品，据此授官，故这类档案最受统治阶重视。它可为两类：

一类是各大家族编修的族谱、家谱，详录一族、一家的世系。梁武帝时，朝廷特设谱局，置有郎、令史等人员，命令各地士族上呈族谱、家谱，派博通古今、善于修缮的文士审核、考订、编修，然后收存起来。这种谱牒有多份副本，各州负责划分士族品级的中正官处都备有多份。

另一类是记载士族个人情况的谱牒。每当吏部要选拔官员，都须先征询被选任者的家世、行状、品级。家世即祖辈资历、功名、爵位；行状为中正官对其言行表现、道德才干的评语；品级即根据家世、行状所划定的等级。中正官将这些情况书于黄纸上呈报司徒，据此授官，并将此谱牒副本藏于司徒府。如被选者犯有过失，中正官即可另写评语，降其品级，申报司徒府，请求更改谱牒中的记载。这类谱牒相当于现代的人事档案，只是以记载出身门第为主，个人表现为次，对个人表现、才能记得十分简洁，如中正官王济对士族孙楚的评语只有“天才英博、亮拔不群”八个字。晋以后，授官往往只看家世，这种评语更无甚作用。

此时期沿袭两汉利用档案修史的传统，产生了许多以起居注、奏、疏、诏、令为基础写成的史书，如北齐的《魏书》、北魏的《十六国春秋》、曹魏的《名臣奏议》等等，私家修史之风比两汉时要盛行，因各地割据，信息不通，一种史书往往有二三十家同时或先后修撰，如修《晋书》者就有几十家。此外，一些士人还利用地方政府中的档案和谱牒档案，编修地方志，如东晋常璩所编的《华阳国志》。

复习思考题：

1. 魏晋南北朝时期中央秘书机构演进的基本脉络是什么？
2. 曹操设置的秘书令、秘书丞在中国秘书史上有何意义？
3. 古代“秘书”一词有哪几种含义？
4. 简述中书省的形成及其主要秘书官员。
5. 魏晋南北朝时期中央秘书机构形成为相互牵制的三省说明了什么？
6. 曹操如何招纳、信用秘书人才？

7. 概述诸葛亮的“参署制度”。

8. “寒门掌机要”的成因和后果如何？

9. “文”、“笔”的区别是什么？有何意义？

10. 魏晋南北朝时期产生了哪些公文制作制度？

11. 为何说魏晋南北朝时期是我国秘书工作的大发展时期？

第五章　唐、宋时期的秘书工作

在隋朝基础上发展起来的唐朝，其朝廷的秘书机构分置于中书、门下、尚书三省内，相互配合，相互制约。一度设置政事堂为朝廷中枢的秘书机构，皇宫秘书机构则有翰林学士院，信访机构有匦使院，地方各级秘书机构健全。

唐朝的秘书人员来源多样，素质颇高，职责分明，作用明显，对秘书官吏的考核制度化。

唐朝以律令的形式制定了全面而详细的秘书工作制度，文书工作和档案工作开始分流，公文文体整齐、划一。

在宋朝，朝廷三省中的秘书机构专门化，形成为系列。皇宫的秘书机构翰林学士院继续发展，信访机构演进为鼓院、检院两个系统。秘书人员的选拔制度更趋专业化，文书、档案工作全面分离，秘书工作制度较唐朝又有发展。

因此，唐、宋时期是秘书工作的成熟时期。

第一节　朝廷的秘书机构

唐、宋的朝廷秘书机构由中书、门下、尚书三省兼任，而后政事堂也一度充任秘书机构的角色，宋代的枢密院也分理部分朝廷秘书工作。

一、唐三省的秘书职能

公元581年，北周外戚杨坚废周建隋，结束了三百年来分裂割据的局面，再度统一了中国。

为了巩固国家的统一，隋文帝制定了一系列政治制度，在中央政权机构的建设方面，他废除了北周复古的官制，依据汉、魏旧制，设立三师、三公和三省及秘书省、内侍省，只是为了避父杨忠的名讳，改中书省为内史省，改门下省长官侍中为纳言，门下、内史、尚书三省长官协同处理国政，尚书省设吏、礼、兵、都官、度支、工六部，各设尚书，分掌政务。这种三省六部制的中央政府机构形式，为此后的各王朝沿袭。

隋中央的秘书工作由三省承担，作为其职能的一部分。隋短命而亡，继起的唐朝沿袭了这一制度，加以发展，并将内史省恢复为中书省，纳言恢复为侍中，三省的职责分工趋于明确。

唐朝三省各自承担的秘书职能可归纳为"中书出令，门下审议，尚书执行"。

中书省负责草拟国家的军政命令，这些命令均以皇帝制、诏、敕等名义制作。同时，凡政府各部门和地方官府上呈的章奏表状等，由它呈送皇帝，并根据皇帝的旨意草拟批答。

门下省负责各种文书的审议，如同意，由长官侍中签字后退还给中书省，中书省官员签字后，再呈送皇帝批准，最后交尚书省，转发相关部门执行；如不同意，可行使封驳权，封驳即封还皇帝失宜的诏命，驳正百官有违误的章奏表状。《白居易集》卷 48 云："凡制敕有不便于时者，得封奏之，刑狱有不合于理者，得驳正之；天下冤滞无告者，得与御史纠理之；有司选补不当者，得以侍中裁退之。"可见，封驳的权限是颇为广泛的。

尚书省负责执行中书省转下的各种命令。

三省职能中的"中书出令"，实则是根据皇帝的意图提出决策方案，起辅助决策作用，实际决策权操于皇帝之手；"门下审议"，只是代表皇帝认可或否决中书省提供的决策方案，由皇帝最后裁决；"尚书执行"则为收受、处理、落实各项诏命。因此，这三省具有皇帝秘书机构的职能。

三省职责的划分使皇帝诏书等文件的制作工作由草拟、审核、转发执行三个各自独立的机构来共同完成，它既提高了文件的准确性，又使三省相互制约，防止秘书机构扩大为独立的决策机构，以保证皇权。它将魏晋以来产生的三省制度臻于完善，是古代秘书工作成熟的标志之一。

三省，尤其是中书、门下两省是唐王朝决策、施政的重要机构，它们承担着中央政府的秘书职能，但不是纯粹处于从属地位的秘书机构，其秘书职能只是其全部职能中的一部分，而且，主要由部分专职的秘书官员承担其秘书职能。

二、唐三省的秘书官职

(一) 中书省的主要秘书官职

三省之中，中书省居首，其职责十分广泛，除了拟制、发布政令，收受、批答奏章以外，还参与朝廷各种重大活动，承担礼仪性事务，负责册命等等，其中从事秘书工作的官员不少。

中书省的主官为中书令，“掌军国之政令”，隋朝初设有四人，改称内史舍人，简称舍人，不久恢复中书舍人之称。后隋朝设八人，唐朝设六人，其中最尊长的一人习称为“阁老”，为实际上的首领，负责全面事务，一人负责制诏和政事堂的事务，其余四人分掌各方奏章文书等事务。

中书舍人的职掌，据《旧唐书·职官志》记载，主要有五项：

第一，“侍奉进奏，参议表章”，“凡百司奏议文武考课，皆预裁焉”。即中央政府各司和各地官员的奏章表议，都由其初读，提出处理意见，然后呈进皇帝。同时，凡上报的大事件，如军事上的大捷、祥瑞吉兆、贺表等，也由其转呈。

第二，“凡诏旨敕制及玺书册命，皆按典故起草进画，既下则署而行之。”即负责起草诏、制、敕、玺书、册命等皇帝颁发的文书，进呈皇帝批准后，按规定发有关部门执行。

第三，“制敕既行，有误则奏而正之。”即下达的制、诏、敕等文书在执行过程中，如发现有误差，有责任向皇帝奏明，并加以改正，起到信息反馈的作用。

第四，“凡大朝会，诸方起居，则受其表状而奏之。”即逢有百官聚会、朝廷大典时，中书舍人须侍从于皇帝左右，代表皇帝接受百官的表状。

第五，“凡册命大臣于朝，则使持节读册命之，凡将帅有功及有大宾客皆使劳问之。”即皇帝在朝堂上册封、赏赐大臣时，由中书舍人宣读册封、赏赐的诏命；作为特使慰问有功的将帅和国家的贵宾。

中书舍人名义上隶属中书省，实际上是皇帝的高级秘书，他们虽为五品官，但地位、作用颇大，尤其是与皇帝的关系亲近，有时能与宰相在政事堂上共席同食。

中书省内重要的秘书官员还有：

通事舍人——隋朝设有十六人，唐朝亦然。职掌相当于前代的谒者，皇帝临朝或朝廷大典时，负责引见、通奏、安排百官的进退、位次排列，并收受四方通表，有时也代表皇帝慰劳出师的军队，按月慰问将军的家属，造访地方名士、长者，迎接回朝的军队等。

起居舍人——二人，为从六品官。与门下省的起居郎一起，凡皇帝登正殿、议论政事时，起居郎侍立于左，起居舍人侍立于右，负责记录，故又称左、右史。凡皇帝的言论、起居、命令（如命、制、诏主要内容）、上呈章奏、封拜、重要政事，莫不随时记录。季终，将所记之册移送史官，作为编修国史的原始资料。贞观年间起，常以谏官知起居舍人、起居郎。其下有助手楷书手四人、典二人。

(二) 门下省的主要秘书官职

唐朝门下省的主官为侍中，一度改称左相，因官位特高，仅作为大臣的加衔，如没有“同平章事”的称衔即不算宰相。其职掌为出纳帝命、顾问答对、慰问朝拜的大臣、监修起居注、审定并主持六品以下文武官员的授职仪式。其副手为门下侍郎，即前代的黄门侍郎，为门下省的实际主官，负责掌管机密文件，备皇帝顾问，审议中书省拟写的制、诏等公文。

门下省最重要的秘书官员为：

给事中——为正五品，职掌较宽，主要任务为“驳正违失”，即掌有封驳之权，可封还皇帝失宜的诏命，驳正臣下有违误的章奏，是门下省中的要职，地位仅次于侍中、门下侍郎。

典仪——类似中书省的通事舍人，职掌偏重于负责礼仪性的事务。

符宝郎——四人，掌管皇帝的御玺和朝廷的符节。

(三) 尚书省的主要秘书官职

尚书省的主官，隋朝称尚书令，在唐朝，因为太宗李世民曾任此职，他继位后，即取消此官称，仅设左、右尚书仆射，初与中书令、侍中并为宰相，玄宗后须加“同中书门下平章事”的官衔，才能在实际上主管尚书省。

尚书仆射下设有处理日常事务的机构，称都省，相当于办公室，置有左、右丞和左、右司郎中、员外郎，分管吏、户、兵、礼、刑、工六部，左、右司郎中、员外郎总管所隶部的事务，相当于办公室的正副主任。

各部则设有都事，始置于两晋南北朝，时称尚书都令史，隋朝时改称尚书都事，唐称都事。负责收受、转发文书，稽察缺失，监印等工作，相当于各部中的秘书科长。

(四)三省中秘书官吏的结构

隋、唐三省的秘书官吏的结构，由于政权机构的成熟而呈现出金字塔的状态，处于金字塔上端的为高级秘书官，他们人数少而地位高，以掌政令、参议邦国之庶务、顾问应对、拟制、审议文件等方式，在不同程度上有权参与政务；处于其下的为一般的秘书人员，他们人数多而地位低微，一般无权参与政务，只从事日常文书的收发、存档立卷、稽察缺失、监印、抄录、复制、督催等具体秘书事务。

《隋书·刘炫传》记载，当时的秘书人员已百倍于前代，仅尚书省就有令史120人、书令史130人。《新唐书·百官一》记载，唐朝中书省、门下省的编制共有665人，其中中书舍人、门下侍郎、给事中以上的高级秘书官仅有二十多人，其余大多数是都事、主事、令史、书令史、制书令史、录事、记室史等一般秘书人员。而尚书省令以下官员及属吏增至1 383人，其中都事以下至各种令史已有1 029人。如此众多的秘书人员，分布于三省的各部、司中，以都事、主事为领导，组成一个个秘书科、秘书室，从事着具体的秘书事务。其地位的低微，可从令史的处境中得知。令史在汉代已有，当时都有品秩，职位仅次于郎，满一定年限后可升补为郎。而隋、唐时，他们已不参官品，属于吏员，职责仅为抄录、收存公文，故不再像前代精选文学之士充任。他们很难升迁，往往终身从事文牍事务，以致“老吏抱案死”，与高级秘书官的尊荣成为鲜明的对照，反映出秘书队伍的等级森严。

但是，一般秘书人员的作用却不小。唐朝尚书省的六部，划分为三行，以吏、兵两部为前行，户、刑两部为中行，礼、工两部为后行。省内各部的官员并非长期在一部中任职，而是根据资历，由后行而中行，由中行而前行，循序升转，故各部官员流动频繁，导致他们无法熟悉、精通业务。而长期从事本职工作的一般秘书人员却精通业务，实际上承担了尚书省的日常事务，使这一国家行政中枢得以不间断地发挥作用。

三、宋三省中的秘书部门

宋太祖赵匡胤开国后，吸取唐朝后期藩镇权重、割据一方的教训，将兵权、行政权、财政权收归中央，大大加强了中央集权。但是，由于不信任大臣，皇帝随意设置中央机构，在皇宫内，仿照唐朝，设有中书、门下两省，而在宫外也设有中书、门下两省，称后省或外省，仅有虚名，并无实职，导致官制十分混乱。国家的政务归宫内的中书、门下两省处理，军务则由枢密院处理，财政归三司（亦称计省）处理，三者鼎立，彼此独立，而大权则集于皇帝一身。直至神宗元丰年间改革官制，才沿袭唐制，权归后省，并撤销三司，其职权移于尚书省的工部、户部。南宋建炎年间，又将中书、门下两省合并为政事堂。中央秘书机构的职能就由政事堂，中书、门下、尚书三省，枢密院分别兼行。

宋三省的秘书职能较唐朝有所扩大，一个突出的表现是各省中都设置起不少专职的秘书部门。三省、枢密院、三司中的秘书部门主要有如下。

（一）中书省的秘书部门

中书省内有如下秘书部门：

主房事——掌管文书的收发、登记。哲宗元祐年间，改称为开拆房。

点检房——掌点检各房的文书工作，由中书舍人统领。

催驱房——掌督促、催办各房的文书。

班簿房——掌管百官的名册以及有关官员基本情况的文件。

制敕库房——掌收受制诏，保管并编录成册，并负责架阁库（档案库）的管理。

中书省仍设有令、侍郎等官，沿袭唐制，只是中书舍人分作五案办事，五案划分如下：

上案——负责册礼和朝会事务。

下案——负责收发文书。

制诰案——负责制作皇帝的制、诏等文书。

谏官案——负责处理与中央其他政府机构往来的文书。

记注案——负责记录皇帝的日常言行、起居。

(二) 门下省的秘书部门

门下省的秘书部门主要有：

通进司——隶给事中，负责收受三省、枢密院、六曹、各寺、监百司的符牒、文武近臣的表疏，以及银台司（章奏房）收受的各地的章奏案牍，具事目后进呈皇帝。皇帝批示后，由它颁布。它是中央政府处理文书的总枢纽，常与银台司合称银台通进司。

银台司——掌抄录天下奏状案牍事务，并发付有关机构检查，以纠正其违失，监督其执行，以防文书积压。

章奏房——负责收受天下章奏案牍，送交通进司，职掌类似于银台司。

封驳房——掌文书的审议、封驳。淳化四年（公元 993 年）始置，隶属银司台。元丰四年（公元 1001 年）改称门下封驳司，元丰改制时又改为此名。

发敕司——属银台司管辖，掌收受中书省、枢密院交付的宣、敕，登记后颁发。

进奏院——别称奏邸，源于唐代的上都知进奏院。宋初，诸州派遣将吏为进奏官，驻于京师，承转文书，因将吏多系所遣州之人，不愿久居京城，公文多有延误、泄漏。为此，太平兴国七年

(公元 982 年)，特设诸道都进奏院，简称进奏院，元丰改制后，由门下省监领，隶给事中。进奏院的职掌具体为：

第一，凡地方送京文书，由它摘录章奏事由，报告门下省，如是案牍及申禀文书，则直接投送有关省司。靖康元年（公元 1126 年）规定，诸道、临、司等送院的边防机密公文或紧急文书，可直接投送通进司。

第二，凡发往地方的诏敕，三省、枢密院的宣，六曹、寺、监百司的符牒，由它收受后转送给地方。

第三，中书省检正、枢密院检详每月将颁行事状送院，院须将其抄报各地，以交流信息，让地方了解朝廷政务的情况。此种抄报称邸报，类似于今天的“情况交流”、“动态”。

进奏院的官员，凡由各地派出者，称进奏官；各军掌进奏事宜者，则称知后官。

门下省仍有侍中、侍郎、给事中等官。给事中也和中书舍人一样，分成五案办事，各案职责同于中书舍人的五案，唯中书舍人的制诰案，门下省为封驳案，掌文书的审议、封驳。

(三) 尚书省的秘书部门

尚书省内也设有开拆房、催驱房、班簿房、制敕库房，负责公文的收受、登记、催办和编录、保管等事务。

尚书省的官员也仿唐制而设置，有令、仆射等。其中的左、右丞掌参议大政，通治省事，辅助令、仆射，如仆射不在，有权代行其职务，当笔、掌印，地位高于唐代。左、右司郎中和员外郎各一人，分别掌管下隶房的文书工作，举正其稽失和负责督促、催办，发现文书积压、滞留，责令各房限期处理完毕。

尚书省各部也设立了专门的秘书部门，称案。如刑部就有拟进案，掌管断案刑名文书，凡断狱，由拟进案拟定奏稿，进呈皇帝批示，故得名。

(四) 枢密院的秘书部门

唐代已设枢密院，代宗时以宦官任“内枢密使”，掌承受表章，并将皇帝的旨意向中书、门下两省传宣，后又使其统领禁军。五代后梁时用士人任此职，成为皇帝的顾问，参与机要事务。宋代的枢密院总理全国军务，与政事堂合称为东、西二府，其长官称枢密院使或知枢密院事，副职称枢密院副使或同知枢密院事。其秘书机构为枢密院承旨司，处理日常院务，相当于院办公室，主管为都承旨，副职为副都承旨，职掌为“承宣旨命，通领院务”，每当皇帝检阅禁军、接见外藩使臣时，均侍立于侧，随事陈奏，如皇帝有旨意，则受命授给有关部门。初用武官，后改用士人。

承旨司中最重要的秘书官员还有检详官，专掌机要文书，因掌握军事机密，责任至关重要，所以，朝廷对此职控制十分严格，规定不准私自外出访问，也不准单独接见官员。

（五）三司的秘书部门

三司是北宋前期国家的最高财政机关，下分盐铁（掌天下物产、关市、河渠、军器之事）、度支（掌天下财赋）、户（掌天下户口、税赋之籍）三部。长官称三司使，又称计相；副职称三司副使。

三司内的秘书部门除有催驱房，掌督促、催办文书外，还有：

开拆司——与中书省的开拆房（主事房）不同，职掌要宽，负责接受宣、敕及各州申报的文书，分送盐铁、度支、户三部办理，并总管其他部门，相当于三司的办公室。设判司官一名为主官，以朝官充任。

勾凿司——掌核查、勾销三部的簿账，兼管大将、军将的名册，以判开拆司官一人兼管。

发放司——掌发放三司各部的公文，以判开拆司官兼管。

宋代中央政府中的这些专门化的秘书部门，分工明确，有的负责文书收发、登记，有的负责督促、催办、检查，有的负责拟稿，有的负责封驳，有的负责承转，有的负责保管、汇录，它们各司其职，又相互配合，形成为系统，比唐代更为成熟。

四、政事堂

唐朝的中书省和门下省在行使秘书职能的过程中，一方拟制诏命，一方审议、封驳，在处理文书上常发生争论。为了协调双方关系，提高工作效率，唐朝初年皇帝命令两省，凡有公文，双方先至政事堂议定，然后上奏，于是，政事堂成为两省的联合办公厅，初设于门下省，后迁至中书省。中书令是政事堂的主官，宰相职，凡皇帝颁下的诏敕，臣下递呈的表状，都须经过政事堂，由宰相处置或中转，因此，政事堂成为朝廷公文周转中心。

初唐时期，凡朝廷各司上达的奏章，先交尚书省六部拟办，由尚书省汇总、分类后，再由中书省的中书舍人批阅，称为"舍人押部之制"，由六名中书舍人"分押尚书六曹，佐宰相判案"（《新唐书·百官志》），这是朝廷日常公文的处理程序。有关军国大政的公文，则由中书舍人"五花判事"而定。这一套制度，在政务尚简的初唐时期，是可行的，也是行之有效的。

到了唐朝中期，随着政务日繁，公文骤增，加上中书舍人还有繁重的其他事务，宰相与他们的联系也不太方便，这套制度已不适应了。因此，有必要建立一套直接由宰相领导的处理公文的机构。于是，在开元十一年（公元723年），将政事堂改称中书门下，并设置起枢机、吏、兵、户、刑礼五房，直接协助宰相处理朝廷公文，五房中各有主书、录事，承担具体的文书事务，逐渐将中书舍人之权接管过去。政事堂遂成为凌驾于三省之上的政务机构。

政事堂中的枢机房专门经管皇帝下达给宰相的诏敕等下行文，负责诏敕的收受，转递给宰相。唐朝制度，凡皇帝下达的诏敕皇命文书，必须经宰相副署后才为合法，不然便被视为非正式。所以，枢机房的作用是转达皇命文书于宰相，经宰相副署后再转给朝廷百司施行，是承办机密公文的部门。

政事堂的其他四房负责收受朝廷各司及百官的奏状等上行文，协助宰相初阅，提出初步意见，送宰相批阅，它们是处理朝廷大量日常公文的部门。这样，五房对中枢机构及时无误地处理各类公文、加快文书运转、提高效率起了显著作用。但是，到了武宗时，由于担心政事堂过分集权，重新恢复了初唐时由三省分别承担中央政府秘书工作的旧制。

宋朝，仿唐制设立政事堂，置于宫中，是内中书省、内门下省长官的联合办公厅，其名又称中书门下，简称中书，或门下。元丰改制后将其移至尚书省的都堂，故别称都堂，后称制敕院。此时它的职权已大大下降。政事堂的长官为正宰相，称“同中书门下平章事”，简称“同平章事”，职掌为“佐天子，总百官，平庶政，事无不统”（《宋史·职官一》），每天至政事堂办公值日，遇有国家大事，议定后奏告皇帝，印文为“中书门下”。如有两员以上的正宰相，则轮流值日掌印。副宰相称“参知政事”。

宋朝的政事堂也分五房办事，但各房的名称与唐朝不同。其中有：

孔目房——掌管文书案牍，是专职的秘书部门。

勾销房——兼有掌管印堂、符信之职，承担着部分秘书业务。

政事堂各房中主要秘书人员有：

检正官——每房各一人，处理各房文书事务，以京朝官担任。元丰改制后废除，其职责划归中书舍人、给事中及尚书省左、右郎官。南宋时复置，著名学者黄龟年曾担任此职。

堂后官——五房各三人，其中一人负责登录敕诏，一人抄写公文，一人校对印发。原选用吏人，后以京朝官充当。

五、地方及军队中的秘书机构

（一）唐地方及军队中的秘书机构

隋、唐的地方行政区划基本上划分为州（郡）、县两级，各州刺史多带军职，其僚属中的秘书人员的名称也类似于军队，有录事参军事，系由原州府中的主簿改名而来，职掌同于卫中的录事参军事，下属曹内也有参军事，系由州府中的书佐改名而来。

唐初，各州均设有都督府，为地方驻军的指挥机构，后改称节度使，总揽数州军、政、财权。此外，中央政府还派观察使、经略使、招讨使、制置使、田练使、防御使等名目繁多的大员，到地方任职，掌管地方的军事、行政、财政等大权，统称外官。他们均建有幕府，有不少秘书人员，重要的有：

掌书记——也称掌记、书记，均仅一人，职掌颇宽，主要为“掌朝觐、聘问、慰荐、祭祀、祈祝之文与号令升绌之事”（《新唐书·百官四》），即负责府内各种表奏、命令、书信的制作，是地方大员的高级文字秘书，地位重要，都聘请有名的文士充当，其所拟的文书上达朝廷、皇帝，下至地方官民，往往产生很大影响。诗人高适、岑参都担任过此职。

判官——临时受遣充当地方大员的大臣，按制度是从中级官员中选用的、负责处理文书工作的属官。

孔目——地方大员幕府中掌管文书、档案的属吏。《资治通鉴》卷216“唐玄宗天宝十载”条，胡三省注云：“孔目官，衙前吏职也，唐州始有此名，言凡使司之司，一孔一目皆须经由其手。”由此看来，孔目的职掌要宽得多，使府的一切机要均出自其手，当与掌书记一样，是幕府中举足轻重的秘书官。从史实来看，孔目往往被长官视为心腹，如安禄山任节度使时，拥兵自重，藐视朝廷，他的孔目官严庄和掌书记高尚以图谶所示为理由，极力劝说他起兵夺取唐朝政权，直接导致了安史之乱。安禄山称帝后深居宫中，部下诸将难见其一面，一切事务皆委托严庄处理。后来，严庄又策动安庆绪杀父自立。由于作用的重要，孔目官往往由文学之士充任，如孔谦就任过魏州孔目。

此外，还有记室参军、记事参军，均为地方大员幕府中负责文书工作的属吏。名相房玄龄、杜如晦就分别担任过此两职。

隋、唐县府内，则有主簿、录事等秘书人员。

隋、唐行府兵制，把军队分置于中央和地方，中央的军队占了总数的一半，平时担任宿卫，它以卫为单位，各卫统辖四十府至六十府，各卫中皆设有秘书官员，称参军事。置录事参军事一人，为正八品官，总管卫内各曹事务，稽核文书，掌管印章，相当于秘书科长，下属各曹中也设有参军事，负责文书及处理日常事务。地方的卫中，其秘书官职也大致相同。

此外，隋、唐时镇守军事据点的长官称戍主。唐制，戍主正八品官，下有助手三人：戍副、佐、史，佐、史都是负责文书的官吏。可知隋、唐时最基层的军事单位中也配备了秘书人员。

(二) 宋朝地方秘书机构

宋代地方行政建制基本划分为路、州、县三级，稍大的州称府，还有领数县或虽不领数县但略高于县的军，在矿区、盐区的州则称监。

路为地方最高行政区划，领有数州、府、军、监，为防止割据分裂，以文臣为路的长官，并将其权力分解为帅、漕、宪、仓四司，分掌军、政、财、监察之权，相互牵制。四司中掌军政的帅司，亦称安抚司，最为重要，主官称安抚使。四司官属中的秘书官员主要有：

主管机宜文字官——一人，原名管勾机宜文字官，后避高宗赵构名讳改之。负责收发、保管机要文书。

主管文字官——负责拟写、保管公文。

宋代，州（府、军、监）长官的僚属分为幕职官和曹掾官两部分。

幕职官职掌为“裾赞郡政、总理诸案文移，斟酌可否，以白于其长而罢行之”（《宋史·职官七》），即办理公文，提出初步处理意见，提交长官决定，其实际上为长官的助手，显然属秘书官之列。幕职官有判官、掌书记、儒林郎等，多数官职系原来唐代节度使府中的秘书官，宋废节度使，但保留了其秘书官职，移用于州府内，只是判官的地位已高于掌书记，判官以下正名为幕职官。其中节度州的判官，系委派京官充任，称“签书判官厅公事”，简称“签判”。

曹掾官的职掌为参与谋划、办理文书等，有录事参军事、诸曹参军等，系沿用唐代官称。

县府内仍有主簿掌领文书事务。

宋代各级官府中，增加了一些新的低级秘书人员名目，重要的有：

押司——部分中央机构及州县中设置，负责办理案牍等事务的吏员，员额不等。据《宋史·职官志》记载，郡牧司所置吏员中，有押司一人，临安府所属办事部门中有八人。县府的押司和县录事合称“押录”，为县属中最高级的吏员。《水浒》中的宋江就担任过郓城县署的押司。在中央机构和州府中，押司的地位低于孔目而略高于贴司，虽带有“官”字，仍属吏一类的人员。

贴司——原为官衙中见习性的非正式工作人员。宋初，仅中央机构中设置，诸州、县同类人员只称私名书手。景德二年（公元

1005年)，各州、县正式立名册，定名额，统称贴司，在押司之下，承担文书书写、造账等事务。

第二节　皇宫的秘书机构

一、唐朝的翰林学士

(一) 翰林学士的由来

唐朝的三省，尤其是中书、门下两省，职责广泛，有独立的编制、官署，是制度化了的国家机构。它们虽然包含有负责皇帝的秘书工作的职能，但随着其职能的发展，施政、决策的作用也相应增大，不可避免地影响了皇权的集中。为此，皇帝为了限制其施政、决策作用的增大，又开始起用新的秘书官员，即翰林学士。

唐太宗时，就开始选拔一批有文学才华的名儒学士，侍从皇帝左右，作为文学顾问。玄宗初年，由于中书省事务繁杂，公文往往不能及时处理，于是置翰林待诏，也称翰林供奉，与集贤院学士一起，协助中书省官员批答四方章表疏议，起草制诏书敕。首批翰林待诏有张说、陆坚、张九龄等人。玄宗开元二十六年（公元738年)，改翰林供奉为翰林学士，并于宫内设立学士院，直接受皇帝管辖，专为皇帝起草重要制诏。

(二) 翰林学士的职权

翰林学士属于行政系统以外的差遣，不计官阶，也无官署，只轮流在学士院内值宿，以待皇帝随时宣召。安史之乱时，因时事多艰，军国事务繁忙，皇帝每欲与人商议机要之事时，就宣召翰林学士入内，与之议定后拟旨，凡拜免将相，号令征伐，册立皇后、太子，大赦天下等重要制诏书敕，多由翰林学士起草，尤其是拜相之事，因事先不能让外人知道，也不能由宰相本人经手，更是全由翰林学士办理。这些制诏规定书写于白麻纸上，称“内制”，也称“白麻”。而中书舍人所拟的诏命则需书写于黄纸上，称“外制”。后来，一些“外制”也交由翰林学士拟制，中书舍人的职权逐渐削弱，最后成为空名。著名诗人李白就在天宝元年（公元742年)

担任过玄宗的翰林学士。他在《赠从弟南平太守之遥》一诗中，曾自述此段经历，云："翰林秉笔回英盼，麒麟峥嵘谁可见？承恩初入银台门，著书独在金銮殿。"李阳冰在《草堂集·序》中也说李白当时"出入翰林中，问以国政，潜草诏诰"。

翰林学士除受皇帝宣召、顾问应对、拟制制诏以外，还负责藩国使者或大臣进谒皇帝时的接待、引见事宜。唐朝杨钜的《翰林学士旧观》中就记载，凡藩国使者欲求见皇帝，均须先与翰林学士商量，由翰林学士奏告，如允准，即由翰林学士安排接见事宜，事先还须向藩国使者讲解如何向皇帝行大礼等仪式。可见，翰林学士有时职同皇帝的机要秘书，而学士院则是这些秘书所在的机构。但是它的职能毕竟有限，比较有弹性。

(三) 翰林学士的待遇

翰林学士有自己的所在，称学士院，内设有各房，有承旨(学士之长)、学士值宿，办公房内安装有铃，以作呼召之用，四壁挂有拟写制敕的条例，有七间小房，供小吏办公，分别管理案牍、诏草，供应纸墨笔砚，并专辟有二间房贮藏往年的制敕词文，另有书库，藏有数以万计的实录，由小吏保管，以供学士拟写制敕时查阅、参考。

皇帝对翰林学士甚为恩宠，一年四季不断赐以佳肴、鲜果、精美用具，凡有内宴，所赐酒、食与宰相一样。德宗崇尚文学，对学士愈显宠爱，每临学士院，慰问、赏赐，无所不至。凡遇郊庙祭祀大典，皇帝多令学士陪侍于御辇之侧，甚至沐浴时也召学士商谈国事，并常让学士在金銮殿就坐，面对自己起草制诏，如李白自述"著书独在金銮殿"。

(四) 翰林学士的选拔和晋升

翰林学士多从朝官中遴选，上自诸曹尚书，下至校书郎都可选用，也聘召文学名士担任，如玄宗聘召李白。学士设六人，元和年间，置翰林承旨一人，居翰林学士之首，随时陪侍于皇帝左右，顾问应对，谋划事宜。学士入院一年，须经过考试，试以拟写制诏等能力，试毕封进，由皇帝批阅。凡合格者，次日即宣布授以"知制诰"职衔，从此有权拟旨，相当于代理中书舍人，并由中书省设宴庆贺。

学士经过一段时间后，即可升为中书舍人，不少人不久即可拜相。据岑仲勉先生统计，唐朝由德宗至懿宗，九朝间共有翰林学士154人，升任宰相者有53人，占了34%；九朝宰相共121人，翰林学士出身者占了45%。从翰林学士中选拔宰相的制度一直延续至明代朱元璋废除宰相为止。所以，翰林学士是唐朝最荣耀之职，位尊权重，时人称为“内相”。

二、宋朝的翰林学士院

宋仿唐制，设置翰林学士院，职掌为起草制诰、赦敕、国书等王命文书，并侍从皇帝出巡，充当顾问。翰林学士院置于宫中，同皇帝和最高行政中心弹指相连，以便于皇帝召见、控制和保守机密。

院内置翰林学士承旨、翰林学士等官，承旨不是常设，学士无定员。北宋前期，皇帝不信任朝臣，作为亲近之臣的翰林学士常被委任他职，如任知开封府、三司使等，这些任职的学士并不属翰林学士院管辖，所以，必须带有“知制诰”名衔的学士，才真正有权起草皇命文书、批答奏章，称为“内制”；单称“知制诰”或以他职带“知制诰”而不是学士者，如奉皇帝或宰相之命，起草有关官员升迁、磨勘（考核）、改换差遣等文书，则称“外制”。“内制”与“外制”，合称“二制”。有时，皇帝也选用其他官员入院，又不授予翰林学士的职衔，则称为“直学士院”，如果学士全缺，由其他官员代理院中文书事务，则称“学士院权直”或“翰林权直”。神宗时改革官制，则由侍郎、给事中、中书舍人兼“直学士院”。南宋时，有以尚书兼“权翰林学士”而不带“知制诰”的。

宋朝立国之始，对翰林学士的人选就特别慎重、严格，一般由宰相提名，皇帝亲自挑选任命。

翰林学士的作用十分重要，他们负责草拟宰相、枢密使、节度使等高级官员的任免诏书，一经写成呈报，即作为皇帝和朝廷的正式文件发出，对朝野的影响十分巨大。它在褒贬的轻重上直接关系着被任免官员的声誉和今后的前途，在这一问题上，翰林学士可以说是高下在手，毁誉随心，完全操之于己。

翰林学士还有单独面见皇帝、陈述个人看法的权利。皇帝也常常主动抽出时间，倾听学士的意见。“退朝燕闲，犹多召见，从容顾问，克广聪明”（綦崇礼：《北海集》）。他们能利用这种机会，对皇帝施加影响，让自己的意见得到采纳，尤其是能左右一些重大的人事任免，具有重要的辅助决策权。所以，他们既是大臣们畏惧的对象，又是大臣们极力讨好的对象。

由于翰林学士接触国家机要，参与最重要的人事任免，作用重要，地位也十分尊荣，所以他们在统治集团中的位置，仅次于正副宰相、枢密使及三司使。学士院在朝廷百司中也被另眼相看。

宋代翰林学士起草诏命时，保密措施很严格。凡遇有拜相或重大决策，皇帝宣召学士于当晚进宫，口授机宜。学士记录后即回学士院，由内侍锁上院门，禁止出入，学士在内拟诏。夜半后，将拟成的文词呈入宫中。清晨，阁门使将誊清在白麻纸上的诏命送出，交中书舍人宣读。诏命的制作、誊清于一夜间完成，可见也很注意公文的时效性。如果是一般性的诏命，如任命一般官员等，则学士不必进宫接受面谕，由皇帝将旨意书于御札，用御宝封装，派内侍送至学士院，锁上门后，让学士在内拟制。

除了起草制诏、参谋顾问的翰林学士以外，宋代还设有一些冠翰林学士之名而不属于学士院的官，有“翰林侍读学士”、“翰林侍讲学士”，称为“经筵官”，在皇帝左右进讲书史，相当于皇帝的学习秘书。

宋代置官冗滥芜杂，叠床架屋，各官署官员大多只享受待遇，不干实事，其所谓工作则另有其他官员担任，有名无实的官员多如牛毛，所谓“居其官不知其职，十常八九”，一直延续了百余年，到元丰改制，才有所改变。唯独翰林学士院始终有名有实，可见皇帝对机要秘书机构的高度重视。

三、唐朝的宦官秘书

唐太宗作为一位有为的政治家，鉴于两汉宦官乱政的历史教训，明令宦官不得参与朝政，不准授予高官，虽设有宦官组成的内侍省，但只为皇宫的生活服务。

但是，唐朝中期以后，皇帝大都不信任朝臣，尤其防备宰相权势过重。为此，一方面，设置了参知政事、参议得失、同中书门下平章事等官职，让他们与三省长官同为宰相，使宰相成为由多人组成的一个群体。而且，宰相们除了隶有处理文书事务的一般秘书人员外，没有层层设置的僚属，只能以皇帝的名义发令，本身直接指挥政务的权力十分有限。

另一方面，皇帝积极起用亲近的臣子，除翰林学士外，也任用身边的宦官，如内给事、内谒者监、内谒者等担任些秘书工作，让他们传宣诏命，处理奏章。玄宗时的宦官高力士就极受宠信，凡天下奏章，须先呈送给他，由他初阅、筛选后呈进，如所奏是小事，他就自行批答。代宗时，设置了内枢密使，让其掌机要，于是一些宦官成为皇帝的机要秘书，参与了政务，常与朝官发生冲突，时称“南衙北司之争”。德宗时，又授予宦官秘书兵权，甚至命他们统领禁官，或外出监军、出使，以致他们“口含天宪，势回日月”，到了唐朝后期，连皇帝自己的生死也受他们操纵，成为唐王朝覆灭的直接原因之一，重蹈了东汉宦官专权乱政的覆辙。

四、唐、宋时期的信访机构

(一) 唐朝的匦使院

唐朝，武则天称帝后，为了打击政敌，巩固皇位，采纳臣下鱼保家的建议，铸设铜匦（匣），奖励告密。特地命令中书省设立匦使院，以谏议大夫及补阙、拾遗各一人，为知匦使，主持院务，组成了中央信访机构。垂拱二年（公元686年）三月，武则天命人置铜匦于宫门，铜匦形如小舍，有四面，各开有投书口，可进不可出，东面名为延恩，供胸怀志向、希于闻达者投书；南面称招谏，供愿匡正政治过失、有益于理政者投书；西面名为伸冤，供含冤负屈，或无辜受刑者投书；北面称通元，供作赋颂扬朝政者投书。武则天同时诏令各州县，凡有欲进京投书告密者，由州县官府负责供给驿马，沿途以五品官的待遇供给食宿，以保证他们尽快入京投书，并严令各地官员不得询问告密者的投书内容。凡告密有功者封赏，不实者不予追究，说是为了“申天下之冤滞，达万人之情状”。

此诏令一下，四方告密者蜂拥而至，投书者络绎不绝，投书堆积如山，武则天为此专门任用了一大批官员去审理这些信件。由于武则天设立匭使院的目的是为了削弱、镇压李唐势力，巩固女皇的地位，加上她任用的一批审理投书的官员多为出身无赖的告密者，性情残忍，善于罗织罪名，陷害无辜，以致造成了许多冤假错案。但是，匭使院的设立，客观上开辟了一条使民间的下情大量直接上达中央政府的畅通渠道。所以，武则天下台后，匭使院这一中央信访机构依然存在，只是官称有所改动而已，如玄宗年间将知匭使改称献纳使，肃宗复其旧称，德宗时以御史中丞为理匭使，另以谏议大夫一人为知匭使。

(二) 宋朝的鼓院、检院

宋仿照唐代匭使院，设立鼓司，受理天下投书。景德四年（公元1007年）改称登闻鼓院，简称鼓院，由谏官主判。元丰改制后，“隶司谏、正言”。院门前置有匭，供投书之用，凡有关朝政得失、军事机密、陈乞恩赏、理雪冤滥以及奇方异术的上书，不属于官府正常往来，又无成例可呈皇帝的文书均可投入匭内。

宋初置有匭院。雍熙元年（公元984年）改“匭”为“检”。景德元年（公元1004年），又改称登闻检院，以朝臣主管。元丰改制后，隶谏议大夫。凡吏民投书鼓院被拒绝，或感到处理不公，可再向检院投书。检院门前也置有匭，收到投书后，如事关紧急，即日就上呈皇帝，一般上书则每五日呈进一次。天圣七年（公元1029年）又另置匭函，命御使中丞为理检院使，处理屡经申诉而未得到明辨或事关机密的投书。

鼓院、检院就是皇宫的信访机构。

(三) 唐、宋信访机构的比较

宋代的鼓、检两院与唐代的匭使院相比较，有如下不同：

第一，宋代的中央信访机构分为两个各自独立、层次不同的部门，鼓院为初级部门，检院为高级部门。吏民须先投书初级部门，遭拒绝或不满其处理结果，可再投书高级部门，这就给上诉者多了一个申诉的机会，不致被一个部门所压制。

第二，武则天鼓励吏民投书的主要目的是为了打击政敌；宋代设两院的主要目的是为了让皇帝直接了解下情，这就扩大了信访工作的范围，增加了它的作用。

第三，唐代匦使院隶中书省，宋代两院却隶属门下省，门下省为皇帝的近侍组织，故就隶属关系而言，宋代两院更亲近于皇帝；在南宋相当长时期内，两院与粮院、审计院、官告院、进奏院并称六院，地位重要；两院官员相继升迁为御史，入台谏者甚多，乾道后更众。说明皇帝对两院更为重视，两院地位提高。

第四，两院的工作已有了规章，如检院规定，收到紧急上书须当天上呈皇帝，一般投书五天一进呈。这些规章的制定，使处理上书的手续有了条理，有利于提高效率。

这些区别，反映出宋代的信访处理比唐代有明显的发展，其机构设置也趋于合理。

第三节　秘书官吏

一、唐代秘书官员的主要来源

唐代的秘书人员主要来源于以下途径。

（一）从科举考试中选拔

隋朝废九品中正制，创设科举制，分不同科目考试，以选拔官吏。唐朝广泛推行这一制度，以进士科为主要科目，凡京城国子监和京内外诸学馆的学生、民间的士人，经初试合格后，送礼部参加省试，省试录取者为进士及第，需再通过吏部主持的释褐试（又称选试），才能授官。选试包括身（身材相貌）、言（口才）、书（书法文理）、判（判理政事的能力）四个方面。先考书、判，试其是否“楷法遒美”、“文理优长”，即看考生的书法是否工整、雄健、美观，文理是否通顺，判理事务的能力是否强，通过者再看其是否“体貌丰伟”、“言辞辨正”，即看考生的身体是否伟岸，相貌是否端正、丰润，口齿是否清楚，表达是否流畅。四项全合格者授官，其中大多数授予九品小官，派往各地方官府中任文吏，即从事文书工作的秘书人员。

秘书作为长官的助手，是具体的办事人员，他们应当能讲会写，善于处理事务。从科举考试中选用文化水平高、娴于辞令、工于书法、文理优长、办事能力强的士人为秘书，无疑有效地提高了秘书人员的素质，从而也有利于提高秘书工作的效率。

（二）从文士中聘请

凡选试未通过的及第进士，可求权贵为之“论荐”，即向朝廷保举，如再不成，便可到节度使处当幕僚，作秘书官，待任职一段时间后，再由节度使向朝廷推荐。安史之乱后，藩镇迭起，节度使纷纷割据一方，他们为壮大力量，多从选试落第的文人中聘任幕僚；加上一些权臣如李林甫等人排斥文士，致使大批文人投奔藩镇，成为各军、镇、州、县的秘书人员。如唐代著名文学家韩愈，三次应选试均未通过，求宰相贾耽、赵憬、卢迈等人“论荐”又不成功，只得投奔宣武军节度使董晋门下为幕僚，替其起草文书、书信。著名边塞诗人岑参也在安西节度使幕府中做过掌书记。这些文人虽未通过选试，然已通过了全国性的考试（即省试），文化修养也很高。

值得指出的是，唐代对违法犯规的京官，多贬谪至边远州县任职，称左降官，其中多有任秘书官者，如柳宗元在顺帝时任礼部员外郎，与王叔文等人革新失败，被贬为永州司马，即协助长官处理日常事务，具有秘书性质的佐官。有的宰相被贬任为录事参军。一旦遇到大赦或政局变动，左降官即可“量移”，即移向近京城处任职，或直接返京任职、升官，如德宗时的杨炎左降为道州司马，后政局变动，被召回京城，擢升为宰相。这些秘书官的资历甚高，地方长官对他们都恭而敬之。

（三）从名士中征召

皇帝和宰相往往慕名征召一些名士担任皇宫和三省的秘书官职。如李白和陆贽分别被玄宗和德宗召为翰林学士，杜甫先后被召为兵曹参军、中书省右拾遗，白居易被征召为门下省左拾遗。

随着唐代经济文化的繁荣，研习书法之风盛行，楷、行、草各派书法艺术趋于成熟，自太宗起的历代唐帝都喜爱书法，所以，皇帝都征召、任用书法家为秘书官。如在书法史上誉为“初唐四杰”之一的虞世南被太宗任为弘文馆学士，参与批答四方章奏，并拟制过不少表奏，太宗还拜他为师，学习书法；欧阳询也被任用为弘文馆学士；诸遂良被任用为起居郎、谏议大夫；柳公权则在穆宗、敬宗、文宗、武宗四朝分别被任为翰林侍士、中书舍人、谏议大夫、太子詹事等。

这些名士担任皇宫和三省中的重要秘书官员，既提高了所拟公文的质量，也大大提高了秘书官员的声誉。

(四) 自荐

武则天当政后，为了扩大统治基础，培植势力，除了放宽科举考试条件、扩大取士名额以外，垂拱元年（公元685年）还下令：各级官吏和平民均可自荐而递升或入仕。天授元年（公元690年）又派员十人分巡各道，搜罗人才。次年，她亲自接见所有被荐或自荐的士人，一律让他们试任某官，称作“试官”，其中大多数人被用为秘书官。张鷟的《朝野佥载》中记载：“则天革命，举人不试皆与官，起家至御史、评事、拾遗、补阙者，不可胜数”，以致“补阙连车载，拾遗平斗量”，秘书官冗滥不堪。

(五) 从下级秘书中提升

唐朝官员的任用，一般是开始授予小官、外官，经若干年后逐步晋升为主官或京官，前述选试合格者多用为地方政府的文吏，落第者也多至节度使处任掌书记、参军等职。他们为了今后的入仕或升迁，都忠于职守，研习业务，因而在实际工作中得到锻炼，办事能力很强。上级政府或中央各部门都愿从他们中间选拔秘书。如魏徵任过太子李建成的洗马，转为李世民府中的主簿，后被提升为谏议大夫，直至升为侍中。同时，唐朝许多著名的政治家，多是从秘书官提升的。如名相权德舆曾任起居舍人、知制诰多年，房玄龄、杜如晦分别担任过记室参军和兵曹参军，长孙无忌任过典签，李德裕、令狐楚都任过掌书记，裴度任过起居郎、中书舍人、御史中丞，张九龄任过左拾遗、右补阙、中书侍郎，张说任过凤阁舍人、门下侍郎、中书侍郎，韩休任过知制诰、门下侍郎等。可见，秘书工作是能够锻炼和造就人才的。

二、宋朝秘书人员的来源概述

北宋初年，太祖、太宗在攻灭各国的过程中，留用了大批旧官员；同时，又开科取士，从中选用大批新官员。各级秘书人员主要来源于这两条途径。随着留用官员的自然减员，秘书人员的主要来源转为从科举考试中录用和由地方官员自行聘任，或从下级官府中提升。

宋代，科举取士的名额比唐代大大增加，如唐代进士科，每次取录不过二三十人，宋扩大名额十余倍，一般总有二三百人，最多时达五六百人，后又从落第考生中再行考选，成百上千地增加录取名额。他们中的相当一部分被任用为各级秘书人员，有的被直接派往皇宫和中央政府任秘书。如北宋考中进士的郑居中被任为给事中、王甫被任为左司谏，南宋的吕本中被任为中书舍人、王应麟被任为太常寺主簿。由于宋承唐制，授官多先为地方佐官，所以，多数进士被派往地方官府任秘书官员。如苏轼被用为福昌县主簿，苏辙被用为渑池县主簿，秦观被用为定海县主簿，张莱被用为临淮县主簿。

这些官员经一定年限后，经过考核和由人推荐，可逐级提升，上级官府也据此从下级官府中选用秘书官员。如苏轼由福昌县主簿提升为签书判官凤翔府公事，后历任起居舍人、中书舍人、翰林学士兼侍读、翰林承旨；苏辙由渑池县主簿升为齐州掌书记，后历任司谏、起居郎、中书舍人、门下侍郎；陆游则由福州宁德县主簿升为大理寺直兼宗正主簿。

宋朝，中书省的秘书官员中书舍人起初称知制诰，元丰改制后又改称中书舍人，后又以年高资深者称中书舍人，资历较浅者称知制诰，“舍人官未至者，则云知制诰”（洪迈：《容斋随笔》）。两者的职掌则完全一样，都是替皇帝或朝廷起草重要文书，大部分是对中上级官员的任免、升降事宜，如参知政事、枢密副使、六部和各寺监台谏的官员，以及相当于这一级的中央百司官员，地方路、郡两级的主官等，这些文书统称“外制”。这是甚为关键的秘书官职，因此，朝廷对之掌握非常严格，必须品学才识兼优者才能担任，要求“端谅融明，老于文学，夙抱济时之志，屡陈辟国之谋”。

担任此职，必须经过考试，只有个别早有成就和名气的人，才可免试。“国朝之制，如制诰必先试而后命，有国以来，百年不试而命者才三人”（欧阳修：《归田录》卷1），这里指出，百年中免试者仅三人。考试由宰相主持，试其制诰三篇，不但要求词语丰富，章句流畅，还要求文思敏捷，下笔迅速，所以，许多人被淘汰，少数合格者，由宰相将其名单于次日呈送皇帝，由皇帝最后审定。

有些被批准担任知制诰或中书舍人者，在实际工作中却难以胜任，这些人或自己辞职，或被免职，这类记载史籍中屡见不鲜。如司马光曾考试合格任知制诰，在实际工作中他实在承担不了，只得上奏状辞职，被改任他职。“臣自知文字恶劣，又不敏速，若除拜稍多，必搁笔拱手，不能供给，纵复牵合，鄙拙尤甚。”（司马光：《司马文正公传家集》卷24《辞知制诰状》）又如知制诰陈疆写的文书不合规格，有的不能反映事实，遭弹劾后被免职，改任和州知府。

作为皇帝撰写秘书的翰林学士，则多从侍郎、给事中、中书舍人等官员中提拔，要求更高。

至于地方官府中的低级秘书人员，如孔目、押司、贴司等，则由主官自行聘用。宋代，官员都有“官”和“差遣”两个头衔，“官”为定品秩、俸禄、待遇的官阶，“差遣”为官员实际担任的职务，将职称和权力分离，这一措施的本意在于提高官员的政治素质和行政职能，便于皇帝掌握用人大权，既易于提拔官阶较低而有才能者担任要职，也易于撤换无能或不可靠的官员为闲职。但是，随着实施过程的延续，造成了朝廷内外大批官员无所事事，如三省六部二十四司名义上都有正官，然除了皇帝加以“差遣”者外，都为虚职，无权处理事务，仆射、尚书、丞、郎、员外郎十有八九不管事。这样，各官署的日常事务大多由一般秘书人员所承担。这种情况，唐代仅限于尚书省内，宋代却遍及全国官府。因此，一般秘书的作用愈显得突出，正是他们的工作，才使整个国家机器得以正常运转。

三、宋朝选拔朝廷文字秘书的制度

宋朝朝廷的下行文，最重要的内制由翰林学士撰写，次重要的由知制诰或中书舍人来写。而朝廷日常运用的大量的一般公文，却缺少拟写的人才。这种文书初由中书舍人代劳，但是，由于中书舍人人数甚少，一般仅二人以上，他们无法承担大量日常公文的草拟，为此，朝廷政务颇受影响，常常临时拉人应急。如南宋初编制规定："中书舍人四员"（庄季裕:《鸡肋编》卷中），"独臣一员典掌诰命，每日草词二十余道"（翟汝文:《忠惠集》卷7《中书舍人乞罢职状》），一天要起草二十余篇公文，可见，中书舍人的工作量极大，已不堪承受。

同时，由于王安石改革科举时，考试内容由重文学诗赋改为重经义、策论，被录取者虽通晓经学而文学水平降低，不太熟悉公文拟写，使朝廷在起草诏、诰、章、表等公文时，极感缺乏专门人才。为此，三省上书皇帝，陈述其严重性，指出："今进士既纯用经术，如诏诰、章表、赦敕、檄书、露布、戒之类，皆朝廷官守日用不可缺者，若悉不习试，何以兼收文学博异之士。"（《续资治通鉴》卷84）。

宋哲宗采纳此建议，特设宏词科，专门选拔朝廷所需的文字秘书，规定只有取得进士资格者才能报考，以要求考生必须博览古今，熟悉经史，必须有很高的文学修养，在此基础上再试其公文的写作能力，相当于今天从有高学历的知识分子中选取文字秘书。自此形成了两宋选拔朝廷文字秘书的制度。

南宋高宗时，改宏词科为博学宏词科，并放宽报考限制，以扩大生源，不论有无出身者皆可应试。但是，考试规则则愈加严格，考试的内容应用性更强，规定"以制、诏、书、表、露布、檄、箴、铭、记、赞、颂、序十二件为题"（《续资治通鉴》卷112）。凡报考者，须依这十二种文体各作应用公文两篇，于报名时递交礼部，由学士院中的学官审阅，合格者才准予考试。京城外的应试者，若为现任官，须将作文交上司审阅，合格者才允许离任赴京应试。考试时从十二种文体中取六种命题，答卷要求准确、通顺、简练。录取者分上、中、下三等授职，并可减少磨勘年数，即升迁的考核期。

宋代的这一制度，以直接考核拟写应用公文的能力选用秘书，选拔的目的具体，要求明确，将秘书选拔制度大大推进了一步。它在一定程度上弥补了朝廷文字秘书的不足，使中央政府日常公文的起草工作能顺利进行，并有助于公文质量的提高。同时，从这些选拔出来的文字秘书中涌现出了不少优秀人才，仅南宋时，就有著名文学家洪迈、学问家王应麟、文学家暨哲学家吕祖谦等人。所以，这一行之有效的制度为清代所继承，清沿置宏词科，只是为避乾隆之名讳，将博学宏词科改称博学鸿词科而已。

四、秘书官员的素质

唐朝的秘书官员素质颇高，在以下方面表现得尤为突出。

(一) 文化修养很高

隋、唐秘书官员以科举考选为重要途径，所以，他们的文化修养都很高。同时，由于当时的人们认识到秘书工作的重要性，对秘书官员的文化要求也很高。

《隋书·经籍志》云：凡秘书官，“必求博闻强识、疏通知远之士”，“是故前言往行，无不识也；天文地理，无不察也；人事之纪，无不达也”。归纳起来，就是要具有广博的见闻和丰富的知识，且要善于总结历史经验，分析、把握当前的动向和未来的趋势。就是要求秘书人员掌握了较高的文化知识后，能审时度势地判断和处理问题。

柳宗元的《送宁独孤书记赴辟命序》，是对被聘用为掌书记的友人赴任前的赠言，文中也谈到了对秘书官文化修养方面的要求。他说，秘书官要熟悉古今史事，明白其变化的道理、原因和得失，掌书记之职既要像当年张良替刘邦那样为长官出谋划策，又要将众人商议的计谋、策略如实地撰制成奏章，上呈皇帝，供皇帝选择，并要确切地宣读、解释皇帝颁下的文书内容，还须在庆功宴上赋诗作贺。同时，还要为长官拟写各种文书公告，只有慎重考虑文书的措辞，才能写出有效果和影响的公文。这是要求秘书人员将文化修养直接用于出谋划策和拟制文书中，为长官服务。可见，隋、唐时期，人们对秘书官需具有较高的文化修养是认识颇深的。

由于隋、唐经济文化的繁荣，又从科举考试中选用文人担任秘书，所以，此时期秘书人员的修养是普遍很高的。

(二) 尽心尽职，严守制度

隋、唐时期的不少秘书官员对其工作都认真负责，一丝不苟，严格遵守秘书工作制度，连对皇帝违犯秘书工作的要求也据理拒绝。

唐高祖李渊时的内史令肖瑀，敢于驳正高祖批发的诏令。一次，他将高祖考虑不周的诏书压下不颁发，高祖很生气，责备他，他以隋朝“内史宣敕、前后相乖”，致使“百司行之，不知何所承用”的史实，陈述政令不经仔细审勘而颁行的危害性，说明自己每收到高祖授下的诏敕，都仔细审勘，使它不与以前下发的诏令相抵触，以保证政令前后的一致性、连贯性。高祖听了心服口服，称赞他尽心尽职，替自己分忧。

唐德宗贞元年间的门下省给事中李藩，掌文书封驳之权，每当皇帝颁下的制敕有失宜之处，他都在黄敕上批改意见，同僚提醒他小心为好，说这是皇帝的敕书，你还是另用白纸写上意见附于后面封还为妥。李藩根据给事中有权在认为失宜的诏敕上“涂窜而奏还”的“涂归制度”，还是依例在黄纸上批改意见，其精神令人感动。

隋、唐时期，中央政府机构的会议记录工作颇为健全，每当皇帝召集大臣议事，都有“起居郎一人执笔记录于前”，记录要求真实，任何人不得篡改。记录册积累起来，按季度交史官编撰成史书，无关的人员不得阅读，连皇帝查阅也颇费周折。唐文宗李昂在位期间，统治集团骄奢侈靡，为此，文宗特地召集宰相讨论此事，起居郎郑郎在场记录，宰相的谈话中涉及不少统治集团内的丑闻，郑郎都一一如实地记录下来。事后，文宗担心这些丑闻见于史书，会被后人耻笑，想查看一下记录。郑郎回答说：“我所记录的事情，要编入史书，按照制度，皇帝是不能索取查阅的。”拒绝了文宗的要求。又如文宗时的起居舍人魏謩，有一次文宗想看起居注，派人到魏謩处去取，魏謩拒绝说：“记录皇帝言行是为了监督告诫，陛下有善行，我不会不记，陛下有错忤之事，即使我不记，天下人也会记下。”文宗不甘心地说：“我以前曾经取阅过。”魏謩据理奏对说：“那是因为史官不遵守制度，渎职，这样做是陷陛下于非法，会导致善恶不分，失去记录的真实性，后人会不相信它。”文宗理屈，只得作罢。

（三）应变能力强

隋、唐时期，尤其是唐朝，秘书人员的应变能力大多很强，显得精明干练。如天授元年（公元690年），寿春郡王有五兄弟受到藩封，同时受册命，朝廷各部门作了许多准备工作，却唯独忘了制作册文，等到百官到齐，才想起来，宰相们相顾失色，又惊又急。中书舍人王教得知此事，立即召来五名书史，命他们各自执笔，由自己口授册文，五人分别录写，不一会就写成五份册文。宰相们审阅时，见册文既合典仪，文辞又美，大为叹服，册封典礼也得以顺利进行。这是秘书官吏临场补救失误的典型例子。又如曾被几任太原节度使聘为从事、掌书记、判官的令狐楚，不但文才极好，凡他写的奏章，德宗都能从文辞间辨认出来，颇为赏识。他随机应变的能力也很强。当节度使郑儋暴卒时，因为未能及时处理其后事，部下的骄兵悍将聚众骚乱，喧哗不止，半夜，一群将士持刀胁迫令狐楚至辕门，悍将环列，要他立即拟就他们满意的遗表。眼见兵变一触即发，令狐楚临场不惊，于白刃相逼的险境中，挥笔书表，顷刻拟就，并且声情并茂地读示于三军，将士听了，无不被遗表之内容感动得落泪，甚感满意，一场暴乱就此被他制止。这是秘书人员以自己的才智临危不惧、妥善处理危机的典型事例。

唐朝秘书人员的应变能力很强，究其原因，一为他们的文化修养颇高；二为经受了实际工作的锻炼，业务水平精熟，处理事情干练；三为唐代秘书工作的制度严格，失职者受的处罚很重，迫使他们磨练出一身本领。

（四）宋朝秘书官员的民族气节

宋朝的秘书官员除了具有上述隋、唐秘书官员的基本素质以外，还具有鲜明的民族气节。

两宋由于长期处于辽、金、元的威胁之下，大片土地被夺，靖康之难时京城被破，钦、徽两帝被俘往北方，宋王朝蒙受了巨大的耻辱，人民遭受了深重的灾难，民族矛盾十分尖锐。处于中央政府内的秘书官员，因为比其他官员和百姓更了解政治内幕和国家形势，加上都是士人出身，长期受传统的尊汉贬夷思想的熏陶，所以他们具有很强的忠君和忧国思想，崇尚民族气节，反对对外族屈膝求和，主张抗敌，渴望收复失地，恢复大宋河山。这是宋代，尤其是南宋秘书人员的一个鲜明特点。

秘书人员无实权，他们的民族感情往往表现在积极发表坚持抗战、反对妥协投降的言论之中。

宋代规定，起居舍人和起居郎仅为六品官，虽陪侍于皇帝左右，但如欲发表政见，须先求得中书省长官的允准。从神宗时起，他们面对深重的危机，开始争取向皇帝面陈政见的权利。当时，兼修注王存就请求给予起居舍人和起居郎这一权利。南宋苟安于江南一隅后，面对山河破碎，他们的这一要求更为强烈。南宋绍兴二十八年（公元1158年），高宗终于答应了这一要求，明令："用起居郎洪遵言，起居郎、舍人自今后许依讲读官奏事。"（《宋史·职官一》）自此，他们同其他高级秘书官员一起，积极向皇帝面陈政见，力图说服皇帝抗敌复国。

建炎三年（公元1129年），起居郎胡寅上疏，痛切地指出：目下两帝被俘，国家蒙辱，陛下理应纠合义师，北上收复失地。然却只顾偷安，畏缩怯敌，唯思远逃，致使军民怨愤、失望。他提出七大建议："罢和议而修战略"，"大起天下之兵以自强"，"存纪纲以立国体"，"务实效、去虚文"，整顿内政，修明政治，然后恢复大宋故土。虽然胡寅为此而被免职，然而，他不顾个人安危，敢于直言不讳地指责皇帝，慷慨激昂地陈述复国之策，其拳拳之心溢于言表，受到后人称赞。

起居郎王居正原与奸相秦桧友好，秦桧执政前，曾向他表白，如自己"为相数月，必耸动天下"。王居正对他复兴大宋的雄心十分佩服。然而，秦桧任相后，却一味对金屈膝妥协。王居正认清了他投降求荣的真面目后，十分气愤，毅然向高宗揭露了秦桧的狡诈。虽然王居正最后被逐出朝廷，但是，他揭露的事实却由学士院受命载于制辞，布告中外，官民始知秦桧之奸，在一定程度上阻止了秦桧推行的投降政策。

先后任给事中、中书舍人兼侍讲学士的胡安国，曾上《时政论》二十分篇，陈述"恤民"、"制国"的政见，劝谏高宗励精图治，恢复大宋。绍兴二年（公元1132年），高宗欲升绍兴府朱胜非为都督，胡安国愤然上奏，斥责朱胜非与黄潜善、汪伯彦等人同为投降派，是丢去大宋半壁江山的罪人，且至今还和汉奸张邦昌及金国通好，为天下人所憎恨，决不能委以重任。这一建议被高宗采纳，但高宗却改授朱胜非为侍讲学士，胡安国继续上疏反对，并拒绝拟制诏书，愤然辞官离朝。

绍兴八年（公元1138年），金国派使者入临安，要南宋以称臣的条件谈和，高宗、秦桧接受条件，命翰林直学士院曾开起草国书，曾开极力劝谏，无效，乃请求辞官，拒绝起草。秦桧劝他要识时务，他凛然回答："士人所争的是义，不义之事，虽高官厚禄也不干！"并反诘秦桧为何要南宋称臣求和，秦桧无耻地回答说，这就和当年高丽臣服大宋一样。曾开怒斥道："你身为大臣，理当尊主庇民，辅助陛下富国强兵，想不到你无耻到这等地步，真是闻所未闻！"秦桧恼羞成怒，乃将曾开降职，曾开继续联络了许多朝臣，联名上书，反对屈膝求和，表现出坚贞不屈的民族气节。

南宋的秘书官员在危难之际，置个人生死荣辱于度外，以各种方式反对屈膝求和，主张抗敌复国的民族气节是令人钦佩的。当然，他们的着眼点只是为了赵宋封建王朝的复兴，况且，古代的民族和国家的概念与今天有所不同，这是需要分清的。

五、秘书官员的参谋作用

唐朝秘书人员所发挥的作用在当时是颇为突出的，他们除承担了政府文书档案工作和处理日常事务，使整个国家机器顺利运转外，稍有地位的秘书官员还敢于进谏，以向皇帝和大臣直言规劝、畅述己见的形式，积极参与政务，起了谏阻过失、裨补缺漏的作用。

唐王朝是利用农民大起义的力量建立起来的。隋朝在农民大起义的打击下顷刻覆灭，国亡君死，人民群众的巨大威力使唐初统治者感到震惊，引起了他们的深思。以唐太宗为代表的一些有远见的统治者总结出了“水能载舟，亦能覆舟”的教训，他们认识到隋亡的重要原因是王朝在制定政策中出现错误和皇帝的暴虐，导致失去民心。因此，他们在制定政策、治理政务时都力求谨慎、稳妥，战战兢兢，如履薄冰，唯恐失误。为了防止政策上的失误，唐太宗积极提倡、鼓励百官进谏，尤其要求身边的秘书官员积极进谏。

《贞观政要·政体》记载唐太宗对中央秘书官员的要求时说：“中书门下，机要之司。擢才而居，委任实重。诏敕如有不稳便，皆须执论……若惟署诏敕，行文书而已，人谁不堪，何须简择，以相委付？自今诏敕有不稳便，必须执言，无得妄有畏惧，知而寝然。”就是说，中书、门下两省是执掌机要的部门，被简选出来担任其官员者责任十分重大，如果你们只会在公文上签签字，发发文书，那谁不能办，何必要选你们出来充此重任。所以，从今凡有不妥的诏敕，你们必须无所畏惧，敢于直率地指出，不能沉默。并明令：凡中书舍人在处理有关军国大政的公文时，必须“各执所见，杂署其名”，即提出各自的意见，分别签名，这一制度称为“五花判事”。

更重要的是，唐太宗还设置了主要职责为进谏的众多官职，如散骑常侍、谏议大夫、给事中、拾遗、补阙、起居舍人、起居郎等等，这些官员分隶于“机要之司”的中书、门下两省，他们一般无具体职掌，以“规谏”为业，实际上起着参谋、顾问的作用，具有秘书性质。

这些官员进谏的途径颇多，仅制度上规定的就有：

第一，随宰相入阁议事。《资治通鉴》卷192“太宗贞观元年”条记载，此年，太宗诏令：“自今中书、门下及三品以上入阁议事，皆命谏官随之，有失辄谏。”王夫之在《读通鉴论》卷20《唐太宗》中评论这一制度说：“太宗制谏官随宰相入阁议事，故当时言无不尽，而治得其理。”

第二，给事中有权“驳正违失”。凡发现皇帝批发有失宜之处的制诏书敕，给事中可以涂窜、封还，令中书省重议。这种审议之权，也是进谏的重要制度。

此外，起居郎、起居舍人等经常随侍皇帝的官员可以当面向皇帝进谏，至于皇帝亲信的谏官，如魏徵，则随时可面见皇帝进谏。谏官上谏的内容几乎无所不包，对内的各项政策，如征收、赋役、任免官员、施行刑法，对外的和战、怀柔、靖边，直至皇帝个人的私生活，凡发现有不妥之处都可进谏。

唐太宗作为有为之君，“虚心求谏，诚意纳谏”，从而涌现出不少敢于极谏的谏官，其中最著名的是谏议大夫魏徵。他对太宗的劝谏频繁而尖锐，大都为太宗采纳，传为千古佳话。这些谏官的进谏，对防止军国大政的失误、皇帝行为的失宜起了重要作用。如贞观元年，太宗下诏征调数十州的兵马，攻伐岭南各族。魏徵劝谏说，当今国家初定，民生尚未恢复，宜偃武修文，节制用兵。太宗起初听不进去，后经魏徵再三谏诤，终于下令停止发兵，防止了国初大规模用兵，耗损国力、民力，并使唐与岭南各族长期保持了和好关系。又如贞观五年，太宗修筑洛阳宫，谏议大夫戴胄上表劝谏说，如今数地受灾，国库不足，百姓贫困，修宫筑殿实是劳民伤财之事。太宗觉得有理，下诏暂停修宫。

除了中央的谏官积极进谏外，地方上的秘书官员和百官也纷纷上谏。如中牟县县丞皇甫往参上书抨击朝政，说太宗不该修洛阳院，也不该加重盘剥地租，还说民间百姓梳起高高的发髻，是受了宫廷中的影响。太宗阅后大怒，要治以诽谤罪。魏徵进言说：“自古的上谏多言辞激烈，如言辞平缓，不会引起君主注意，激烈不等于诽谤，望陛下冷静明察。”太宗冷静下来后说：“还是激烈些好。”后来，有人在太宗征调民工修乾元殿时，上表劝谏，并将太宗比作夏桀、商纣、隋炀帝，太宗看了，并不计较，而自责地说：“我不思量，遂至于此。”

太宗的虚心纳谏和秘书官员的积极进谏，对防止王朝内外政策的失误、约束皇帝的行为起了重要的作用，使政治较为清明，上下政令畅通，君臣关系较为协调，是造成“贞观之治”的一个重要原因。

六、秘书官吏的考核

隋朝统一全国后，统治集团鉴于南朝吏治腐败的教训，同时为了巩固新秩序，制定了一些考核官吏的制度，由于隋短命而亡，这些制度未能发展完善。唐朝继承了这些制度，将之发展，形成一套健全的官吏考核制度。

唐太宗贞观年间，统治者制定了考课法，作为《唐令》的第一篇颁布施行。它规定三品以上的官员由皇帝直接考核，四品以下的官吏则由吏部考功郎中与考功员外郎负责考核。后来改以给事中、中书舍人各一名为监考使，考功郎中考核京官，员外郎考核外官。德宗贞元以后，改为考功员外郎考核外官，给事中考核京官。地方州、县官衙中官吏的考核，则由功曹参军事和司功负责，在考功司（属吏部）领导下，实施考课。

考核的标准包括德、行两方面。

“德”包括官吏的品质、道德修养、对君主忠诚程度；“行”包括官吏才能、守职的勤惰状况、政绩。

“德”的基本标准是“四善”，即德义有闻、清慎明著、公平可称、恪勤非懈，简称“德、慎、公、勤”。

“行”的标准因业务不同，分成二十七类，称“二十七最”，其中对各类秘书官吏的标准是：

“献可替否，拾遗补阙，为近侍之最。”这就是说能为朝廷献计献策，参议得失，防止失误，就是最好的参谋式秘书官吏。

“承旨敷奏，吐纳明敏，为宣纳之最。”这就是说能及时准确地传递奏章文书，不出差错，就是最好的从事收发的秘书官吏。

“详录典正，词理华美”，就是最好的文字秘书官员。

根据以上“四善二十七最”，看官吏得到“善”、“最”数量的多少，将考核结果分为九等，即：

上上——四善一最；

上中——三善一最，或四善无最；

上下——二善一最，或三善无最；

中上———一善一最，或二善无最；

中中———一善无最，或一最无善；

中下——善最皆无，职事粗理；

下上——爱憎任情，处断乖理；

下中——背公向私，职务废缺；

下下——居官诈谄，贪浊有状。

不入流的官吏另有四个等级：

上——清慎勤公，勘当明审；

中——居官不怠，执事无私；

下——不勤其职，数有衍犯；

下下——背公向私，贪浊有状。

考核的步骤是每年一小考，五年一大考。每年小考时先由本人写出一年中德行的简明考状，称为“书考”，然后由主官当众宣读，大家评议，定为九等中何等，最后张榜公布于官衙门口三天，如有不当,本人可以申述,他人可以补正,供主官参考。评时上等名额有一定限制。考核完毕,限期校定,送京城,每年十一月一日各州司考使毕集京城尚书省,皇帝接见考使,宣布等第,颁布考牒,作为凭证。每五年一次的大考,则综合各次小考,决定升降奖罚。

唐朝对秘书官吏的考核已相当制度化，对秘书官吏起了有力的督促作用，是秘书工作成熟的又一个标志。这一制度被以后的宋、元等王朝所沿用。

当然，这些制度实施到什么程度，其中有多少形式主义，则待另议，但有了这些制度总是有一定程度的实施，对选拔合格的秘书官吏是会起推动作用的。

第四节　文书档案工作

一、文书档案工作法律化

唐朝为了保证文书工作顺利进行，制定了全面而具体的法律条文，使文书工作制度化、法律化。它是唐朝文书工作成熟的一个重要标志。为了借鉴，兹将《唐六典》、《唐律疏义》等典籍中的有关律令收集、归纳如下。

(一) 文书拟制方面

1. 文书中遗忘避讳的处罚条律

《唐律·职制律》规定："诸上书若奏事，误犯宗庙讳者，杖八十；口误及余文书误犯者，笞五十；既为名字触犯者，徒三年。"《唐律疏义》规定："制字立名，辄犯宗庙讳者，合徒三年。"

自秦始皇起，文书中须避讳。唐朝总结了历朝经验，制定这些条文，使避讳制度趋于全面。特别重要的是，唐太宗对此制度作了改进，规定公文中两字连写恰为皇帝姓名或名字的，须回避，如"世民"、"李渊"；如仅一字单独用之，如"世"、"民"，则不必避讳。在此之前，一字也需避讳，拟写文书者动辄触犯禁忌，公文用字受到极大限制，太宗的改进，相对减少了公文用字的限制，方便了公文拟写。

2. 写错公文的处罚条律

拟写制书时脱漏文字或写错，或为别字，不影响原意的，笞五十；影响原意的，杖七十；奏章中有同类错误者，杖六十；内外百司递送给尚书省的公文中有此类错误者，笞四十；递送给其他官署的文书有此类错误者，笞三十。如上述公文中的错误造成重大影响的，加三等治罪。

3. 委托他人代署代判公文的处罚条律

凡奏、状、符、移、关、解、刺、牒等公文，必须由当事官员亲自判署，如违例委托他人代署代判，杖八十，代判者徒一年，如在代署代判时对公文内容有所增减，影响原意的，加一等治罪。

4. 应具文而不具文的处罚条律

凡依制度应该具文上奏而不具文的，或不应具文却具文的，均杖八十。凡应向上级官府行文请求、报告事情的，但未行文，或不必行文的却行文；州、县、都督府、京城各部司的公文一般须逐级上报，违例越级上报者；应向下属官署发文而不发，或不应发文而发之，凡此种种，皆杖六十。

5. 公文内容失实的处罚条律

凡向皇帝递呈的公文，其内容有故意隐瞒欺骗，欲规避责任、妄求功赏的，处徒刑二年；有妄告密事（如某人谋反、叛逆等），罪加一等。上级官府得知下级官吏违法，发文查询，上报内容不实的，处徒刑一年。

6. 拟制公文违期的处罚条律

各类公文的拟制均规定有一定的天数，超过天数的为稽误，须负刑事责任。制书须于当天拟毕，符、移、关、牒在二百页以下的，于二天内拟就；超过二百页的，每多二百页以内的加一天，最多不得超过五天。如遇赦书，页数再多，也不得超过三天。紧急军务文书也须于当天完成。凡拟制各类文书时稽误一天，处笞刑五十，此后每超过一天，加一等治罪，逾期六天，杖一百；逾期十天，处徒刑一年。

（二）公文处理、传送方面

各类公文规定在一定的天数内处理完毕。凡曹内常行公文，小事五天处理完毕，中事十天，大事二十天，处徒罪以上的司法文书须于三十天内处理完毕。如有紧急军务文书，则随时处理，不准耽搁。

对各类公文发出的时间也有严格的要求。凡皇帝的制诏及标明"急"的公文，需立即发出，非急件也需在当天发出，不准逾夜，违者以贻误公事罪论处。凡发文延误一天的，笞三十；延误三日的，罪加一等；超过杖刑一百者，十天加一等，直至处徒刑一年半。

传递公文也规定有限期，迟到一天，或乘马带私物一斤者，杖六十。

（三）伪造、盗窃、毁弃公文或印章方面

1. 伪造、私改公文的处罚条律

凡伪造或故意增减制敕内容者，处以绞刑；伪造后未及施行的（即未发往有关司曹执行），定为未遂罪，处流刑三千里。

官府在收捕谋反者、叛逆者等重大而又紧急的行动中，来不及上奏，恐叛乱滋漫或要犯逃遁，矫行制敕者，如有功，可奏皇帝裁决；如无功，处流刑二千里。

伪造官府中一般文书，如符、移、解、牒、纱券、簿账等，或有意增减其内容，处杖刑一百；如其目的是为了规避罪责，则在欲规避之罪上加重二等；未及施行的则减一等；伪造、篡改公文者如系主官，则杖一百，凡处徒刑以上，在欲规避之罪上加重一等。

2. 伪造印章的处罚条律

伪造皇帝的八种宝玺者，处以斩刑；伪造太皇太后、皇太后、皇后、太子之宝印者，处以绞刑；伪造皇太子妃之宝印者，处流刑三千里。

伪造官府印章，处流刑二千里；伪造州府以下封函印章者，处徒刑一年；伪造前朝官府印章以骗取封赏者，处徒刑二年；如为骗取官职，以诈假官法治罪。

伪造差科征发的铜鱼兵符、驿站所用传符者，皆处以绞刑；伪造使节印符者，处流刑二千里。

凡将伪造的或已亡失的印章符节借于他人，双方各以伪造罪处罚。

3. 盗窃公文、印章的处罚条律

盗窃制书者，处徒刑二年；盗窃官府一般文书者，杖一百；盗窃判处徒刑以上的司法文书和勋赏、黜陟、授官、除免、行军文簿及户籍等重要文书者，罪加一等。

盗窃官府印章者，处徒刑二年；盗窃各州封函之印者，杖一百。

4. 毁弃公文的处罚条律

凡丢弃、损毁制、敕、奏抄及曹司公文（符、移、解、牒等），如为无意，各比照盗窃文书罪，处以杖一百至徒刑二年；如目的为谋叛，则处以死刑。

(四) 保密方面

1. 泄露机密的处罚条律

凡官吏泄漏国家机密，不论有意无意，是否造成后果，均追究其刑事责任。泄漏官府收捕谋叛者、官军奔袭“寇贼”等机密者，处以绞刑；泄漏一般机密，如天象灾变征兆的报告等，处以徒刑一年半，如透露给藩国使者，则罪加一等；凡两人以上泄漏机密，以初传者为首犯，次传者为从犯，按首从法定罪，第三人以下辗转相传者，杖八十。

封建统治者对保密工作十分重视，往往将宫廷内皇族的私生活也作为保密的内容，泄密者严惩。如开元十年（公元722年），秘书监姜皎将宫内丑闻外传，玄宗大怒，下令逮送至中书门下治罪，本欲依泄密罪处以死刑，因念其有功劳，改判流刑，发配钦州。

2. 私拆公文的处罚条律

凡秘书人员未经同意而私自开拆制书者，杖八十；私拆官府文书者，杖六十；如被拆阅的系密件，则按泄密罪处治。

从上可见，唐朝有关文书档案工作的律令细密而繁多，实际上是以文书工作为主的秘书工作的法规，强制各级各类秘书人员遵守，有助于提高秘书人员的责任心，防止差错，使文书的拟制、处理、传递、保密各个环节有章可循，有法可依，有效地提高了文书工作的质量和效率，保证了政令的畅通。这些法令被宋、明、清等朝代沿用并进一步发展。

二、文书工作制度

唐朝除制定了一系列文书工作规章，以法律的形式颁布外，在实践中还形成了一套以技术为主的文书工作制度。这些制度有的是沿用、发展了前代的规章，有的为唐代首创。这些制度又为宋朝所承袭，并对其中的一些作了改进、充实。这些制度主要包括以下几个方面。

"四禁"制度——要求中书舍人遵守的职业规范。内容为："一曰漏泄，二曰稽缓，三曰违失，四曰忘误，所以重王命也。"（《旧唐书·职官志》）即文书工作必须做到保密、及时、不发生差错、不遗忘误事。"四禁"虽然是为中书舍人制定的，但是，凡从事文书工作的官吏，身处各级机要部门，显然也应参照遵守，前述律令中的不少条文证明了这一点。"四禁"中以"漏泄之禁为急"，它与律令中的泄漏机密罪相配合，起了防止、制裁高级秘书泄密的作用。如天宝十二年（公元753年），安禄山进京朝见，玄宗计划授予他同中书门下平章事的官衔，以笼络、制约他，命翰林学士张垍拟制任命诏书。结果事未成，安禄山离京而去,不愿接受,玄宗很不高兴。杨国忠密告说是张垍泄漏了消息,造成此后果。玄宗遂以张垍违犯"四禁"为由,将他贬至卢溪郡任司马,尽管他身为驸马。

用纸制度——东晋桓温对公文用纸作了初步规定。唐代，手工造纸已遍及全国各地，不但纸的数量大大增加，品种也增多，光笺纸就有十色笺、六合笺、苔笺、水彩笺等等。各种纸的原料、质地、色泽不同，其用途也有区别。在此基础上，公文用纸形成制度。凡黄纸一律为皇室专用，吏官不准妄用。由中书舍人起草的"外制"用黄纸，由翰林学士起草的"内制"用白麻纸，凡诸陵荐告上表用白麻纸，皇帝赏赐、征召的敕书用白藤纸，慰劳军旅和赐吐蕃国王、南诏及大将军、清平官敕书用黄麻纸，赐新罗、渤海、黠戛斯、回纥国王的敕书用金花五色白背纸，将相的告身（任命状）用金花五色绫纸。唐是一个多民族的王朝，不少兄弟民族的地方政权承认其中央政权的地位。因此，唐规定，吐蕃、回纥、新罗、渤海国王颁发的文书、别录，用金花五色绫纸，并洒以白檀香水，诸藩国军事首领和吐蕃、回纥的宰相发下的文书用五色麻纸。其他官府用纸的种类、大小也有规定。公文用纸制度使文件的种类、发文部门易被识别，并使各类文件外观统一、整齐，利于提高公文质量。

宋朝，公文用纸制度进一步发展。除制诏根据内容规定各种用纸外，对文武官员的公文用纸也有了规定。据《宋史·职官三》记载，宋代文武官员的公文用纸有五种十二等，宫廷内及命妇的公文用纸有七种十二等，内外军校公文用纸有三种四等，外夷酋长用纸有两种两等。

公文折叠制度——唐朝公文制作完毕，按一定尺寸大小，折叠起来，这样，合则为一本，开则为多页，便于阅读、运转、保存，是继卷轴制度后的一个改进。

公文装封、编号制度——公文需装入一定规格的封套，实封、加印、编号后才能发出。

对唐的公文折叠、装封、编号制度，宋发展为实封制度，即官员奏呈的札子和奏状，如事关机密、灾异及陈“妖术”、狱案与被旨分析事状，皆需将札子、奏状封皮折角重封，两端盖印，无印者书官员名，封面不准贴黄。在外奏者，只贴“系机密”或“急速”字样。如依例该实封的公文仅用一般封法，主管官员将受罚。宋代公文编号制度复杂，各级各类公文编有不同字号。如北宋《武英殿聚珍版书·净得集》中的《乞别给致仁敕状》中，记载有上书人所呈公文编以“达”字号。

贴黄制度——也称贴黄、押黄，凡拟制敕书时，有写错或谬误之处，因敕书一般用黄纸书写，故需在错处贴上黄纸，在黄纸上改正。这是唐朝首创的公文纠误制度。

对唐代的贴黄制度，宋加以沿用。同时，凡臣下上呈的奏状、札子写完后，感到意犹未尽，需要补充者，可以将内容择其概要，书于黄纸上，别附于正文后面，也称“贴黄”，又称小贴子，也有在贴黄后再加小贴子的。

公文拟制和誊录制度——各级各类公文由专人拟制，同类公文有统一的格式。如翰林学士起草的制敕中不准有“凶恶文字”，敕书后面不准留有空纸，凡宣召某官入宫，只准写被宣召者官职、姓名，不得写明为何事被宣召；凡起草回复外藩奏表时，诏书文首以“卿”相称，下言“故兹密诏”；赐诸藩镇将领的敕书，文首具将职名；赐诸王的敕书，文首称“王”；赐新罗、渤海等国王的敕书，文首则写“敕某国国王某某”，文尾写“卿比平安好”。制敕拟毕，呈皇帝审阅后发下，由专人“钞小字录一本”保存起来，原文发出。其余官府的公文，拟毕审定后，由专人用指定的字体誊清，并录制多份副本后发出。

宋朝，公文誊录制度更严，规定誊录时不得遗漏或写错字，更不能改写文句中的辞句，连一个字也不能更改，否则，要受到法律的制裁。为了防止誊录时的作弊，规定凡有加字，必须在加字处加盖印章，以表示对公文负责，也便于日后检查。

公文签名、判署制度——唐、宋时，公文拟毕，必须由主官签名，以示负责。有的主官字迹潦草，称为花押或花书，此为签名制度。

另外，公文必须由主官或主管官衙判署，其他官员或官衙不得代判，否则，要受到严厉处分。判署一般都用“依”、“行”、“从”、“闻”、“可”等字，以便明确责任，提高工作效率。

一文一事制度——这一制度在魏晋已产生，到唐朝，由于纸张充足，在各级官衙中得到普遍实行。宋朝，更明文规定：凡群臣“奏陈公事皆宜述事状，若名件不同，应分送所属，而非一宗事者，不得同为一状”（《庆元条法事类》卷16），有力地巩固了这一制度。

公文移交制度——各级官府的公文需定期移交，如尚书省规定，各部司办完的公文由勾司（稽核文书的部门）行朱，记注年、月、日后，交库房保存。此制度使文书转化为档案，标志着文书和档案的界限开始划分出来。

宋朝除了继承和发展了上述唐朝的文书工作制度以外，还新创了如下一些制度：

引黄制度——即将章、奏、表等文书的内容要点、时间、所要到达的道和里书写于文书的封面或文首。此制为公文摘由叙事之始，它使收受、批阅公文者对公文内容一目了然，能分别轻重缓急予以先办或后办，从而提高了公文处理效率。

公文抬头避讳制度——这一制度始于秦，到宋朝时，规定公文中不但遇“皇帝”两字，而且遇“天神”、“地邸”、“官阙”、“行幸”、“皇太子”等应该受尊敬的词都需平抬，称为“平阙”。公文中不但对皇帝的名字要避讳，还将有关地名、百姓的姓更改。如为避宋太祖赵匡胤的名字，将“匡城县”改成鹤丘县，将“胤山县”改为平蜀县。淳熙六年（公元1179年），还下令全国有姓匡者，改姓王，后又改为姓康。因此，宋朝公文中的避讳既多又繁，给文书工作带来一定的影响。

公文格式——宋元丰四年（公元1081年）十一月十二日，朝廷对表、状、奏等公文规定了统一格式，有了一定的程式要求（见《庆元条法事类·文书门一》）。

军邮制度——宋建隆二年（公元961年）五月，太祖下令，各地官署以军士代替百姓为递夫，后又专署递卒，优其廪给，成为定制，建立起军邮局。由军邮局传递公文，既迅速又保密，遇有重要军事公文，则“御前发下，三省枢密院，莫得与也”（《武经总要前集》卷15）。为了防止泄密，军事文书还采用暗号，备有常用军用短语，只让军事领导部门和在外作战的将领双方知道，即使文书让敌方截获，也看不懂文书内容。

保密制度——两宋先后处于辽、金、元长期威胁之下，外患重，辽、金、元为攻灭宋，不断派奸细或收买内奸，搜集宋朝的军事、政治、经济、人事等情报。鉴于这种形势，宋强化了保密措施，严防泄密。据《庆元条法事类》等史籍记载，宋曾规定：

“缘边事应密行下则不得榜示”，即边防要事应当以机密公文下达的，不准公开榜示。

“时政边机文书禁止雕印”，即对有关边防政治、军事及时事的公文要严格控制，禁止复印，以免外传。

凡雕印御书、本朝会要、边机时政文书者，杖八十。

凡私雕及盗印律、敕、令者，各杖一百。

凡散失所掌管的公文者，杖一百。

凡以制书、官文书质当财物者，与受质当者各杖一百。

凡藏匿、毁弃、拆换文书者，徒一年；盗窃文书者，徒二年。

除这些处罚条律外，还奖励告发泄密者。如凡告发藏匿、毁弃、拆换文书，获实后，如果案情严重，赏告发者钱一百贯；案情一般的，赏五十贯；告发负责收发文书的人员经常违反规章，或私自将文书带回家过夜，经查实，赏给告发者钱五十贯。

除上述制度外，宋朝中央的文书工作，还有如下一些规则：

批答——凡执政以下的官员上疏奏请，皇帝以降诏方式答复；对执政以上的官员，则降“批答”，以示厚遇。“批答”不需经过中书省，直接由宫中封所上疏，付翰林学士院撰赐之。

内批——亦称御笔，皇帝在宫中决断事务后，直接交付有关机构执行的文书，称内批，由嫔妃代笔者，也称御笔。

进草——凡中书遇到紧急公文，如待奏告、等候御笔颁下后再处置，将耽误事情，遇此情况，中书有权先行处理，然后用黄纸撰状，状背面由宰相、执政押字，进呈皇帝，这种方式称进草。

录白——凡枢密院遇军政大事，需奏告皇帝，小事则可自行拟定处理办法上呈，获答复后起草文书，以白纸录送门下省审复，留其底稿。凡当面得纸称录白，皇帝在上面的批示则称画旨。

录黄、画黄——凡中书省根据圣意起草诏令后，交门下省审复，重大事情需面奏，得旨后另以黄纸录送门下省，称画黄；小事先拟出处理办法，得旨及进呈熟状后，另以黄纸录送门下省，称“录黄”。

三、公文文体

（一）皇命文书（下行文）

唐朝的皇命文书，据《新唐书·百官志》记载有如下七种：

册——又称册书、册命、册文，是皇帝立皇后、太子，封王公，任命三品以上官员和授爵、赐予财物的诏书。其中授官的册文，习惯上称为册授。

制书——唐以前即有制、诏，武则天时，因诏与她的名字“曌”音近，为避讳，将诏也改称制。凡行大赏罚，授五品以上官爵，厘革旧政，赦罪人、俘虏，皆用制。其中授官的制书，又称制授。

慰劳制书——将领打了胜仗，臣下有功于国，皇帝予以慰问、褒赞的文书。

发日敕——也称发敕。南北朝起，敕成为皇帝制命的专用文体，隋、唐沿用，发展成多种，成为皇帝处理国政的常用文体。凡增减官员、废置州县、征发兵马、除免官爵以及授六品以下官职，处流刑以上刑罚，用钱二千或仓粮五百石、奴婢20人、牛马50匹以上，均用此文体。其中用来授官的又称敕授。

论事敕书——皇帝慰谕公卿、诫约臣下时所用的文书。

敕旨——批准臣下依据皇帝的旨意而施行政务的文书。

敕牒——凡皇帝命令臣下对某事可依据旧典施行的文书，称敕牒。多由宰相秉承皇帝的旨意颁下。

据《宋史·职官一》和欧阳修《归田录》记载，宋代皇帝颁发的下行文有册书、制书、敕书、诰命、诏书、御札、敕。册书、制书、敕书、诰命、诏书、御札前代即有，但宋代对它们的使用对象、范围有所变更，其余两种为宋代增设。

诰命——皇帝授予、迁改官职，封增命妇的文书。

御札——五代时已有。《新五代史·唐明宗纪》记载："三月丁未朔，御札求直言。"宋代沿用，凡中书省代替皇帝颁发的布告、登封、郊祀、宗祀以及大号令，均用此文体，多由翰林学士起草。皇帝的手诏也称御札。

敕——皇帝赐宴、诫励百官、晓谕军民的文书。

册书——立后妃，封亲王、太子、大长公主，拜三师、三公、三省长官时使用的文书。

制书——处理军国大事，颁布赦宥德音和任命尚书左、右仆射及开府仪同三司时使用的文书。

敕书——任命少卿监、中散大夫、防御使以下官职时使用的文书。

诏书——任命待制、太卿监、中大夫、观察使以上官员时使用的文书。

此外，太子颁发的文书称"令"，亲王、公主颁下的文书称"教"。

(二) 唐、宋朝廷及地方官衙的下行文

堂判——唐朝政事堂宰相对各类事务判决和处理的文书。

堂贴——唐朝政事堂宰相指挥政府百司行政的文书。宋初沿用，不久废除，改用札子，后复行，但改为仅是政事堂行遣小事时所发的公文。

宣——晚唐、五代已有此文体，但仅为枢密院奉旨处置给驿马、命在修工程之类事时使用。宋代，凡枢密院以皇帝名义颁下的文书皆称宣，其底本称"宣头"，它与中书省下发的敕合称"宣敕"。

劄——宋朝，枢密院本身向下级官府下发的文书。

札子——与臣下上呈皇帝所用的"札子"名同而实异。它是中书省、尚书省、枢密院处理公事时命下级官府执行的公文。南宋时，各路帅司亦准许用札子指挥所属。凡中书省的札子，宰相押字在上，副相及参政顺次向下；枢密院的札子则枢密院长官押字在上，副长官顺次向上。

部符——尚书省六部、寺发给下级官府的公文，文末写有“符到奉行”字样。

部省札——尚书省处置公事，长官签押后发付给诸司、路、监、司、州、军执行的文书。常用内举山（今浙江富阳县北）纸印制。

符——州署发给下属县衙的公文，文末也有“符到奉行”字样。

（三）上行文

唐朝，臣下递呈皇帝的文体，除沿用以前的表、状（笺）、启、牒、议等以外，还有以下几种：

疏——臣属论谏政事的上书。

熟状——宰相上呈皇帝审批的处理一般行政事务的文书。宋朝，臣子上呈皇帝的公文文体增加有奏状，亦称表，类似于唐代的状。宋制，除准许使用札子的官员以外，其余官员上奏只能用此文体，文末需写“谨录奏闻，谨状”，状前或封面上用黄纸贴上事目。

札子——臣下向皇帝就政事提出建议的文书。宋太祖时，宰相范质为加强君主集权，尊君抑臣，废除宰相见天子议事时坐论之礼，使用此文体以书面上呈。后规定，在外官员中前两府及奏军事机密和急事者、在京官员中上殿奏事及大两省官员，准许用札子奏事，另外，知州以上官员向皇帝告辞亦使用札子。札子字体稍大，每行不超过十八字，每次不超过三札。

榜子——翰林院向皇帝奏事时用的文体。

此外，凡官员、命妇进呈给皇后、妃子和太子的文书称奏笺，笺中不写“顿首”，而写“叩头”，亦不称臣，命妇称妾，文末写年、月、日后，下具丈夫或儿子的官职、姓名。

唐、宋地方官衙的上行文主要有：

辞——唐朝时下级官府对上级官府汇报、请示时使用的文体。

申状——内外官府呈文于中书省、尚书省、三司；御史台呈文于中书省、枢密院；在外官员呈文于上级官府，如三省、枢密院或台、寺、监和本路察访官时所用的文体。文前需贴到达的京、道、里和申发日、时。

(四) 平行文

唐、宋官衙间的平行文除关、刺、移以外，宋朝还增加有：

咨报——翰林院移文三省、枢密院时使用的文体，用尺纸直书事由，文末写“咨报某某省，伏候裁旨，月、日，押”。只需当值学士一人押字就可以。

密白——枢密院的机速文书，不经中书省而直接送门下省的公文。

牒——内外各官府不相统属者，相互往来的公文。多用于各州署之间互相移文。

唐、宋公文文体种类不多，较为统一，因而简明易行。这是文书工作成熟的又一个标志。

四、文书档案工作分流

(一) 文书工作和档案工作分离

唐以前，文书工作和档案工作混为一体，保管档案的部门就是文书制作、处理的部门，档案人员就是文书人员，或承担部分文书工作。如秦朝的尚书既是皇宫文书工作者，又负责保管专供皇帝查阅的重要档案。又如汉代的兰台令史，既是兰台主官，又有负责拟制诏书的职责，兰台还兼为研习、编撰经典的学术机构。这些都反映出文书、档案工作的界限尚未划清。

唐代，设立了专门的档案库——甲库。唐行科举制，凡参加省试、选试者，其职名、姓名、籍贯、考绩、考选及授官等情况均有详细记载，形成人事档案，称官甲、甲历或甲敕，保存官甲的库房即为甲库。尚书省的吏部与中书省、门下省三处各设有甲库，分别存藏官甲。甲库置有甲库令史，负责甲库工作。玄宗时定制，吏部的甲库由员外郎、主事各一人专管，中书、门下两省的甲库由主书、录事各一人掌管，每年更换一次，中途不得调动。甲库的工作人员专司抄录、收藏官甲，不负责拟制文书，属于单纯的档案工作人员，甲库也不兼有学术机构的性质，是单纯的档案库。

官甲和甲库的产生，表明唐代已开始将档案工作从文书工作中划分出来，成为一项独立的职业，从此，文书是档案的源流，档案是文书的归宿这一界限已经明了。这既是档案工作，也是秘书工作成熟的一个标志。

宋代，随着档案激增和文书处理制度的进一步成熟，从中央到地方普遍设立起专门化的档案房——架阁库。

“架阁库”的“架”是指官府用来贮存文牍案卷的木架，从下至上分有多格。架阁库于北宋崇宁年间首先于尚书省设立，置管干架阁库官主管，宣和年曾废除此官，南宋绍兴初年复置，由六部各差一名官员担任，称为“主管某部架阁库”。嘉定年间，三省、枢密院、三司及一些寺、院都建立了架阁库，由本部门的制敕库房统领，各部门的制敕库房职掌有所不同，主要负责收贮制书、诏令和其他文书档案，“掌编录供检敕、令、格、式及架阁库”。

地方官府中的架阁库设立得更早。北宋仁宗时，江南西路转运使周湛就开始采用千丈架阁法收贮州县中的档案，经朝廷推广，各级官府普遍设立之。州县内的架阁库由知州、县令、主簿等主要官员掌管，下置有管勾、守当等吏员，具体从事档案的收藏、保管、整理工作。

此外，中央还设有最高级别的档案库，称金耀门文书库。

宋代从中央到地方各级官府普遍设立档案库，表明了文书工作和档案工作全面分离，档案工作进一步专门化，这是宋代的档案工作比唐更为成熟的标志之一。

（二）档案工作制度趋于完善

唐代的档案工作与文书工作一样，也以律法的形式制定了一系列制度。

归档制度——凡文书办理完毕，交勾司行朱（即加盖印章），并在指定位置上注明年、月、日（说明封面格式统一），交档案库，即将公文移交给档案部门，使之转化为档案。

归档范围包括制、敕、奏、表、议、州县的上计等各种各类重要档案。

归档的时间以每年年底为限，京城各司需于四月一日将去年办毕的文书移送都省；各州则先由本部门整理，然后上交给勾官，勾官审查后，连署封印，再送于都省。一般于六月一日，由都事召集各司的令史，进行核对，如发现上交的档案中有缺漏、错误的，则作为失职，记入该部门官员的考课簿中。

一案一卷制度——即将一件事由的公文立为一卷存档，称为案卷。五代后周王仁裕在《开元天宝遗事》中记载："张九龄累历刑狱之司，无所不察……因于前面分曲直，口撰案卷。"说明最迟在唐玄宗开元年间已有此制。

一案一卷制度是依公文所述事件或问题立卷存档，它是比较科学的立卷方法，一直被作为最主要、最常用的立卷方法沿用于今。

复制多份副本制度——官甲需复制三份，分存于三处甲库。后京城失火，官甲尽毁，为此，德宗建中元年（公元780年）规定需复制四份，另一份送内库收存，以防万一。凡户籍和记账（地方政府编制的课役报表），需一式三份，方能上报，分别收存于县、州、尚书省，玄宗天宝年间规定需复制四份，分存于各处。

鉴定制度——每三年对档案作一次鉴定，凡已不需要长期保留的，则剔除之。

检查修整制度——档案，尤其是官甲需经常检查，发现有损坏、文字缺损的要予以修补，恢复原状。如宪宗元和八年（公元813年），曾组织人员，集中检查、核对官甲，分期分批修复因年代较长而受损的官甲。

查阅制度——在每次铨选官员前，或官员本人提出升迁等要求后，吏部和中书、门下两省的甲库都得事先清理官甲，然后由门下省给事中、中书省中书舍人、吏部格式郎中和本处甲库令史一起查阅、核对官甲，三处的官甲完全相符，吏部才能授官。

至于档案的保密，对失职的处罚条律，类似于文书工作的律令。

宋代的档案工作制度比唐代有进一步发展，表现如下：

档案的集中——宋代规定，凡中央政府的档案和地方路、州、军、府、监、县的各种册籍，都得按期逐级上报。如有关地方军民的册籍需每年一报，由县署制作四本，一本存县架阁库；三本送州，州查验后，留下一本存藏，将另两本上交转运司；经查验后，一本留司，另一本于六月底送至尚书省户部。中央六部的档案在部存放两年后，送部架阁库收藏，再八年后，转交于金耀门文书库。可见，宋代，档案的集中已形成严格的制度，这一制度保证了将分散于各级官府的档案有计划地、自下而上地分别集中于有关档案库，使统治阶级能“以大系小，丝索绳联，总合于上”，起到了解、控制地方的作用。

对唐朝的“一案一卷制度”，宋代作了发展：凡在文书登记和立卷时，需区别新案和旧案。如是旧案，则需与前件粘连在一起，立卷存档，称“连粘”。这一发展，使档案内容前后连贯，能够系统地反映事情或问题的特征。

档案的整理——对有关档案需分门编录成册，按收受时间顺序粘连起来，粘连处加盖骑逢章，注明年月、页数、封题、事目，以千字为序登录、编排。这种整理方法使收集来的复杂、零乱的材料能按一定标准排列起来，趋于系统化，便于保存、查找、利用。

档案的保管——以纸张为原料的档案受各种因素影响，处于不断损坏、毁失的过程中，实际需要却要求档案能长久、完整地保存下去。为此，尽力消除各种不利因素的影响，延长档案寿命是档案保管的一大任务。宋代在这方面的工作取得明显进展，规定档案要定期搬出日晒，以防霉变；发现内容遗漏、缺损，要从他本上摘录补全；如遇水浸、火烧等意外事故，要及时组织人力誊写；重要档案别为一籍，收存于专门库房；对有来无复的文件也另外收藏；管理官吏如调离，离任前要办妥移交手续，列出案目，交付接任者。这些规定，有力地保证了档案的安全和完整。

档案的鉴定、销毁——档案总是不断增加的，而其存放的空间是有限的。同时，随着时间的推移和新档案的不断增加，一部分旧档案失去收存价值，需要予以甄别，去芜存精。这种鉴定、销毁工作，宋代已有较完善的制度。凡制书、详端、狱案等重要档案，应予以“长留”（相当于永久保存），在原登记册上用朱笔勾销，注明转移日期，由上司签名后移入专门库房存藏；不需长留者存放十年，每隔三年检简（即鉴定）一次，有需销毁者，必须申报上级，才能予以处理。

档案的查阅——查阅档案时，要派出官员监视出入，如需借阅，需由监视的官员限定归还日期，办妥手续后才交与；归还时，主管官员要清点、勾销。至于机密档案，一般官吏不得借阅，只有职事官才有权借用。

宋代档案的保密制度类同于文书保密制度，若违反规章，其处罚条例也很严。

宋代档案的集中、整理、保管、鉴定、销毁、保密等基本程序已系统化，它们被沿用至今，成为现代档案工作的基础。这是宋代档案工作比唐代进一步成熟的表现。

复习思考题：

1. 唐朝三省各承担什么秘书职能？意义何在？
2. 唐中书舍人的职责是什么？
3. 宋中书省内有哪些秘书部门？
4. 宋中书舍人分哪五案办事？
5. 唐朝外官的幕府中有哪些重要的秘书官职？
6. 简述唐、宋翰林学士的职权、地位。
7. 唐、宋有哪些中央信访机构？
8. 概述唐朝秘书官吏的来源。
9. 概述宋选拔朝廷文字秘书的制度。
10. 概述唐秘书官吏的素质。
11. 简述宋秘书官员的民族气节。
12. 简述唐、宋秘书官吏的考核制度。
13. 唐文书档案工作法律化表现在哪些方面？
14. 唐、宋有哪些主要的文书档案工作制度？
15. 为何说唐、宋时期是我国秘书工作的成熟时期？

第六章 辽、金、元时期的秘书工作

辽、金、元是中国历史上少数民族入主中原后建立的地方或全国性政权。

这些少数民族在进入中原前，其社会发展程度低于汉族；进入中原后，他们努力吸取汉族政权的统治经验和先进的生产方式及文化，加速了向封建化过渡的进程。因此，他们的秘书工作既带有其原有的旧制痕迹，又糅合了唐、宋的一些经验，表现出两者混合的特点。

辽、金、元时期秘书工作的水平从总体而言没有超越唐、宋，但在某些方面有所创造，如辽、金、元的各级秘书机构中都配备有懂多种民族语言的秘书官吏；辽代的秘书机构分为南北两套班子，以适应不同民族、不同地区的行政管理；金代创设了传递紧急文书的急递铺制度；元代则在秘书官吏的选拔、文书档案工作制度和公文传递制度方面颇有建树，为后人提供了宝贵的经验。

这一些证明，我国历史上秘书工作的经验是各民族共同积累起来的，辽、金、元时期是我国秘书工作的融合时期。

第一节 辽、金的秘书工作

一、辽的秘书工作

(一) 秘书机构和人员

辽是由契丹族首领耶律阿保机于公元916年建立的，其地域主要在我国东北地区及今华北部分地区，南至今天津、河北霸县、山西雁门一线，与北宋接界。辽长期与北宋对峙，公元1125年被金所灭，存在210年。

辽境内民族众多，为了适应统治的要求，其中央政府分为“辽官”和“汉官”两大系统。辽官系统称为“北面官”；汉官系统称为“南面官”。北面官治理契丹居民，系根据契丹族原有制度设立。南面官治理汉族居民，系辽占据部分中原地区后，仿照唐、宋制度建立的。统治中枢设在北面官。北面官的各级机构又分为北院、南院，如南、北枢密院，南、北宰相府，南、北大王院，南、北宣徽院等。

南、北枢密院分掌文铨、部族、丁赋和兵机、武铨、群牧之事，是全国军、政中枢，也是秘书工作的中枢，分别置有林牙、知院贴黄、知圣旨头子事、掌院头子等官，负责秘书工作。

北面官中设有大林牙院，掌文翰，是皇帝的秘书机构，置有都林牙、林牙承旨、林牙、左右林牙等官员，负责拟制、颁布诏书等事务。

此外，在南、北宰相府，南、北大王院，南、北宣徽院等机构中也设有给事院知圣旨头子事、掌院头子、院掾史等官员，负责文书工作。

南面官有枢密院和中书、门下、尚书等三省机构。中书省内设有中书舍人院，负责起草外制。门下省设有起居舍人院，负责记录统治者言行和重大政治活动；并有通事舍人院，负责传达、宣布诏命；有符宝司，负责保管印章；有登闻鼓院、匦院，置有谏议大夫、补阙、拾遗，掌规劝进谏。此外，设有翰林院，置都林牙、林牙、学士承旨、学士、知制诰等官，负责起草制诏。

辽代中央秘书机构明显反映出既保留一些契丹旧制，又学习了汉制，两者相混合的特点，表现了辽代在秘书工作中积极吸取汉族经验的倾向。

辽代的秘书官员除上述高级秘书官以外，常见的还有：

令史——掌文书案牍之事。中书省所设令史由进士担任，文官及武官都有，朝廷中枢机关的令史可参与朝廷册封等大典，地位比唐、宋时期提高。

译史——州以上官府中从事笔译公文的吏员。因辽境内民族众多，公文需以多种文字拟制，故此职设立甚为普遍。辽道宗太康九年（公元1038年），将译史分为多种等级。

（二）文书档案工作

契丹族是游牧民族，流动性大，其经济、文化水平低于宋，初无文字，直至太祖耶律阿保机神册五年（公元920年），才仿照汉字偏旁，创制成契丹文字，后由太祖之弟迭剌制成契丹小字，从此，这两种文字并用于辽、金两代，才开始产生了以文书工作为主的秘书工作。所以，其文书档案工作与宋代相比，有相当大的差距，在其存在的二百年中，只是粗具规模而已。由于史籍记载阙如，无法勾勒出其轮廓，但是，从寥如晨星的史料中仍可以看出，辽代统治者是力图学习、吸取宋代的文书档案工作经验的。

第一，在辽与宋交战中，俘虏和招纳了不少汉族士人，统治者大都注意使用，让他们担任秘书官职，以图依靠他们的经验、学识建立和发展自己的秘书工作。如汉人刑抱朴、张砺被用为翰林学士承旨，王言敷、和凝为翰林学士，室昉为翰林知制诏，马铉、张干被用为中书舍人，杜防、程翥被任为起居郎、起居舍人，刘景先后担任过左、右拾遗，马德臣为谏议大夫，李琬为通事舍人等等。

第二，辽统治者不惜重金，常以十倍的高昂价格收购并用各种方法竭力搜求宋朝的文书档案，既从中了解宋王朝的内部动向，也作为开展秘书工作的参考。北宋哲宗元祐年间，苏辙奉命出使辽国，在那里见到了有关宋王朝军国政要的案牍和臣僚的奏章，当中必然也包括秘书工作的规章制度。

第三，由于与宋长期对峙，时有战争，和宋王朝一样，辽统治者对本朝的文书档案工作十分重视，规定无论是文书档案，还是国人著述，只准在其境内流行，如有传于境外者处以极刑。

二、金的秘书工作

（一）秘书机构和人员

金是由女真族首领完颜阿骨打于公元1115年建立的，其地域主要在北部中国，南至淮河、秦岭。长期与南宋对峙，公元1234年被蒙古、南宋联合攻灭，存在120年。

金代官制，初期只有女真族原有的简单称号，以后逐渐废去，至熙宗时已沿用辽、宋旧制。中央设有尚书省（但不设中书、门下两省）总揽政务，长官为尚书令，下有左、右丞相，左、右丞，参知政事等官。尚书省也分左、右司，分掌六部，有郎中、员外郎，掌本司奏事，总察所属，兼带修起居注官衔。下有都事，掌本司内检勾稽失、省署文牍，兼值宿省内、检校架阁等事，六部中各设主事四名至五名，秩从七品，多以进士充任，掌管案牍等事务。

金初，设有元帅府，掌管军政，后改称枢密院，内除有都事主管秘书工作外，还设有奏事官，掌承受圣旨、奏事、省院议事等。凡皇帝下达命令时都单独召见奏事官，宣授旨意，由他退出后向有关机构传宣；凡有必须奏请皇帝之事，由他入殿上章题奏，退出后必须立文字为据，这种方式又称"检目"；凡尚书省、枢密院长官上殿议事，他有权参与议事，但不得记录，只准默记，议毕归院后，才能将内容写成文书，呈送皇帝审复。尚书省议事，他也须参加，议毕，由他和尚书省左、右司官一起拟定奏章，送相臣审核后，呈送皇帝批阅。可见，奏事官的职掌相当宽，他是皇帝的亲信秘书官。

金也置翰林学士院，负责拟制诏命，学士品秩提高，承旨为从二品，学士为正三品，侍读学士、侍讲学士为从三品，直学士为四品，不限员额，分掌拟制文书、判理院事；有修撰，为从六品，不限员额；有应奉翰林文字，为从七品，这些官员不带知制诰衔。自侍读学士至应奉翰林文字，通设汉人十名，女真人、契丹人各七名。

地方府、州、县各级官衙内设有判官、掌书记、主簿、孔目等秘书官职。皇统年间，为了行文方便，规定判官、掌书记、主簿等统称"幕职官"，孔目以下为"吏"。

除上述官员外，金代尚有名目众多的低级秘书人员，如：

知事——都元帅府、大宗正府、司农司、大兴府等官署中掌付事勾稽、省署公文、总录诸案的首领官，有一名或二名，为正七品至从八品，多以识女真、汉字者充任。

书写——国史馆中负责抄写、誊清案牍的官员，又称史馆从事，充任者必须经过严格考试。正隆元年（公元1156年）规定，女真书写需具备将契丹文字译成女真文字的能力，契丹书写则必须精通大、小契丹字，并具备将汉字译成契丹字的能力。

都目——衙门中管理文书等日常事务的首领官。

吏目——各级官署中掌理案牍、管辖吏员、处理具体公事的首领官。

典吏——县衙和录事司等官署中掌文书事务和管辖吏员的首领官，由路、府、州、县司吏中够资格者充任，一般可升任吏目。

书吏——按察司、安抚司内掌公文案牍者，多从举人中选充，有女真书吏、汉人书吏之别。

抄事——司、府、州等官署中掌抄录公文事目、书写法状的吏员之一。

司吏——自路至司、县等地方官衙中掌文书案牍及衙门事务的吏员，有女真司吏和汉人司吏之分。汉人司吏根据当地居民户数设置，户多多置，户少少置，县署中司吏一般为上县八名，下县六名。

主文——各级官衙中抄写公文的吏员。

贴书——主文的助手，不属正式编制，每当公文过多，人手不足时聘用。

知印——掌管印章的吏员，多从孔目内轮流任用，如无孔目，则由孔目之上的司吏充任。

金的秘书人员比辽的秘书人员更注意掌握各种语言文字，尤其对学士承旨、都事、主事、管勾等秘书首领官，更强调要掌握多种文字、语言，以适应业务需要。

金朝中央政府和地方政府中的秘书吏员可以升任官员，其升任资格与科举出身的进士一样，但是考中进士毕竟很难，于是，不少人避难就易，争相充任秘书吏员，连许多士大夫的子弟也辍学，改走此途。由此，社会上有不少吏师应运而生，教授吏业。如李元就是金朝著名的吏师，他桃李满天下，金朝的省、部、台、院中不少秘书吏员都出自他的门下。这成为私家办学培养秘书人才的开端，是以后清朝“幕馆”的先声。

（二）文书档案工作

金代文书工作中最突出的成就，是创设了快速传递官方文书的急递铺制度。

据《金史》记载，泰和六年（公元1206年），金王朝已设有提控急递铺官，掌管急递铺事务。在军马要道上每十里设置一铺，以铺头一人为首，辖有铺兵三人，由所辖军的射粮军内选用。铺兵传递公文时腰系响铃，乘快马，规定每天必须行驰三百里。如指定专送十分重要的公文者，则发给牌符为凭，称信牌，递送皇帝敕书者授予木质的朱漆金字牌，递送尚书省六部、元帅府公文者则授予绿漆红字牌。

急递铺的路线分为北路和南路两条。北路有两条路线：一条自中都（今北京市）经真定（今河北省正定县）、平阳（今山西省临汾市）、京兆（今陕西省西安市）、凤翔（今陕西省凤翔县），达于临洮（今甘肃省临洮县）；另一条自中都经沧州（今河北省沧县东），达于益都（今山东省益都县）。南路自真定经章德（今河南省安阳县），达于南京（今河南省开封市）。从南京往南有两条分路：一条经归德（今河南省商丘市南），达于泗州（今江苏省盱眙县西北）、寿州（今安徽省凤台县）；另一条经许州（今河南省许昌市），达于邓州（今河南省邓县）。

急递铺制度大大提高了公文传递速度，为元以后各朝所沿用，是对文书工作的一大贡献。

金仿照宋制，在中央机构，如尚书省、六部、枢密院、御史台、三司内普遍设立了架阁库，收藏档案，置官主管，也比较重视记注材料的积累、编修，各帝实录较齐备，并设有国史院，利用档案修史。

纵观金代的秘书工作，在机构设置、文书档案工作等方面都高于辽代的水平，究其原因，主要有如下几点：

第一，女真族与契丹族社会经验、文化水平不相上下，都处于向封建社会转化的过程中，金灭辽后，不仅吸收了辽代秘书工作的经验（如任用汉族士人为秘书官等），还更多地仿照了唐、宋制度，从两个方面吸取经验，其发展速度自然较快。

第二，金的南部边界直达淮河、秦岭，比辽更深入中原地区，更多地接受了中原地区先进的生产方式和文化，有助于秘书工作的发展。

第三，金兵曾攻陷北宋都城汴京（今河南开封市），将宋王朝中央收藏的大量文书档案悉数掠取，这些文书档案为他们提供了宋代成熟的秘书工作经验，对发展他们自己的秘书工作起了促进作用。加上金任用大批汉族士人为秘书官，因而，其秘书工作的水平高于辽代。

第二节 元朝的秘书机构和官职

一、秘书机构

元朝是蒙古族建立的军事强国。公元 13 世纪，蒙古族先后攻灭了西夏、金和南宋，统一了中国。其疆域最为辽阔，境内民族众多。它的中央机构既承袭前朝，又有所变化。由于疆域辽阔，地广人众，实行宋代的三省制不便于迅速处理政务，于是，元初只设中书省，作为中央行政中枢，下依尚书省编制，设六部，同时，设枢密院掌军务和机密事宜，设御史台负责监察。中央政府的秘书中枢也在中书省内。

（一）中书省的秘书部门

中书省的长官为中书令（往往以太子充任），有左、右丞相（以右为上），平章政事，左、右丞，参知政事等官。省内设有参议府，处理省内日常事务，相当于办公厅，长官为参议中书省事，主管秘书工作，参与军国大事的商议，相当于办公厅主任。

中书省内的专职秘书部门有：

承发司——负责文书的收发。

管勾司——掌出纳四方文书、启拆缄封、邮递的程期等事，由管勾主管，下有典吏八人。

检校司——掌检校左、右司，六部公事程期，文牍稽失等事，设检校官主管，下有书吏六人。

照磨所——负责文书的照刷、磨勘等，设照磨主管，下有典吏八人。

时政科——负责记注皇帝言行和省、台、院、诸司奏闻之事。设文学掾一人主管，有起居注（后改为给事中兼修起居注），左、右补阙（后改为左、右侍议奉御兼修起居注）等官员。

中书省的公文用多种文字拟制、颁发，故由左、右丞相分工负责。如窝阔台时，凡中书省文书行于西域、畏兀儿诸国的，用畏兀儿文拟制，由镇海负责；行于汉地、契丹、女真族的，分别用汉文和契丹文拟制，由耶律楚材负责。

（二）其他秘书机构

元代也设有翰林院，但是将它一分为二：一曰翰林院兼国史院，主掌修撰国史，设有侍读学士、侍讲学士，陪同皇帝读书；二曰蒙古翰林院，至元十二年（公元1275年）设置，负责拟制、翻译、颁降皇帝的文书，置有承旨、学士、直学士、待制、圣旨必阇赤等官，为皇帝的机要秘书处。

此外，中央还设有内八府宰相，掌诸王朝见皇帝的事宜，遇有诏令，则与蒙古翰林院官员共同译写、润色。在皇太后的徽政院、皇后的资正院、皇太子的事院中都设有照磨、管勾等部门，负责文书和院内事务。

元代在地方设行中书省（简称行省），代表中央政府管理地方事务，下有路、府、州、县各级政府。行中书省内的秘书部门和官职仿中书省；路、府、州内设经历司，负责文书工作，处理日常事务，管理吏员，相当于办公室，以经历为首领，知事为副手；散州、上州的知事位在提控案牍之上，多由吏员升任；县府内仍设有主簿，主管秘书工作，为从八品至九品的小官。

二、秘书官职

蒙古族依仗武力夺取政权，因而对武将给以厚遇，元朝立国，建立各级官府后，武将纷纷被任用为各级各类政府机构的主要官员。这些武将大都是蒙古人、色目人，他们多数不通文墨，不谙政事，一系列行政事务，如赋税、刑狱、词讼、诠选、造作、户籍等，他们都无力处理，于是，只得依赖于有文化的汉人。“国家故事，以蒙古、色目不谙政事，必以汉人佐之”（《日闻录》），即任用汉人为秘书吏员，佐主官理政。这样，导致各级官衙由官、吏员和见习吏员三部分组成，吏员的名目繁多，据《元史·百官志》记载，有三十多种，其中设置最广泛、作用最重要的10种吏员都是从事秘书业务的，兹分别介绍如下。

（一）案牍吏员

“案牍者，纪事代言立政而已”（《紫山集》卷22《即今弊政》）。案牍是官衙中公文、档案的泛指。案牍吏员就是官衙中处理公文事务的秘书人员，是官衙中居于首席地位的吏职。

案牍吏员中，重要的名目有令吏、司吏、书吏、必阇赤四种。

令吏——设置于中书省、枢密院、御史台、行中书省、行枢密院、行御史台、六部、宣慰司、大都路总管府和上都留守司等官府中。凡二品以上官衙中的案牍吏员统称为令吏。其中任职于中书省、御史台、枢密院和行中书省、行御史台、行枢密院者又别称掾史。由于中书省常称都省或省，所以，中书省内的令吏又专称为省掾。中书省有令吏六十名，分布在左、右两司内。左司主管吏、户、礼事务，分六房三十一科，有令吏三十九名；右司主管兵、刑、工事务，分三房十七科，有令吏二十一名。省掾安置于各房各科内，分掌案牍事务。

枢密院中的令吏又习称院掾。

御史台中的令吏又习称台掾。

司吏——设置于路总管府、府、州、县和录事司等地方官衙中。由于地方官衙直接接触民事，公务琐碎，头绪繁杂，而配备的司吏又名额有限，不能像中央政府那样分工细密，所以，司吏的职掌要比令吏宽得多，承担的事也杂得多，尤其是司、县中的司吏，除了从事文书和日常事务外，还要轮流执掌官衙印信等。

书吏——设于中书省和行中书省的检校所、御史台的察院、提刑按察司（肃政廉访司）中。检校所有书吏六名，负责核对中书省和行省的文书是否迟滞或错失；御史台中的书吏有几十名，负责审核文书；提刑按察司中的书吏是衙门中主要吏员，每道一般设十六名，负责对路以下各官衙公文的处理。

必阇赤——也译作必彻彻，系蒙古语“书吏”的意思，即书写的人或笔者。蒙古立国初期设置此职，在大汗的身边掌管文书，书写大汗的命令，地位颇高，耶律楚材就担任过此职。元朝建立之后，必阇赤的地位逐渐降低，成为用蒙古文字从事文书的吏职，职责类似于令吏。这时，必阇赤分为两类：蒙古必阇赤，以蒙文办理公文，一般由蒙古人担任，因蒙古族是元朝的统治民族，所以，蒙古必阇赤的政治、经济地位比任何吏职都高；回回必阇赤，以波斯文字办理公文，是为色目官员服务的秘书吏员，也称回回令史、回回掾。

除上述主要案牍吏员之外，尚有如下名目的案牍吏员：

照略案牍——中央及地方各级衙门中管理案牍等事务的首领官，多由吏员升任。

提控案牍——职掌同于照略案牍，设在府及上、中州等官衙中者为专职，设于路总管府和肃政廉访司者为兼职，多由书吏和都目升任。

典簿——监、司等官署中管理文牍簿等事务的首领官，从七品，唯群玉内司的典簿为正七品。

主案——地方官衙中起草案牍的人员，是吏员的助手，也是吏员的来源。

写发——官府中抄写文书的见习吏员。

（二）翻译吏员

元朝幅员辽阔，境内民族众多，统治者在管理国家时，翻译吏员成了必不可少的助手。设置此职的目的，主要在于处理内政。元朝政府中的翻译吏员数量多，地位重要，作用很大。翻译吏员主要分两种：

译史——用文字翻译公文者，属秘书吏员之列，有蒙古译史和回回译史。

蒙古译史为蒙古族官员、皇帝服务，负责将下达的皇命文书或朝廷公文，或地方、朝廷百司的奏章译成蒙文，呈皇帝或蒙官审阅。

回回译史为色目官员服务，负责将各种上呈、下颁的公文译成波斯文字，供色目官员审阅。回回译史也称西域译史。

通事——即口语译员，在蒙古语中称“怯里马赤”。在蒙古、色目官员身旁作口头翻译者，由于翻译内容多为政务，且他们常年在主官左右，被视作亲信，常被派作官府的代表去处理公事，所以，也属秘书吏员之列。

(三) 传达吏员

宣使——设于中书省、御史台、枢密院、行省、行台、行院等一、二品官衙中。其主要职掌是：宣读诏书或官衙命令；传达主官旨意，催促各项政务。

奏差——设于宣慰司、六部、肃政廉访司等三品衙门中。其主要职掌是：“往来传达，实为行人。”（《至正集》卷75《风宪十事》）如宣慰司的奏差传达主官的命令，肃政廉访司的奏差负责本司重要公文的传送。“凡部使者有事于行御史台府及中台，或四方各道，奏差悉主之。”（《夷白斋稿》卷19《送韦道宁诗序》）

宣使和奏差都是宣达命令、汇报要事的秘书吏员，起上通下达的作用。由于他们经常和中书省或行省的主官（宰相）接触，地位也较高，仅次于案牍和翻译吏员。

(四) 其他重要秘书吏员

知印——设于部以上中央官府及行省、行台、行院等官衙中，负责掌管官衙印章、印信，其地位同于案牍吏员，为高级吏职。中书省内设知印四员，如有中书令（太子兼任）时，增设监印两名，“常监视省印”（《元史》卷85《百官志一》）。地方官衙中不设知印，由司吏轮流掌管印章。

典吏——从中书省到司、县官衙内普遍设置，是地位最低的吏员，负责公文档案的收发、启拆、保管事宜。

元朝秘书官职的名称，有不少是沿用金朝旧称，除了上述秘书吏员外，元朝还有翰林学士等高级秘书官职，各衙门中有都事、主事、都目等秘书首领官职。

三、秘书吏员的来源

元朝吏员数量庞大，吏员能升任官员，因此，吏职成为人们竞相争求的目标，为此，朝廷制定了一系列吏员选用制度，决定了秘书吏员的来源和结构。

（一）见习秘书吏员的来源

元朝从中央到地方的各级官府中，有大批见习吏员，其中许多从事秘书业务，他们平时为秘书吏员的助手，也是秘书吏员的主要来源之一。见习秘书吏员包括贴书、写发和主案。他们有几种来源：

第一种，大批少年弃学为见习吏员。

因元朝以吏员升官，科举不盛，所以，许多少年从幼年入学，到十几岁就废弃学业，至官府帮助书写文字，成为见习吏员。“司、县贴书，民家子弟才及十四五岁，托吏投充，影占门户。”（《元典章》卷12《迁转人吏》）“后生少年往往以吏为师。明律令，习刀笔。”（《鹤田集》卷上《送郑希礼之建宁学录序》）然后挤进官府，充当贴书，既能逃避徭役，又能奠定入仕的基础。这些“民家子弟”显然是富贵人家的子弟。

第二种，由吏的子弟充任。

许多官衙吏员“内而把持官府，勘合簿书。本身为吏，兄弟子侄，亲戚人等置于府、州、司、县写发。上下交通，表里为奸”（《元典章》卷12《迁转人吏》），即吏员利用职权，将自己子侄亲戚召入地方衙门任写发这一见习吏职。

第三种，由被开除的吏员充任。

一些因贪赃枉法而受惩开除的吏员，或市镇中游手好闲、不在户籍者，升迁或出人头地的希望渺茫，于是利用关系，再入衙门，充当贴书、写发之类的见习秘书吏员，以图苟且。这些人“久占衙门，年老无耻”（《元典章》卷12《革去滥设贴书》），为奸作弊。

上述三种人中，第一、二种数量最多，年龄很小，是见习秘书吏员的主体；第三种人数少，年龄大。可见，由少、老组成的见习秘书吏员素质不良。

为此，元政府曾数度下令，考选贴书、写发，以提高其素质。

起初，曾用命题考试的办法挑选，但是，由于官场腐败，考官作弊，事先往往受贿泄题；考生营私，出钱雇人代考，挑选出来者往往有名无实，素质仍差。

元朝中期，又有人提出了一个简单的选拔办法，即“一旦不能书写一万者，不补贴书”（《紫山集》卷23《民间疾苦状》），也就是一天不能写完一万字者不能任贴书、写发。

后来，考选方法趋于严整，“习吏之辈，须令社长、耆老人等入状保举行止可观，通晓是何经书，当该首领官面试相应，方可入案写发”（《元典章》卷12《试补司吏》），即先得由社长和有声望的老者书面保举，证明他品行优良，并通晓一门经书，继而由首领官当面考试，合格者录用。然而，由于官场腐败，这种考选方法在实际执行中仍不严格。

（二）地方官衙中秘书吏员的来源

元朝地方路、府、州、司、县衙门中的秘书吏员主要来自贴书、写发这类见习吏员。

贴书、写发听从吏员指挥，从事文书工作，如抄写、记录、起草等，习学吏业，在从事实际工作中，逐渐熟悉吏业和官场风俗。同时，他们依附于吏员，和吏员结成隶属关系。

贴书、写发任满六十个月（五年），没有过错，就可“转正”为请俸在额的县、司吏员，任县、司吏员一百二十个月（十年），没有过错，再可升为府、州吏员。“今府、州、司、县一切胥吏，多自贴书中来”（《秋涧集》卷35《上世相皇帝论政事书》），“路、府、州、司、县，多是士人自贴书而为县吏，升至府、州、司吏”（《元典章》卷12《迁转人吏》），路的吏员从州、府吏员中选用。

另一种来源是从民间直接选用，规定“司、县司吏，听本处耆老，上户人等，于概管户内询众推举性行循良，廉慎无过，儒通吏事，吏晓儒书者补充”（《元典章》卷12《试补司吏》），即由有声望的老者和上户人家采纳众议，推举德（即性行循良，廉慎无过）、才（即儒通吏事，吏晓儒书）兼备的“白身”（即平民）直接充任司、县司吏。但是，这种选拔方法实行的时间不长。

（三）中央政府秘书吏员的来源

元朝中央政府各官署的秘书吏员来源于多种途径，主要有：

第一种，“岁贡”，即由地方路总管府每年向中央政府的官署推举儒士和现役路吏，充任案牍吏员。“儒有岁贡之名，吏有补用之法”（《元史》卷81《选举志一》），这成为元朝一代的制度。

儒士原是金朝遗民和战乱中自学成的，后来，元朝设各级学府培养学生，扩大了儒士范围，被推举的包括科场落第举人、国子学及府州学府的学生、教官。

各地每年依规定的程序、数量向中央政府推举儒士。起初，这些儒士被充任六部令吏，后来，为了提高六部令吏的素质，将这些儒士改任按察司书吏。按察司是中央监察机构，职掌为纠弹违犯法律的官吏，儒士在此处任书吏，能了解为政的是非，熟悉、掌握吏务，经受锻炼，然后从中选拔优秀者充六部令吏。

被推举的儒士要具备三项条件：

第一，洞达经史，即读过经书；

第二，通晓吏业，即具备基本工作能力，如口才、算数、字画端正等；

第三，廉慎行止，即具备封建社会提倡的道德准则，如廉洁、谦让、勤勉、笃实、历史清白等。

被推举的儒士任书吏后，身居宪府，可以补六部令吏的要职，被儒士视为美差荣职，成为他们竞相争求的目标。

岁贡吏员即由路总管府向提刑按察司（后改为肃政廉访司）贡献优秀的现役吏员。先由路总管府根据要求和规定的程序推荐，由廉访司审核，并经考试。

据元成宗贞元二年（公元1296年）公布的《儒吏考试程式》来看，考试的内容是由县、州、路总管转到廉访司的一个刑事案件卷宗，包括原、被告的状词、供词，验伤验尸情况，各级官府处理意见和廉访司复查结果，以及各官府官吏有无徇情受贿等问题。被试吏员需对上述各项一一勘察明白，依例分析，填写符合格式的书面材料，上报刑部。如这一考试合格，才能被录用为廉访司书吏或六部令吏。

第二种，职官任吏员，即从七品以下的流官中选择中央各官衙的秘书吏员。选择的原则：一是根据官衙品级的高低；二是根据职官品级的大小。如中书省是正一品官衙，其省掾从正、从七品官内选取；院、台是从一品衙门，其令吏从正、从八品官内选取；宣慰司、六部分别是从二品和正三品衙门，其令吏则从正、从九品官中选取。又如宣使的地位低于令吏，所以，选取职官的品级相应比令吏递降一等。

地方行省台、院中的秘书吏员也有一部分从职官中选取。

元武帝在位时，曾下令职官占秘书吏员来源的一半，使职官任吏的人数激剧增加，有力地提高了中央政府各官衙秘书吏员的办事能力和工作质量。

除此以之外，中央官府的秘书吏员还要用逐级递补的方法，如廉访司的书吏可升任六部令吏，六部令吏可递补枢密院、御史台令吏，而枢密院、御史台令吏有资格升补中书省省掾。

元朝的秘书吏员基本上由见习吏员、儒士、职官三部分人组成。见习吏员补录事司、县衙门中的司吏；职官主要补廉访司以上官府的主要秘书吏职，如书吏、令吏、通事、译史、宣使、奏差、知印等；儒士主要补路总管府、廉访司及六部的秘书吏职。

从秘书吏员的来源来看，元朝秘书吏员的选拔制度是比较完整的，它不但要求秘书吏员具备良好的品行，还着重要求有一定的专业工龄，具有实践经验和业务能力，并建立起逐级升补的办法。如果这些制度能严格执行，那么，秘书吏员的素质将得到保证，而且越是高级的官府，其秘书吏员的素质就越高。

但是，由于元朝政治腐败，这些措施未能严格地执行，尤其对秘书吏员品行的要求，更未能按规定审查，以致元朝秘书吏员品行素质欠佳，舞弊现象比比皆是，成为官场黑暗的一大原因。

（四）秘书吏员的地位及舞弊现象

元朝各级官府由官、吏和见习吏员三部分人组成，由于官员大都由蒙古人担任，他们往往不通文墨，不谙政事，依赖吏员行使职权，“大小事务一切付之于吏”（《至正集》卷75《风宪十事》）。

官的腐败无能，造成吏的权重。同时，由于不少吏来自于职官，使吏客观上官员化，权力扩大，在很多事情上掌握着实际决策权、决定权，“权侔上官”（《始丰稿》卷6《周处士小传》）的现象十分严重。在中央政府，“中书省、枢密院、御史台、三府掾吏，虽职掌文书，亦日佐大臣决理政务”（《石田集》卷7《建白一十五事》）；地方官府的秘书吏员，“今之吏于郡者，立乎黄堂之上，于守相可否。司县而下受事于庭者，惟吏所指画，唯唯不敢一语”（《鹤田集》卷上《送黄仰言之武平教谕序》）。可见，元朝秘书吏员的作用、地位都很突出。

官员的腐败无能，秘书吏员的权重，也导致秘书吏员舞弊现象丛生。

秘书吏员的职责是承办官府事务，他们如能尽职，封建国家的统治机器方能较为正常地运转。元朝政府表面上也制定有吏员工作制度，如规定案牍吏员须“案牍明敏，刑名娴熟”，公文“不稽迟，不违错，斯为称职”（《紫山集》卷22《试典史策问》），但事实上，官府中公文长期积压，公事累年不决，文件错误百出。如有的公文“八个月余，未曾发下”（《元典章》卷6《追照文卷三日发还》），有的官府“吏牍积丛杂，首尾衔络，（他人）摇手不敢问（吏）”（《清容集》卷34《肖御史家传》），文牍主义、官僚主义成为官府中突出的现象。还有的秘书吏员公然私刻公章，营私舞弊，如“一月得伪其印一十有八，税务印一十有三”（《宋文宪公集》卷43《叶治中历官记》）。

地方官府的秘书吏员，任职期长，人情亦熟，往往实际上分理某一方面事务，于是，“公行贿赂，变是为非，挪上撵下，悉由于己。使亲戚盘扰乡都，影占人户，走变田粮，脱放盗贼，私和人命，无所不为”（《元典章》卷12《迁转人吏》）。

元朝政府眼见吏员舞弊严重影响了统治秩序的稳定，多少认识到秘书吏员“名分虽微，所系甚重”（《元典章·吏部》），于是，采取过一系列措施，来革除吏弊，如实行“避籍迁转制度”，即吏员不能在本地官府任职，需迁转至别地官府任职，以防结党营私。这些措施虽对革除吏弊产生过一定的作用，但毕竟无法从根本上革除秘书吏员的舞弊现象。原因之一在于元朝各级官员依赖于吏，而又驾驭不住吏，遂使秘书吏员的舞弊现象时起时伏，存在于整个元朝时期。

第三节　元朝的文书档案工作

一、文书工作制度

元朝建立起一整套文书工作制度，其中多数是创设的，主要有：

照刷、磨勘制度——“明察曰照，寻究曰刷，复核曰磨，检点曰勘。”就是说，照刷是检查公文是否有稽迟、失误、遗漏、规避、埋没、违枉等情况发生；磨勘是指照刷之后，再做一次检查，看其中的错处是否已经改正。它是一种监督公文处理的制度，由各级监察机构具体执行。中央由御史台负责，地方由行御史台和肃政廉访司负责。它定期施行，起初规定每季一次，后改为半年一次，其内容、方法及处罚都有详明的细则。凡经过照刷、磨勘的公文，根据其处理质量，分别标明“稽迟”、“违错”、“未绝”或“已绝”（即已经处理完毕，经检查没有差错的）。“已绝”的公文才能按规定送交架阁库收存。

这一制度对于防止、纠正文书处理中的疏忽、错失，提高公文质量，防止文书丢失、涂改、损毁，保持其完整，对揭发和纠正各级官员在处理政务中产生的弊端起了积极作用。

朱销文簿制度——从中央到地方各级官署普遍设有朱销文簿，凡应处理的公文均按时间先后逐日逐项登录于文簿上，处理完一件就用朱笔勾销一件。这一制度起到了督促及时处理公文，防止其拖延积压，并为监察部门照刷文卷作好准备。

翻译缮写制度——元代公文一般用蒙文、回回文、汉文拟制和颁发，凡用一种文字拟写毕由专人翻译成其他文字，再予以缮写。这样就多出了一道翻译手续，也就产生了译错、抄错的可能性。为此，统治者特别注意文书的誊抄缮写，对公文中的时间、错字、数字、官员署名都作了严格规定，以利于提高公文的准确性。

公文署押制度——凡公文，不论事由重大还是一般，主管官员检查后，必须自上而下圆书圆押。蒙古、色目官员大多不通文墨，不会执笔画押，则改用“刻名印”代替画押。这一制度在唐、宋已经发展成熟，在元代又有了进一步发展，这有利于增加公文的严肃性，加强主管官员的责任心。

当面交卷制度——元代案牍繁多，常有公文遗失的现象发生。这种情况大多是由于新旧文书官吏在更替移交之时不认真所造成。为此，宋代规定，凡新旧文书官吏更替时，双方必须当面将文书案牍移交清楚，尤其是接收的一方，更要仔细核对，如发现有错失，要当面查询，立即寻找，否则要依法处治。这一制度督促移交、接收双方都必须认真查对公文数量，不使其遗漏、缺少，有利于公文保持完整。

催办制度——元至元八年（公元1271年）颁发了《行移公事程限》，对使臣办事程限作出规定：大事五天办完，小事三天办完。官府处理公文程限规定为：小事七天办完，中事十五天办完，大事三十天办完。根据上述程限，建立了公文催办制度：京城各官府十天催办一次，如未完成，过五天再催办一次。地方路至都，五百里以内者，十五天催办一次，二十天再催办一次；千里以外者，五十天催一次，过四十天再催一次；三千里以外者，七十天催一次，过六十天再催一次，催办三次而未完成者，以例问罪。

周年交案制度——鉴于中央省、部以下的官衙中公文多有积压，累年未办，延误公事，而且这些公文常年掌管于同一人员手中，容易被用来营私舞弊，所以，元代规定，凡公文必须于每年年底交案，交案时公文上的贴签和收文登记簿上的标题、事目必须一样，不得有误。

印章的制作、保管、使用制度——由于元代各级掌权官员多为蒙古人、色目人，许多人不识字，在公文上画押时只能以印章代替，所以，元代对印章的制作、保管、使用都很重视。在中央政府内，专门设有如下机构：

铸印局——掌管刻制和销毁各级官衙的印章。

符宝局——掌管宝玺、金银符牌的宝藏，后改称典瑞监。

从中央到地方各级官衙中都设有知印官，多由长官的亲信属吏担任。此外，在中央的省、院和地方的路总管府等重要官衙中还设有监印官，他们负责监视、守护、使用印章，与知印官相互制约，防止滥用、冒用印章。

公文传递制度——元朝疆域辽阔，为了有效地保持中央政府和地方官衙之间的公文往来和联系，并便于迅速掌握全国各地的情况，统治者十分重视公文传递工作，他们吸取了历代的经验，建立起一套严密的公文传递制度。

早在元朝立国之初，就规定由兵部掌管全国公文的传递工作。至世祖至元十三年（公元 1276 年），在中央政府内特地设立了通政院，专管公文传递。以后，通政院又分置为大都、上都两院，设有大都院使和上都院使分别主管。

据《元史》记载，元代在全国遍设水站、陆站、汉人站、蒙古站、海青站等各种驿站。海青站于紧急军事行动时设立。

驿站的职责是负责转送使臣、信差，为他们提供食宿、乘马、舟车。水站以船传送，陆站以马、牛、车或驴传送。在辽东地区还设有狗站，计有十五站，均以狗驾小车，载使者、信差滑行于冰上。这些驿站东连高丽，东北通奴儿干（今辽东地区），北达吉利吉斯，西通伊利汗国和钦察汗国，西南抵乌思藏，南接安南、缅国，组成了以上都、大都为中心，遍及全国的公文传递网。大的驿站设有驿令，小的驿站置有提领，掌管站务，并签民为站户，承担站役。交通枢纽的驿站还设有脱脱禾孙之职官，专司检查过往乘驿人员，是否违反传递规则或假冒。

除驿站外，元代另设有急递铺，专掌递送紧急公文。急递铺在金代已经产生，元继承、发展之，于世祖中统元年（公元 1206 年），首先开辟了从燕（今北京市）至开平（今内蒙古正蓝旗东）和从开平至京兆两条线路，每十里或十五里、二十五里设置一铺，设铺司一人为头目，隶有铺兵四人，以贫户及漏籍户充役，免除其差役。后来，全国各地均依此例设置急递铺。至元三十一年（公元 1294 年）世祖忽必烈在大都专设总急递铺提领所，主管全国急递铺，各路设有急递总铺，置提领掌理。至治三年（公元1323年），又定每十铺设一邮长。

凡中央省、台、院的紧急公文以绢袋封缄，以牌书号，号用千字文编次，如果是边关紧急军事公文则用匣子装封上锁，另行编号。编号后书明发送、接收衙门。其余衙门的紧急文书则交付承发司，按投送处所分类，同一类归为一缄，装封后交急递铺递送。各铺收到公文后，由铺司在铺历中登录公文事务及收到时刻，并令铺兵装束停当，腰系铜铃，乘轻骑良马，疾驰而去，传至前面一铺，该铺听到铃声，铺兵立即作好准备，待铺司登记完后，即接过公文立即向前传递。初定一昼夜传送四百里，后改为三百里。如此逐铺传递犹如接力赛跑，十分快速，如为指定专人传递，则也发给递送者牌符：凡皇帝派遣者付于长形的虎头金牌，上铸蒙古字；如为军务公文而受遣者，则发给圆牌，又称圆符，为铁质，上也铸有蒙古文字，分金、银字两种，持金字牌者为朝廷所遣，持银字牌者为蒙古诸王或军政长官所遣。

元代的这一套公文传递制度习称为驿传制，是历代最为发达的公文传递制度，它大大提高了公文传递速度，畅通了中央与地方的信息渠道，因而为明、清所沿袭。

元代的文书保密制度也很严格，如规定不准私自将文书带回家中，如发现有盗窃文书者，或擅自改动文书年、月字迹者，要受杖刑或笞刑。

二、公文文体

元代皇帝和皇后、太子颁下的文书，除沿用前代的诏书等以外，还设有下列文体：

宣命、敕牒——均为皇帝封赠百官的文书。

懿旨——皇后颁下的文书。

令旨——皇太子及诸王颁下的文书。

皇帝颁下的文书统称为圣旨，其中公开告谕臣民的文书，因以黄纸书写，称为黄榜，也称为皇榜。

臣下上呈皇帝、太子的文书仍旧沿用前代的称呼，为奏、启等。

各级官府的下行文有答付、今故牒、指挥等；上行文有呈、申、牒上、牒呈上等；平行文有咨、平牒等。

此外，为了征收赋役，搜括百姓，元政府设立有多种记籍、田产文书，主要有：

青册——又称户口青册，因封面为青色而得名，是登记百姓家口人丁的册籍，从成吉思汗起已有，一直沿用至元亡。

鱼鳞册——由官府编造的土地图册。系根据各地田地形状绘制而成，分地区装订成册，因图上所绘田亩挨次排列如鱼鳞，故而得名，江浙、福建一带最为盛行。

三、档案工作

元代仿照宋制，在中书省、枢密院、御史台、通政院、六部和地方各级官衙中普遍设置架阁库，配备有管勾等官吏，负责收藏前代和本朝的档案。本朝形成的档案依据文字不同，分为蒙文、回回文、汉文档案，特设有蒙文架阁库、回回架阁库，收藏蒙文、回回文档案。

由于元统治者缺乏统治幅员广袤的大国的经验，各级官员在处理政务时，往往借助于旧档案，对旧档案的利用率很高。他们依据宋、金的档案，建立起各项立国制度。但是，元统治者在利用档案的工作中也执行落后的民族歧视政策，凡机密档案（如兵籍、实录等）规定只准蒙古官吏查阅，严禁汉族官吏接触。如文帝时，奎章阁学士、汉人虞集奉命修纂《经世大典》，请求查阅实录和《元朝秘史》，均遭回绝。

元代也设有实录院、国史院等机构，利用档案编修实录、国史，尤其重视汇编典章格例，以供各级官吏施政时参用，其中最有价值的是汇集了元初至英宗时各种典章制度的《元典章》。但是，由于元代统治集团的文化水平较低，加上采取民族歧视政策等原因，在利用档案修史方面不及宋兴盛。

元代的档案工作又出现和文书工作混合的现象，其工作制度也与文书工作密切相关。凡经过照刷的文书每季整理一次，卷内列具事目、首尾张数，按时间顺序排列，经检勾人员审核，合乎要求才能移交给架阁库，编号、封题、上架。对唐、宋以来的“一案一卷制度”，元代继承之。本朝文书工作中的当面交卷制度、周年交卷制度和保密制度等都对档案工作的发展产生了促进作用。

复习思考题：

1. 辽代是如何学习宋朝的秘书工作经验？
2. 金代奏事官的职责是什么？
3. 简述金代的急递铺制度。
4. 元代中书省有哪些秘书部门？
5. 元代有哪些主要秘书吏员名目？
6. 简述元代秘书吏员的来源。
7. 试评价元朝秘书的选拔制度。
8. 元有哪些主要的文书工作制度？
9. 为何说辽、金、元时期是我国秘书工作的融合时期？

第七章 明朝的秘书工作

明朝是我国封建社会发展的后期，封建君主专制制度大大加强。明太祖朱元璋时取缔丞相一职，皇权进一步集中，但皇帝亲自处理政务的数量也随之剧增，于是，强化秘书工作，依靠专职的秘书机构直接指挥国事。

明朝的中央秘书机构数量众多，阵容强大，且已系列化。中央秘书机构和秘书官员的实际地位很高，在国家管理活动中起着重要作用。各项业务工作制度进一步健全，趋于完备。秘书人员主要来自科举出身者，文化水平高，从而提高了秘书工作的质量。

因此，明代是我国古代秘书工作的强化时期。在前期由于皇帝能勤于政事，控制秘书机构，秘书工作得以继续向前发展。而中后期各帝大多昏庸，无心政事，致使秘书工作失控，宦官秘书与内阁首辅擅权倾轨，各部门和地方秘书机构一度涣散混乱。

第一节 秘书机构和秘书官吏

明朝立国之初，中央政府机构沿袭元代，设中书省作为全国政务的中枢，置左、右丞相，辅助皇帝理政。洪武十三年（公元1380年），朱元璋总结了历朝经验，认为宰（丞）相居一人之下，万人之上，最有可能越权，因此，他借端处死丞相胡惟庸，取消中书省，下令以后永远不准再设丞相，从此，秦朝始设的丞（宰）相一职被取消。朱元璋遂以皇帝兼行宰相职权，直接处理国务，设六部作为处理中央政务的中枢，由六部尚书分担国务，各自对皇帝直接负责。这一改变，一方面造成了皇权高度集中，封建君主专制进入了最高阶段；另一方面，导致皇帝亲自处理的政务数量剧增，以他一人，无论如何也忙不过来，于是，只得设立阵容强大、数量众多的秘书机构，来协助他处理政务，从而推动了秘书工作的大发展。

明朝中央秘书机构主要有内阁、六科、通政司、司礼监，文书房，兹一一简介如下。

一、内阁

朱元璋为了让人协助自己处理政务，于洪武十五年（公元1382年）设华盖殿、谨身殿、武英殿、文渊阁、东阁等大学士，充当顾问，收阅奏章。成祖时，命以官品较低的翰林院编修、检讨等官，如解缙等人，入午门文渊阁当值，参与机要，称为内阁学士，他们不兼六部事务，也无官属，性质类似于唐、宋时的翰林学士。仁宗以后，“阁职渐崇”、“阁权益重”，入阁者多为尚书、侍郎。宣宗时，命阁臣杨士奇等人批答各处上呈的奏章，提出初步处理意见，草拟诏令，然后进呈皇帝裁决，从此，内阁的地位升居六部之上，有些类似于唐、宋时的政事堂。因唐代政事堂的官员互称“阁老”，所以，明代亦沿称大学士为阁老。但是，大学士又不同于政事堂的官员，他们一切受命于皇帝，无相对独立决策的权力，且内受制于宦官，对外的用人之权集中于吏、兵两部，六科给事中等又横向钳制，所以，他们的地位表面尊荣，实际上无多少权力，其性质只是皇帝的高级顾问和秘书而已。

内阁设有二个专职的秘书部门：

中书科——洪武初年，中书省内设有承敕监、司文监、考功监，负责起草诏诰等文书事务，内设中书省直省舍人。废中书省后，这些秘书部门多数随之被撤销，但保留中书省直省舍人的官称，将其改名为中书舍人，员额为二十人，另设立中书科。这时，诏册制诰皆由内阁学士拟制，中书舍人的职责仅为缮写正本、誊抄副本，事毕后得立即离开，所以，其官称虽与唐、宋中书舍人相同，而职权和地位却大大下降，两者不可同日而语。

制敕房——在设立制敕房的同时，又于内阁学士办公之处东阁设立了制敕房，又称东制敕房，同样从进士、监生、儒生等人中选拔善书写者，任为中书舍人、序班、译字等官，负责缮写、誊抄诰敕，翻译敕书、外国文书，誊录揭贴、兵部记功簿及勘合等。

由上所述可见，内阁是一个阵容颇为强大的秘书机构。

二、六科

由于皇帝直接领导六部处理国务，需要在他与六部之间建立一个联系机构，由此产生了六科，即吏、户、兵、礼、刑、工六科，作为协助皇帝处理六部事务的秘书机构。各科均设有下列官员：

都给事中——一人，主管一科事务，掌本科印章，又称掌科官。

左、右给事中——各一人，协助都给事中处理事务。

给事中——负责处理具体事务，吏、工科各设四名，礼科六名，刑、户科各八名，兵科十名。

这些官员统称六科给事中，他们的衙署设于午门外东西朝房内，他们与衙史合称科道，或称台垣（台指御史，垣指六科给事中）。

六科给事中协助皇帝分别稽核对口所部的事务，处理文书，又负有"侍从、规谏、补阙、拾遗"等类似于唐、宋门下省官员的职责。归纳起来，他们的具体职掌有下列几项：

第一，收受内外奏章，参验稽考，驳正其违失，分类抄写后发交所对口的部办理。

第二，皇帝上早朝时，六科轮流派官员一人，侍立朝堂一侧，记录圣旨。

第三，将每天收集的奏章，逐一抄成副本，汇编成册，五天一送内阁，以供编纂。

第四，所收受的题、奏、本、状和奉旨发落的事件，由六科的都给事中于早朝时一起到御案前进呈皇帝。

第五，检查各官署奉旨执行的任务是否完成，或进展情况如何，五天一清理，完成者即予注销。

从上述可见，六科集唐、宋时期的门下省、起注院的责任于一身，既辅助皇帝处理公文，又有封驳弹纠六部，监督、催促六部处理公文之权，又负责记注皇帝圣旨，是职掌颇宽的秘书机构，皇帝依靠它实现对部的领导和控制，它是君主专制高度发展的产物。所以，尽管六科给事中的品秩低微，只是七品至九品的小官，但是，实际作用却很大，为此，皇帝对六科给事中要求甚严，要他们办事必须十分谨慎，宣宗就曾下令，凡皇帝的一言一令，或由内使传出的旨意，六科给事中都得一一“备录覆奏，再得旨后”，才准颁发执行，以防出现“诈伪”、失误。

三、通政司

通政司的全称为通政使司，因职掌类似于宋代的通进银台司故亦称银台。洪武三年（公元1370年），曾设置察言司，掌收受天下四方章奏，不久撤销。在施政实践中朱元璋认识到，治政如治水，欲使水流经常保持畅通，就必须开凿渠道，要使国家上下情况通达，也必须设置类似渠的机构，因此，七年后，朱元璋重建察言司，但改名为通政使司，其长官为通政使，正三品，副职称通政副使或参议，正五品，可见级别很高。海瑞就曾任过通政使。

据《明史·职官志》和《明会典·通政使司》记载，通政司的职掌有如下几项：

第一，收受四方陈情、建言、申诉冤屈或检举不法行为等文书，将申诉、告发的缘由誊写于登记簿上，连同原状一起进呈皇帝。

第二，收受天下臣民实封递入的书信，开拆，予以初阅，然后节写副本，奏告皇帝。

第三，收受外官陈奏公事的题本、陈奏私事的奏本及京官的奏本，于早朝时汇送进呈皇帝。

第四，凡五军、六部、都察院等衙门有重大或机密事宜的公文，随时入奏皇帝。

第五，负责关防公文的勘合，各种奏章的月终类奏、岁终通奏。

第六，参与议决大政、大狱及“廷推”（即商议任命重要官员）。

从上述职掌看来，通政司集南北朝通事舍人、唐代知匭使、宋代通进银台司的职责于一身。从其主要职责为“掌受内外章疏敷奏封驳之事”来分析，它是中央总的收文机构；从它又参与议决大政、大狱及“廷推”的职责分析，它是中央的高级秘书机构。由于无论内外大小官署，士人平民的章奏上书，都必须通过它才能上达皇帝，是呈文给皇帝的“咽喉之处”，也是皇帝与臣民、中央与下属部门及地方官衙的联系机构，地位相当重要，所以，明朝历代皇帝对它都十分重视。

朱元璋要求通政司“审命令以正百官，达幽隐以通庶务，当执奏者无忌疑，当驳正者勿阿随，当敷陈者毋隐蔽，当引见者毋留难”。洪武十三年，虽然废除中书省，但是，通政司仍然保留下来。

《明史·解缙传》中记载，明成祖对通政司地位、作用的评价是：“代言之司，机密所系，且旦夕侍朕，裨益不在尚书下也。”当时，通政司收受的四方章奏中，凡属不重要的事务都不上奏皇帝，而直接送六科处理，成祖斥责说：“设通政司所以决壅蔽达下情，今四方言事，朕不得悉闻，则是无通政矣。”他语重心长地对臣下说：“欲周知民情，虽细微事不敢忽。盖上下交则泰，不交则否，自古昏君，其不知民事者多至亡国。”明令通政司：“凡书奏关民休戚者，虽小事必闻，朕于所受不厌倦也。”让通政司充分发挥沟通上下的作用，尤其让来自下层的情况能畅通无阻地直达皇帝。

四、司礼监和文书房

司礼监是明代皇宫内由宦官组成的内侍机构之一。

朱元璋开国后，鉴于历代太监误国乱政的教训，对太监严加管束，规定他们不准识字，不得干预朝政，并特地刻写铁牌，悬于宫门之上，明令：“内宦不得干预政事，预者斩。”又规定宦官品秩最高不得超过四品，俸禄月半一石，衣食由内廷供给，不得兼任外臣的文武职衔，也不准穿戴外官的冠服，凡有违犯者，严惩不贷。这些措施对抑制太监势力起了一定作用。朱元璋晚年，颁发定制，宫内设十二监（司礼监为其中之一）和各司局，总称二十四衙门，负责侍奉皇帝及其家人的生活。

燕王朱棣起兵北京，争夺皇位时多用宦官替其效力，即位后，就破坏了朱元璋的禁令，大量任用宦官出镇，监军，掌管东厂、锦衣卫等，使宦官势力抬头。

宣宗时又废除“太监不得识字”的禁令，在宫内设内书堂，命大学士陈山教太监识字，晓古今，接受教育，学成后升迁，其升迁程序类似朝廷文官，这就使得不少太监从事文职工作。

明中叶后的皇帝大都沉湎于享乐，荒怠朝政。依例，皇帝每天需阅办几十件奏章，这些奏章往往文字冗长晦涩，不易一下子看出其中心意思和问题的主次，且夹杂有许多专用名词和人名、地名，使皇帝厌倦，于是，从通文墨的太监中选用一些人，帮助他阅读这些奏章，弄清其中心意思后向他扼要奏告，这样，原来掌管皇宫内礼仪、刑名事务的司礼监就承担了这一任务，演变成皇帝的私人秘书机构。

司礼监设提督太监一员，为总管，下有从事秘书工作的太监若干人，主要有：

掌印太监——掌理内外章奏及御前勘合。

秉笔太监——负责章奏初阅，代皇帝批答，记述、传达皇帝的命令。

随堂太监——秉笔太监的助手。

其中作用最大的为秉笔太监。起初，他们的职掌只是执朱笔记录皇帝口述的命令，交付内阁撰拟诏谕、颁发，起传宣帝命的作用。后来，因皇帝懒于阅办奏章，渐渐委派他们轮流值日，初阅奏章，向自己扼要奏告，皇帝对大多数奏章只需抽看其中的重要段落，注意人名、地名就可批答了。这些秉笔太监从实践中积累了经验，熟悉政务，其中不乏干练之人，有的文字水平甚至高于内阁大学士，其待遇也类似于高级文官。如果皇帝使用得当，能使他们成为自己得心应手的助手，既能协助自己处理奏章，又能使他们与内阁相互制约，利于集中皇权，提高工作效率。但是，由于皇帝的昏庸，逐渐赋予他们过分的权力，皇帝除了象征性地批答几份奏章外，其余的均交他们代为批答，使他们在实际上掌握了决策权，有些秉笔太监遂利用大权结党营私。

秉笔太监代替皇帝以朱笔批阅奏章，称“批红”，批后交内阁抄录、颁布、执行，因此，他们的地位实际上居于首辅之上。明英宗时掌管司礼监的王振干脆下令搬走“内宦不得干预政事”的铁牌，网罗文武朝官为党羽，操纵皇帝，指挥国事。正统七年（公元1442年），王振怂恿、胁持英宗贸然出征瓦剌，群臣见险象环生，丧君失师的大祸在即，都欲向英宗奏告实际军情，但是，王振终日守在英宗身边，禁止大臣接近，封锁消息，最后导致数十万明军在土木堡覆没，英宗被俘。

又如武宗时，以太监刘瑾掌司礼监，刘瑾常在武宗玩得兴浓时奏些小事，武宗不耐烦地说：你去办吧。他遂以此为据，专断政事。当时，朝臣奏事须写双份，一份先送刘瑾过目（称红本），允准后才能将另一份（称白本）送通政司。刘瑾不识字，将奏章带回家，由其妹夫、礼部司务孙聪等人批答。刘瑾利用这种权力排斥异己，网罗党羽，从内阁到六部，从都督到监军，从巡抚到知县，无不安插有其爪牙，结成一股强大的政治势力，弄得政治昏暗，民不聊生。

明代司礼监的擅权，使太监干预政事在历史上达到了登峰造极的地步，甚于东汉及唐代，给明代政治造成极大的混乱，这是导致明王朝崩溃的一大原因，也是封建制度趋于没落的一个标志。

文书房是与司礼监密切相关的皇宫秘书部门，设有掌房十员，以太监充任，为皇帝草拟文书，凡司礼监的太监必须从文书房中选用，它类似翰林院，而司礼监则类似内阁，但是，他的职权往往大于学士。

此外，中央的秘书机构还有：

行人司——置有司正，左、右司副，下隶行人若干，以进士出身者担任，掌奉使外出，传宣诏命。明代分封藩王于各地，中央与他们常有文书往来，凡有颁诏、册封、抚谕、征聘等事，皆由行人出使。当时，中书舍人、行人、评事、博士，为京官中地位虽低，声望却颇高，又便于升转的官职，初中进士者都以授此职为荣。

尚宝司——明代皇帝的印玺根据不同用途，有二十四种，特设此司保管，并同时保管“金牌”、“令牌”、“铜牌”、“牙牌”等符信的发收、验收，也以太监任职。

上述中央秘书机构有三个显著的特点：一是数量众多；二是分工明确；三是直接协助皇帝处理事务。但是，随着君主专制的发展，国务活动的繁杂，这些秘书机构与皇帝的亲疏关系逐渐有了区别，太监组成的司礼监和文书房成为最接近皇帝的私人秘书机构，内阁、六科与皇帝的关系相对疏远些，类似于前代外朝中的秘书机构，至于通政司，曾经长期为皇帝的直属秘书机构，直至明后期的万历年间才划归内阁。

五、中央各部门和地方的秘书机构

明代中央六部和大理寺内各设司务厅，置司务为长官，掌管公文的收发、登记、检查、催办等事。另户、刑两部因事务较繁杂，还设有照磨所，置照磨、检校等官职，掌管清理各类卷宗。

詹事府、太仆寺、鸿胪寺、钦天监等衙门内，都设主簿厅，以主簿为长官。国子监、太常寺、光禄寺等衙门，均设典簿厅，以典簿为长官。宗人府下设经历司，以经历为长官。唯有都察院内，设置了经历司、司务司、照磨所三个秘书机构。

执掌军政的中军、左军、右军、前军、后军五军都督府内，各设经历司，置经历、都事等官。

明代的地方行政区划分为布政使司（相当于省级）、府、县三级。布政使司内均有经历司、照磨所、理问所等秘书机构。经历司、照磨所所置官职与中央部门同类机构所置相同，理问所置理问、副理问、提控案牍等秘书官吏。府衙门也设有经历司、照磨所。县衙门仍以主簿为秘书首领，下属有典史等秘书人员。

第二节　秘书人员的来源和地位

一、秘书人员的来源

明代，科举制度臻于完善，为选用各级秘书的主要方法。科举考试分为数级，士人先经童生试（包括县试、府试、院试三个阶段），合格者称秀才，秀才通过乡试（省一级考试）称举人，举人通过会试（全国性的考试）称贡士，贡士通过殿试（皇帝亲自主持的考试）称进士，进士的前三名，即状元、榜眼、探花，授予翰林院修撰、编修之职，负责记录皇帝的起居、进讲经史及草拟朝廷册诰等，为带有秘书性质的官职，如升任翰林学士，则往往入内阁，成为主要为朝廷拟制公文的高级秘书。其余的进士再经过一场考试，称馆选，考取者入翰林院学习，称庶吉士，三年期满，成绩优秀者授编修、检讨，次一等的用为六科给事中、主事、中书舍人、行人等秘书官职和其他官员。

中央六部、五军都督府、御史台等官署中的秘书官员大多由进士担任。

地方各级政府中的秘书官员，也需从举人、贡士等科班出身者中选用。

明代的科举取士，与以前各朝相比，范围广泛，规模巨大，时间固定为三年一考，成为源源不断地提供官员的制度。它通过层层考试，将最优秀的人才选拔出来，任用为朝廷各部门重要的兼职或专职秘书，并由进士、举人等担任地方政府中的秘书，这普遍提高了秘书的文化素质，从而大大提高了各级秘书工作的质量。

明代选用秘书除了要求有很高的文化水平外，还注重实际工作能力。明沿袭唐、宋制度，于京城设国子监，挑选州县官学中的秀才（称贡生）或举人入监读书，称为监生。明初，因官员缺乏，朱元璋将大量监生充实到各级官府任职，包括担任秘书官。为了让监生能胜任职事，洪武五年（公元 1373 年）起，规定监生需分期分批轮流至各官府实习，“历事各司，则俾其习政法”，称历事监生。他们白天外出实习，晚上回监宿夜，以半年为期。据《明史·选举志》所载，他们实习的去处多为中央机构，“凡监生历事，吏部四十一名、户部五十三名、礼部十三名、大理寺二十八名、通政寺五名、行人司四名、五军都督府五十名”。还有的至各司抄写本章公文，也有的至地方州县，帮助清理粮田、督修水利。

监生历事期满，根据其实习期间的能力、表现，分别奖罚，凡勤勉者，送吏部附选候补，继续实习，遇有缺官，即补充之；能力平常者，延长实习期；才力不行者送回国子监读书；奸猾懒散者发充下吏。建文帝时制定考核制度，分为上、中、下三等，上等者选用为官，中、下等者再历事一年，如下次考核为上等，仍选用为官，其余回监读书。

这一制度使士人接触了实际业务，得到一定程度的锻炼，从中选用的秘书官吏能较快或直接从事本职工作。然而，随着监生的日益增多，官职不足，监生历事遂流于形式，英宗正统三年（公元1438年）干脆废止。

此外，明政府还规定，凡进士出身外放至地方任州县佐官者，经地方官员保举，可以调入京城，通过考选后补授六科给事中或各道监察御史等官，称“行取”。这些补充到中央机构任秘书的官员，不仅其文化水平高，又有多年的治政经验，故更能胜任秘书工作。

二、秘书人员的地位

明代由于废中书省和丞相，皇帝直接指挥国政，而这种指挥是通过秘书机构来实现的，所以，中央机构中的秘书人员虽然品秩不高，地位却比前代重要。如负责起草制诏的内阁学士，官位仅为正五品，但是，成祖却将他们与身为二品大员的各部尚书相提并论，说他们是自己的喉舌，掌管国家机密，且日夜陪侍于自己左右，其作用并不亚于尚书。又如六科给事中，仅为七品至九品的小官，但是，却有权封驳弹纠、监察督促由二品大员主管的六部。

地方官衙内的秘书人员地位也颇高，如县府内负责收发、处理公文的典史，如遇县丞、主簿不在时，规定由他代领县丞、主簿的职务。

第三节　文书档案工作

一、文书工作制度

明王朝强化秘书工作，在着力健全机构的同时，还致力于改进规章制度。中央政府的文书处理工作已趋向系列化、程序化，各个环节都有专门的机构负责，并相互配合，衔接连贯。

与高度发展的封建君主专制制度相适应，明代产生了一些新的文书工作制度。

票拟——亦称条旨。内阁大学士阅读奏章后，以一纸先拟写对所奏问题的初步处理意见，贴于原奏章上，以供皇帝批阅时参考。它有些类似于现代公文处理程序中的“拟办”。

贴黄——明末崇祯帝即位后，惩办太监魏忠贤，取消了司礼监的批红权，由其亲自阅办奏章。为节省其时间和精力，提高公文处理效率，他命令上呈奏章的官员，按照他让内阁制定的统一格式，将公文中的内容用一百以下的字数概括出来，贴附于文尾，以便其迅速了解奏章内容，避免耽搁对急件、要件的处理。这是将宋代的引黄制度加以发展完备，它与唐、宋时的贴黄制度名同而实异。

公文格式——朱元璋出身贫苦，识字不多，注重实际。他提倡公文应开门见山、直叙事由，力求简短扼要、明白易懂，反对浮辞藻饰、套话连篇和过于琐细。洪武六年，下令禁止公文用对偶文辞，并命翰林院选唐、宋名儒的优秀笺表为范例，结果选了柳宗元所作的《谢表》和韩愈的《贺雨表》作为今后的章奏格式，颁发内外。洪武九年，朱元璋杖责茹太素后，下令禁繁文，制定了“建言格式”，并亲自为此格式写序，规定凡“官民有言者，许陈实事，不许繁文，若过式者问之”（《明太祖义集》卷15）。鉴于元朝以来公文条例过于琐碎，办文成为专门技术，吏员从中舞弊，洪武十二年，又立“案牍减烦式”颁发各衙门，使公文简化，明白易懂，吏员无法舞弊弄权。

公文字体——规定奏本用《洪武正韵》的字体，黄册用细字，并不准浮贴，错处须用印压盖。

行移勘合——勘合即核对。朱元璋为防止官吏利用空白公文纸作弊，创制了关防（一种长方形印章，因取“关防严密”之意，故名），规定公文纸上均须加盖半印，以便拼合验对。后来，为加强皇帝对中央和地方官府的控制，防止各官衙擅自行移，乱发公文，规定凡发文必须经有关部门核对无误后方加盖印章，并留下底簿；收文单位要对公文进行查验，印章无误，才为有效。在中央，由通政司负责公文勘合，对核对、查验无误的发文、收文，分别加盖专门印章，并编号登记。地方各官衙间的行移，同样勘合甚严，亦须留存底簿和详加验正。若有官衙不经勘合，或擅自接收无勘合的文书以及私自行文者，其主官和文书部门的负责人都要被凌迟处死。

从明代中央秘书机构的设置上，可以看出中央政府的文书处理工作分有上行文和下行文两个系统，其各自的程序分别如下：

上行文处理程序：

通进司收受──→交内阁转呈，或直接送呈皇帝──→皇帝或司礼监批答──→文书房──→内阁拟旨、誊录──→六科抄发。

六科收受六部的公文，如系一般文件，则直接转对口部办理；如为六部官员的奏章等，则面呈皇帝，由皇帝或司礼监批答后发下，交付有关部执行。

下行文处理程序：

皇帝授意──→司礼监笔录──→送内阁，由学士起草诏谕──→中书舍人等缮写、誊清──→交文书房──→尚宝司用印──→交六科抄发。

这些表明，中央政府文书处理的各个环节都有专门机构负责，相互衔接、配合，已经相当系统化。

此外，明代很重视对公文的检查、催办，除六科负责督促、催办各官衙外，皇帝还经常派员检查各官衙的公文处理情况。如洪武二十五年（公元1392年），朱元璋就曾派监生潘文等一百七十人到各布政司“考校诸司案牍”（《明太祖洪武实录》）。

明代继承了元代的公文照刷、磨勘制度，规定卷内文件要“依左粘连”，编写目录，卷内不许有“文卷不是”或日期颠倒的现象存在，并规定在照刷过程中，要根据办理情况分别标以“照过”、“通照”、“稽迟”、“埋没”等名目。

明代制定了《授职到任须知》，是将元代的当面交卷制度以法律形式规定下来。凡新官上任，要向前任官问清楚官衙中有多少谕旨及其他公文，是否有遗失、缺损的，如有“损缺不存者，须要采访抄写，如法收贮”。

明代的公文传递制度已较完善，有水驿、陆驿和水陆兼驿。驿路以京城为中心，延伸向四面八方。急递铺则统一为十里一铺，每铺设有铺长、铺兵，用“回历本”登记公文。铺兵每天传递三百里，耽误者鞭二十，并不准传递无印信的文书，不得损坏封套，更不准私自拆封。州、县还设有专门检查、督促公文驿传的官员。

明代公文的保密制度尤其严格，各朝并根据实际需要不断增补保密条律。对泄密者惩处极重，《明律集解》中记载有下述规定：凡将军情机密大事泄漏于敌者，仗一百，徒三年；私开官署文书印封看视者，处杖刑六十；如近侍官员泄漏重大机密于人者，处斩；即使泄漏了一般文书的内容，除处杖刑一百外，还罢职不用。

二、明中后期文书工作的混乱和张居正的整顿

明代前期诸帝致力于奠基立业和巩固皇权，都比较勤于政事，例如朱元璋规定中央各部有一百八十五种事必须上奏，早朝办理不完，又另设中朝、晚朝来进行处理；惠帝、成祖、仁宗、宣宗也都亲笔批答奏章，“未尝委之他人”，因此，文书工作开展得比较正常。但自中期后，英宗、代宗、宪宗、武宗等都沉缅享乐，不理朝政，赋予司礼监以批红权，将政事委其处理，导致政治昏暗，吏治腐败，各衙署涣散怠职，文书工作也随之松弛荒废。且朝中官员缺额，常常经年不补，以致六部中竟无人对公文用印、画押，一时“朝廷诏旨，多废格不行，钞到各部，概行停阁，或已题依钦，一切视如故纸，禁之不止，令之不从”（张居正：《陈六事疏》）。中央各部门如此，地方官府亦然。各地呈送中央的公文，也多是搪塞应付的文字，有的公文所用资料竟是多年以前的，早已过时。且文书传送拖延迟缓，有的在路上耽搁经月，送到京城时已成废纸。由于文书工作近乎瘫痪，造成上下壅塞，政令不通，国家政务处于停顿状态。

万历年间，张居正出任首辅后，面对明王朝文书工作的混乱状况，进行了整顿。其主要措施有：

面裁：凡诸司所上章奏，切中时弊、符合实情的，受理者要当

面裁决，不得拖搁，称“面裁”，以提高行政效率。

整顿驿传：当时，全国有 1 040 个驿站，名义上由兵部掌管，实际上其费用开支全由地方负担，官员往往假公济私，携带家属旅游，运送私家财物都向驿站索取车马、酒食，以致公文传递业务受阻，张居正明令禁止假公济私，违者严办。驿站只接待信使和出公差者，并重申公文递送期限，以使公文的上下传递途径畅通。

当时的公文，习惯上在文末留有空白，不法者就在此处做文章，增添内容，谋取私利。张居正下令文末不得留有空白，以堵塞漏洞。

但是，由于整个王朝官僚机构的腐败，张居正的这些整顿措施并未奏效，文书工作的混乱状况有增无减，反映了明王朝的日渐没落。

三、公文文体

明代皇帝颁发的下行文有诏、诰、制、册文、谕、书、符、令、檄等，其中“谕”在习惯上又作为皇帝所颁布文书的总称，衍生出圣谕、上谕、谕旨、谕告等。“圣”、“上”均代指皇帝，圣谕、上谕即意为皇帝颁布之谕。

臣下上呈皇帝的上行文有题、奏、表、讲章、书状、文册、揭贴、制对、露布、译等，其中最常用的是：

题——亦称题本，指凡以官署的名义向皇帝陈述、请示有关政务、军情、钱粮等公事所用的上行文。上呈官员须用印具题，送通政司转交内阁上奏，并备副本送六科。因其内容大都属于例行公事，故很少会引起争执。

奏——亦称奏本，是京官以个人名义呈送皇帝的上行文，内容多为具奏者本职以外的事情，如个人、家庭私事，对军政事务、礼仪程序的批评、建议等。奏本不需要用印，不用备副本，也不必告诉上级官员，由本人送到会极门，交管门太监转呈皇帝。因其内容在皇帝批示、公布前无人知悉，具有保密性，故在百官中引起震动的本章，往往是这一类。

揭贴——由内阁直达皇帝的机密文书，皇帝阅后退还本人，不予公布。

各级官府的上行文有咨呈、呈状、申状、牒呈、牒等；下行文有照会、札、下帖、故牒等；平行文有平咨、平关、平牒等。

明代文书的总称为“文牍”、“案牍”。

四、档案工作

明王朝在高度集权、强化秘书工作的同时，十分重视加强档案工作。档案的收集、整理、保管、使用等方面都有发展，尤其是档案库的建设比前代有较大的发展，档案工作制度臻于完备。

（一）规模宏大的中央档案库

明朝中央政府所建立的档案库，规模宏大，数量众多，分布广泛，收藏繁富，并且建筑技术高超。著名的有以下几处：

皇史宬——是专门保管皇家玉牒、实录、圣训等御用档案的库房。由司礼监掌管，除皇族档案外，也保存一部分重要图书，如《永乐大典》的副本即存放在这里。嘉靖十三年（公元1534年），仿古制修建，筑于皇城内东侧、重华殿之西的东苑内。皇史宬是我国古代档案库的杰作和典范，其建筑结构和内部设备都注意到了保存档案的要求，全用砖石结构以利防火，拱顶和东西对开的窗户以便通风，高出地面的石台便于泄水防潮，坚固厚实的墙壁既能确保安全，又可保持室内恒温。所有这些，除了说明统治者对档案保管的重视外，同时，也反映了我国劳动人民的伟大智慧。

后湖黄册库——是专门收藏全国黄册的库房。明初规定由户部侍郎兼领该库工作，宣宗时，改由南京户科和户部清吏司主管。洪武初年，开始在南京后湖（今玄武湖）中心的小岛上建库，故名后湖黄册库。初仅有库房八间，随着黄册逐年增加，不断扩建库房，很快布满了湖中各小岛，据赵官等所著《后湖志》记载，库房最多时曾达九百余间。万历三十年时，收藏黄册达一百五十多万册。平时设库匠百余人，办事吏员数十人，每逢大造黄册之年，另外增加大量库夫、库匠。该库规模之大、收藏之富、管理人员之多，均是古代档案库中前所未有的。

内阁大库——保管明王朝在统治活动中形成的重要档案文件。

弘治五年（公元1492年），内阁大学士上奏获准，在皇宫内文渊阁附近修建重楼，也是用砖石垒砌。将各朝实录、玉牒副本及事关国家大政的档案，用铜匮藏在楼之上层；将诏、册、制、诰等，用铁匮藏在楼之下层。

古今通集库——皇帝御用的档案库房，建于皇宫内，由太监掌管。收藏赐给功臣、藩王、驸马等的诰封、铁券等文书，和京官、外官的诰封底簿，并存储有部分御用图书。

大本堂——主要收藏元朝官府档案，洪武元年修建，由秘书监掌管。同时又是皇子幼年读书及长大后学习理政的场所，故也保存有部分本朝案牍和秘籍。

明代，不仅中央档案库的建设大大超过前代，地方上的档案库也有大发展。各省、府、州、县普遍设立档案库，叫做架阁库(堂)、黄册库、案牍库（所）、贮册库等，名称不一，数量众多，且收藏丰富，有的规模也很大。

（二）档案工作制度完备

明代的档案工作制度，在吸收历代经验的基础上发展完备，其中尤为突出的有以下几个方面：

制作与装订——为使黄册便于管理和长久保存，规定造册时须用特制的厚棉纸；册籍大小规格和书写行款须按统一规格；粘贴时"依左粘连"，并须用掺有矾末的浆糊，以防虫蛀；装订时须用牢固的粗棉白线，以防线断册散。

分类保存——入库的黄册按造册年代和所属地区分类存放，同一年代的收藏于同一库房，再按南、北直隶，各布政使司和府、州、县分置于各架阁。每间库房放置四个架阁，每架分为三层，按顺序排列，统一编号，以便统计、查核和利用。

保管——架阁须用木制，不准用竹制，以防因竹片不平、竹器易生虫而损坏档案。库内严禁灯火，以防火灾。定期晾晒档案，以防霉变。

查阅——只有专门人员方可查阅档案，对一般官吏严加限制。查阅黄册时，规定凡核对军民户籍的，只准查阅有关部分，不得随意翻阅其他部分，并不准为别户代查代抄，以防泄密。

保卫——各地档案库都有严密的保卫措施，中央档案库大都建于皇城内或靠近皇城处，由于皇城的保卫森严，在客观上保证了档案库的安全。

综上所述，明代重视档案库的建设和加强档案的保卫工作，防止档案损毁，保证档案的安全和完整，提高档案的保存年限，专业性、技术性比前代增强，这些标志着明代的档案工作已趋于完备。

复习思考题：

1. 明朝有哪些中央秘书机构？
2. 简述六科给事中的职责、作用和地位。
3. 简述通政司的职责、作用和地位。
4. 简述明监生的“历事制度”。
5. 明有哪些主要的文书工作制度？
6. 明有哪些著名的档案库？
7. 明有哪些主要的档案工作制度？
8. 简述明代秘书官吏的来源和素质。
9. 为何说明朝是我国秘书工作的强化时期？

第八章 清朝的秘书工作

清朝是我国历史上最后一个封建君主专制的王朝，它是由满族建立的政权。

清初，国家机构的设置与各项工作制度全面仿效明制，因此，清朝的秘书工作不但没有落后于前代，反而在明朝的基础上继续向前发展。清统治者在吸取历代经验的基础上，一度扭转了明朝中后期以来秘书工作衰退的现象，解决了宦官秘书干预政务的问题；并采用严密的防范措施，有效地控制住了中央主要秘书部门的越权问题；同时，秘书机构和人员仍具有较宽的职掌，且功能更全；文书档案等各项工作也发展完善，尤其是被皇帝紧紧控制的军机处，制度周密，人员精干，办事迅速，效率甚高，是协助皇帝处理国务的得力辅助机构，其工作制度和军机章京的选拔制度已高度完善。

因此，清代是我国古代秘书工作的高度强化时期。但是，这种高度强化的结果只是在中央主要秘书机构起了明显的作用，而在部院和地方政府中，却在一定程度上由书吏和幕僚控制着实际政务，导致了官吏的营私舞弊，官场黑暗，以致史称“清与吏胥共天下”，这也从一个方面说明封建制度已走向腐朽没落。

第一节 中央秘书机构

清朝的中央秘书机构比历代都多，它们均以处理文书工作为主，既有明确的分工，又相互配合，联系紧密，形成巨大的秘书机构系统。后面将分别就其基本情况作些介绍。

一、内阁

（一）内阁的沿革

清朝的内阁经历了一个从文馆到内三院，从内三院到内阁，旋又复称内三院，后再次改称内阁的发展演变过程。

清入关前，在国号为后金时的天聪三年（公元1629年），设立了类似内阁性质的文馆，命儒臣入值，分两班办事，负责翻译汉文书籍和记注本朝政事。不过，文馆内既无严密的组织结构，也没有统一的领导体制，其组织状况与所担负的重任极不相称。

天聪十年（公元1636年），皇太极改文馆为内三院，即内国史院、内秘书院、内弘文院。三院设置系仿明内阁并有所创新，各院职掌分工明确，均直接为皇帝服务。

入关次年（公元1645年），清廷命前明的内阁官员归入内三院，并将明代的翰林院也并入内三院，改称内翰林国史院、内翰林秘书院、内翰林弘文院。各设大学士、学士、典籍、侍读、中书等官职，总编制有一百八十余人。内三院各自承担着朝廷的一部分秘书事务，其职掌如下：

国史院——主要负责记注皇帝起居、诏令，收藏御制文字；修撰各朝实录；将各衙门的机密文书、外国来书和百官奏章编为史册；记载官员升降的文册。同时，起草皇帝颁发的诰命、册文、祝文等。

秘书院——负责办理文书事务。拟制敕谕、祭文及与外国的文书等；处理与外藩的往来文书；抄录保存各衙门的章奏疏状等。

弘文院——主要为皇帝进讲，并为皇子、亲王等教课，讲解古今政事得失，兼理颁行制度。

顺治十五年（公元1658年），为了进一步拉拢和利用汉族官僚，清廷将内三院改为内阁。三年后，康熙幼年继位，由鳌拜等辅政大臣执政，满洲亲贵们为收揽大权，又改为旧称。康熙亲政后，于康熙九年（公元1670年）再度改称内阁，此后一直至清末宣统三年（公元1911年）时被废止，其间名称未变。

（二）内阁的内部机构

内阁内部设置十二个机构，其中有十一房承担秘书业务工作。内阁官职有：大学士，雍正时定为正一品，为朝廷最高官职；协办大学士，从一品，乾隆时设置，协助大学士理事；学士，从二品，主掌奏章事宜，此外，还有做具体工作的典籍、侍读、中书、贴写中书及供事等名目，其品秩有差，总编制达二百八十人之多。各房根据工作需要和事务繁简，设置其中部分名目各若干人，多者计有六七十人，少者仅几人。十一房的名称及职掌如下：

典籍厅——是内阁的办公厅，分为南、北两厅。南厅专办阁务，负责收文、分办、发文，各衙门的公文由其收受，并按事由分送对口各房办理，各房和不属各房的公文都由其下发；掌管典籍厅关防，因内阁本身无印，凡内阁、稽察钦奉上谕事件处及内廷各修书馆需用印时，均向南厅借用；负责对内阁侍读以下官员的考绩和管理吏役。北厅主要处理内阁上呈皇帝的奏章事务；办理朝廷大典，承担大典的筹备、组织等工作；保管皇帝宝玺，负责请用、洗宝、封宝；收藏重要文书，将收回的红本、表章、图籍等贮藏于库，并由典籍登记造册。

满本房——又称满本堂，均由满员充任。其职掌主要有五项：一是校阅题本，各省题本先由汉本房译成满文贴黄，交满本房校阅、缮写，然后交票签处拟撰批旨；二是缮写满文公文，凡用满文拟制的制、诰、谕旨、谥号、封号、镌制册宝等均由其缮写；三是收发进呈实录，每日由满、汉、蒙三房的中书轮流派两人将实录进呈皇帝阅览；四是掌管皇家档案，管理收藏于实录库和皇史宬的实录、圣训、起居注、方略、玉牒等，经略、将军的印信也由该房保管；五是增修、保存世爵谱册，记载皇族世系的皇册藏于宫中，如需增注，由该房中书执笔，记毕送回宫内，八旗所修的世爵家谱由该房收存，如各旗要查阅，经内阁同意后，该房派员陪同查阅。

汉本房——又称汉本堂，亦有翻译房之称。凡应将汉文译满文之公文皆归其办理，然后交满本房缮写。另一重要任务是收受并登记由通政司汇转来的各省题本（称通本），其中除驻防各地的满洲将军的题本是用满文写成外，其余皆用汉文书写，需按规定格式，摘其要点，写成满文贴黄，然后交满本房校阅、缮写。对处理后的题本，每天由汉中书缮写本单（目录）进呈皇帝。此外，还参与进呈实录。

蒙古房——又称蒙古堂，均为蒙员。主要负责翻译少数民族文字和外国往来文书，凡用蒙文、回文、藏文、托忒文、唐古特文拟写的本章、贺表等，均翻译后进呈；需发往各藩部的诰敕、碑文、匾额等，亦翻译成蒙文等文字，缮写后颁布；若有俄国文书，由该房传召翰林院俄罗斯馆官员前来翻译；与西洋各国的往来文书，则传召西洋馆官员译出。此外，还管理蒙文皇家档案，负责蒙文实录、圣训的编号、记档等事，并参与进呈实录。

满票签处——负责拟写、缮抄满文票签，凡满文本章由该处校阅，验看票签式样，拟写满文草签，送大学士审定后，再缮成正签；对各部院本章（称部本）中有满文文法错误或不当的，该处有权退回部院，令其纠正。另负责承宣、记录谕旨，京内外官员的奏折经皇帝批阅后，或由军机处拟写的谕旨，凡规定由内阁传抄的（称明发），由该处传知各衙门抄录办理；每天发送六科的本章，由满、汉票签处摘记事由，详细记录批旨，称为“丝纶簿”；凡特降的谕旨则由该处分别记录于“上谕簿”（又称上谕档或上传档）。还负责发递本报，本报是皇帝出巡时送往其所驻之地（称行在）的奏章，该处需事先奏定递送（称发报）和批回（称到报）的日期，然后按照日期将奏章送往行在。满票签处还附设有满档子房，专管本章发抄之事。

汉票签处——负责拟写汉文票签，接收满本房送来的通本和京城各部院送来的部本，然后校阅汉文本，检查票签式样，拟写汉文草签，对复杂的问题可以拟写两种以上不同处理意见，称为双签、三签或四签，附以说帖，送大学士审定后缮成正签。并记录汉文档案，除与满票签处合记丝纶簿外，还负责记录内外官员奏准施行及交部议复的本章，称为“外记簿”（又称外记档或另样档）。另外还负责拟写制、诏、诰、敕及祭告祝文、谥号、封号等御制文书，经大学士审阅后，进呈皇帝。此外，宫内的匾额、楹帖和御制诗文集及碑文等也由该处缮写。

诰敕房——康熙十年（公元1671年）设置，归汉本房兼管，专掌审查、颁发诰敕文书。凡汉票签处拟就的诰敕，由该房审查，并校阅缮定的正本，用宝后颁发。皇帝封赠臣下的诰敕，由该房按规定刻板存储，需要时将其印刷成草本，交中书科按品填写，再移交该房校阅颁发。册封后妃的金银册，也交此房校阅。

稽察房——雍正五年（公元1727年）设置，负责检查、汇报交各部议复公文的办理情况和核对收存谕旨。凡交各部议复的公文，由该房逐日记档，待各部院移会到后进行核对，根据已结、未结情况每月汇奏一次，称为“月折”。军机处每天发出的满、汉文谕旨，也由满票签处移至该房，进行详细核对后收存，于每月月底，缮写满、汉文合璧的奏折汇奏，称“汇奏谕旨”。

收发红本处——简称红本处或收本房，乾隆、嘉庆年间设立，主要负责收、发红本。红本是指皇帝用朱笔批阅过谕旨的题本，批后即交此处，每天由六科给事中领出传抄，到年终缴回，由该处通知典籍厅收入红本库。此外，起居注馆送的揭贴也由该处收存。

批本处——设于宫中，专掌转呈本章和批本。每日收受的本章由满票签处中书送交该处，再由该处转送内奏事处进呈皇帝。进呈的本章发下后，该处负责将皇帝阅定的满文票签，用红笔批于本底，然后交满票签处中书带回内阁。遇有改签及需另行票拟的（称折本），则存记档案，按日交发办理。

副本库——负责收存题本之副本，乾隆时设立。在此之前，是由汉票签处中书于每年年终送皇史宬厢房收存，因年久贮满，于是另辟此库收存。

（三）内阁的职掌

清代各朝的会典中，均对内阁的职掌有着明确的记载，如“赞理机务，表率百寮”，“掌议天下之政，宣布丝纶，厘治宪典，总均衡之任”等，结合内阁十一房的具体职责，将其归纳起来，主要有以下几个方面：

第一，参与议政。内阁职官中能参与议政的主要是大学士，内阁大学士是朝廷最高官职，参政乃是理所当然之责。此外，有时也赋予学士以议政之权。这里需要强调的是，清代的“议政”在入关前后有着质的变化。入关前的议政王大臣会议，由满洲亲贵组成，汉人不得参与，它有权商定、裁决国政，凡军国大事都由议政王大臣会议决定，议政王大臣会议是实际上的权力机构，后来随着皇权的巩固，其权力才逐渐削弱。入关后保留了“议政”制度，设立议政处，参加议政的人选也有所变动，内阁大学士从此可参与议政，不过这时的议政只是“备咨询，供顾问”而已，只能提出意见供皇帝参考。

第二，办理本章，即对各衙门上奏给皇帝的题本进行具体处理，这是内阁最主要的、大量的日常事务。十一房中的大多数，如满、汉、蒙三房和满、汉票签处，稽察房，红本处，批本处等，都是办理这项工作的。除了技术性的处理以外，大学士还有票签之权。

第三，拟撰、承宣谕旨。初期，各类谕旨均由内阁拟撰、进呈，经皇帝批准后，再由内阁颁发，分送有关部门执行。南书房设置后，内阁的撰拟之权被削弱。设立军机处后，内阁的撰拟之权被完全剥夺，只剩下颁布一般性政务的上谕，即明发谕旨之责了。

第四，筹备、组织大典。凡皇帝登极，册立皇后、太子，祭祀天地等朝廷大典，都由内阁负责安排，并撰写诏书、册文、祝文等。临期由内阁大学士或学士奉神位、奉诏书、奉宝，及命将出师授敕印、文武殿试传胪奉榜、大朝时展表听宣等。

第五，收存重要档案。官员上奏的题本、朱批后的红本、揭贴、起居注册、各朝实录、抄录的上谕等重要档案，均由内阁负责收存、保管。

此外，内阁还负责组织修书。凡纂修实录、圣训、会典等书，由内阁大学士受命出任监修总裁官，学士分兼副总裁、总纂、纂修等职。

从上述职掌可见，内阁主要是处理朝廷例行公文和日常政务，其首脑参与议政，它是辅助皇帝施政的办事机构，相当于皇帝的办公厅。但其职能、作用在清代不同时期是不一样的，大致说，在初期它是朝廷唯一的总秘书机构，职权颇大；南书房设立后接管去相当大一部分职权，但内阁仍可处理部分军政机要；军机处设立后，军政机要均由其处理，内阁逐渐降为办理例行政务、颁发文告的机构；光绪二十七年（公元1901年），废止题本，内阁办理题本的职责也消失了，成为储存档案的“闲曹”；宣统三年（公元1911年），成立责任内阁，旧内阁遂寿终正寝。

清代内阁的演变过程，再次表明，直到封建社会的最后一个王朝，中央主要秘书部门的嬗变仍在延续，中央秘书机构仍不稳定。

二、军机处

军机处的全称是办理军机事务处，简称军机处。雍正时，因用兵西北，往返军报频繁，军事文书骤增，清政府鉴于内阁人多事杂，易泄漏机密，且内阁位于太极门外，距内廷较远，不便于皇帝随时面授机宜，因此，于雍正七年（公元1729年）在内廷设立军机房，亦称军需房，处理紧急军务，以期“办事密速”。雍正十年（公元1732年）改称为军机处。乾隆即位后一度废除，两年后复置，并使其职权日益扩大，以削内阁之权，最后取代内阁成为最重要的辅助决策部门，性质同内阁。光绪二十七年（公元1901年），另设督办政务处，略分其权。宣统三年（公元1911年），设立责任内阁，军机处遂废止，前后存在一百八十余年。

（一）军机处的内部结构

军机处没有正式官署，其办公处所不叫“公所”或“衙门”，而只能称为“值房”。乾隆后，因借用方略馆的供事为其抄写文书，由方略馆大库替军机处保存档案，因此，方略馆成为军机处官员值班和食宿的场所。军机处的内部结构非常简单，既无下属机构，也无吏员，有官无兵，而官员也只有军机大臣和军机章京两种，且都是兼职。

军机大臣——俗称“大军机”，由亲王、大学士、尚书、侍郎等兼任，任命时根据各人资历分别称为军机上行走、大臣上行走、大臣上学习行走等。无定员，初设时为三人，后增加到六七人，最多时曾有十一人，满、汉员中各设一领班大臣，以满员领班大臣为最尊，总揽军机处一切事务。所有军机大臣均由皇帝亲自从内阁和各部院司员及督抚中选调，无任职期限，受命后仍保留原职，皇帝可随时免除，令其回原衙门续职。军机大臣的办公处所称“军机堂”，入值时只许在此办事。

军机章京——俗称“小军机”，从内阁和各部院司员中选调兼任，由原衙门保送，经军机大臣考试，合格者被带领引见，由皇帝亲自决定任用。初无定额，嘉庆四年（公元1799年）以后，定满、汉章京各十六人，各分为两班，每班八人，每班均设领班章京和帮领班章京，由军机大臣从章京中择资深者担任。各班分别在满屋和汉屋轮流值日，皇帝外出时则分两班随侍。

军机处的日常工作主要由军机章京承担，根据典章规定，满、汉屋有着比较明确的分工：

满屋负责办理在京及各省驻防旗营官员、西北两路军营官员的补放进单；草拟赏赐内、外蒙古及藩部、喇嘛等朝贡者的赏单；掌管军机处本身的一切事务性工作。

汉屋负责办理在京各部院、各省文官和绿营武官的补放进单；草拟赏赐王公大臣及外国朝贡使臣的赏单；办理皇帝随时交下应当查考、办理的事情；负责军机处的对外联系和管理军机处保存的档案。

上述任务只是军机章京的部分职掌，此外，他们还负责收发文件、缮写诏旨、记载档案、查核奏议、稽牒检案、封存文件等，职掌宽泛且十分繁杂。每日大量的主要的工作有如下几项：其一，凡军机处收到的公文由他们分送军机大臣阅办；其二，经军机处处理后的文书，由他们按种类分别登记；其三，乾隆初年后，他们逐渐代替军机大臣掌拟写谕旨；其四，上奏的密件及以寄信方式传下的原折，或朱批指定慎密处理的公文，由他们亲自抄写。

由于军机章京承担着军机处的具体事务，他们的官秩虽然不高，但其地位重要，且接近皇帝，洞悉政情，容易升迁（有清一代由军机章京升任军机大臣者多达三十余人），故时人多以谋得此职作为升官的捷径。

（二）军机处的职掌

军机处成立初期，其职掌限于军务，如办理往来军报，转奏军情，下达皇帝任命将帅、出师征剿的命令等。后来，职掌逐渐拓宽，直至“掌军国大政，以赞机务”。虽然名义上仍在内阁之下，但实际职权已超过内阁，成为清廷最重要的部门。其职掌主要有以下几项：

第一，参与议政。军机大臣有参政的职责。其参政途径有三：一是皇帝将某些重大政务和官员所请求的问题，或专交军机大臣议复，或由军机大臣会同有关衙门议复，提出处理意见，由皇帝定夺；二是参加皇帝主持的廷议，就军国大政进行讨论，提出意见；三是皇帝在处理政务、批复奏折时遇有疑难，随时询问军机大臣的看法和见解，以供参考。

第二，拟写谕旨。凡皇帝特降的谕旨，或因官员奏请而下的谕旨，都由军机处承旨草拟，拟毕呈进，皇帝阅定后交内阁或由军机处下发。初期，由领班军机大臣请旨，后改为共同进见，承旨后退下，由军机处大臣草拟。乾隆时，领班军机大臣傅垣习惯将一些简单的谕旨交军机章京草拟，其后，拟写谕旨逐渐成为军机章京的职责，拟毕由军机大臣审阅，再交人誊清，然后由军机大臣呈送皇帝阅定后下发。如皇帝加以修改，称“过朱”，修改后也不必另行誊清，原样封寄承旨人。

第三，办理奏折，开列赏单。不论内、外官员，凡上呈“请旨”的奏折，都由军机处处理，录副送内阁传抄，抄毕交回存档。凡皇帝赏赐王公大臣、藩部朝贡者、外国朝贡使臣等的赏单，均由军机处草拟。

第四，备顾问，当参谋。军机大臣常侍从皇帝左右，皇帝出巡时也必须陪同，随时回答皇帝的询问，起参谋、顾问作用。

第五，参与审理大案。审理谋反的“叛逆”首犯和参劾高级官员的案件，多交军机大臣审办。军机大臣审案，一般在军机处提讯，如用刑讯则至刑部大堂或内务府公所、步军统领衙门公所。另外，每年“秋审”审决死刑犯人，也由军机大臣会同大学士一起承旨办理。

第六，奏补文武官员。需经皇帝点派的官员，如中高级文武官员、会试的主考官、阅卷官、各省学政等，由军机处事先列出补充或调任的候补名单，呈交皇帝选用。

此外，军机处还负责催办、稽查公文，办理皇帝随时交办的一切事务。军机大臣同时还兼任内翻书房管理大臣和方略馆总裁，尤其是军机大臣可能随时被皇帝派为钦差大臣，出外检查、处理政务或专办某种指派事项。

军机处的职掌广泛而重要，它既参与政务，就军政大事提出意见，又为皇帝拟撰和处理文书、收贮档案；既当参谋、顾问以供咨询，又承担皇帝交办的各种具体工作；既有固定的职责，又有临时的差遣。但是，尽管其职掌宽泛，职权颇重，仍必须一切听命于皇帝，并无决策之权。它起着"行政枢纽"的作用，联系上下内外，辅助皇帝施政，是皇帝的机要秘书处兼参谋部。

(三) 军机处的特点

军机处是封建君主专制发展到顶峰的产物。为了专制，清统治者吸取历代经验，极力加强机要秘书机构的建设，将其牢牢控制在自己手中，职掌越来越宽，人员越来越精干，效率越来越高，保密措施越来越严，所起的作用也越来越大。作为封建皇帝的机要秘书处，军机处已臻于完备，它具有如下特点：

第一，被皇帝严格控制。军机处是皇帝的附庸机构，皇帝绝不允许它发展成为影响皇权的又一新的权力中心，为此，清统治者采取了多种措施。例如，从结构上看，军机处既无公署，也无下属机构，只有军机大臣和军机章京，都由皇帝直接选用，皆为兼差，如有不宜者随时可予以免除；从办事方式上看，皇帝交办临时事项(此类事项往往事关重大)，是指定交给某一军机大臣，而不是交给军机处，既不使每位军机大臣都得到同样的权力，又可避免领班军机大臣集权；从职掌上看，虽然重要而广泛，但须一切听命于皇帝，并无独立决策之权。这些措施有效地控制了军机处的权力，而且一旦出现权力过重的倾向，便立即予以削弱、抑制。如嘉庆四年，有人议论军机处"乾纲独揽"，皇帝"大权旁落"，嘉庆帝立即下令各部院、各省等，凡上奏都直送皇帝，不准将副本送军机处或预先告知军机处，由皇帝直接宣召上奏人面授机宜。可见，军机处具有明显的从属性、辅助性。

第二，职掌宽泛。在皇帝的严格控制下，军机处的职掌越来越广泛，既掌管军事机要，也掌管行政机要；既参与议政，又办理具体事务；既为皇帝撰拟谕旨、处理文书，又参与审理要案、荐补官员等等，它是皇帝的综合性办事机构。

第三，人员精明强干。军机处职掌广泛，事务繁杂，而人员却仅有军机大臣和军机章京，最多时也不过四十几人，还必须分班入值、随侍和值宿，处理涉及各个方面的大量业务，非精明强干之人难以胜任。因此，对其选拔异常严格，从各衙门中挑选文化水平高、知识面广、业务能力强、办事谨慎的干练官员到军机处任职。

第四，办事效率很高。军机处以区区几十人的班子，协助皇帝处理朝廷浩繁的军政事务，其效率之高，是历代皇帝机要秘书机构中罕见的。其中以承办谕旨最为迅速，从接折、阅折、进见请旨、草拟、审阅、誊清，全部过程一般都在当天完成，次日即可呈送皇帝审定、颁发。有时遇到紧急谕旨，当时交下，随撰随讲，动笔千余言，自起草到誊清、进呈只需一二个时辰。若逢夜间紧急军报到京，皇帝连夜批答，则召值宿的军机章京进见授意，当场撰旨，而呈皇帝审定后即交发。如遇皇帝出巡，或于军旅行进途中皇帝有旨，军机章京立即歇马路旁，挥笔起草、誊清，然后赶至宿营地进呈，由此可见其办事之迅捷。

第五，保密措施极严。军机处承办之事，多属朝廷的核心机密，故对保密问题十分重视。如嘉庆帝曾严令："军机处为办理枢务，承写密旨之地，以严密为要，军机大臣传述朕旨，令章京缮写，均不应有泄漏。"（《枢垣记略》卷14）其保密措施主要有：

皇帝召见军机大臣时，太监不得在侧侍候。

军机大臣只许在军机堂承写当日接受的上谕，不准办理部院公文。

军机处的值房，即使是诸王大臣，没有皇帝的特旨也不准进入。

京内外大臣奉旨至军机处听旨、恭请朱笔及阅看奏折，事毕须立即离开。

各部司员不准至军机处找兼任军机大臣的主官。

军机章京的办公处不准闲人窥视，为此，每天特派都察院满、汉御史各一人，在军机处旁的内务府值房监视，直到散值后，才准撤离，如发现弊情，御史有权即刻“参奏”，如御史失职，军机大臣也可参劾。军机章京必须画押存查。

个人承办的事，不准传泄。

不是自己办理的事不准过问。

机密公文一般指定一二名军机章京承办，誊清后密封呈递，由军机大臣用印密封后交兵部发出，底稿押封存记，待事毕后才许拆封登档，其间如有泄漏，缮写的军机章京要受到严厉处罚。

三、其他中央秘书机构

（一）六科

即吏、户、礼、兵、刑、工六科，设立于清初，雍正元年（公元1723年）划归都察院。六科中各设掌印给事中满、汉各一人，给事中满、汉各一人，笔帖式、经承各若干人，总人数有一百六十余人。

六科的职掌明显比明代减少，主要有：

第一，稽查各部事务。各科分别检查、督促对口各部的各项政务，主要是查验其公文处理情况，办毕者即注销该文卷。

第二，抄发题本。各科每日派给事中一人至内阁接受批下的题本，抄给各衙门办理。需抄写数份，一份给承办衙门，称“正抄”，相当于今天发文中的“主送”；一份给有关衙门，称“外抄”，相当于现在的“抄送”。正抄和外抄统称“科抄”。另还需摘录两份，一份送内阁备史官记注，称“史书”；一份收存于本科内以备编纂，称“录书”。原题本则于年终交内阁收存。

第三，封驳。从内阁收来的题本，如批阅中有不利施行的，六科有权具奏封还；如系票拟错误或本中所陈之事有不妥之处，有权驳止。不过，清代的六科极少使用封驳之权。

第四，考察文武官员。京察（考察京官）、大计册（考察外官）由六科察核。此外，内阁颁给官员的敕书，也由六科颁发，官员任满后送回六科转还内阁。

（二）中书科

顺治初年设立，初置中书舍人十二人。乾隆十四年（公元

1749年)，定满中书二人，以资深者为掌印；汉中书四人，以资深者一人为掌科。后又增派内阁学士满、汉各一人为主官。另有笔帖式十人，供事八人。

中书科专掌缮写册文、诰敕等事。凡册文、诰敕由内阁汉票签处拟就，经诰敕房校核颁发，而中书科专司缮写。

(三) 通政司

亦称“通政使司”，顺治元年(公元1644年)仿明制而设。光绪年间一度并入内阁，不久又独立。光绪二十八年(公元1902年)废止。设有通政使、副使、参议、经历、知事各二人(满、汉各一人)，笔帖式八人，经承十五人。

通政司作为收文机构，其收文范围也比明代有所缩小，如在京各部院的题本便不经过通政司而直送内阁。其主要职掌如下：

第一，收受各省题本。清初，凡各省题本、京内各衙的奏本，不分公私，一律送通政司呈进。后规定通政司只收各省题本，经校阅后送内阁，并将随本的揭贴(相当于副本)交堤塘官投送有关部、科。如发现题本不合格式，报内阁参办，有逾期的则移文与相关部交涉。

第二，查核本章。凡各省将军、都统、总督、巡抚、总兵等官，每季度须将上奏过的本章诰册，咨送通政司查核。

第三，参与议政。遇有交九卿议办之事，位居三品的通政使可参加商议，提出意见。

第四，负责上访事务。清初设登闻鼓厅于都察院内，康熙六十一年(公元1722年)，将其并入通政司。凡军民有冤屈者，可击鼓鸣冤，由通政使亲自讯问，如确系有冤，奏报皇帝后交刑部办理。

(四) 奏事处

雍正时，专为收受密奏而设，后来，内阁、军机处承办的公文也由它呈进。奏事处由御前大臣兼管，因清制规定外官不得进入内廷，而太监又不得接近外官，故分为内奏事处与外奏事处，简称内奏事与外奏事。内奏事处由太监充任；外奏事处从六部、内务府的司员、侍卫中遴选善书写者任奏事官，十年更换一次，设领班侍卫一人为主官，下有奏蒙古事侍卫六人、章京六人、笔帖式二人；加上内奏事处的太监，奏事处共三十余人。其主要职掌有：

第一，收受奏折、密奏。京内外各衙门（军机处除外）的奏折由外奏事处收受，转交内奏事处呈送皇帝；军机处的奏折和密奏则直接交内奏事处。各省官员的密奏经朱批后，由奏事处发交具奏人，年终须交回奏事处收存。

第二，传宣谕旨。京内各衙门的奏折，除特颁上谕外，皇帝一般都不批，如有谕旨，由奏事太监传宣于领奏折之人。

第三，安排在朝值班与接见事宜。各衙门在朝廷值班由奏事处安排。值班奏事或其他官员欲谒见皇帝奏事，均须将官衔、姓名书写于牌子上（宗室王公用红头牌，其余官员用绿头牌），由奏事官于皇帝用膳前递呈，故称为“膳牌”。如皇帝同意接见，奏事官则安排接见事宜。

（五）稽察钦奉上谕事件处

雍正八年（公元1730年）设立，是代表皇帝稽察、催办交办事项的机构。对各部院承办事件，将其已结未结情况，每月稽察存案，年终汇奏一次；对八旗承办事件及引见官员有无逾期遗漏，三月汇奏一次。此外，各修书馆承办之事，也由其稽察，逾期均参办。

（六）捷报处

隶属于兵部，但实际上是中央的机要交通机构。专掌收受各地呈送中央的急件和封发军机处的寄信谕旨。

（七）南书房

本是康熙帝读书之处，曾一度为皇帝的机要秘书处。康熙十六年（公元1677年），选用翰林院编修、检讨等官入内当值，称“南书房行走”，除为文学侍从外，还秉承皇帝旨意，起草诏诰谕旨，发布政令，办理机要，用以削弱内阁之权。自军机处成立后，其职掌划归军机处，不再参与政务，而专司文词书画等事。

四、中央各部院和地方的秘书机构

（一）中央各部院的秘书机构

清代中央各部院内负责秘书工作的机构，主要有司务厅（如六部）、典簿厅（如光禄寺、翰林院、国子监）、博士厅（如太常寺）等，分别置有司务、主事、理事官等秘书首领，下属经承、承差、典吏、部办等各种名目的秘书人员，其中六部内的秘书机构比各寺、院的要庞大。

六部中的秘书部门，其数量、名称并不统一。多者如礼部，设有司务厅、汉本房、清档房、督催房、当月处五个秘书部门，都负责文书工作。它们既以处理公文的种类（如奏折、题本、文移等）分工，又以处理公文的环节（如收发、缮写、催办等）分工，并还以区域（如京内、外省）分工，划分标准不一。但是，各部门都设有如下秘书部门：

司务厅——负责收受外省呈文，登记、编号后分发各有关司办理。

当月处——负责收受京城内各衙的文书，登记、编号后分发有关司办理；将本部的题本呈送内阁；保管本部堂印。

督催所——负责催办文书，依定期限，检查各司文书办理情况。

(二) 地方的秘书机构

清代的地方行政区划分为省、府（州）、县三级，分别以巡抚、知府（州）、知县为主官。另设总督，掌管一省或数省军政。

总督、巡抚衙门中均设经历司、照磨所、理问所等秘书机构，置有经历、都事、照磨、理问等秘书官，下属攒典、典吏等秘书人员。

知府（州）衙门内也设经历所、照磨所，置经历、知事、照磨等秘书官，下属典吏，并仿中央分为吏、户、礼、兵、刑、工六房办事，主要还是处理文书事务。

县衙内仍以主簿为秘书首领，下设承发房，负责收发、办理文书，有典吏、稿案等秘书人员，也分六房办事。

在地方官衙中，除了上述公职秘书官吏以外，主官还自行聘用幕僚，作为私人秘书。这在清代是一种普遍的现象，幕僚在地方政务中起着非常重要的作用。

五、鸦片战争后新产生的秘书机构

1840年鸦片战争以后，由于外国列强的侵入，使中国逐渐沦为半殖民地半封建社会。随着社会性质的变化，清王朝的政府机构也发生了变化，导致了一些新的秘书机构的产生。

咸丰十年（公元1861年），清王朝为办理洋务，成立了“总理各国事务衙门”。初期，以各业务股分兼文书事务，后随着文书工作量的剧增，设置了司务厅和清档房两个专职的文书档案部门。司务厅下设文案科房，清档房下设清档库房，负责具体工作，文书档案人员也随着增加。

光绪二十七年（公元1901年），总理各国事务衙门改为外务部，内部的秘书部门增加到六个，其名称、职掌如下：

司务厅——负责收受文书、领用印信。

翻译房——负责翻译各国文书和承担口译工作。

清档房——掌管档案的编纂、校对等事，后又增设秘书股，负责机要文书的拟稿和编辑。

机要股——负责收集机密情报事宜。

电报处——专掌以电报拍发公文和翻译、传递电报事宜。光绪六年（公元1880年），李鸿章开办电报局，其后，清廷规定明降谕旨均由电报拍发，各省督抚收报后即照办，不用等候原件。

文报局——光绪元年（公元1875年），清王朝开始正式向外国派驻公使，设置使馆。文报局负责寄递外务部与驻外使馆间的往来公文。

清末，清王朝为了欺骗人民，消弭革命，玩弄所谓“立宪”骗局，于光绪三十二年（公元1906年）宣布“预备立宪”，进行官制改革，因此，中央和地方的秘书机构又发生了一些变化，并出现了名实相符的秘书机构和秘书官职。

在地方官衙中，安徽巡抚冯煦于光绪三十三年（公元1907年）上书，奏请设置辅助人员，佐理文牍，分科办事。经皇帝批准后，在巡抚衙门最早设立了秘书、助理秘书等官职，并设有会议厅，议办各事，以备斟酌损益。接着各省纷纷照章设置，总督、巡抚衙门都设秘书一职，掌管机密折电和函牍，以及处理不属各科职责范围内的事项。各省为“预备立宪”成立了咨议局，在咨议局内设有秘书长一职。

在中央，于宣统三年（公元1911年）成立责任内阁，并颁布了《内阁属官官制》。按其规定，内阁中的秘书机构有：

承宣厅——负责宣布诏令，办理奏折、文移，保管图书、档案等。

制诰局——负责拟制诏诰敕、进呈贺表等。

收文处——负责收受京外衙门投送内阁的公文。

内阁下属各部的秘书机构也有变化，如外务部设承政厅，置左、右丞掌管机密文件，总领庶务；学部设总务司，下设机要、案牍两科，掌管机要文移，审核图书典籍；弼德院、资政院各设秘书厅，置秘书长一人，一、二、三等秘书官若干人，等等。尤其是陆军部的承政厅中，设置了秘书科，其职掌为：

第一，掌机密事宜。

第二，掌收发奏咨函电及编纂、翻译等。

第三，监守陆军部大印。

第四，保管图书等。

《内阁属官官制》颁布后仅五个月，便爆发了辛亥革命，这些新设立的秘书机构还未站稳脚跟，就随着清王朝的覆灭而瓦解了。但是，这些机构和官职却是近代首批名实相符的秘书机构和秘书官职，为以后历届政府所沿用，成为现代秘书机构和秘书职务的直接源流。

第二节 秘书官吏

一、军机章京的选拔

军机章京负责办理军机处的具体工作，协助皇帝处理朝廷庞杂浩繁的军政事务，担负着十分繁重的任务；同时，对封建王朝的核心机密也知悉最多。他们既要准确无误地迅速完成任务，又要格外小心，谨慎从事。由于其地位重要，责任重大，因此，对军机章京的选拔异常严格。

军机处成立初期，军机章京由军机大臣从内阁中书及六部司员中选取任用。嘉庆四年（公元1799年）以后，规定了严格的选用程序：首先，必须由原任职衙门保送，一般由内阁、六部、理藩院等在京各部门推荐其精明干练的中书、郎中、员外郎、主事、笔帖式等官员为备选人；其次，由军机大臣进行考试，合格者由军机大臣带领谒见皇帝，称"引见"；最后，由皇帝亲自决定是否任用。

选用的条件主要有如下几项：

第一，品德良好，相貌端正。

第二，年富力强，精明强干。

第三，撰稿迅速，书写端正。

第四，聪明敏锐，办事谨慎。

第五，必须是普通官员。凡三品以上高官的子弟不用，曾随从过三品以上官员者也不用，如已被选用后，其原来随从的主官升转为从三品以上，即令其退出军机处，以防结党泄密。

从上可见，军机章京的选拔吸取了历代秘书选拔制度所积累的经验，并注重防止秘书人员和朝中高官有过密的联系，它表明清代的秘书选拔制度已高度完善。

二、书吏

书吏是清代京内外各官衙中吏员的通称，其名目繁多，有承差、经承、典吏、部办等等，他们在各衙门从事具体的文书档案工作。书吏的数量众多，特别是在中央各部院更为集中，他们操纵着各部院的实际政务。与之相呼应，各级地方官衙则由大批幕僚操纵政务。清代的书吏与幕僚几乎在整个有清一代都起着举足轻重的作用，故被史家称为"清与吏胥共天下"。清代能将中央主要秘书机构牢牢控制在皇帝手中，却无法革除各官衙中一般秘书人员操纵政务的流弊，这也是封建制度腐朽、没落的表现之一。

（一）书吏的流弊

清统一全国后，随着王朝的巩固，政治上却日益腐败。尽管前期诸帝，如顺治、康熙、雍正、乾隆等，都能勤于国事，孜孜求治，而各级政府机构中的许多官员，则开始追求和沉湎于享乐之中，尤其是八旗子弟为官者，愚昧腐化最为严重。他们既缺乏治政能力，也无心处理政事，热衷于应酬巴结、钻营升迁。他们的所谓当官理政，不过是有事就发一公文、出一告示，敷衍搪塞，流于形式。这样，处理政务的实权便逐渐被从事具体工作的书吏所把持，这种现象在六部中表现得最明显。

各部内有主事、知事掌管文案章奏，司务掌出纳文移，由司员充任主稿，负责办理文牍。主稿相当于秘书科长，但常常处于升迁、补充的过程中，流动性很大，其资深者往往为升迁而钻营奔忙，新补充来的则又不熟悉部务。与此相比，书吏却长期任职，相对稳定，且熟悉业务，精于案牍，善文墨，有辩才。他们都是父子、师徒自相授受，对办理公文的制度、方法等秘不示人，把业务技能视作“家传之秘”，以作为长期占据职位甚至子孙世袭其职位的手段，并互相串通、勾结，把持、垄断文书档案工作，作为要挟主官的利器，使主稿、司务、知事、主事乃至主官，都不得不依靠他们处理公文，对其不敢得罪，否则，便会受到刁难。

上述诸原因使书吏不仅数额众多，而且权势日重，有的甚至独掌一司之事，被称为“缺主”。他们把持案卷，包揽词讼，经常伪造、改易、盗取和焚毁文件，进行舞弊活动。如嘉庆年间，工部有一书吏伪制假印，冒领银子数十万两，竟长期未被发觉。书吏的流弊日益严重，它加深了吏治的腐败，也影响了皇权的集中，成为对统治者极为不利的内在威胁。

（二）对书吏的整顿

雍正元年（公元1723年），为防范、打击书吏贪赃枉法，营私舞弊，特颁谕旨进行整顿，作了如下规定：

书吏不得干预政务，其职责仅为“缮写文书、收贮档案”；

书吏任职期限为五年，期满遣返回原籍，并不许更换姓名窜入别地重新任职；

招用书吏时，应聘者必须持有原籍地方官的证明，证实其确未假冒姓名、籍贯，方可录用，否则，应聘者及地方官一并问罪；

中央和地方各级监察机关有责严加查访，发现问题及时上报。

同时，还以法律的形式规定，书吏如不将案卷收贮衙署，或携归私室，都要按律惩治。这些措施一度打击了书吏的气焰，限制了其舞弊行为，对改善吏治起了积极作用。但是，由于封建制度的没落，各级官员的腐败和书吏制度的根深蒂固，仅靠几道谕旨或采取一些措施，仍不能从根本上解决问题，书吏之害并未根绝。

道光、咸丰年间，书吏之害重新严重起来，至清末则发展到了顶峰，以致在很大程度上影响了清王朝的稳固。一些有见地的官僚士大夫多次上书，力主革除书吏把持案卷的局面。这些主张得到了光绪帝的赞同，并连下谕旨，决定“将从前官吏尽行裁汰，以除积弊”（《大清光绪新法令》）。这次裁减一度起了限制书吏作弊的作用，但是，仍很不彻底。此时的清王朝已日薄西山，摇摇欲坠，不可能解决二百多年遗留下来的顽症，所以，书吏之弊一直延续到清王朝覆没。

三、幕僚

幕僚又称幕友、幕宾、幕客、师爷、宾师、西席等等，是由主官自行聘请来备顾问、当参谋和协助办理文书事务的私人秘书。这类人员早在战国时就已出现，当时称为食客、门客、舍人等，自晋代公孙弘自聘幕僚，始有此称。在金代，由于从秘书吏员升任官员是得官捷径，于是，不少人争相充任秘书吏员，由此，社会上有不少吏师应运而生，教授吏业，这成为清朝“幕馆”的前身。明代时幕僚逐渐增多，清代时则遍及地方各级官衙。他们只对主官负责，为其出谋划策，承办各种交办事项，对地方政治起着重要作用。

（一）幕僚的盛行

清代，在总督、巡抚等地方大员身边，常常幕宾如云，即使是知府、知县上任，也多携带幕僚，少则五七人，多则十几人。

随着地方官衙的事务日益繁重，清代府、县都仿照中央设吏、户、礼、兵、刑、工六房办事，原先的一些秘书人员便逐渐只担任某方面的具体工作。这样，辅佐人员相对减少，需要有人来补充，这是幕僚盛行的一个重要原因。除此之外，清王朝的政治腐败，尤其是大量卖官鬻爵及科举制度的腐败，更从反面推动了幕僚的盛行，这可以从幕主、幕僚两个方面来看。

从幕主方面来讲：首先，相当一部分主官昏愦无能，他们或是花钱买的官，或是依仗一定背景而得的官，本身就不具备理政能力，难以胜任政务。即使部分主官有能力理政，也整日陷身于官场的繁文缛节之中，为保持或晋升官职，忙于巴结上司，应酬同僚，无力顾及政事。于是，他们都要聘请幕僚协助处理政务。

其次，对秘书吏员的业务要求大大提高了，而从正常途径任用的秘书吏员则达不到其要求。清代法令苛繁，稍有违犯，便受惩罚；又屡兴文字狱，若文书中不慎出现不当之词，即遭祸殃。故凡上呈章奏，或行文下属，均须依据法令，字斟句酌，主官往往对繁细的法令并不熟悉，而依赖于秘书人员，故对其要求很高。但是，清代科举制度日益腐败，以僵化的八股文为标准考选出来的秘书官员，大都缺乏阅历，不谙世事，加之考试舞弊之风盛行，考官受贿枉法等，录取者的素质更加低劣，难以胜任秘书工作。因此，主官只得聘用谙熟法令、精通文牍、老成世故的幕僚来承担秘书工作。

再次，主官对书吏大多存有戒心，自雍正对书吏进行整顿后，任用书吏又受到严格限制。因此，地方官员多不愿用书吏，而另辟蹊径，根据自己的要求，延揽幕僚来代替。

上述因素致使地方官普遍聘用幕僚，且需求量很大。幕僚的来源很广泛，既有学者、名流和已取得功名之人，也有科场失意者、富有阅历的退休或被黜革的官员，还有民间专门培养的幕僚等等。从他们这方面来讲，愿意充任幕僚主要有两个原因：

其一，为求取出路。由于清代官场昏暗，有才干之人常难陟升；卖官鬻爵过多，使不少已取得功名之人，仅是“候补”之官，候到出缺任职并非易事；科举考试的腐败，常使有真才实学者名落孙山。他们愿意投入到地方大员门下为幕僚，以期得到保荐。也有的大官僚，让其子弟到故友同僚的幕下，通过他人的荐举，以此作为升官的捷径，因此，入幕者甚众。例如，李鸿章曾以翰林院编修身份入曾国藩幕下，左宗棠任州同知后入湖南巡抚骆秉章幕下，周学熙以道员身份入袁世凯幕下等等。

其二，迫于生计。他们为生活计，投到地方各级官员门下，谋得一职，以养家度日。

以上各因素促使清代幕僚盛行。随着幕僚需求量的增多，民间一些地方出现了专门培养幕僚的私学，称为“幕馆”。幕馆招收士人，入馆学习者趋之若鹜，时称“学幕”。幕馆教给他们处理公文案卷和官衙日常事务的技能，介绍官场的礼节和应酬，并教他们学习、了解社会风气。也有的是父子、兄弟自相授受，成为幕友世家。此种风气在浙江绍兴府最为流行，许多士人以幕友为业，清代有声望的幕僚大都出于此地，人称“绍兴师爷”。这些幕馆和世家培养出来的幕僚，既具有很高的文化水平，博学多才，善于文墨，又精于世故，熟悉吏务，办事干练，往往是足智多谋，因此，地方官乐于聘用。

（二）幕僚的职掌

在清代前期，幕僚的职掌与以前历代大致相同，主要是为主官当参谋和处理文书。后来，主官逐渐委托其经办其他具体事务，职掌越来越宽。归纳起来，主要有如下几项：

第一，参与筹划、出谋献策，是幕主的智囊。幕僚中不乏著名学者，如史学家章学诚当过毕源的幕僚，天文学家梅文鼎曾为要光地幕友，法学家冯桂芬入陆遵瀛幕下为其撰修《两淮法志》，等等。这样的智囊能充分发挥参谋、顾问作用，让幕主集众人之所长，自如地应付公务及其他事务。

第二，草拟章奏、文移，管理档案。负责此项工作的幕僚，被称为“文案师爷”，简称“文案”，其中在内签押房办公者，与长官关系密切可预闻机要，称为“内文案”。

第三，监督、约束书吏。汪辉祖的《佐治药言》曰：“衙门有六房书吏，而惟幕友是倚者，幕友之为道，所以佐官而检吏也。盖官统群吏，而群吏各以其精力，相与乘官之隙。官之为事甚繁，势不能一一而察之。惟幕友则各有专司，可以察吏之弊。”主官将幕友作为亲信，去监督、约束书吏。

第四，审理、仲裁民事案件。主掌此项工作的幕僚被称为“刑名师爷”，简称“刑名”，亦称“刑席”。

第五，核查、征收各种田赋税粮。掌理此项工作的幕僚被称为“钱谷师爷”，简称“钱谷”。

此外，幕僚还常常承担其他事务，如评阅科举考试及书院中的试卷等。咸丰以后，随着外国列强的侵入和农民起义爆发，通商、办企业、海防、团练等事务增加，地方督抚权力扩大，因其无力顾及，往往将一些兼职或兼理的事务委托给幕僚办理，交办事项遂成为幕僚的重要职掌之一。如李鸿章为曾国藩幕僚时，一度襄赞营务；包世臣曾替幕主朱珪主持练兵；周学熙在袁世凯幕下时，受托筹办直隶银元局及其他实业等等。还有的幕僚是替主官主持家政，如郭尚先就为幕主卢荫博的管家。

从上可见，幕僚作为私人秘书，其职掌宽泛，具有辅助性、综合性、差遣性很强的特点。

还应指出的是，鸦片战争后，随着西方科学技术和文化思想的传入，一批接受了新知识、新思想的近代知识分子，也被地方大员聘为幕僚，他们以自己的思想、学识影响了一批幕主，这对洋务运动和维新变法起了一定的作用。

(三) 幕僚与主官的关系

幕僚不是政府任用的官吏，不属公职人员，其薪俸也不由国家支付。他们是由主官私人聘用的，其酬金也由主官个人支付，称为“束修”或“饩廪”，因此，幕僚只对主官负责，为主官服务。主官对幕僚往往给以很高的礼遇，以宾客相待，视为师友。幕僚没有任期，主官聘用幕僚时，双方之间没有法定的依附关系，幕僚的人身是自由的，合则留，不合则辞退或告辞。如李鸿章就因与曾国藩意见不合，拂袖而去。这些说明主官与幕僚之间的关系，不同于官衙中的上下级关系，大致相似于主宾关系，故幕僚又有幕宾、幕友、幕客、宾师之称。

幕僚与主官之间大多关系密切，因为主官在聘请幕僚时，完全根据自己的意愿决定，对所聘之人既不讲年龄，又不计有无功名，标准只有两个：一是主官深信不疑之人；二是老成干练。所以，主官对幕僚的信任程度远远高于所属官吏，将政务乃至家事都托付其办理，使幕僚不但具有参谋权，在一些交办事项中还有决策权，把部分实权交给了他们。例如包世臣曾被朱珪派往辖区处理刑事案件，凡审理案件均由其裁决，不必向朱珪请示。

由于幕僚是主官深信不疑之人，主官常赋予其较大的职权，因此，幕僚的实际地位明显高于一般公职秘书官吏。自雍正元年三月乙酉日下谕吏部，允许各省地方官员“延请幕宾相助”后，幕僚作为私人秘书的地位得到了清王朝的正式承认，并可将其中一部分升补为国家官吏。被升补为朝廷命官的幕僚，由于他们在幕府经受了实际锻炼，往往才干出众，步步升迁，其中不少人成为朝廷的重臣干将，如李鸿章、左宗棠等。

如上所述，清代的幕僚文化水平高、知识面广、社会经验丰富、业务能力很强，并且功能全面、作用重要，他们是封建社会中最为完备的私人秘书。就个体而论，他们是无衔之官、无职之吏，有着明确的工作目标，职责专一，各为其主官承担一个方面的具体事务；就群体而论，他们是一支庞大的秘书队伍，其职掌几乎囊括了官衙中的所有日常事务，形成为一股强大的政治势力，在吏治腐败、官员无能的清朝，起了使国家机器正常运转的重要作用。然而，幕僚中也有不少人同书吏一样，利用职权，营私舞弊，成为清代地方政治黑暗的一个原因。

(四) 幕学著作的出现

幕僚的盛行，幕僚经验的积累和丰富，使一些幕僚在总结经验的基础上著书立说，出现了一些幕学著作。其中以1884年问世的张廷骧编辑的《入幕须知五种》最为出名，它包括《幕学举要》、《佐治药言》、《学治臆说》、《办案要略》、《刑幕要略》，共五种八册，其中的《学治臆说》、《学治续说》、《学治说赘》三册偏重于论述从政供职、为官治民之道；《办案要略》、《刑幕要略》两书侧重于介绍办案、断案经验；《幕学举要》、《佐治药言》和《续佐治药言》三册主要介绍从幕的经验，它们可被视为我国近代研究秘书工作的首批著作，具有一定的参考价值。

第三节 文书档案工作

清朝的文书档案工作产生很晚。16世纪末叶以前，满族还没有文字，努尔哈赤时，才令儒臣以蒙古文为基础创制了无圈点的老满文。皇太极时，又命文臣对老满文加以改进，创制出有圈点的新满文。满文出现后，才产生了文书档案工作。当时尚处于创立阶段，当然还很落后，在形式上和书写材料方面都比较杂乱，文书没有统一规格，长短宽窄无定式，字体也不一致，所用材料有明朝的旧公文纸、高丽纸，还有丝绢和木片。

入关次年，即顺治二年（公元1645年），清廷下令"各衙门奏事俱缮本章，不许复用木签"，这时才停止使用木牌，各类公文一律采用纸质本章形式，并全面沿用明代的文书档案工作制度。此后，在高度强化秘书工作的情况下，文书档案工作均有相应的发展。但是，清代的文书档案工作往往混为一体，直到清王朝覆灭，也没有完全分离。

一、文书工作制度

清代的文书工作制度除因袭明制外，还有所发展，在以下几方面比前代更为严格和规范。

票签——比明代的票拟制度更为规范，制定了专门的票签式样，对各种内容的题本该如何拟写批示有一定的程式。一般性问题可按定式拟写票签；较为复杂的问题，按规定可提出多种处理意见，拟写双签、三签或四签，并附以"说帖"，以供皇帝选用。若皇帝认为拟写的处理批示不妥，则需重新改写票签，叫做"改签"。票签的拟写，初期是由内阁票签处负责，大学士审定，后来先后为南书房和军机处所接管。

稽察、催查——清代十分重视检查公文处理进程，以便了解各项政务的实施情况。为此，在中央和地方各衙门普遍设置了掌管此项工作的机构，如内阁的稽察房，各部院的督催所，总督、巡抚、知府衙门的照磨所等，负责稽察下属官衙或本部门内的文书处理情况。雍正时，还特设稽察钦奉上谕事件处，负责稽察各部院和八旗谕旨特交之事，并制定了一系列稽察制度。雍正五年（公元1727年），明令各部院须将每月所收办的公文，分为已结、未结两类，并说明其理由，送交内阁按日记档，于每月月底奏报皇帝。乾隆二十三年（公元1758年），又规定军机处承办公文的章京，须将每日的上谕及奏折每十天汇开一单，送交内阁，由内阁稽察房转给承办衙门，一一查对办理结果或进度，如十日并无遗漏，即在单内注明缴回。同年，制定了“稽察章程”，除军机处每十天开单核查外，还令内阁稽察房抄记颁布的公文，照册核查各衙门的办理情况；又令六科核查发出的各种公文等。这些制度，对提高办事效率一度起了促进作用。

保密——前面已述及军机处周密、繁细的保密措施，其他衙门也有相应的规定。如内阁也是机要之地，不许闲杂人员擅入；从顺治二年（公元1645年）起，就规定内阁发出的密件，由六科中的有关科登号，原封送有关部，该部办理完毕后，仍须密封送还。顺治十六年，正式实行了“实封进奏制度”。清末，陆军部还颁布了《陆军惩治漏泄军事机密章程》，对泄密者，视其情节与危害程度“给以三年以上监禁直至死刑”。

此外，还严格规定了题本、奏本及贴黄的书写格式，并限定其字数，禁用浮言套语，以及题本、奏本的副本必须呈交等。

清代的文书工作制度集历代之大成，臻于完备，其中最有代表性的是对题本、密奏的处理，对此单独作一简要介绍。

二、题本、密奏的处理

（一）题本处理程序

题本在清代是向皇帝请示、汇报政务的主要上行文，其内容多属例行公事。题本的处理有以下程序。

收阅——各省的题本送交通政司，由通政司检查是否符合格式和超过期限，然后再送内阁，故称为“通本”。在京各部院的题本直接送交内阁，叫做“部本”。内阁有关各房进行摘写贴黄、翻译、校阅等技术性处理，并拟写票签，即提出初步处理意见，后来此权先后归南书房、军机处。

进呈——进行初步处理后的题本，都送交奏事处，由内奏事处上呈皇帝。

皇帝批阅——皇帝阅后，有三种处理情况：一是批示后发下办理；二是阅后不作批示即发下；三是留在宫中不发下，称“留中”，也转告奏人知道。皇帝的批语可归纳为四类：一是批“览”、“好”、“知道了”、“该衙门知道”等字样，表示已审阅并同意其请求和处理办法；二是批“该部议奏”、“军机大臣议奏”，或指定交某衙详查考议等字样，即表明对所请示的问题还需交议复奏后再作定夺；三是批“另有旨”、“即有旨”等字样，表示对此事将另发谕旨；四是直接把处理办法批在上面，大臣阅本后便照批示办理。

录副——凡皇帝批示过处理办法的题本，应迅速发还上奏人遵办，军机处须按原样抄录一份，称之为“录副”。录副时不仅照抄原本全文，还要将皇帝的批示，包括旁批、眉批、圈、点、勾、杠等，均照原样抄录。由军机章京校对后，在抄本封面上写明具奏人、事由、收到日期，若应交有关衙门办理的，则注明“交”或“随旨交”字样，如有附件则须附交，也要注明，当时称此为“开面”。录副后即将原本发还上奏人。

发抄——凡皇帝批示交各衙门拟办或知道的题本，由军机处发交内阁，内阁传知各衙门派人来抄回办理，这在当时称为“发抄”。内阁于发抄当时或次日将原件退还军机处。

议复——凡皇帝批有某某议奏字样的题本，则发交该衙门。其余的则交军机处或相关衙门处理。

传宣——凡皇帝指定交给某大臣密办的事项，由军机处行文内阁或该衙门，转传该大臣于指定时间到军机处阅文或听宣谕旨，然后回去办理。

存记——皇帝在处理某项政务时，认为其处理办法可作为今后办理类似事项的参照范例，或批示某待办事项到时再办理，或某项谕旨待以后某时才公布等等，凡此情况，军机处必须立档存记，届时再奏请办理。

归档——军机处对其收受的题本（包括录副件及附件），待事情办完后收齐归档，俗称“归箍”。以每日为一箍，每半月为一包，叫“月折包”，按季入库保存，按年编制目录。

从上述程序中，可以看到，题本的处理已形成一套完整的制度。但是，这一制度仍然存在着一些不便之处：其一，拟制复杂。题本的拟制须按规定格式和用仿宋体书写，并加贴黄，另还须备制三份副本，一份留通政司，另两份送有关衙门和六科，称为“揭贴”。其二，行文迟缓。行文过程须经通政司转内阁，内阁各房进行技术性处理后，再拟写批旨进呈皇帝，皇帝审批后还需经人用满、汉文字誊抄，然后才回。手续如此繁复，容易耽搁误事。其三，较易泄密。由于环节过多，需经多人办理，知其事者甚众，这就难免泄漏机密。其四，有碍皇帝随意批旨。题本由大臣阅定票签后再进呈，对其不合意者，皇帝固然可以命令“改签”，但终究不能完全摆脱开大臣而自行批答，这对于极端专制的清朝皇帝来说，无疑是一种障碍。对于一般公务来说，这些不便表现得尚不明显，而对于那些事关机密或涉及封建统治的重大事项，便显露得较突出。因此，题本被作为请示例行政事的文书，而随之产生了另一种新的文书制度，用以处理机密事宜。

（二）密奏制度

密奏，亦称密折，它是只有指定的官员才有权上呈，并由皇帝亲自启封、阅看、批复的绝密奏折。因其折面、折内标明“密奏”或“密折”字样，故以此为名。它不拘格式，书写自由，也不必贴黄和备副本，并不用送通政司转内阁，直接交奏事官进呈，由皇帝亲自处理，避免了题本的不便。

密奏大约出现于顺治年间，康熙继位后，予以推行，命令亲信的文武大臣需经常“附陈密奏”，让“各省之事不能欺隐”。（《清圣祖实录》卷249）但此时的密奏尚属这些亲信写给皇帝的私人信件，其内容也以请安问好、谢恩表忠之类居多，反映各种情况所占的比例并不很大。

雍正继位后，为便于直接了解各地情况，监视政敌，镇压人民的反抗，以加强皇权，巩固统治，大力推行密奏制度。他扩大上呈密奏者的范围，指定了一大批从中央到地方的各级官员，要他们经常向他呈送密奏，反映官吏和民间的动态，使密奏成为正式的官方文书。同时，对其制作和行文程序等作了详细的规定，形成一整套严格的制度。

密奏的撰制、处理程序主要有以下环节：

撰写——必须由上奏人亲笔书写，不许委托他人代笔。由于上奏人中有的文化水平低，为便于这些人书写，还规定可以不限字体，楷书、行书、草书均可，字的大小也随意，只要词能达意就行。

用纸——规定陈述事状用素纸，请安、谢恩等用黄纸。使皇帝一见密奏的纸色就能分辨出其内容的类别，以便根据轻重缓急进行批复。

封套——密奏写好后，装入格式统一的封套中。套面上标明"密"、"密奏"、"密折"等字样。

封匣——密奏装入封套后，再放于匣内，匣外加铜锁，并用盖有御印的黄纸封口，然后用黄包袱包裹。凡指定的上呈密奏者，都发给装密奏的木匣或皮匣，因密奏是不间断地递呈，故根据其路途远近和递呈次数的疏密，分别发给各人的封匣数量不等，一般为二只至八只。匣锁是皇宫内特制的，民间锁匠难以开启，钥匙备有两把，一把在皇帝处，一把连同匣子一起交给具奏人，故只有皇帝和具奏人两人能够开匣。

递呈——各省督抚的密奏，需派亲信僚属或家丁直送京城，路上不得耽搁，为避免张扬，不准派兵护送。到京后原送通政司，自雍正大力推行密奏制度，特设奏事处后，便直接递送给皇宫乾清门的奏事官，由其进呈皇帝。至于位卑职微的小官，因受礼制所限，不能直接送至奏事处，规定先送给御定的转折大臣，由其转呈皇帝。转折大臣多为皇族中的亲王，虽然均为皇帝的亲信，仍只是代转，不准拆阅，也不许向具奏人了解密奏内容。

批阅——由皇帝亲自拆封、阅览、批示，并不委托他人。据载康熙有次出巡，右手患疾不能书写，便以左手执笔批答。雍正对此更为重视，密奏一到，便挥退左右，独自拆阅，批写圣谕，绝不让任何人参与此事。

发还——多数密奏经皇帝朱批后发还，仍密封交奏事处，由其发给等候在京的家丁、亲信携回，交上奏人阅办。

缴回——康熙时，批示后的密奏发还具奏人后，便任其保存，致使有关王朝的机密之事被扩散出去。雍正吸取这一教训，在继位的当月就命令内外文武官员，凡存有御批密奏的，必须一律上缴，不准隐匿、焚弃。

从上述程序中，可以看出，密奏具有拟写简便、行文迅速、高度保密等特点，其中尤以保密为其核心所在。

密奏制度使皇权得到进一步加强，各地凡重大之事，均上密奏请示，秉承皇帝旨意去办理，这就大大削弱了中央政务中枢的职权，巩固了皇权。密奏制度还大大提高了行政效率，密奏直达皇帝，周转环节减少，能得到迅速处理，不少事当即便可决定，当即就下令实施办理，效率很高。同时，它还使地方大员彼此监视，各存戒心，不敢擅权行事及肆意妄为，有利于控制官员，整肃吏治。

密奏制度是古代文书工作中最为成熟的制度之一，它为我们提供了宝贵的文书工作经验，对今天的秘书工作具有借鉴和启迪作用。

三、公文文体

清代，皇帝颁布的下行文有：

制书——亦称制辞，在国家大典上向百官宣示时用。

诏书——凡有重大政事布告臣民时用。

诰命——封赠五品以上官员时用。

敕书——又称敕命、敕谕，是皇帝向地方上重要的文武官员授予职权、交待工作任务、明确职责范围、规定行政纪律、指导方法时所用的文书。

清承明制，皇帝颁下的文书统称为谕旨，又称上谕，“上”即指皇上，意为皇帝颁布之谕。谕与旨有所区别：

谕——是皇帝主动颁布的命令性文书。另外，虽然是针对某一官员的奏请时所作的指示，若同时将其宣示百官一体遵行，也称谕。

旨——是批答朝内外官员的奏请时所作的指示性文书，一般只发给奏请者本人。

雍正初年，采纳大学士张廷玉的建议，将凡是皇帝在处理政务中所下达的指示性文书，依据其是例行政务的文书还是机密文书，区分为两种，分别由不同的部门拟制，通过不同的途径发送，有效地提高了机密文书的保密性。这二种分别为：

明发谕旨——简称明发，是宣布皇帝巡幸、上陵、经筵和对各地的灾赈、减免赋税，及侍郎、知府、总兵以上官员的黜陟调补等事的文书。属于例行政务的处理，由内阁传抄发送。

寄信谕旨——简称寄信，是皇帝告诫高级文武官员、指授兵略、查核政事等事项的机密文书。由军机处奉旨后撰拟、抄写、密封，盖军机处印后，送兵部捷报处寄给受旨官员，这种颁发形式称为“廷寄”。

臣下上呈皇帝的上行文有题、奏、表、笺。清初沿明制，主要用题本和奏本；乾隆时，奏本逐渐废止，一律改用题本；清末又废题本，改用奏折。另外，约从顺治年间开始，出现了密奏，它于雍正后广为流行，成为臣下上奏机密事宜的重要文体。

清代各级官衙的公文文体大致类同于明代。

鸦片战争后，随着西方列强的侵入及外国科学技术的传入，清代的公文文体也有变化。尤其是伴随频繁的外事活动，增加了报告、护照等等。电报传入后被广泛使用，当时，官用电报分为三种：一是皇帝的下行电报，称“电旨”；二是臣下的上行电报，称“电奏”；三是官衙之间的平行电报，称“电信”。电报的使用，使我国文书工作和整个秘书工作发生了重要变化。

此外，光绪三十三年（公元 1907 年）创办了《政治官报》，宣统三年（公元 1911 年）改为《内阁官报》，作为清政府公布谕旨、奏章、法令的政治刊物，使这些公文能迅速、广泛地为臣民所知晓。

四、档案工作

清入关前，档案工作虽然还处于落后的初级阶段，但已粗具规模。此时期，档案工作先后由文馆和内三院中的国史院负责，并利用档案以满、蒙、汉文修成了《太祖实录图》和《太祖实录》，各佐领呈报的谱档也比较完整。满族最早的档案，留存至今的有满文老档和满文木牌，前者多为记述努尔哈赤时期的政事，内容丰富翔实，但记载杂乱，且无固定格式；后者在皇太极统治后期流行，到入关次年才废止。杨宾在《柳边纪略》中说，满文木牌"存贮年久者曰档案，曰档子，以积累多贯皮条挂壁若档故也"，学术界一般认为这就是现代"档案"一词的渊源。

入关后，随着秘书工作的强化，也加强了档案工作，使其得到相应的发展。

（一）档案机构的恢复与建立

清进入中原后，在各级官衙中普遍恢复和建立了档案机构。地方官衙中大多保留了明代的架阁库，并陆续在将军、总督、巡抚衙门设置"档房"（或"档库"），中央各部院也设有"档房"。由于清代文书档案工作常常混为一体，因此，这些机构也往往不是职责专一的档案机构，有的担负部分文书工作，甚至还有的兼管人事工作，如礼部中的清档房就兼管官吏升迁。而职责专一、独立性强的档案机构则数皇史宬、内阁大库和方略馆。

皇史宬——明代时建，清代仍用其收藏实录、圣训及玉牒，石室前的两厢存放雍正朝以后的副本，由内阁典籍厅主管。嘉庆十二年（1807 年）曾重新整修。

内阁大库——位于内阁后门外，坐南面北，库房共二十间，每间深四丈。分为东、西两库。东库中有五间为满本房存贮实录、起居注及前代帝王、功臣画像等的地方；另五间存贮书籍和三节表文、表匣及外藩表文等，因此，东库又叫实录库、书籍表章库。西库十间，楼上楼下皆贮红本，故又称红本库，另典籍关防也存放此处。两库所存档案，数量繁多，内容丰富，且都是王朝的核心机密。内阁大库分别由内阁典籍厅、满本房兼管，典籍厅以掌管红本和书籍表章为主，满本房以掌管实录、起居注为主，这些档案分别由两处编目、登记、收存。

方略馆——本为编纂清代各次军事始末的机构，军机处成立后，为其保存档案。由满、汉军机章京掌管，设有承发、供事若干人，专司缮抄、记档、保管等事。所存档案大致可分五类：一是军机处分类汇抄的上谕、奏章、专案等；二是军机处进呈皇帝的表、折及所附图册等；三是军机处处理完毕的行移、考绩、经费等例行公文；四是各官衙送军机处的咨文、照会等公文；五是馆内编修的各种方略稿本等。以上档案都以满、汉两种文字抄录收存。

（二）档案工作制度

清代沿用了前代的各项档案工作制度，并使档案的形成、积累、收藏、保管、安全等各个环节都有明显的加强，臻于完备。尤其是新创了以下规章制度，加强了以下工作环节。

汇抄——凡军机处办理的公文，均需抄录。每天值日的军机章京将所收公文逐条誊录于专用簿上，称为"随手登记档"，每月汇编成一册，叫做"现月档"，另有"夏季档"、"秋季档"、"冬季档"、"春季档"，合称"四季档"。有时，还按问题或事件的种类汇抄，如镇压农民起义的"剿捕档"、处理西藏问题的"西藏档"等。除军机处外，中央至地方各官衙也普遍采用此制，这一制度加强了档案的收集和归档环节。

定期清查、修缮——军机处的档案定期进行清查和修缮。每次清查档案都制有清册，并开有折片数目、档册篇页数目及清查档案的记载等。从乾隆时开始对年代久远和因经常查阅而毁损的档案进行修缮，由军机大臣奏明后，另抄一份，与原档一起贮存。嘉庆时规定每五年修缮一次，咸丰时又改为每三年修缮一次，每次修缮当然不可能将各期档案都抄一份，只是对前届未修缮的及残缺毁失的另修缮一份。这一制度有效地延长了档案的寿命，保持了档案的完整。

分类——内阁大库的档案原未立卷，仅以件为单位，分别打包结捆，按朝代先后分存于柜中，用千字文来编柜号。嘉庆年间，典籍厅对东库所藏的近九万件档案进行整理，并编制了《清理东大库分类目录》，将全部档案分为二十五大类，如太上皇表文类、谕旨类、诏书类、敕书类、折奏类、考试类等等。主要是按文件名称区分的，其中也有按问题区分的，各类中一般按年代排列，也有的进行了再分类，如来文类下又按机关再分小类。这一分类是以统治者的活动为中心，反映了封建伦常秩序，因此，分类方法模糊不清，划分标准前后不一，致使所分类别重复混乱。但是，它毕竟是至今所知的我国最早的档案分类方法，在当时有着积极作用。

清末，形成了“区别门类”的分类方法，“新政”时设立的会议政务处将档案分为官制、吏治、财政、军政等门，每门下再分类，如官制门下分文员、武职、裁并、添置等类，每类之下再分子目，这是按问题性质划分类别。这些方法都是比较科学的，成为现代档案分类的直接源流。

保密——清代非常重视档案的保密与安全，如内阁大库是一般官员不能擅入的“机要重地”，所藏档案在当时称为“秘藏”，除管理人员外，“九卿翰林部员，有终身不得窥见一字者”（阮葵生：《茶余客话》卷1）。王国维在《观堂集林·库书楼记》中也说：“三百年来，除舍人省吏，循例编目外，学士大夫，罕有窥其美富者。”由此可见其保密程度。方略馆也是戒备森严，严禁闲杂人员进入。各部院的档案库都委派笔帖式等文书档案人员轮流值宿、巡查，进一步加强了档案的安全性。

（三）档案成分的变化

鸦片战争后，随着外国势力的侵入，我国社会政治、经济发生变化，档案的成分也发生了变化，逐渐突破了“皇家档案”的狭窄范围，陆续产生了各种新的档案。主要有：

技术档案——清政府为了镇压农民革命运动，于19世纪60年代开始创办近代军事工业。19世纪70年代后，又形成了近代技术档案，如修建厂房的图纸、制造武器的样图、建筑铁路的线图、开办矿业的矿图等等。这些档案反映了我国近代机器工业产生时的历史情况。

教育档案——我国最早的近代学校是1861年设立的“同文馆”，以学外文为主，聘用外国人为教员。戊戌变法（1898年）后，兴办了一批具有近代意义的学堂，同时，也成立了一些专业学堂，如水师学堂、农林学堂等。在这些学堂的教学与管理活动中，形成了大量的有关学校教育的档案。另外，在向外国派遣留学生和对留学生的管理工作中，也形成了一些关于留学生的档案。

照片、影片档案——随着摄影技术的传入，清统治者也采用摄影术，拍摄铁路、厂矿等工程的照片，作为档案保存。电影传入后，又形成了一些影片档案。

此外，还产生了一些特殊的档案，诸如注册、商标等档案。同时，随着近代企业的发展，统计、会计等财务档案也比以前增多了。

复习思考题：

1. 清朝内阁中有哪些具体秘书部门？
2. 概述军机处的职掌、特点。
3. 清朝内务部中有哪些秘书部门？职掌如何？
4. 秘书、助理秘书在清末于何时、何官衔中最早设置？
5. 概述军机章京的任用条件和选拔方法。
6. 简述清朝书吏的舞弊现象及对其的整顿。
7. 概述清朝幕僚的来源、职掌和地位。
8. 概述密奏的处理程序。
9. 清朝在档案工作制度上有哪些创新？
10. 为何说清朝是我国古代秘书工作的完备时期？

第九章 中国近代的秘书工作

此处的近代特指从1911年辛亥革命至1949年中华人民共和国成立的时期。其间经历了南京临时政府、北洋政府和国民党政府三个统治时期。

南京临时政府存在的时间很短，但首开我国近代国家秘书工作之先河。与其政权性质相一致，在秘书工作中也体现了反封建的民主思想。各项制度多有开拓创新，并为后世所沿袭。

北洋政府时期，中央政府首脑更换频繁，对中央的秘书工作影响很大。短暂的帝制复辟，曾使秘书工作一度倒退。但总的来说，北洋政府的秘书工作多承袭南京临时政府，并有所发展。秘书机构的设置逐渐趋向一致，部分秘书业务技术有所提高。

国民党政府的秘书工作则承袭南京临时政府及北洋政府，并有所发展。其秘书机构的设置较为健全，人员的选拔比较严格，业务工作也有一定发展，并开始进行秘书工作的学术研究和吸取外国的经验。然而，由于国民党政府的腐败，秘书工作中同样存在许多弊端和腐败现象。

第一节 南京临时政府的秘书工作

1911年（农历辛亥年），爆发了中国资产阶级民主革命。1912年1月1日，中华民国临时政府在南京成立，孙中山就任临时大总统。2月12日，清帝被迫宣布退位。辛亥革命推翻了清王朝，结束了长达二千多年的中国君主专制制度，建立了民主共和国。但是，革命的果实不久便被袁世凯所窃取。4月1日孙中山正式辞去临时大总统职务，4月2日南京临时参议院决定临时政府迁往北京，此后，中央政权落到了北洋军阀手中。

南京临时政府及其所属的地方各级政权，普遍设置了名实相符的秘书机构和官职。在文书工作上进行了一次革命，冲破了封建思想的禁锢与束缚，废除了几千年来封建王朝使用的称谓和禁忌。各项制度虽属匆促草成，并且比较简陋，但已略具规模，具有划时代的进步意义，在我国秘书史上揭开了新的一页。

一、临时政府的秘书机构与官职

南京临时政府是资产阶级性质的政权，体现了新的近代资产阶级民主共和制度。就近代资产阶级政治制度的一般情况而言，其政治机构大体是分为立法、行政、司法三个主要系统，以及部分属于行政但性质特殊的军事系统。南京临时政府也是如此。但因其存在的时间很短，且又处于军事时期，所以只有行政系统的组织建设已具规模，而立法系统的组织机构则很不健全，司法系统就更无暇顾及了，因此，这里侧重介绍行政系统的秘书机构与官职。

南京临时政府实行总统制，不设国务总理，由临时大总统实际兼任行政首长，直接统辖、指挥各部。大总统和各部总长组成"国务会议"，决定一切重大政务。但是，"国务会议"并不等同于内阁制的内阁，各部总长也不是"国务员"，他们没有副署权。这样，总统下属的秘书机构才是中央秘书机构。专职的中央秘书机构只有一个，即临时大总统府秘书处。此外，还有部分的总统直辖机关也兼有秘书性质。

（一）临时大总统府秘书处

南京临时政府成立后，便在临时大总统府设置了秘书处。秘书处设有：

秘书长——一人，承总统之命，负责秘书处的工作。

秘书——若干人，具体办理秘书处的各项事务。

秘书处分科办事。据《时报》1912年1月22日刊登的《总统府秘书人员表》所载，秘书处分设总务、军事、财政、文牍、英文、电报七科。

秘书处的日常工作，主要是批答从各方面来的公文函件，以及草拟通告文件等。除处理日常公文外，秘书处的秘书人员也可以提出一些有益于国计民生的建议，得到秘书长及总统的同意后，通令施行。

秘书处是唯一的直接为总统工作服务的办事机构，凡各部、局呈文，各地机关团体、军民递送的呈件，都由秘书处收受，或直接批答，或转呈总统。

（二）带有秘书性质的总统直辖机关

南京临时政府重要的中央行政机关总称为“九部三局”，三局指法制局（初称法制院）、印铸局、公报局。法制局负责起草、审定临时政府的各种法令、法规。印铸局负责印刷临时政府的各类文件、公报和公文用纸等，并负责铸刻临时政府各机关的印信、关防，下设有印刷工厂等单位。公报局负责编纂、发行临时政府公报。三个局的专业性都较强，已成为负责政府某一个方面工作的职能部门，是直属总统的行政机关。但从其职责来看，三局均带有秘书性质，听命于总统，只是负责某一个方面的具体事务工作，虽然编制独立，却并没有独立的行政权。

三局内部与各机关一样，也设有秘书官职，负责本机关的秘书工作。如法制局内便设有秘书长一人、秘书一人。

（三）行政各部的秘书机构与官职

临时政府中央设有陆军、海军、外交、司法、财政、内务、教育、实业、交通等九部。各部内的秘书机构，还没有统一名称，有的沿袭清末官制改革后的名称，仍叫“承政厅”；有的改称“秘书处”。

承政厅是各部的办事机构，相当于后来的总务厅和现在的办公厅。以负责秘书工作为主，同时负责会计、庶务等类似于现在的行政处的职责和不属各司、局的事项。承政厅内也分科办事，一般分四科至六科。也有的称处，如内务部承政厅分纂辑处、文牍处、收发处、监印处、庶务处、会计处。各科（处）少则一二人，多则三四人。

秘书处的职责与承政厅大致相同。只有陆军部秘书处的职责单一，主要是办理重要的文书事务，因其另设有副官处，如传达命令、收发文电、公务接待等秘书事务都由副官处负责。

各部专、兼职的秘书官有：

参事——二人至四人，负责审议重要文件、法规和草拟文稿等事项。直接协助部长工作，排位在秘书长和各司、局长之前。

秘书长——一人，承总长之命，主管承政厅（或秘书处）的工作，协助长官处理重要政务、事务。

秘书——四人至六人，负责办理重要文书工作，协助秘书长处理要务。厅（处）下如分科办事，一般得分别兼管各科事务。

另外，分别还有文牍员、公牍员、书记员、监印员、收发员、缮写员、调查员、应接员、录事等秘书人员，都是以其工作性质为名。也有少数叫科长、科员，与各司、局业务人员相同，是采用表明级别的通用行政职务名称。

部下各司、局也设有专职秘书人员，称为录事，一人至六人，负责本司（局）内各种记录、誊抄、登记、保管文书等秘书事项。

（四）参议院秘书厅

参议院是最高立法机关，成立初期即设有秘书机构。1912 年 4 月 1 日，孙中山在解职交印前公布了参议院法，第十六章是关于秘书厅的，其中规定："参议院设秘书厅"，其职责范围是"掌本院文牍、会计、编制各种记录，并办理一切事务"。秘书厅设秘书长一人，"承议长之命，管理本厅一切事宜"；设秘书员若干人，"承秘书长之命，分掌各科事务"。此外，如有必要设置其他职员，"由议长酌定"。

（五）地方政府的秘书机构

南京临时政府成立后，一些宣布脱离清政府而独立的省区均尊奉其为中央政府。但临时政府在实际上并不能控制各省，故各省的机构设置并不统一。各省光复后，一般公推"都督"统领军政，成立都督府或军政府为地方政府。其组织机构多属草创，颇为复杂。兹介绍具有代表性的两省。

1. 湖北军政府的秘书机构

湖北是首义省区，南京临时政府成立以前，鄂军都督府一度暂居中央政府的地位，其机构设置等也成为他省仿效的榜样。湖北军政府（都督府）的组织是首创的，因其产生于激烈的战争时期，故变化很快。

武昌起义的第二天，公推黎元洪为湖北都督，但他不肯就职。强迫其就任后，也只是一个“菩萨都督”，一言不发，观望时局，都督府有名无实。革命党人遂先行组织谋略处，处理军机大事。谋略处分置秘书、参议两厅，凡大事均由谋略处决定，只有这时实权才完全掌握在革命党人手中。

1911 年10 月17 日，军政府会议通过“军政府暂行条例”，共六章二十四条。规定军政府分设军令、参谋、军务、政事四部，政事部下置文书局等七局。这个条例是由混入军政府内的立宪派首领汤化龙操纵制定的，他任政事部总长，便将秘书机构文书局和所有政务机构都控制在自己手中，极力排斥革命党人。因此，未等此条例实施，于10 月25 日军政府重开会议，通过《中华民国鄂军政府改订暂行条例》，共四章十五条。废除了政事部，将其所属七局中的六局一律改为部，规定都督直辖九部，另将文书局改为秘书处，直属军政府。由此可见，当时为争夺秘书机构和其他机构的领导权进行着激烈的斗争，这也说明秘书机构始终是政权组织的要害部门。

秘书处设秘书二十五人，初未置秘书长，后来才公推一人为秘书长。秘书由都督自行任用，其职责是：“一、分清各部文书事件；二、保管文书关防事件。”

都督府的僚属除秘书处，还设顾问员若干人，以备咨询，也由都督自行任用。另设稽查员若干人，考核各部、各行政机关和军队，稽查员需由起义人员公推后请都督任用。顾问员和稽查员均是带有秘书性质的高级职员。

各部在南京临时政府成立后，为了与中央各部相区别，改为司或局。各司、局下一般均设有秘书，承司长之命掌理文牍，并办理不属各科之一切事项，其职责范围颇宽。除秘书外，还设监印、书记等秘书人员。在实业司还设置了秘书室，秘书室设秘书、文牍、编纂、统计、收发、书记员各若干人，监印员一人。

2. 浙江和其他各省的秘书机构

在光复各省中，各种地方制定的法规，以浙江省比较完备。根据《浙江都督府官制》、《浙江省各司官制》、浙江省临时议会的“议会法”和“办事细则”等法规的规定，浙江省的秘书机构和官职情况如下。

都督府内设秘书长、秘书员、译员、录事。秘书长掌理府内事务，都督召集各司长商议政务时，以秘书长为书记长。另附设法制局（后改为法制处）和印铸局（后改为公报处），其职责类似南京临时政府的三局。

各司置有秘书、录事等专职秘书人员。

省临时议会置办事处，设书记长一人，书记六人，由议长委任。办事处负责办理临时议会的一切事务，分设总务、议事、文牍、会议、庶务五课办事。

其他各省和特殊地区的军政府，分别设有不同名称的秘书机构，如秘书处、秘书局、秘书厅、总务厅、文书局、文书部、文事部、参事处等，其中，有的设有两个秘书性质的机构，如重庆蜀军军政府设有总务处和秘书处，江西军政府设总务厅和文书局。秘书处、文书局主要是负责文书处理工作，而统筹、协调等秘书职能则由总务处（厅）承担。只有陕西秦陇复汉军总司令部设置的总务厅不是秘书性质的机构，而相当于一级政府，其下分置军政、民政、司法、外交等八部。

3. 府、县的秘书机构

南京是临时首都，地位特殊，但仍为府制。1912 年 3 月 9 日公布的“南京府官制”规定：南京府署内设秘书厅，职责范围是“掌管机要，典守印信，编制统计，记录所属职员进退之册籍，收发并纂辑公文函件”。秘书厅设秘书长一人，由府知事呈请内务总长委任，总管秘书厅事务，府知事有事由秘书长代理其职权。秘书厅设秘书二人，由府知事委任，分掌秘书厅事务。另设录事若干人，负责缮写文件，处理庶务。

1912 年初，湖北军政府制定了各府、县暂行行政规则，其中规定：府、县知事之下设书记官一员，佐知县（事）总核各课事务并掌管机要文件，知事有事时，书记官得代理其职权；设承启一员，从上官之指挥，掌管文书往复事件。从上述有关职责可见，书记官实际上相当于秘书长，但在县级政府，无论是近代还是现代，极少有设秘书长的，因此，可以说书记官类似现在的办公室主任。而承启则是专职的秘书人员。

他省各府、县有的设秘书处，有的设总务课。与各省军政府一样，也有的设两个秘书机构，如山西运城就同时设有秘书处和总务司。

综上所述，南京临时政府时期的秘书机构名目众多，其原因是当时处于动荡时期，有的承袭前清旧制，有的是自己草创，而时间又短，来不及统一。但有两点比较一致：一是普遍以“秘书”为秘书机构和秘书职务之名，名实相符，中央、地方及各机关大多设置了秘书处（或厅、局），其他名称的秘书机构中也设置了秘书一职；二是各单位所设置的秘书处（局），大多是以文书处理为其主要职责，很少承担其他方面的职能。

二、秘书人员

（一）秘书人员的类别与地位

当时秘书人员的名称主要有秘书长、秘书处长、秘书员、秘书官、顾问（官）、参事（官）、书记长、书记员（官）、文牍员、公牍员、监印员、收发员、记录员、缮写员、电务员、译员、编制员、调查员、应接员和录事、承启、文书、司书等等，从上述名称中，可以明显看出大多是做文书工作的，并主要是以所从事的实际工作为其职务名称，且分工较细，从名称上便可知道其工作性质。根据他们的工作性质和范围，大致可以分为下述三类：

一是顾问和参事，他们是总统和部长、局（总统直辖局）长、都督的高级参谋、辅佐人员。顾问主要在总统府和部分省都督府、高级军事机关设置，总统顾问为简任职（当时文官分简任、荐任、委任三等，特任是北迁后才有的），与各部次长同级；其他机关的顾问为荐任职，与司、局长同级。当时的顾问已带有荣誉职务的性质，有的顾问并非在府中办事，不能视作专职秘书人员，然而，也有的顾问却在长官左右，为其心腹，但其规定职责仍仅是备顾问、供咨询。参事为各部和部分直辖局、都督府设置，荐任职。各部职员名单中，有的单列在各司、局长之前，有的列在承政厅下，但其实际地位是在各司、局长之前。参事的主要职责为审议、核定本机关的法规、文件，草拟重要文稿，直接协助部长等长官处理工作。至于有的省设有参事会，其参事类似省议员，自当别论。顾问、参事地位较高，主要起着智囊参谋作用，是辅助首长决策的高级秘书人员。

二是秘书长、秘书，他们是各机关长官的助手，且多兼任部门负责人。各部秘书长为荐任职，排位在各司、局长之前。秘书长一般主管承政厅、秘书处的工作，大多还直接掌管机要文书。全面辅助长官工作，既协助长官处理重要政务，又掌管机关事务，所处地位非常重要，有的法规中明确规定如长官不在时，秘书长得代理其职务。例如"南京府官制"第十四条规定，秘书长在"府知事有事故时，得代行其职"。秘书主要负责重要的文书工作，一般为委任职，亦有少数为荐任职。其地位相当或略高于科长，直属秘书长领导，一般各分管一科，若该科无科长时则兼任科长。当然，总统府秘书则属例外，其级别较高。当时，凡以"秘书"为职务名称的秘书工作人员，其地位都比较高，他们均以掌管重要文书为主要职责，并兼任部门负责人，还负责处理不属各职能部门的一切事项，职责颇宽。

三是其他秘书人员，其名目众多，大多工作性质比较单一，专业较强，各负责一个方面的具体事务，他们是各机关中的一般秘书人员，人数也最多。其级别有的为委任职（相当于科员），有的则只是雇员。数量众多的具体工作主要靠他们去完成。

上述三类秘书人员中，前两类可称为高级秘书人员，第三类是普通秘书人员。

（二）秘书人员的来源

南京临时政府和地方各级政权中的秘书人员，主要来源于两个方面：

1. 从同盟会员等革命党人中聘任。

早在武昌起义前，同盟会及其他革命组织中，均普遍设置有秘书机构和秘书工作人员，在后来建立的革命政权中，他们成为秘书队伍的基本骨干。例如孙中山先生聘任的总统府秘书长胡汉民，就是老同盟会员，曾在同盟会总部的书记科任书记。随着新政权的建立和政府机构逐渐健全，需要更多的秘书人员，仅靠原来在革命组织中从事过秘书工作的革命党人远远不够，因此，还聘任了不少没有做过秘书工作的革命党人为秘书人员。

一般来说，当时的高级秘书人员主要是从革命党人中聘任的，他们是秘书队伍的中坚力量，对建立新的工作制度、保证新政权的正常工作，及坚持革命主张起着重要作用。其中有的人不图做官，甘当秘书，多做工作，为革命尽力。最典型的莫过于吴玉章同志，他在同盟会成立时便被选为评议部评议员，资望较高。在武昌起义前就领导了四川荣县起义，最早宣布独立，建立了第一个地方革命政权。他为了与总部取得联系，辗转来到南京，其时各部总长、次长已安排就绪，有人为他遗憾，可他却说："我们革命不是为了做官"（《吴玉章回忆录》），并退回内务部接连送来的疆理局局长委任状和内务部参事委任状。当时南北和议已成定局，孙中山将辞职，当初很红的秘书处成了冷门，以前很多欲钻营来此做官的都不愿来了，秘书处的人也有往外溜者，在这种情况下，吴玉章欣然接受孙中山先生的邀请，到总统府秘书处当秘书，协助孙中山先生收拾残局。

2. 从旧政权的秘书人员中选用。

湖北军政府曾制定了对原有书吏进行考试和访察的两种选用办法。

考试即对从前各房科书吏进行考试，考取后依次派至府、县中暂任课员或司书生，办事三月后再甄别品行成绩以决定去留。

访察即通过调查了解，对以前各房科书吏中素有声誉的人，经访察核实确是品行端正、办事谙练且兼通新政者，可以免予考试，按其所长酌量派充各课课员。1912 年初，湖北军政府内务部还通令各县，对所有从前府、县知事的幕僚、随从，应由该县出具是否沾有"吸食洋烟"、"性好冶游"的证明，送部查考。

采用这些方法，从书吏、幕僚等旧有秘书人员中选用了大批人员，担任各机关中的普通秘书人员。但是，这种甄别选用的办法只是在部分地区进行，而且实行得也不彻底。

由于中国资产阶级革命派的软弱性和妥协性，使立宪派人员和旧官僚窃取了革命政权。他们掌握领导权后，便极力排斥革命党人，安插自己的心腹、亲信为秘书。有的所谓已光复的省区，甚至原封不动全是旧政权的一套人马，不过仅换一块招牌而已，其秘书人员自然都是旧有人员。在南京临时政府和各地政权中，都混进了不少立宪派人员和旧官僚，他们除了准备篡权外，还严重地影响、腐蚀了一批革命党人，使这些革命党人逐渐丧失革命意志，蜕化变质，追求高官厚禄，贪图享乐。例如，总统府秘书处中一个叫秦毓鎏的秘书，偷偷地为自己填写了一张委任状，准备回到他的家乡无锡去做知县，一时被传为笑谈。

总的来说，辛亥革命时期的秘书人员，主要来源于革命党人和原有的幕僚、书吏，当时还未能建立健全的选拔任用制度，因此，秘书队伍中鱼龙混杂，这是历史给我们留下的一个教训。

三、文书工作

南京临时政府对旧有的文书工作进行了大刀阔斧的改革，建立起令人耳目一新的文书工作体系，这一体系主要包括以下几方面。

（一）创建新的公文文体

临时政府成立后，立即发布了“公文程式令”，紧接着，临时大总统和内务部又发布了一系列命令、公告，全面废弃了沿用了几千年的制、诏、诰、敕、题、奏、章、本、表、笺等封建公文文体，规定了临时政府新的公文文体，对这些新文体的名称、用法多次作了解释、补充。

根据对目前已发现的史料的整理，临时政府的公文文体共计有九种，计有下行文六种，上行文一种，平行文一种，对外文体一种，其用法分别为：

上行文：

呈——下级公署职员行用于上级公署职员，及人民行用于公署职员的公文。

下行文：

令——上级公署职员行用于下级公署职员，公署职员行用于人民的公文。

谕——公署职员行用于人民的公文。

谕区别于令之处在于“凡命令含有劝导之意者曰谕”。

批——凡上级公署受有呈词而予以裁决判断，答复下级公署用此文体。

示——公署职员公告一般人民所用。

公布——经参议员议决之法规，由大总统宣布者曰公布。

状——委任职员及授赏徽章之证书曰状。

平行文：

咨——同级公署职员，互相行用者曰咨。

对外文体：

照会——“凡各公署行用于外国之公文”（《内务部关于江宁巡警厅对引用公文程式质疑的往复函件》，见《临时政府公报》第37号）。

中国封建社会的公文文体繁杂，南京临时政府建立的新文体，摒弃了封建王朝使用的制、诏、诰、敕、题、奏、表、笺那一套名称。同时，还大大简化了文体数量，使之整齐划一，便于使用。

(二) 规定新的公文格式

南京临时政府在统一公文文体后，对旧式公文格式也作了改革，废除了其中的恭维语、虚浮套话，对遇“皇帝”两字提行顶格，题本、奏本等严格的行数限制以及对纸色、字体的刻板规定等，重新作出规定，如：

“文式：勿论何项公文，不限页数，随文而止。”（《内务部拟定公用折及封套式样咨各部暨各都督文》，见《临时政府公报》第27号，下同）

“行式：除首尾职名、人名及叙事中应另提勿论外，即紧接‘此谕’、‘此资’等字样。”

“字式：凡在咨、谕、照会、令等文，其折而之咨、谕等字及折内职务、人名名字，均比叙事字约大一倍，在呈文则一律相等。”

这些规定，革除了公文格式上的封建色彩，使公文形式服从于内容，反映出资产阶级民主政权的务实精神。

（三）废除公文中的封建称呼

封建公文中，规定对皇帝称“圣上”，下级对上级、民对官须称“大人”、“老爷”。南京临时政府于1912年3月2日专门发布了《临时大总统令内务部通知各官署革除前清官厅称呼文》，明确指出：“官厅为治事之机关，职员乃人民公仆，本非特殊之阶级，何取非分之名称，受之者增惭，施之者失体，义无取焉！”认为如再使用此等称呼，是对共和政治的玷辱，下令：“嗣后各官厅人员相称，咸以官职。民间普通称呼则曰先生、曰君，不得再沿用前清官厅恶称。”这一规定明显地反映出资产阶级反对封建的民主思想。

（四）规定新的公文纪年法

南京临时政府规定以公元1912年1月1日为中华民国元年正月初一，据此，规定“所订一切关于日期之计算事件，均以新历为准”（见《南京临时政府档案》）。自此，临时政府公文中均采用此新的纪年法。

（五）建立新的文书工作制度

南京临时政府坚决奉行务实、高效的办文宗旨，力求摒弃封建王朝文书处理中相互推诿、拖延的官僚作风，特地发文指出：“公文以敏迅为归，事权以分任为主”，要防止“呈请转饬”、不负责任的文牍主义，指示今后：凡“各该部局等互相咨商之件，统应直接办理，以期简当，而明事权”（见《南京临时政府档案》）。临时政府各部、局依据这一命令，纷纷建立起办文制度，如财政部制定的文书处理程序为：

挂号——收到文件，将事由登记在收文簿内，另编本厅司号数，并注明收到日期；

呈阅——文件登记毕，由司厅长阅过，分盖各科戳记，每日一次汇呈总长批阅，如属重要文件，由司厅长或主任人员亲呈总长请示办理；

办稿——到文件发科后，应办稿者，由主任人员办理，经该签事盖章送厅司长核定，再送总次长判行；

缮校——已判行之稿，交录事缮写校对，送承政厅印信课用印，送总次长署名盖章；

发送——发文封固，将事由登记在发文簿内，一并送承政厅收发课；

归档——文件发行后，仍由各科将所收原件及拟办之文稿，分别按类目归档，以备检查。

对公文处理的时限也作了严格规定："各厅司除紧要公文即时赶办，或重大问题尚待研究外，其余各种事件应限定日期，当日挂号，次日呈阅发科，第三日办稿，第四日送稿判行，第五日清稿发送，自收文至发送，不得逾五日。"（《临时政府公报》第36号）

为了防止作弊，临时政府对收文尤其作了严格规定，凡到总统府投递文件者，由外传事处将文件呈交收发处验阅，决定收受与否，由收发处加盖印戳，注明日期，发给收据。凡不属总统府权限所管者，不予收受，但需注明该公文主管公署及地址，交由该投递人自行向主管公署投递。凡上呈文件均一律存查，分别批答。

为了防止秘书人员刁难或勒索，还规定，凡投送总统府的文件，不论收受与否，均由外传事处将文件呈交收发处验阅，如外传事处不为呈交，或有延情事，刁难勒索，"准由该投递人指明姓名函诉本府（总统府）究办"（《临时政府公报》第36号），以保证秘书机构的清正廉洁。

（六）创设新的公文下达方法

临时政府的公文除了运用投送、邮发的下达方法外，还创设了两种新办法。

第一种，总统府秘书处于1912年2月在总统府东西栅门外设立了揭事处，"凡来本府投递呈件者，分别事项量予批答，揭示该处，以三日为限，过期揭去"（《临时政府公报》第36号）。

第二种，利用公报下达文件。临时政府于1912年1月29日开始出版《临时政府公报》，每日一期，公报以"宣布政令，发表中央及各地政事"（《临时政府公报》第1号）为目的，它经常用来发布政府文件，注明“公文未到，以本报到后为有效”。公报共出版了58期，发布过大量的政府文件。

由于临时政府存在的时间很短，它的各级政府中还没来得及建立专门的档案机构，其档案工作一般由文书工作部门兼理，由其中一部分秘书人员负责整理、保管。

综观南京临时政府的秘书工作，可以明显地看出，它对封建社会的秘书工作进行了一次较彻底的改革，形成了自己的特色，为民国时期的秘书工作奠定了基础，成为我国秘书史上的一座里程碑。

第二节 北洋政府的秘书工作

1912年，北洋军阀集团篡夺辛亥革命成果，建立起北洋政府，直到1928年覆灭，在我国历史上形成了历时十六年的北洋军阀统治时期。在此期间，除了短暂的复辟帝制以外，名义上一直维持着所谓“民主共和”的体制，挂着中华民国的招牌，而实际上是大军阀的独裁统治，仍然是大地主、大买办资产阶级专政。袁世凯死后，北洋军阀集团开始分裂，各派系分别以不同的帝国主义为后台，为争夺政权，连年混战，中央政府更迭频繁。

由于名义上要维持“共和制度”，所以，尽管中央政府不断换届，而国家机构形式大致上还是仿照近代资本主义国家“三权分立”的原则设置。因此，绝大多数秘书机构的设置并不因中央政府首脑的替换而发生变动。在各级各类秘书机构中，除中央最高行政首脑所属的秘书机构变动较大外，其余的反而逐渐趋向一致。

一、中央秘书机构

北洋政府时期的国家机构设置，主要是依据孙中山先生领导制定的《中华民国临时约法》。《中华民国临时约法》总纲第四条规定：“中华民国以参议院、临时大总统、国务员、法院行使其统治权。”

兹分别介绍总统府、国务院和国会的秘书机构。

（一）总统府的秘书机构

按照《中华民国临时约法》规定，中华民国实行责任内阁制，大总统并不是实际的行政首长，而是居于国家元首的地位，享有若干特权。在这若干特权中，许多只是一种名义，或由别的机关行使，或须受一定的限制。但军阀政府的特点是以军权为中心，军权支配一切，有实力的大军阀任总统，其权力便远远超出上述规定，因此，总统府秘书机构是重要的中央秘书机构。

总统府的秘书机构主要是秘书厅，在多数情况下是唯一的秘书机构。

在北洋军阀统治的十六年中，共有七人先后任大总统（其中段祺瑞称临时执政，张作霖称陆海军大元帅）。总统府（包括临时执政府、大元帅府）一般又称公府。

府内一般设秘书厅，置秘书长一人，掌管秘书厅事务；设参议若干人，负责审议法令；设秘书若干人，分掌秘书厅的具体事务，其中参与机要者又称机要秘书，例如袁世凯时设秘书六人，三人为机要秘书，后又专门设有英文秘书、日文秘书，以应付外事方面的机要联络工作。

总统府秘书厅事务的繁简，视各任总统的实际权力而定。若总统是因几派军阀相持不下不得不暂时妥协而支持的傀儡（如徐世昌和黎元洪的复位），其事务就较少；若总统是最大的军阀头子，则事务较繁忙，例如袁世凯时无限扩权，各省公文除例行分送总统和国务院外，重要的电文则是单独发至总统府秘书厅，回电也是用“公府秘书厅”的名义。

袁世凯准备复辟帝制时，曾一度复古，取消了秘书厅的名称，改称内史厅，将总统秘书改为内史，秘书长改叫内史监。总统府也改名为奏事处，另还有承宣司，设承宣官若干人，传宣命令，完全是封建朝廷的那一套。1916 年，袁世凯称帝失败后，才又恢复了秘书厅的名称，仍设秘书长、秘书等职。

袁世凯时期曾一度设置总统府政事堂，将其作为自己的办事机构。袁世凯窃取了大总统职位的初期，不得不在表面上遵照《中华民国临时约法》，实行责任内阁制。待其觉得地位已稳固后，便于 1914 年 5 月 1 日，公开抛弃了《中华民国临时约法》，公布他的御用约法——《中华民国约法》（即“新约法”），把仅是名义上存在的责任内阁制也扫除了，取而代之的是独裁的总统制。同日，宣布废止“国务院官制”，取消国务院，改设政事堂于总统府。5月3日，公布《大总统府政事堂组织令》，完成从内阁制向总统制的改组，一年后又改组政事堂，向帝制过渡。政事堂设国务卿一人，左、右丞各一人，均为特任。“国务卿”是从美国官制中搬过来的名词，袁世凯认为“卿”之上必有皇帝，就将其列入官制中，以后再由总统变皇帝也就不会感到太突然了。国务总理改为国务卿，不仅名称不同，性质也变了，国务卿只能“赞襄”总统，属幕僚的身份，和秘书长相差无几。为防止国务卿专权，又设左丞和右丞，其地位与国务卿相差无几，这样，政事堂就不会出现专擅局面。

政事堂虽是最高行政中枢，但其实际地位不过是总统的办公厅而已。

政事堂内的专职秘书机构是机要局。

1914年5月5日公布《大总统府政事堂机要局官制》，规定机要局设局长一人，简任；参事六人，佥事十六人，主事若干人。分三科办事。

机要局的职责如下：

第一，颁布命令，“恭请钤章”；

第二，撰拟命令及各项文屯；

第三，收发京外官署文牍电信；

第四，典守印信；

第五，审核各部事务；

第六，处理关于清室往来文件；

第七，办理关于立法院往来文件；

第八，和各部院接洽文件；

第九，和政事堂各局所人员接洽文件；

第十，保管图书；

第十一，编辑档案。

从上述编制和职责来看，机要局人员颇多，职责宽泛，它既拟撰文电，又审核各部事务；既是中央总的收文机构，又负责处理文书；既掌理颁发命令，又负责使用印章，并还负有协调政事堂内部的关系，掌管图书、档案之责。它是事实上的中央唯一的总秘书机构，是袁世凯直接掌握的“内秘书厅”，其实际权力远在国务卿之上。机要局是中央政权的机要之地，袁世凯通过它来控制全国政权。从表面上看，机要局局长不过为简任职，地位平常，实际上，他独领机务，典守广泛，故此，袁一直用其心腹为机要局局长，可见此职之重要。

（二）国务院的秘书机构

按理，国务院的秘书机构应是最重要的中央秘书机构，事实上并非如此。由于内阁更换频繁，有的数月一换，有的组阁刚几天就换届，在短短十六年中，便有四十多届内阁，三十多人出任国务院总理，多数内阁被人左右，其下属的秘书机构自然也就难以成为政务中枢。袁世凯设政事堂时和段祺瑞任临时执政的前期，都取消了国务院。因此，只有拥有实力的大军阀任国务院总理，国务院才具有相应的权力，其秘书机构才是中央的秘书机构。国务院的秘书机构称秘书厅，大致情况如下：

秘书长——一人，简任。承国务院总理之命，掌理秘书厅事务。秘书长得参加国务会议，并充任会议书记长。

秘书——六人至十人，荐任。协助秘书长办事，分掌宣达法令，撰拟及保管机要文书，典守印信等。民国初置有首席秘书，秘书长有事时，得令首席秘书代理其职权。

佥事——十二人至二十四人，荐任。分掌撰拟一般文书，编纂记录，保管文书图籍，翻译文电，核对文稿，收发文件，以及掌理会计、庶务等项。

主事——二十四人至七十二人，委任。辅助佥事分办各项事务，相当于科员。

参议——八人，简任。职责略同各部参事，主要是审议法令。

必要时可以设置雇员等额外职员，但不得超过正式员额的总数。

秘书厅分科（课、处）办事，数目无定制，由秘书长呈明国务院总理决定。民国初年仅三课，是按工作性质划分：一课办理机要；二课主要办理一般文书；三课办理出纳、庶务、交际等事项。由于划分过粗，不便各司其职，不久又改分八课，分别对应内政、外交、军政、财政等各口及负责编纂、庶务等事项，后来又划分为五科、七科等。1926年，又划分为五科二处：一科负责发布命令、公报、人事，典守印信；二科负责撰拟文稿；三科负责编纂、谒见、档案；四科负责办理庶务；五科掌理会计；会议处负责会务工作；电务处负责电报事务。各科、处均设主任一名主持工作，由秘书、佥事充任。

秘书厅是国务院的综合办事机构，不同于政事堂机要局。秘书工作是秘书厅的主要任务，除此外，还管人事、庶务、会计等机关行政事务。就其职责来说，它与当时各部的总务厅一样，类似于现在的办公厅。

(三) 国会的秘书机构

国会既是立法机关，又是制宪机关，并且还是民意机关，它是民主共和制度的标志，要标榜法统就须保存国会的形式，故在北洋军阀统治时期，大部分时间设有两院制（参议院、众议院）的国会。在军阀统治下，国会不可能真正发挥作用。

参议院、众议院均设院秘书厅，各由其议长任命秘书长一人，掌理院内一切事务。秘书厅分科办事，参议院秘书厅分置文牍、议事、速记、公报、会计、庶务六科；众议院秘书厅分置议事、速记、公报、会计、庶务五科。各设秘书六人，分掌各科事务；设科员、事务员辅助秘书办理具体事务。两厅各自的秘书人员不得超过三十人。

另有宪法会议，是两院联合会的形式，共同议定宪法。宪法会议也置秘书厅，设秘书长一人（由参议院秘书长充任），出席会议的秘书十五人，其他秘书八十五人，分置议事、文牍、速记、庶务四科，各设正，副主任一人。宪法会议秘书厅与现在的大型会议的秘书处相似，是临时性机构，负责筹备会务、整理议案、进行会议记录及办理其他各项事务，全是为会议服务的会务工作。

两院秘书厅则是常设机构，除开会时的中心任务为会务工作外，平时也有日常的工作任务，并负有秘书工作以外的其他职责。

两院秘书厅理应是中央秘书机构，但因国会实际上不起多大的作用，只是作为“民主共和制度”的装饰品，或只能做表面文章，或沦为军阀的御用工具，因此，两院秘书厅在当时的中央秘书机构中并不重要。

上述中央秘书机构中，在不同时期所起的作用差异较大，大致可分为三种情况：一是总统为最大的军阀头目时，总统府秘书厅不但事务繁忙，而且参与机要，辅助决策；国务院秘书厅只不过处理各地往来的例行公文而已，不能预闻机要；二是总统为各派军阀妥协而产生的傀儡时，国务总理往往是由实力较强的军阀出任，这时正好与上述情况相反，总统府秘书厅只是处理需呈请总统的例行公务，而各项实务均集中在国务院秘书厅；三是由各派军阀头目分掌权力时，居总统之位的军阀头目不得不授予另一派军阀头目组阁之权，这时难免发生“府院之争”，总统、总理常为事权争吵。至于参、众两院秘书厅，所做的多为表面文章，实际作用不大。这是半封建半殖民地社会中在军阀统治下的特有现象。

(四) 中央政府各部的秘书机构

北洋政府设置外交、内务、财政、陆军、海军、司法、教育、农商、交通九个部，各部均设总务厅为办事机构，负责秘书工作及其他事项。多数部的总务厅是唯一的秘书机构，陆军、海军、农商、交通四部设参事厅（或参事处），其中农商部除参事厅外，复设秘书处。

参事厅、秘书处是参事、秘书们集中办公的处所，因工作重要，单独设置，若不独立则属总务厅。参事厅主掌审议法令，秘书处掌管机要文书。可以说，参事厅起智囊团的作用，秘书处为机要文书部门，总务厅是综合性秘书机构。

总务厅的职责主要有下列各项：

1. 掌管机要；
2. 典守印信；
3. 编制、统计报告；
4. 登记职员进退；

5. 纂辑、保存、收发各项公文函件；

6. 办理本部预算、决算；

7. 稽核会计；

8. 管理本部官产、官物；

9. 办理其他不属各司事务。

总务厅的职员有：参事，二人至四人，简任，负责拟订和审议各种法律、命令；秘书，二人至四人，荐任，分掌总务厅事务；佥事，至多八人，荐任；主事，若干人，委任。另可视工作需要置若干雇员。

总务厅一般不设主管的厅长，而是由秘书或参事分别掌管总务厅事务。后逐渐采用“管理总务厅事务”的名义，指定某人主管总务厅。

总务厅分科办事，各科名称一般冠以所掌事务。各部总务厅所设科数没有统一规定，视情况而定，以分四科或五科者为多。五科者为机要、文书（文牍）、会计、统计、庶务五科。四科者少机要科，或因秘书处已独立，或将其事务归入文书科或其他科。这几科中，除会计科外，其余各科多为专职秘书部门。各科所负责的具体秘书事务，在不同时期颇有差异，其主要职责大致如下：

机要科：处理机要文电，典守印信。

文书科：负责登记、收发、编辑、誊录各类文件及保管图书。

统计科：负责汇编、纂辑各类表册、文件，保管档案。

庶务科：负责值班、接待、交办事项等事务。

科内有的分置各处、所、课等，如外交部总务厅文书科分设收掌处、图书处、印刷所、阅报室；财政部总务厅文牍科分设收发、编译、档案、誊录四课。

各部总务厅与国务院、参议院、众议院的秘书厅相同，均为综合性的办事机构，以负责秘书工作为主，同时兼负本部人事管理、财政管理、物质管理等机关行政事务管理，及不属各司、局的事项。其性质与现代各机关的办公厅相同，并非单纯的秘书部门，但秘书工作始终是其主要任务。

各部一般都有部务会议的组织，由总长、次长主持，参事、司长、技监、秘书等参加，有关科长可列席，作为讨论部务的咨议机构。

此外，各部的业务司、局内，有的也设有总务科。未设秘书机构的，也设有专职秘书人员，指派佥事、主事充任。

各部还有许多直辖机关，这些机关中的秘书机构名称比较混乱，有秘书厅（处）、总务厅（处）、文牍处、书记处，及参事厅、副官处等等，多为只设一个秘书机构，也有的设两个至三个，也有的仅设若干秘书人员。在这些机关中，不少设有秘书长，主掌机关内部事务。

二、其他秘书机构

北洋政府时期的地方行政区划分为省、道、县三级。

（一）省公署的秘书机构

1913年1月8日公布《划一现行各省地方行政官厅组织令》，规定省行政机关称为行政公署，行政公署长官仍按民国元年制度，称为民政长，总理全省政务。1914年公布"省官制"，将民政长改称巡按使，行政公署改称巡按使公署。1916年黎元洪又把巡按使改为省长，巡按使公署改称省长公署。

省行政公署设置总务处，以民政长名义执行公务，负责办理机要、印信、统计、人事、记录、文书、会计、庶务等事项。总务处与中央各部的总务厅相同，也不设处长，设有秘书、科长、科员等，分掌和办理总务处事务，并分科办事。

"省官制"公布后，新设政务厅为省行政中枢，总务处改为科，隶属政务厅。总务处改总务科后，其职责、内部机构等实质上未变。内部不能再分科，而分股、课、处等，如湖南省政务厅总务科初分特别、记录、文书、收掌、庶务五科，后修正办事规则，重分为考绩处、印电处、收发处、支应处（会计、庶务）等四处。

（二）道公署的秘书机构

《划一现行各道地方官厅组织令》规定道行政长官名观察使，道行政机关称观察使公署。"道官制"改观察使为道尹，其公署也改称道尹公署。

道尹公署的秘书事务由内务科兼办，道内务科的职责相当于省总务、内务两科的职责。另设秘书一人，办理机要事项。内务科设科长一人，科员若干人。秘书、科长、科员均为正式官员。另可置若干掾属，办理具体事务，由道尹自行委任，但须呈报省行政长官核定，并咨陈内务部分别叙等注册。

（三）县公署的秘书机构

《划一现行各县地方行政官厅组织令》把原有直辖地方的府、直隶厅、直隶州和厅、州等地方，一律改称为县，行政长官一律改称县知事，行政机关则一律改称县知事公署。

公署内视各县事务繁简，分置二科至四科。第一科掌办总务，包括机要、印信、统计、收发、档案、庶务等秘书事项及人事、会计工作。其职员有科长、科员等，但并非国家正式官员。县属内的行政人员通称佐治员，实际上是清代幕僚的变相产物，故又称掾属。他们均由县知事聘任，但须将其职掌和员额等，呈报道尹并转呈省行政长官核定、注册，并咨陈内务部备案。

县下的组织有市（特别市除外）、城、镇、乡，都是县下的一级自治组织。一般北方各省多沿用清末旧制，分为城、镇、乡；南方各省则多分为市（城和镇的合称）、乡。在这些自治组织的行政机构中均设有文牍、庶务等职，办理秘书机构。

特别市有京都、青岛等，地位相当于县，但仍然为自治组织，受各地方最高行政长官监督，京都则受内务总长监督。后随着城市的发展，特别市的地位多高于县。市政府的秘书机构仍为总务处，也有的于总务处之外另设有秘书处，或秘书长、秘书等。其情况与各部、各省大致相同。

（四）司法机关的秘书机构

清末，司法系统便开始逐渐独立。北洋政府成立后，即普遍设置了独立的司法机关。

在中央，最高审判机关称为大理院，最高检察机关就是总检察厅，各自独立地行使职权。另外，还设置了平政院为办理行政诉讼的机关。各院、厅的秘书机构如下：

大理院置书记厅，设书记官长一人，主持书记厅工作；书记厅下辖总务处、民刑事处。总务处分设文书、卷牍、统计、会计四科，均由书记官兼充科长。文书、卷牍、统计三科负责全院的秘书工作。民刑事处分设民事一科至四科，刑事一科至二科，各科也由书记官兼充科长，掌理本科各类司法文书。

总检察厅置书记处，分设文书、卷牍、会计、庶务四科。各科设主任书记官一人，掌理本科事务；书记官若干人，分掌各项事务。

平政院也置书记处，分设记录、文牍、会计、庶务四科，由书记官分掌。

省级司法机关是高等审判厅和高等检察厅。高等审判厅置书记厅，其内部结构与大理院书记厅大致相同，仅各处所设科数略少。高等检察厅置书记室，设书记官长一人，分设总务、记录、监狱三科，总务科辖文牍和会计庶务两股，文牍股又辖收发处、文件保存处等。

县级司法机关是地方审判厅和地方检察厅。地方审判厅置书记室，设书记长一人主持，又分文牍、记录、统计、会计四科办事。地方检察厅设书记长一人，书记官若干人，有的设有总务处。上述是指已独立的普通司法机关，有的县仍是由县知事兼理司法，或设审检所、县司法公署于县知事公署内，或直接设法庭于县知事公署内。在这些司法机构中，均设有书记官、承发吏、检验吏负责办理司法秘书事务。

(五) 军事机关的秘书机构

军事机关的秘书机构一般有两个：一是由武官组成的副官处，负责总务、警卫等事项，其秘书工作的任务主要有传宣命令、收发文件、公务接待、办理临时交办事项及其他庶务等；二是由文官组成的秘书处书记官，主要负责文书工作。也有少数军事机关所置秘书机构比较复杂的，如负责守卫京都的步军统领衙门（承袭清代旧名），其内部机构共有两厅、三处、三科，其中有四个是专职或兼有秘书性质的机构，它们分别是：参议厅，置左、右参议各一人，参议三人，辅佐长官工作，为高级参谋；总务厅，设厅长一人，科长、科员若干人，分置机要、政务、统计、会计四科，办理本衙门的各种事务；秘书处，置秘书长一人，秘书七人，负责办理重要文书；副官处，置副官长一人，副官多人，主要负责传宣命令等。上述四个机构中，负责一般秘书工作的只是总务厅，其余三个机构均是负责重要的秘书业务，故分设较细。

(六) 北洋政府秘书机构的特点

综上所述，北洋政府时期的秘书机构设置具有以下特点：

第一，从中央到地方的各级各类机关，均普遍设置有秘书机构或秘书人员。尽管当时军阀们争权夺利，内战不断，政局动荡，社会秩序极为混乱，但这并不影响各自秘书机构的设置，相反，统治者还着力加强秘书机构的建设。

第二，秘书机构的名称及其职责趋向一致。各级各类秘书机构的名称主要为三种，即秘书厅（处）、总务厅（处、科）、书记厅（处、室），这些秘书机构的内部组织大同小异，各视其事务繁简，分置若干科（股、处、课等），或以数字为序，或冠以所掌事务为名，且大多为三个至五个类似名称的部门。尤其是在职责方面已基本上一致，无论是叫秘书厅，还是叫总务厅、书记厅等，职责范围差异很小。

第三，各机关大多只设一个机构负责全部秘书事务，只有少数机关才分置几个秘书机构，主要是将起辅助决策作用的高级参谋、顾问人员和负责机密或重要文书的高级文书工作人员分开。

第四，秘书机构的职权范围明确。各级秘书机构尤其是中央秘书机构的职权范围，这时已有比较明确的规定，各为其长官的办事机构，除秘书事务外，兼管的只是本府、院、部、署内的行政后勤事务，及不属各执行机构所管的事务，并且秘书长等秘书部门的首脑只是位列各执行机构主管之前，并不是位居其上，不能领导、指挥他们。这与古代封建朝廷中，秘书机构的职权不明以致无限扩大相比，是一个进步，它有助于秘书机构的相对稳定，有助于秘书工作能连续、稳定地开展和发展。

第五，秘书机构的级别名称比较混乱。同为中央机关的秘书机构，有的叫书记厅，有的又叫书记处，至于中央直辖机关的秘书机构，其名称则更为混乱。地方行政机关如省署、县署又都叫总务科，且有的还于科下设科。当时，部（省）下设司，司下设科，厅与司平行，但有的则高于司（如国务院秘书厅）。处最为混乱，一般相当于厅、司级，而有的则高于或低于厅、司级，更有的在科下设处，不便区别。

三、秘书人员

（一）秘书人员的名目和职级地位

北洋政府时期秘书人员的名称比较简单，行政机关的专职秘书人员主要有秘书长、秘书、佥事、科长、主事、科员，为行政职务名称，各职能机构和秘书机构均设置。

当时，行政官员的等级分为特任、简任、荐任、委任四种。前三种属高级文职，后一种属普通文职。除特任外，共分九等：第一、第二等为简任职；第三至第五等为荐任职；第六至第九等为委任职。特任官属超等或特等，主要是国务院（即内阁成员，有国务总理和各部总长）及其他特任官属的长官，他们不在常任文官之列。

国务院秘书长与各部次长、各直属局局长同为一等或二等简任职。秘书在初期与司长、厅长等同为三等或四等荐任职（另直属局的秘书有的为五等荐任职），后将各部局院属的司长、厅长改为简任职，而秘书除已有荐任资格的保留外，新任的不以荐任官论。佥事、科长为四等或五等荐任职。主事、科员为六等至九等委任职。录事为雇员，没有官的身份。

从这种明文规定的官等来看，凡冠以“秘书”者，均属高级文官，分别为一等至五等，地位是很高的，实际地位往往更为显赫。由于秘书多系长官的亲信，深得信任，被视为心腹，所知机密和被赋予的权力均比他人更大。例如袁世凯设政事堂时，机要局长虽仅为简任职，实际权力却远比各特任官大，甚至比其顶头上司国务卿和左、右丞的权力还大。袁世凯府中秘书的权力也非比一般，如内史（即原秘书）夏寿出，常参与袁世凯的重要机密，所知机密连身为国务卿的徐世昌也不知道，因此，有人向徐世昌打听消息时，徐世昌无不抱怨地说，何不去问夏内史。再如，国务院秘书长按职权规定，仅能列席国务会议，并无发言权和表决权，而段祺瑞为总理时，以其得力干将徐树铮为院秘书长，徐树铮不仅在国务会议上提建议，甚至当其建议被否决后，公然私拟命令送到总理府盖印，或用国务院的名义发出命令等，就是在总统黎元洪面前，徐树铮也依然盛气凌人，且声色俱厉。他之所以敢这样，就在于其后台的实力更强。这是军阀统治下，秘书扩权和越权的一大原因。

北洋政府的专职秘书人员，从等级上划分，可分为三类：一类是高级秘书官员，包括秘书长、秘书和佥事、科长等；二类是普通秘书，包括秘书机构中的主事、科员，及省、道署中的掾属等；三类是秘书吏员，包括中央秘书机关的录事，及县署中的掾属等没有官员身份的秘书人员。后两类人数众多，在前一类秘书官员或长官的领导下，具体承办各项秘书事务，整日应付案头文牍，或奔忙于各差遣事项。

(二) 秘书官员的任用

1. 一般秘书官员的任用

一般秘书官员属常任文官，主事、科员等委任职秘书官员，必须是现任委任文职，或曾任委任文职满一年以上并有成绩的，或经文官普通考试及格并实习期满有成绩的方可任用，有荐任各项资格之一的也可以任用，但仍保留荐任资格。

文官普通考试每三年在首都举行一次，于高等考试之后举行。应试者要求为年满二十岁以上的男子，具有相当于中等以上专门学校的毕业文凭，或经甄录试（笔试国文、历史、地理、笔算等科）及格，或曾任委任以上文职者，方可参加考试。1919 年又决定应试者须在考试一个月前，取各县同乡荐任官以上的京官一人的“保结”，亲赴国务院铨叙局报名，并呈验有关文件。凡被剥夺公权、品行卑污、有犯案前科、破产、亏欠或侵蚀公款者，均不得参与考试。

普通考试分为三试：第一试为笔试国文题一道；第二试为笔试专业科目，考宪法大纲和现行法令解释、文牍知识等；第三试为口试，就应试者曾经笔试的各科进行。三试平均及格者，才能录取。录取后分发到各官署实习一年，期满且成绩优良者，即可作为候补，授委任职。其任命状由各官署长官署名盖印。

佥事、科长等荐任职秘书官员，必须具有下列各项资格之一者方可录用：现任荐任文职；曾任荐任文职满两年以上且有成绩的；经文官高等考试及格，并实习期满且有成绩的；现任委任最高等文职期满后，经所属长官特保或考绩优异，由大总统核准以荐任文职升用的。有简任各项资格之一的，也可以任用，但仍保留简任资格。

文官高等考试也是每三年在首都举行一次。应试者要求为年满二十五岁以上的男子，具有在国内高等学校或教育部指定的国外高等学校修习三年以上的毕业文凭，方可参加考试。1919 年又决定须在考试的一个月前，取各县同乡荐任官以上的京官二人“保结”，亲赴国务院铨叙局报名，并呈验有关文件。

高等考试分为四试，第一、第二、第三试为笔试，第四试为口试。第一试试“经文”一道、史论一道、现行法令解释一道。第二、第三试分别考试各专业科目。第四试就曾经笔试的各科口试。四试平均及格者，才能录取。录取后分发到各官署实习二年，期满且成绩优良者，即可作为候补，授荐任职。其任命状盖大总统印，由国务总理或会同主管国务员署名。

从上可见，对一般秘书官的选用，在任用形式、程序及手续上吸收了西方文官制度的一些做法，而主要还是继承了我国历代秘书官吏选拔的经验。尤其注重了以下几个方面：

一是要求具有较高的文化水平和专门知识，如主事、科员等一般须是中等以上专门学校毕业，佥事、科长等则须为在高等学校学习三年以上的毕业者；

二是通过考试进行选拔，任用或升用一般均须进行考试；

三是注重实际能力，不仅考试的科目注意到针对实际需要设置，而且凡考试合格被录取后，均须先分配到各官署实习一定年限，期满且成绩优良者才授予官职。

这些措施使所选用的人员能迅速胜任工作，有助于提高秘书队伍的文化素质和实际工作能力。同时，也表明此时期一般秘书官员的选用制度是比较成熟的。当然，这些措施有时并未严格施行，但总的来说，这些措施对秘书队伍的建设和秘书工作的发展是有一定积极作用的。

2. 高级秘书官员的任用

北洋政府时期通常所说的“秘书官”，主要是指“秘书”，包括“秘书长”在内。与佥事、主事、科长、科员等秘书官员相比，他们是高级秘书官员，他们的任用途径是特殊的。1913 年 1 月 9 日，公布了“秘书任用法草案”共四条。该草案规定，所谓“秘书”，包括秘书长在内，均不按“文官任用法”来任用，这就明白规定了秘书的资格不受文官任用一般规定的限制，他们的任用，主要是根据长官的意志，由长官决定，也没有实习期，任用后享受荐任官的薪俸等待遇。由于是荐任职，形式上还需报请任命，但不过是例行手续而已。

国务院秘书长的任用，一般情况下仍决定于其长官——国务总理，但有时却受总统的制约，并往往成为总统和总理争夺权势的焦点。如袁世凯恢复国务院后，由段祺瑞组阁，段欲用徐树铮为院秘书长，而袁则要原机要局长王式通任院秘书长，段祺瑞盛怒却无可奈何。

高级秘书官任用途径特殊的原因主要有二：一是因为长官要用其亲信，若按同级文官的资格要求，不少他们所信任之人往往不具备这样的条件，故不在资格上予以限制；二是便于长官可以随时更换秘书，不受文官任用规定的约束。

北洋政府采用由长官任用亲信为高级秘书的做法，使“任人唯亲”合法化，此等秘书在长官的庇护和支持下，越权行事司空见惯；另外，它不考虑资格、能力等条件，只能造就出一批对主子唯唯诺诺、阿谀奉承，对他人颐指气使、专横跋扈而毫无真才实学的奴才，这是军阀用人的一个特点，它表现出北洋军阀政府政治上的腐朽与黑暗。

四、文书工作

(一) 公文文体

袁世凯窃取临时大总统职位后，于 1912 年 11 月 6 日，用“教令”第一号公布了《公文书程式》，规定了大总统公布或签署的公文书的种类和条件，及国务院令、各部令等，并规定公文书的种类如下：

大总统对官吏、上级官对下级官有所差委，用“委任令”；有所指挥，用“训令”；因官吏或下级的呈请而作指示的，用“指令”。

各行政官署对于特定人民，就特定事项命其行为或不行为的，用“处分命令”。

参议院对大总统或国务院的文书，用“咨”。

各行政官署无隶属关系的往来文书，用“公函”。

人民对于大总统或行政官署的陈请，官署或官吏对于大总统的陈请或报告，下级官署对于上级官署、官吏对于长官的陈请或报告，用“呈”。

各行政官署对于人民的呈文，不论准驳，均用“批”。

1914年5月26日，袁世凯又公布了《大总统政府政事堂公文程式令》、《官署公文程式令》等。规定大总统命令分为四种，政事堂的往来公文为三种，官署公文则分八种。这次公布的公文名目，充满了封建帝制思想。例如，大总统命令中，将用于任免文武官吏，颁给爵位、勋章或其他荣典的公文叫做“策令”；国务卿面奉大总统谕，对各部院、各地方最高级官署行文，用“封寄”，实际上是清朝军机处“廷寄”的翻版。将大总统、官署与职官、人民作了严格划分，后来在政府公报中，还出现了将“呈”干脆改为“奏”，从公文名称的变动上便反映出袁世凯政治上的反动。

1916年，袁世凯被迫取消帝制后，于5月4日不得已公布《修改大总统公文程式令》和《政府公文程式令》，进行了一些修改，不久袁世凯死亡，北洋政府又重新公布公文程式。

1916年7月29日公布的“公文程式”，使用的时间较长。它规定“凡处理公事的文件”通称公文，其种类如下：

1. 大总统令

大总统指挥全国时用。主要用于公布法律、教令、预算，公布应宣布的国务院条约，公布特任、简任、荐任各官的任免等。

2. 国务院令

国务院有所指挥时用。

3. 各部院令

各部院有所指挥时用。

4. 任命状

任命官员时用。特任、简任各官任命状，由大总统署名、盖印，国务总理会同主管国务员副署；荐任官任命状同前，但大总统只盖印而不署名；委任官任命状，由各主官署名、盖印。

5. 委任令

大总统对于官员、上级官对于所属官吏有所差委时用。

6. 训令

大总统对于官员、上级官对于所属官吏有所告诫时用。

7. 指令

凡上级因下级的呈请而有所指示时用。

8. 布告

宣示事实时用。

9. 咨

国会对大总统或国务员，国务院或各特任官署对各部院，及平行官署间的公文往来时用。

10. 咨呈

各特任官署对国务院行文时用，但国务院对各特任官署行文时仍用“咨”。

11. 呈

人民对大总统或各官署、官署或官吏对大总统、下级官署对上级官署等有所陈报时用。

12. 公函

不相隶属的各官署间的公文往来时用。

13. 批

官署对于人民的陈请事项，分别准驳时用。

凡大总统令、国务院令、各部院令等，仍均须在《政府公报》上公布。

（二）文书工作制度

北洋政府在文书工作制度方面，沿用南京临时政府的做法，并对其中一些内容规定得更为详细。如盖印署名制度，凡属于各官署的下行文，由各官署长官署名、盖印；凡属于大总统的，均须盖用大总统印，但署名则有区分，有的只盖印不署名，有的则须既盖印又署名。另外，北洋政府时期还实行了一些新的制度，主要有：

副署制度——大总统颁发的所有公文，均须有国务员副署。大总统令、布告、任命状等，事关全体的由国务院总理及全体国务员副署；关系一部或数部的由国务总理会同主管或有关国务员副署；关系国务总理主管的由国务总理副署。大总统对国会的咨文，也由国务总理副署。副署制度是实行责任内阁制的一种具体表现，从法理上讲，非经国务员副署，不能发生效力。自然，这也是文书工作所必须遵循的制度。北洋政府时期一直实行，即使袁世凯取消国务院改设政事堂时，所发命令仍由国务卿副署。然而，对于大军阀来说，副署制度也是一种形式，只是发文时的一道手续而已。袁世凯任总统时，甚至连这一道手续也是事后才办。如赵秉钧任国务总理，对所有院中公文，概不批阅，一切事件直接交总统办理；每日命令，经大总统盖印后即交印铸局公布，待汇积若干，或偶至夜深兴来时，在背面信手署名，既不看正面，亦不问为何事，以此求得与府方相安无事，而将全部精力用于应酬各方。

发文编号——各项令状等，按发文时间顺序编号，自第一号起至若干号止，每年更易一次。这已类似于现代公文字号，除便于统计、查阅、引用外，也使公文格式更加完整。

五、档案工作

（一）机关档案机构的普遍建立和健全

北洋政府时期，各机关中普遍设置了比较健全的专职档案机构，统一由各机关的总务厅（处、科）或秘书厅（处）等总秘书机构领导，其名称有档案房、文件保管室、保存文件股（处）等。根据各机关总务厅的分科数量多寡，有的为其直属机构，有的则由统计科兼管，未设专职档案机构的机关，也都有专人保管档案。

各档案机构主要保管本机关在管理活动中形成的文件、档案，有的也兼管过去的旧档。有的机关则专门成立了“清理档案处”等机构，以清理积档，便于参考、利用。

北洋政府的各秘书机构曾分别对应接管了清代的旧有档案，如国务院秘书厅接管了清内阁承宣厅的档案；外交、内务、财政、陆军、海军、教育、司法、交通等部的总务厅，分别接管了清外务、内政、度支、陆军、海军、学部、法部、邮传等部承政厅的档案；蒙藏事务局接管了理藩院的档案等等。但接管工作散乱而无计划，使清代一些官衙（如翰林院、都察院等）的档案无人接管，后竟不知去向。地方档案的散失更为严重。可见北洋政府仅仅是为了当时统治的需要而进行接管工作的，并不重视整个档案的保管，忽视了档案工作的长期建设。这是造成现在明、清历史档案不完整的重要原因之一。

此外，北洋政府还设置了下列档案机构：

国史馆——1912 年 10 月 28 日，就公布了《国史馆制》，规定其任务是储藏有关历史的一切材料和编纂民国史以及历代通史。该馆至 1914 年 2 月才正式成立。成立后，主要是将与统治者上台直接有关的机要档案移送到国史馆，除此外便没有再做什么工作了。

清史馆——1913 年成立，其任务是纂修清代史，曾保存了相当数量的清代档案。1917 年《清史稿》修成后即停设，所存档案后由文献馆接管。

故宫博物院文献部——1925 年 10 月，以原清宫旧址成立了故宫博物院，内设文献部。文献部在成立当年接管了宫中各处的档案、内阁大库的余存档案和清宗人府的档案，次年（1926 年）又接管了清内务府和军机处的档案。自此，皇宫中保存的清代皇家档案、清王朝的重要军政活动档案及纂修明史而搜集来的档案，在闲置十余年后才有专门机构来管理。故宫博物院文献部的成立，对以后档案工作的发展有着积极的作用。

（二）档案工作制度

许多中央机关和地方机关都先后制定了办事细则，其中包括档案工作制度。在当时的机关档案工作中，成绩比较突出的有外交部和司法部等，尤其是外交部，于 1912 年制定了“外交部编档办法”，1913 年又制定了“保存文件规则”，1914 年还重新制定了“编档办法”（附编档编纂规则）。这些专门的档案工作规则与方法，在以后一直执行。

在上述规则和办法中，对档案工作作了原则规定，即“各项档案，各该厅司派员专管”，必须“随时归档存案，检入卷夹，标明事由年月日，并分类编录档册，以便检阅”。并且还系统地规定了一整套具体做法，主要有以下内容：

划分范围：凡需保存的档案文件，依据形成单位划分其保存范围。对前清文件，通称旧件；本机关成立后形成的文件，通称新件。新、旧件分别保管。

文件编辑：需要保存的档案文件，均由各部门自行编辑，然后移交。根据文件内容分为正辑、要辑、杂辑。此外，将附属于正辑、要辑的图画、书籍等，另编为别辑，附于其后。

分类：规定以事分类，将同一事类的案卷汇为卷宗，装订成卷，外加卷套。卷套有规定的格式，按定式印刷。各卷须有标签。

编号：各类卷宗，分别编列字号，一般是采用千字文编号法。编卷的方法是以历定年限为界限（会计可以依据会计年度），多以十件为一卷，如件数过多者，可以将同一事类的案卷，分为数卷，但卷面仍须用同一字号，而于字旁分别加注甲、乙、丙、丁等字样，以示区别。

编目：即编制档案目录，将收发文件依次载入，并详记其事由及收发年、月、日，以便检索。

保管期限：各类文件依据其保存价值，分别划定保管年限，以便更好地保存有价值的档案。

销毁：对已过保管年限的档案，规定由保管机关与主管机关共同协议销毁。

查阅：专门制有文件调取证，凡查阅档案须凭证向保管档案的部门调取，并登记簿册。同时，还设有阅览室，以供查阅者在此阅览。

从上可见，当时的档案工作制度已经比较完整，并且具有一定的水平。

（三）档案工作的发展与腐败现象

1. 档案工作的发展

北洋政府时期的档案工作，无论是从档案工作机构的设置，还是从工作内容及工作方法、制度上讲，都已远远超出了清末时期，大大前进了一步。各级各类机关均有专门机构或人员负责档案工作，且制定了比较系统、完整的规则、方法等档案工作制度，尤其是在工作内容和方法上有较大发展，主要表现在：

第一，已有类似区分全宗整理档案的具体做法；

第二，规定了文书处理部门立卷、移交的原则；

第三，明确地提出了档案的编目工作；

第四，创制了卷套；

第五，规定了档案的保管期限；

第六，规定了销毁档案的原则、方法和手续；

第七，改善了查阅档案的办法。

这几个方面是此时期机关档案工作向前发展的主要标志，也是进步的一面，它对今天的档案工作有着一定的参考价值。

同时也应看到，这一时期的档案工作仍存在许多缺点，主要是水平不高，规则与方法还比较简陋，不够完备，有的不准确等。例如“外交部文件保存细则”中规定，文件是“文书及一切附属于文书之件”；档案是“删繁摘要，编成专档”，所下定义并不科学，且对文件与档案的划分也是错误的。又如，整理工作中缺乏科学的鉴定，编目比较简陋及机械地以十件为一卷等，并且仍继续沿用清末时的一些落后方法，如用千字文编号法等等。

2. 档案工作中的腐败现象

北洋政府时期，档案工作中也存在着十分严重的腐败现象。他们在对清朝档案的接管工作中，只注意统治的需要，而不做完整地收集与保管，常常是任其散失。更为严重的是，统治者为了掩盖其丑恶行为，还烧毁了不少现行档案，如袁世凯在称帝失败的前夕，总统府焚毁了有关帝制的公文八百四十余件。与此同时，为封建买办军阀服务的国民会议事务局，又电告各省将中外地方所来有关帝制的公私文电信函，一律查明烧毁；如有曾行知各地方官吏的，也要查明件数，限期缴还，一同烧毁，并于烧毁后，将烧毁事件电告该局，以便查核。这次焚毁档案事件，目的是掩盖袁世凯逆历史潮流而动的丑恶勾当。

北洋政府档案工作的腐败，还集中表现在当时的教育部及下属历史博物馆所进行的可耻的拍卖档案事件，即所谓“八千麻袋事件”上，这是近代档案史上公开破坏历史档案的一个重大事件。

1913年（民国二年），北洋政府教育部设历史博物馆于国子监，将清末由内阁大库移出的档案交其保管。到1921年，教育部以经费不足为名，将这批档案除留少部分较完整者以外，其余的共装了八千麻袋，以四千元代价出售给北京纸商作为造纸原料。自此开辟了档案买卖市场，一些单位和私人争相抢购，某些所谓“收藏家”乘机牟利。不少大小官僚富人乘机把偷窃去的历史档案，借口是八千麻袋里的东西公开显示，许多伪造的古董也都挂着出于八千麻袋的牌子招摇上市。

鲁迅曾撰写了《谈所谓〈大内档案〉》一文，愤怒地谴责了这一对历史档案的破坏行为，深刻指出当时所进行的“整理和检查”，实际上只是官僚“考古家”们的分赃，是公开的破坏和抢劫。

教育部和历史博物馆公开、大量地拍卖档案，是亘古未闻的，它是北洋政府腐败的集中表现。

综上所述，北洋政府时期的档案工作是我国档案史上的一个重要时期。一方面，它继承了以往档案工作的经验和先进的措施，有一定的发展；另一方面，也承袭了清末档案工作上的某些落后方法，其对现行档案的焚毁和大量拍卖历史档案，又对档案工作造成了很大的破坏。

第三节　国民党政府的秘书工作

1927年，国民党取代北洋军阀，建立了全国政权。这个政权的秘书工作承袭了南京临时政府和北洋政府，并有开拓和发展，具备了自己的特点，尤其是它对秘书工作进行的多次改革和进行的学术探讨，值得研究。

一、秘书机构和人员

（一）中央政府的秘书机构

国民党政府称“国民政府”，总揽军政要务。自1928年8月起，该政府实行五院制，即由立法、行政、司法、考试、监察五院组成，五院各司其职，对国民政府负责。国民政府的委员、主席、五院院长由国民党中央常务委员会选出。

国民政府中初设秘书处，置秘书长一人、秘书八名、科员八名至十二名，此外，还另设书记官若干名。秘书处下设三科：总务科、机要科、撰拟科，负责公文的拟制、处理、保管等事务。

国民政府改为五院制后，将秘书处改名为文官处，设文官长一人，秘书八名至十二名，负责秘书工作。文官处下设文书、印铸两局。

五院中各设有秘书处，设秘书长一人，配备秘书六名至八名，负责本院的秘书工作。

五院中以行政院最重要，下属各部中也各设有秘书处，负责部长交办的机密函电，另设有总务处文书科，负责处理一般的日常公文。

（二）侍从室

国民党政府一直以蒋介石为实际上的首脑。蒋介石先后任中央政府会议主席兼军事委员会主席、国民政府主席、总统，将一切军政大权集中于自己手中。为了指挥政府，他自1932年起，设立了自己的亲信秘书机构——侍从室。它的职责为：驻留时与办公厅密切联系，掌机要之承启传达，委员长行动时随侍行动。侍从室下设若干处，其中负责秘书工作的一个处最为重要，它处于蒋介石与政府各机构之间的枢纽位置，负责与五院，行政院各部、会，国防最高委员会，国民党中央执行委员会等单位沟通、联系。凡是各省、市主官向蒋介石请示、汇报的有关政务、外交、财政、司法、交通、邮电、水利、教育、卫生、侨务、民族、党务、情报、建设等事，都由它处理。

侍从室于1938年1月被以法律形式确定为蒋介石直接掌握的机要秘书机构，在蒋介石发号施令、指挥国事中起了很大的协助作用，直到1945年抗战胜利后才撤销。

（三）其他秘书机构

国民党政府的地方行政建制分省（市）、专署、县等级。

省（市）政府内设有秘书厅，置秘书长一人、秘书若干名，有的还配备有若干科、室，分别负责各项秘书事务。

省政府下属的各厅、局中也设有秘书机构和人员。

专署中设有秘书室，负责各项秘书工作。

县政府中也设有秘书室，掌管公文的拟写、处理，印信保管，档案管理等事项，配备有秘书、科员、事务员、录事等秘书人员。其下属的各区政府内设有录事一名至二名，负责秘书工作。乡政府内则设书记员一名，掌理以文书工作为主的秘书事务。

国民党军队内，各级都设有秘书人员。如连队中配备有文书上士，负责文书事宜。

在一些大中企业中，也设置起了秘书机构。一般都有直属企业首脑的秘书室，配备有秘书主任、秘书等。

在许多社会团体中也设置了秘书机构和人员。

（四）秘书人员的选用

国民党政府对各级秘书人员的选用有明确规定。据《国民政府秘书及科员任用规则》规定，秘书须是国民党党员，有国内外大学或专门学校以上的学历，要具备担任文职三年至四年的阅历，由国民政府委员二人推荐或主管长官批准。

至于侍从室的秘书，则须由蒋介石直接审查、亲自召见后才定。一般要求出身于黄埔军校，或已在政府中任职多年，有工作经验，能干而精力充沛，善于保密者。

可见，国民党政府任用秘书考虑到了政治、业务能力、资格、学历、身体、保密等多方面条件，是较为严格的。

国民党政府中秘书的地位也较高。省、部中的秘书长均为简任职的高级文官，各厅、局中的秘书则为荐任职，相当于科长。

但是，由于国民党政府的腐败，任人唯亲，不少机关选用秘书时并不遵照上述规定，使条文徒有形式而已。而且，从中央机关到地方机关，处理公文的手续繁多，迂回曲折，且事无巨细，文无大小，都要以主议定书名义行文；拟稿判行，都由基层上达于最高层，层层盖章、阅稿，耽搁时日，导致效率低下。

二、对秘书工作的改革

国民党政府为了整顿机关工作，提高行政效率，强化其统治，曾对以文书档案业务为主的秘书工作进行过多次改革，较重要的改革有如下几次。

（一）1927 年至 1933 年的改革

国民党政府建立伊始，就颁布了一系列条令，对地方秘书部门的名称和政府公文程式作了新的规定。

1928 年 6 月，南京政府内政部颁布了《改革县政府书吏及改编政务警察令》，下令将县政府内以往称为房、科等的秘书部门，统一改为办公室或档案室，废止旧名称。

同年，还颁布了“暂行公文革新办法”，下令取消公文中的套语和艰涩难懂、孤僻深奥、阿谀奉承、令人难堪的用词；承转公文中不应套录全文；公文要分段、分行叙述，批示、布告类公文应一律以白话文拟写，并采用新式标点。

次年，南京政府又颁布了“划一公文用纸办法”，规定公文采用平折装订，用纸大小划一，装订牢固；文面分别列有“事由”、“附件”、“拟办”、“批办”等栏目，以替代以往的“摘由”一栏。

这次改革，重点是制定了公文程式，确定了新的行文关系，上述条令、规则成为国民党政府公文工作的基本模式。

（二）1933 年至 1935 年的改革

当时，国民党政府机关内官僚主义盛行，行文混乱，公文处理迟缓，各机关间相互推诿，文牍主义泛滥，行政效率低下，国家机器运转不灵。为此，南京政府提出了“提高行政效率，建立万能政府”的口号，推行所谓“行政效率运动”，它以“文书档案改革运动”为中心，在内政部次长甘乃光的主持下，对秘书工作进行再次整顿、改革。“文书档案改革运动”又以“文书档案连锁法”

为中心内容，即规定各机关由总收发室将全部收文、发文分类、编号、登记，然后，将公文送往主办单位，用统一编号的方法，将文书工作和档案工作连锁起来，以改变公文运转迟缓、档案分散和垄断的状况。

除此之外，这次改革中，对公文的会稿、收发文簿格式、标点符号、减少公文往复的办法等也作了新规定。

这次改革，统一了文书档案工作中的程序，简化了公文处理环节。但是，“文书档案连锁法”只是在一些机关试行，而未能推广普及，后来在种种阻力下夭折了，没有产生应有的效果。

（三）1938 年至 1945 年的改革

这次改革的中心内容是推行“行政三联制”，将行政工作中的设计、执行、考核三者联系起来，即由各机关对各项工作拟出计划，层层呈报，由中央政府汇总，进行总设计，然后指示各机关贯彻执行，在执行中和事后进行考核。此外，对公文的判行、会稿、承转、叙法、编号等提出了改革方法，颁行了“公文改良办法”、“处理案件注意要点”等条令。这一改革加强了对秘书工作的集中指导，实行了分层负责，有利于推进秘书工作的提高。

（四）1947 年的改革

当年，国民党政府组织了一次规模甚大的“文书工作竞赛运动”，专门成立了“工作竞赛推行委员会”，拟制了《文书处理竞赛实行办法纲要》、《缮写工作竞赛实施办法纲要》、《档案管理竞赛实施办法纲要》三个规则。竞赛内容包括个人拟办公文和机关处理公文，比速度、数量、质量。缮写分为毛笔、钢板、打字三类，在一定时间内，看谁写、刻、打的字多、快、好，而以字数定分，字多者分高，分高者取胜。这次竞赛有利于推动秘书人员个人业务能力的提高。

国民党政府多次对秘书工作的改革，取得了一些效果，使其秘书工作比北洋军阀政府时期有较大发展。然而，由于这个政权的腐败，机关官僚主义根深蒂固，虽经多次改革，仍是弊病丛生，效率不高。

三、文书工作

(一) 公文处理程序

1928年，国民党政府颁布了《修正内政部办事细则》，对公文处理程序作了规定。此后，在历次改革中又屡作修改，成为该政府公文处理程序的基本规则。它规定：

收文处理程序为：验收、拆封、编号登记、摘由、呈阅、分送、拟办、检查、归档。编号登记采用三种方法：第一种为混合编号登记，即将各类来文不分文种、来源，都以收到先后为序统一编号登记；第二种为分级编号登记，即将收到的来文依据发文单位的地位，区分为上级来文、下级来文、平级来文，分别登记编号；第三种为分类编号登记，即将各级来文按文种的不同，分别登记编号。

发文处理程序为：交拟、拟稿、判行（如系两个以上机关联合发文，还须经会签、会稿、会行、会印等手续）、缮校、用印、编号、录由、登记、封发、立卷、归档。

发文中的每一道手续都有规定和要求。如拟稿要求字迹清楚，分清段落，加用新式标点符号，凡人名、地点不得潦草，机关名称要写出全称，数目字尤其是银钱数目必须大写，每行右侧要留有余地，以便核稿人修改。又如盖印这道手续，规定印章须盖在"中华民国"的"国"字下面，与日期中的"年"字对齐，并覆盖"月"字，称为"齐年盖月"；正文和附件都须盖印，正文加盖正印，附件则在粘连处加盖叙印（骑缝章）。

国民党政府将公文根据轻重缓急予以分类，收文分为急要件、重要件、次要件、密件、普通件五类；发文则分为急要件、要件、普通件、密件四类。凡属密件，规定在登记簿上不得注明事由，文件须用火漆封缄，封面注明编号，派专人传送，可见，其保密工作也很严格。

(二) 公文格式

国民党政府的公文，文面分别列有事由、附件、拟办、批办、备考等栏，另有由发文机关填写的摘由。下行文则不附摘由，首页也不印事由一栏。此外，文面上还有文种、编号、发文时间、收文机关、正文、签署、印章等。

对于公文用纸，也有明文规定，凡令、训令、指令、批、呈、公函等文种的用纸，一律采用平装订式。文面纸、稿面纸、稿心纸等都印成统一式。文面纸印有长文格，列事由、拟办、决定办法、批办、附件、收发文单位、文种、收文日期、编号等栏，供收文单位填写；稿面纸印成长方形线格，格内印有发文机关全称、事由、编号、送达机关、类别、附件、判行官、撰稿及核稿人、盖印及封发日期；稿心纸每页十行，印有红直线格，双面使用；稿底纸印有长方线格，标明发文日期、缮写、校对、监印人姓名；文底纸也印有长方线格，格中间印有年、月、日等。

(三) 公文文体

根据国民党政府1928年11月公布的“公文程式条例”，其公文文种基本上沿袭南京临时政府的文种，有令、训令、指令、布告、任命状、呈、咨、公函、批等九种。

1942年，南京政府为了纠正行文中的混乱，调整行文关系，作了一次改进。此后，公文文种分为下列九种：

下行文：命令、训令、指令、布告、批；

上行文：呈、报告；

平行文：函、通知。

此外，各级政府机关在实际上还使用多种杂体类的文种，如代电、电令、手谕、告书、通告、牌示、便函、通电、提议案、电函、电呈等。

(四) 文书工作的弊端

在国民党政府的公文用词中，虽经多次改革，仍带有封建色彩，如称呼上级官员为大人、老爷、台府、钧座等，自称则有“卑职”、“贱职”等等。在公文正文的写作中，采用叙由、叙案、申述、结论四段式，用语烦琐，像是一种新的八股文。公文用语数量繁多，有开首语、称谓语、引叙语、关界语、到达语、承转语、经过语、关顺语、请求语、准许语、勉强准许语、训诫语、告诫语、警告语、严厉驳斥语、奖励语、勉励语等等，在每一种用语之下又规定许多用词。如上行文中，表示自己意见的开首语就有“窃以、窃忠、窃维、窃按、窃查、窃奉、窃准、窃据”等，每一用语之下的用词累计有七百多个，实属烦琐，所以，时人称为“繁文缛节，混乱不堪”。

同时，各机关中文牍主义泛滥，事无大小都随意发文，导致公文数量剧增，一般机关每人收到的文书数以千计，真是汗牛充栋，别说办理，仅拆阅也来不及，因此，大多数公文成为一堆废纸。

四、档案工作

(一) 档案工作的发展

国民党政府建立后，在中央各部委先后成立了一大批专职的档案机构，大多数设置于各部委的总务司内，也有的隶属于秘书科、文书科，如内政部总务司第二科内设有总档案室。各司分设档案室。外交部则设立档案处，其他各部分别称为掌卷室、管卷室、管卷股等，名称不一。1934 年，行政院一度成立过档案整理处，作为领导全国档案工作的机构，并决定建立国立档案库，但是，一直未建成。

国民党政府对档案的管理大多数采用各机关集中保管本机关档案的形式，时称“集中制”，并制定有较系统的管理条例。对档案的管理明确规定从立卷开始，可由文书处理部门、档案室或这两者合二为一的部门负责进行。档案的分类则依据本机关下属的部门或业务来划分，有的机关分为类、节、目、宗四级，也有的单位分为类、纲、目三级。

在档案的查找、使用方面，也创设了多种形式，如设置了归档文件总登记簿、卷目分类簿、索引簿、目录卡片等，比以往方便多了。

在推行“文书档案连锁法”过程中，对档案工作也进行了一些改革，将文书和档案从分类、登记、编号三方面统一起来，以利于档案的归档和统一管理。档案的统计制度也已较为完善。登记的表格簿册种类齐全，除总目、分目以外，凡电报、附件等都另有专门登记。

值得指出的是，国民党政府时期的档案工作，已从政府部门扩展到企业。不少企业有了专门的档案部门和职员，制定有档案工作制度、规章，其分类、装订、立卷、调阅使用等都颇有条理。

（二）档案工作中的弊病

国民党政府的档案工作虽较北洋政府有明显的发展，但是，仍然存在不少弊病。

该政权曾于1927年接收了北洋政府的档案，因组织不善，重视不够，曾使相当一部分的珍贵档案被廉价拍卖和流失。运至南京的那部分，也在日本侵略军进攻南京时丢失殆尽，造成令人痛心的损失。

国民党政府的档案工作，从全国范围来说，没有建立长久的统一领导的机构，也没建立国家档案库，使档案从整体上说处于分散状态；从各机关的范围来说，许多机关未执行"集中制"，档案分别收存在各所属部门中，各自为政，也处于分散状态。这些情况，影响了档案的利用。

档案的内容也缺乏内在联系，登记手续虽多，但是重复情况严重，目录、索引的性质划分不清，管理设备缺乏。

五、学术研究和秘书人才的培养

（一）学术研究

国民党政府在对秘书工作的多次改革中，还开展了对以文书档案工作为主的秘书工作的学术研究，曾派员赴欧美考察，回国后介绍国外先进的文书档案工作。在"文书档案改革运动"中，行政院还于1934年12月成立了行政效率研究会，对秘书工作进行学术探讨，并创办了《行政效率》杂志，刊登了大量的介绍欧美秘书工作和总结国内秘书工作的文章；还出版了一批有影响的学术著作，如许同莘的《公牍学史》、徐望之的《公牍通论》、周连宽的《档案管理法》、龙兆佛的《档案管理法》、傅振伦的《公文档案管理法》等等，掀起了中国现代史上第一次秘书工作学术研究的高潮。对文书、档案的概念，两者的关系及工作程序、方法分别作了界定和论述，文书学、档案学开始形成。

（二）学校培养秘书人才

为了培养秘书人才，国民党政府在一些训政学校中开设了公牍课，如在河北训政学院由徐望之主讲公牍课。1939 年，国民党政府教育部在湖北私立武昌文华图书馆专科学校内开设档案管理专科，从高中毕业生中招生，学制二年，前后毕业三十余人。三年后，该校又开办档案管理专业训练班，招收在职人员，培训四个月，共办七期，培训人员约二百名。

1941 年 6 月，国民党政府还制定规则，规定对县政府的文书档案人员进行培训，开设文书处理、档案管理等课程。

1946 年，重庆开办的私立崇实档案学校设置文书处理科、档案管理科，各设高级、低级班，开办两年多，共招生近三百人。

此外，在上海、江苏、四川等地也开办过以文书档案工作为主的秘书类学校或专业。

综观国民党政府的秘书工作，有如下特点值得我们研究：

第一，秘书机构的越权现象不再出现。在中国历史上一再出现的秘书机构的权力膨胀现象，至此消失。秘书机构成为领导机关的辅助部门，起助手、桥梁作用，而不再权限膨胀，转化为决策、执行机构。

第二，对文书档案工作进行的一系列改革，使秘书人员的个体业务水平明显提高，文书档案工作趋于规范化。

第三，向国外学习文书档案工作经验，使我国几千年来处于封闭状态的秘书工作首次吸收国外先进方法，有助于我国秘书工作向现代化方向发展。

第四，对文书档案工作进行的学术研究及其取得的成果，使文书学、档案学开始形成，秘书工作中的这两类重要业务开始学科化。

第五，学校培养专业秘书人才，使秘书人员的素质有所提高，拓宽了秘书人员的来源。

总之，国民党政府的秘书工作与北洋政府时期相比，机构的设置比较健全，对秘书人员的选拔更严格，要求更高，公文处理各环节的要求更细密，公文拟制及保密等规定更具体，还对以文书档案工作为主的秘书工作进行了改革，开展了学术研究，且开始向外国学习，因而从整体上看，国民党政府的秘书工作有了一定的发展。

复习思考题：

1. 简述南京临时政府大总统府秘书处的结构。
2. 简述南京临时政府秘书人员的类别、地位和来源。
3. 南京临时政府创设了哪些新的公文文体和文书工作制度？
4. 简述北洋军阀政府秘书机构的特点。
5. 简述北洋军阀政府对一般秘书的考试、任用方法。
6. 北洋军阀政府高级秘书官任用方法有何弊端？
7. 国民党政府选用秘书的条件怎样？
8. 概述国民党政府对秘书工作的四次改革。
9. 概述国民党政府秘书工作的特点。
10. 试评价近代秘书工作在中国秘书史中的地位。

第十章　中国共产党的秘书工作

(1921～1935年)

中国共产党早在第一次全国代表大会上就产生了临时秘书，其后，党中央秘书为党中央领导成员兼任。不久产生了专职秘书，又建立起了秘书机构。各级地方党组织、苏维埃政府、红军中也建立起了秘书机构。文件、档案工作开始起步，逐步形成了各自的制度。这是与以往任何时期存在着本质不同的秘书工作，并且，在地下斗争的环境中，党的秘书工作的各个方面无不带有高度秘密的显著特点。

第一节　党内秘书和秘书机构的出现

一、党内秘书的出现

(一) 党内最早的秘书

1. 党的一大上的秘书

1921年7月，中国共产党第一次全国代表大会在上海举行。会上，推举出了秘书。据陈潭秋1936撰写的《中共第一次大会的回忆》中记载："大会的组织是非常简单的。张国焘被选为主席，秘书为毛泽东和周佛海。"年仅28岁、作为湖南共产主义小组代表参加大会的毛泽东，在大会期间承担了会议记录、文件的保管等秘书工作，参与了文件起草。

大会专门成立了"起草纲领和工作计划的委员会"，仅用两天的时间就拟写成《中国共产党第一个纲领》，大会主席和秘书参加了起草工作。为了防止意外，还要求秘书准备了火柴，以便紧急时烧毁文件。

可见，中国共产党从诞生的第一天起就同时产生了秘书，毛泽东也就成为中国共产党历史上最早的秘书。

2. 党中央正式设置秘书

中国共产党第一次全国代表大会宣告了中国共产党的成立，并设置了第一个党的领导机构——中央局，中央局只有三位领导成员：书记陈独秀，组织主任张国焘，宣传主任李达，没有设办事机构和人员。

中央局的第一个办公地址就设在李达的家中，即上海成都路辅得里625号，中央的文件也都集中保存在此处，陈独秀、张国焘手头都不存文件，要到此处阅读文件。所以，当时党中央的文件保管等秘书工作，实际上由李达兼任。

1923年6月，中国共产党第三次全国代表大会召开，大会鉴于中央局的日常工作增多，尤其是文件处理、保管、传递和行政事务急需有专人承担，为此，于次月通过了《中国共产党中央执行委员会组织法》，它规定：中共中央执行委员会"为本党最高指导机关"，由九人组成，并选举出五人组成中央局，以中央执行委员会的名义行使职权，"由执行委员会选举委员长、秘书及会计三人……秘书负责党内外文书、通信及开会记录之责任，并管理本党文件。本党一切函件须由委员长及秘书签字"。中共中央执行委员会的会议"须由委员长与秘书召集之，附加会议之日程"。

自此，党中央正式设置了秘书这一职务。当时，被选举为中共中央执行委员会秘书的也是毛泽东，他并兼任了中共中央组织部长。他于1923年6月至1924年9月担任秘书，其后，由罗章龙接任秘书一职。

（二）党中央最早秘书的职责和特点

1. 党中央最早秘书的职责

根据《中国共产党中央执行委员会组织法》规定，当时秘书的具体职责为：

第一，负责本机关的文件处理。即负责从文件的起草、签发到登记、分配等工作，有时还从事具体的缮写工作。

第二，负责筹备会议及会议记录。当时规定，如要召开全党代表大会，须在两个月前发出通知，附去议事日程草案，并通知各地向大会提交议案，于会议召开前一个月交齐。中央执行委员会常务会议每四个月开一次，中央局会议每星期开一次。如果中央局或中央执行委员会四人以上提议，可召开特别会议。这些会议的筹备事宜和会议的记录都由秘书负责。

第三，负责保管党中央的文件材料。

第四，负责与委员长一起签发必要的文件和指示信等。

第五，负责党内外的通讯工作。由于当时党内还没有成立编辑出版机关，内部刊物的分配、发行事务也由秘书负责。

2. 党中央最早秘书的特点

党中央最早的秘书具有如下特点：

第一，他们是党中央的领导核心之一，在中央局内排名第二，其地位仅次于委员长，参与最高层的决策和领导工作，如《中国共产党中央执行委员会组织法》中规定："本党一切函件须由委员长及秘书签字"；中共中央执行委员会的会议"须由委员长与秘书召集之"，都说明了这一点。

此外，他们还兼任党中央某一部门的主要领导职务，如上所述，毛泽东兼任中央组织部长，罗章龙也一度兼任中央宣传部长。一些中国共产党领导的群众团体还以秘书一职作为领导核心中的第一把手，如1924年，中国社会主义青年团中央执行委员会，曾一度将其第一把手委员长改称为秘书，由刘仁静任秘书，领导全团。各地青年团执行委员会的委员长也一度改称秘书。

因此，这时的秘书是一种领导职务，他们只是以一部分精力兼理秘书工作。

第二，他们没有下属秘书机构，也没有具体办事的下属秘书人员，亲自办理秘书事务。从这一角度而论，他们又兼任着委员长和中央局的秘书。

秘书一职的设置，使党中央的文件管理工作有了明显变化，自1923年6月以后，从中央到地方普遍建立起了一套文件管理制度，改变了以往文件一发出，其底稿就烧毁的做法，而是将其保存起来。1923 年 6 月到 1924 年 9 月，在毛泽东任秘书期间，由他经手和积累的文件就达数百件。

(三) 技术书记

技术书记是中国共产党成立初期党和群众团体中设置的文书工作人员。

1925 年 1 月 31 日制定的《中央组织部工作进行计划》中规定：根据工作需要，“须设一技术书记”。于是，在中央机关中就出现了这一职务，其主要职责包括：

第一，协助秘书进行工作。在没有秘书的单位，由他承担秘书工作。

第二，负责统计工作。包括发文、收文、刊物分配、文件材料等数量的统计。

第三，负责会议记录，并将记录整理后交领导人审核，而后，作为正式文件处理。

第四，负责文书处理工作。主要包括文件的缮写、收发、分配、催办等工作。

第五，负责文件材料的保管。

从这些职责可以明显地看出，技术书记不是一种领导职务，而是一种从事事务性工作的职务，所以，他们是党内最早的实际上的专职秘书。

党中央设立了技术书记后，党领导的各群众团体内也纷纷仿效，设置起这一职务。如中国社会主义青年团中央执行委员会于 1925 年 11 月 18 日发出的第 108 号通告《加强文书技术工作》中指出：“组织较大之地方或区委会，应有技术书记。”到了土地革命时期，县以上的苏维埃政府和红军内都设有此职。

二、党中央秘书机构的建立

(一) 中央秘书处的产生

随着形势的发展，党中央的组织机构逐步健全起来，党中央秘书的工作量越来越大，技术性增强，要求也提高了，仅设置秘书和技术书记已无法承担如此大量的工作，党中央感到有必要建立专门的秘书机构。

1925年下半年，中央曾打算设立中共中央秘书部，拟委任王若飞为秘书部主任。1926年2月4日，王若飞在《中央成立秘书部，本人为主任给庆云、伯坚、人达诸同志信》中曾写道：中央已决定“增设秘书部，调我任秘书部主任”。然而，由于种种原因，中央秘书部虽经酝酿而未能正式成立。

1926年6月，中共中央第四届第三次执行委员会扩大会议再次提出设置中央秘书机构，被大会所接受，并在通过的《中共中央执行委员会组织问题决议案》中决定：“应增设中央秘书处，以总揽中央各种技术工作。”

自此，中共中央秘书处正式成立，王若飞为首任秘书长，领导秘书处。

（二）中央秘书处的结构

初设立的中央秘书处，其规格为中央部委一级，设秘书长一人，直接领导全处，设有副秘书长，协助秘书长工作，不另设处长。处下设三个科，分别是：

1. 文书科

设主任一人，干事若干人，其具体职责为：

（1）负责会议的安排和会议记录；

（2）负责一般文件的起草；

（3）负责文件的抄写、印刷；

（4）负责文件材料的接收、分发；

（5）负责文件材料的收集、保管、整理、统计；

（6）负责保密工作；

（7）负责刊物的发行工作。

2. 交通科

设主任一人，交通员若干人。

该科主要负责文件材料的传递、传递消息、与来往人员接头、做向导等。

3. 会计科

设主任一人，会计一人至二人。

该科负责经费的筹集、保管、分配、开支，秘密联络站、点（如所开店铺）的管理等总务工作。

中央秘书处实行集体领导，全处大事，由秘书长主持召集各科主任参加的联席会议讨论决定，联席会议一般每月召开一次，讨论、决定本处的各项工作，每次会议均要写出会议纪要，作为会议的决定，让全处人员执行。

（三）中央秘书处的职责

中央秘书处的基本任务是“总揽中央各种技术工作”。所谓“中央各种技术工作”，是指党中央的秘书工作，所以，中共中央秘书处的具体职责被规定为如下多项：

1. 会务工作。即负责安排党中央各种会议的会议日程、议程，文件材料的拟制准备，会址的选择，会议的安全保卫工作，会议记录，以及其他会务工作。

2. 文书处理。包括文件材料的起草、抄写、收发和分配。

3. 文件材料的管理。包括文件材料的收集、整理、保管、登记、编目、统计等。

4. 负责保密工作。

5. 负责交通工作。

6. 负责会计工作。

7. 主编秘书处的通讯。

8. 办理领导交办的其他秘书工作。

这些具体工作由中共中央秘书处下属的三个科分别承担。

从上述看，中共中央秘书处作为党中央的第一个秘书机构，已经总揽了当时党中央的全部秘书工作，起到了党中央助手的作用。

三、中共中央秘书长

1926 年 6 月，中共中央秘书处建立的同时，也设置了中共中央秘书长一职。

初设的中共中央秘书长，与原先的中央局秘书一样，也是党中央的主要领导成员，或者由党中央的主要领导成员兼任。继王若飞为首任秘书长之后，邓中夏、周恩来、李维汉、蔡和森、邓小平等党中央的重要领导成员都先后担任过中共中央秘书长，而原先的秘书一职仍保留着，但只是秘书长领导下的工作人员了。

中共中央秘书长的职责被规定为：

1. 批阅重要的来文来电。凡中央各部和地方呈送中央的重要文件、电报，一般都由秘书长先行审阅，他批示后再送有关领导审阅，或送主管部门办理；凡属其审批权限内的秘书性、事务性文件，则由他直接处理。

2. 组织会务工作。凡中央政治局会议、中央常委会议、中央全会、全国代表大会，都由秘书长和委员长研究出议程和日程，然后，由秘书长根据计划，具体组织会务工作。如1927年4月召开的中国共产党第五次全国代表大会，就是由蔡和森负责具体会务工作的。

3. 参与决策。即秘书长参加党中央有关方针、政策的讨论和制定，有些政策性文件是根据会议记录，由秘书长组织人员写成指示或决议的。

4. 指导文件材料的秘密收藏工作。当时，党处于秘密工作状态，党的文件材料关系着党组织的安危，文件材料的收藏、保管工作相当重要，所以，文件管理人员的挑选、收藏技术、存放地点、保管制度等具体工作都由秘书长直接指导。

5. 管理会计工作和机关行政事务。起初，这两项工作由秘书长负责管理，后来，中共中央秘书处又设置了副秘书长，分管这两项工作。

中共中央秘书长这一职务自设立后，就一直延续下来。他既是党中央的领导成员之一，又是中央机关的主要负责人。后来，在政府机关和高级军事指挥机关等组织内都设立了秘书长。

第二节　中共中央秘书处的扩展

1927年，大革命的失败，使中共中央秘书处随同党中央机关遭到严重破坏，当年的“八七”会议后，才得以恢复和重建。重建后的中共中央秘书处，在内部结构上、职能上、工作观念和作风上都比以前有了明显的发展，更趋于健全。

一、中央秘书处重建后的结构

重建后的中共中央秘书处，仍为部委一级，仍由秘书长直接领导，但是，其下属单位增加了。当时，分管中央秘书工作的中央组织局主任周恩来指示：中央秘书处应设专人负责收发、密写、油印、起草、承办、保管文件的工作。中央秘书处据此设立了各科，各科的工作内容也增多，有的科下还设有一些处（即小科）。中央秘书处的下属部门有：

1. 文书科

该科下设有：

(1) 收发处

负责收受寄呈给党中央的文件、电报、信函和书报刊物，对收到的文件材料用药水洗印出字迹；负责将要发出的文件、电报、信函和书报刊物交交通科传递出去，并对收文、发文作详细的登记、统计，按期编制出文件材料统计表和一览表。

(2) 密写处

也称药水处，或药水密写处。

1928 年 12 月，《中共中央给各省委的通知》中指示：凡机密文件和情报都必须用特制的药水密写，受文者也必须立即用特制的药水洗印，才能显出字迹。

密写处的职责就是自制密写、密洗的药水，并以“发票”的形式，用暗号写明该文件收文者应用哪种药水洗印。交通员送交文件时，必须附交这张“发票”。为了防止密写方法泄密，药水得经常变换，收文者洗印后，得马上毁掉原件。

(3) 油印处

也称缮写油印处，或抄写处。

该处负责一般文件材料的抄写、油印事务。由于打字不适应秘密工作的需要，很少使用，所以，凡秘书长和常委领导人起草的文件被讨论通过后，就交该处缮写，有时要一式缮写几十份，故该处的工作甚为繁忙。

(4) 文件阅览处

在当时地下工作的情况下，党中央领导成员审阅、批办文件都设有专门的绝密地点，这一地点称为文件阅览处。

1927 年 11 月，当时分管秘书工作的中共中央政治局常委兼中央组织局主任周恩来，指示中央秘书处负责人邓小平立即建立一个文件阅览处和一个办公处，两者都秘密设在上海戈登路 1141 号一所小洋楼的第三层。文件阅览处里存放有中央领导人需要批办和阅读使用的文件。领导人来了，秘书就送上文件，领导人批办后，秘书再将文件收起来。办公处则是中央领导集体办公和召开小型会议的所在地。

文件阅读处和办公处配备有两名政治秘书和几名工作人员，他们往往扮作夫妻、亲友、佣人等，以家庭的形式，看管文件，接待领导人，并负责警戒、安全工作。

(5) 文件保管处

该处自 1927 年“八七”会议后设立，至 1931 年改称“中央文库”，主要职责为保管党中央的重要文件档案。1930 年 4 月 19 日，《中央对保密工作给中央各部委全体工作同志信》中指示：中央各机关中凡不需要的文件，必须随时送至保管处保存。该处将党中央、中央各部委通过中共中央秘书处下发的文件、各地报送中央的文件，均留存一份或几份作为副本，保存起来，并接收各部委移交的文件和搜集零散的文件材料，保存起来，同时，负责这些文件档案的整理和秘密收藏工作。

2. 翻译科

当时，中国共产党与共产国际来往频繁，互相往来的文件材料都需翻译，这一任务由该科承担。它还负责共产国际的代表、兄弟党人员和中共中央领导人交往时的口头翻译，并笔译一些中外文的报刊，供中共中央和共产国际使用。

3. 内埠交通科

中共中央秘书处重建后，原先的交通科于 1927 年 8 月一分为二：一为内埠交通科；一为外埠交通科。1927 年 10 月，党中央由武汉秘密迁往上海后，遂以上海为内埠。

内埠交通科的职责是保证中央各部委以及本埠各机关之间的联系。其基本任务是：

第一，将党中央的文件递送给中央组织部、宣传部、军委、党报委员会、出版部、妇委、工委、青年团、互济会等中央机关和在上海的中共江苏省委及其所属机关。

第二，接收上述各机关给中央的文件材料，然后再通知有关部门派人来取。

第三，中央各机关移交给中央文库的文件材料，一般都由该科转递。

4. 外埠交通科

外埠交通科也称中央交通处，1930 年后对外又称中央交通局。

该处的职责是与全国各省级以上党组织，如各中央局、省委、边区特委、中华苏维埃中央人民政府、红军总部的交通部门保持联系。

它根据中央的指示，先后建立起了北方线、长江线、南方线，在党中央所在地的上海，则建立有秘密联络站，称通信处，也称上海总局。每一条线都有若干通讯处，称为交通分局、交通支局等，建立起了全国范围内的交通网，成为党中央与各地党组织联系的总枢纽。这一交通网由该科科长和一名干事直接联系和指挥。

该科除了原先传递文件材料、接头、交流情报、护送来往干部以外，又新增加了向共产国际传递文件材料，从白区购买军用、医药等物资的任务。

1933 年初，中共中央机关迁移到江西瑞金的中央苏区，外埠交通科遂被撤销。

二、中央秘书处观念的更新

大革命失败的惨痛教训，使全党深刻反省以往工作中的失误，以使今后的工作做得更好。中共中央秘书处也检查了以往的工作，认真吸取教训，1929 年 10 月形成的《中共中央秘书处过去的缺点和最近的工作计划》，就是一个实例。这一文件指出：中共中央秘书处“是中央工作尤其是常委工作的执行机关”，这一认识导致秘书处观念的更新，即中央秘书处应改变以往单纯技术工作的观点，更好地为党中央服务。产生的新观念主要是“五个一切”：

1. 一切工作政治化。

就是中央秘书处的所有工作必须与全党的工作路线紧密联系起来，并尽自己的努力为其服务。

2. 一切工作集体化。

即要经常召开会议，集体讨论、解决问题，以组织的力量来推动工作进行，求得全处的工作互相了解、互相帮助、互相促进、互相批评。

3. 一切工作科学化。

即全处的工作应当要有计划、有秩序地进行，各项工作都得有规律地进行。

4. 一切工作系统化。

即全处的工作要有原则、有中心、有要求、有分工地进行，克服机械、散漫、紊乱的缺点。

5. 一切工作的执行必须带督促性。

即要督促各地经常向中央报告工作，经常请示，及时检查和督促，以保证工作效率。

观念的更新导致了中央秘书处工作作风的转变。秘书处实行了集体办公制度，经常总结工作经验，建立了各科工作的报告制度、互相批评制度等，有力地提高了秘书工作的质量和效率。

三、中央秘书处职能的拓宽、地位的提高

（一）中央秘书处的地位

重建后的中央秘书处，其职能大大拓宽，其作用、地位也随之明显提高。其职能为：

1. 中央秘书处是领导机关日常工作的执行者。

1929 年 10 月的《中共中央秘书处过去的缺点和最近的工作计划》中指出：中央秘书处“是中央工作尤其是常委工作的执行机关”。1930 年 1 月的《中共中央秘书处的组织及其工作报告大纲》中，明确提出了中央秘书处的三大职能，中央秘书处首先“是中

央工作尤其是常委工作的执行机关”，也就是说，秘书机构是领导部门日常事务的承担者，它附属于领导部门，必须忠实地执行领导部门的指令，它不是决策机构，而是办事机构。

2. 秘书工作是机要工作的总汇。

《中共中央秘书处的组织及其工作报告大纲》中指出：中央秘书处“是党内机要工作的总汇”。此处的“机要工作”是指文件的处理、传递、管理、电讯业务、秘密工作技术等内容。在地下斗争环境中，秘书机构的一切工作都具有机密性，关系到组织的安危；它为领导部门办理日常事务，涉及的是有关大局的要务，机密性和要务结合，就成为机要工作。上传下达的文件、指令都得汇集到秘书部门，由它收发、分配办理，因此，它成为机要工作的总汇。

3. 中央秘书处是上下联系的枢纽。

这是党中央在大革命失败后交给秘书处的一项新任务。规定党中央和中央各部委、各地党组织的联系，都必须经过中央秘书处，为此，中央秘书处特地加强了交通科的建设。这种联系采用书面文件、面谈、汇报、电报、电话、邮件等方法。在维系上下级联系中，中央秘书处承担着具体任务，所以说它是上下联系的枢纽。

(二) 中央秘书处的职能

除上述各科的职责范围以外，秘书处还增加了两项重要职能：

1. 指导全党的秘书业务。

中央秘书处负有指导下级秘书业务的责任，这也是大革命失败后中央给中央秘书处规定的新任务。

1920 年 1 月 28 日的《中共中央秘书处的组织及其工作报告大纲》中，明确提出：中央秘书处要与各省秘书处建立密切的业务指导关系，而且，无论是“经费的送达、关系的建立、文件的分配、议程的提出等特别注意于中心区域和中心工作”。中央秘书处除了派员去各省委秘书处检查工作以外，还规定各省委秘书处要定期向中央秘书处报告秘书工作情况。

2. 编辑《秘书处通信》。

1928 年 10 月，中央秘书处开始出版发行《秘书处通信》，作为对全党秘书工作的指导性刊物，中央秘书处将各地有关秘书工作的计划、报告选编成集，发给各地秘书机构，作为学习、指导之用。

机构的扩展，职能的拓宽，作用、地位的提高，观念的更新，作风的转变，使中共中央秘书处进入了成熟、健全时期。

1933 年初，中共中央机关撤离上海，秘密迁到中央苏区，中央秘书处也随同进入苏区。

1934 年 10 月，红军长征前夕，党中央精简了一大批机关，以增强部队的机动性，适应战斗频繁的形势，中央秘书处也被撤销，其秘书工作的职能划归中央军委机要科承担。

第三节　苏维埃政府和红军中秘书工作的建立

一、苏维埃政府秘书工作的建立

1927 年，大革命失败后，毛泽东发动秋收起义，率部队到达井冈山，开辟了革命根据地，并逐步建立起地方苏维埃政权。与此同时，党在海陆丰、右江、鄂豫皖、陕北等地通过武装暴动，也开辟了根据地，先后建立起了十多个地方苏维埃政权。随着这些苏维埃政权的出现，其秘书工作产生了，秘书机构也随之建立起来。

（一）总务处的建立

1931 年 11 月，在江西瑞金召开了第一届中华苏维埃全国代表大会，成立了中华苏维埃共和国临时中央政府，选举毛泽东为主席，项英、张国焘为副主席，并成立了中华苏维埃中央执行委员会，该委员会通过了《苏维埃地方政府的暂行组织条例》，决定“废止秘书制，设立总务处”，即在中华苏维埃中央执行委员会内设立起了秘书机构——总务处，该条例规定：总务处设主任一人，技术书记一人，“总务处之下分为文书、印刷、会计、事务、收发、交通等股”，故总务处的结构如下：

1. 文书股：设有秘书二人，主要职责为处理和起草文书。

2. 印刷股：设人员两名，主要负责刻蜡版和油印苏维埃中央政府的文件材料。

3. 交通股：设四人，负责与红军各部队、苏维埃各地方政府、党中央的联络。1931 年 12 月，周恩来到苏区后，曾将交通股改名为“工农通讯社”。

交通股开辟有闽粤、粤赣、闽东北、闽西等条交通线路，基本上形成了苏区交通网。交通股的任务主要是：

第一，传递文件材料，包括与中央秘书处外埠交通科联系，向中央递送文件材料；向红军各部队和各苏区递送文件材料。

第二，护送往来苏区的干部，包括去党中央汇报工作的干部，中央派来苏区调查、巡视工作的干部等；采购和运送物资，包括从白区购买药品、器材等物资，将苏区的土特产运往白区销售。

4. 收发股：设一人，负责中华苏维埃中央执行委员会各部、处全部文件、书报刊物的收发，包括文件材料的登记、内部文件的分配、书报刊物的分发等事务。

5. 会计股：负责经费、财务的管理。

6. 事务股：负责苏维埃中央执行委员会的行政事务工作。

其他各根据地的苏维埃政府、中央苏维埃政府下属的各级地方政府，也仿照中央苏维埃政府设立起了秘书机构。

（二）首长专职秘书的出现

从 1928 年起，党中央开始为高级领导人配备专职秘书。如经周恩来批准，为陈独秀配备了政治秘书；湘赣特委派贺子珍为毛泽东的机要生活秘书；周恩来、朱德等高级领导人身边都配备了秘书。这些首长秘书除了起草一些文件、处理文件、负责会议记录以外，在当时的特定条件下，他们还承担如下工作：

第一，通过积累、接收、征集等方法，为首长搜集各种文件材料，作为参考，以帮助首长决策；为首长搜集各种书报刊物，供首长了解形势，参考使用。在敌人封锁苏维埃政权的形势下，这一工作显得尤为重要。

第二，誊抄首长起草的文件。

第三，管理机要文件。在当时的战争状态下，无法建立固定的档案库，各位首长只能备有文件箱，放置所有文件材料，成为活的档案库，行军打仗时由人挑着，宿营时打开就能取用。这些文件箱由秘书负责管理。

二、红军中秘书工作的建立

(一) 红军中的秘书机构

1927年8月的南昌起义，标志着中国共产党有了自己独立的武装力量，红军诞生了。自此，也产生了红军的秘书工作。

红军的秘书工作，上自中共中央军委下至连队，体系庞大。从其建立的时间顺序来排列，大致如下：

中共中央军委秘书处：

1927年，中共中央军委一度改称中共中央军事部，部内正式建立了秘书处，由王一飞为首任秘书长。

井冈山前敌委员会秘书处：

南昌起义的余部在朱德、陈毅等人率领下，到达井冈山，与毛泽东率领的红军会合，成立了中国工农红军第四军（简称"红四军"），并建立了井冈山前敌委员会。1928年11月25日，毛泽东在《井冈山的斗争》这一报告中写道"前委暂设秘书处"，前委秘书处随红四军行动，承担着红四军的秘书工作。

其他各级军事机构的秘书机构：

1930年8月2日的《中共中央通知第154号——关于党的军事机关组织与系统问题》中规定：除中共中央军委在常委会下设秘书处以外，中央局和省军委常委会下设秘书科，各大军区、军团、军、师设秘书处或秘书科。在实际设置中，有的方面军及其下隶的军部、师部中的秘书机构，也有称办公厅、办公处的，如红一方面军及其军、师部中就称办公厅。

红军中团级机关内有的设立秘书科，有的设立总务处，有的仅设秘书。如1930年12月的《江南省军委巡视广德后的报告》中，附有《皖南红军独立团编制系统表》，表中在团政治部下设有总务科，在团长、政委下设有秘书。

红军营连级单位中则设有文书。1933年6月15日颁布的《中国工农红军暂行编制表》中规定：连队中设文书员和运输员，他们的任务是"保管文件和运输文件"。

中央革命军事委员会的秘书人员：

1931年11月中华苏维埃共和国中央临时政府成立，随即组成了中央革命军事委员会，并在其中设立了主席团，根据《中央革命军事委员会主席团工作条例》规定：主席团“须设秘书长一人，技术书记一人，处理日常事务”。

（二）红军无线电台的建立

无线电台是现代战争的必要通讯手段，与战争关系密切，作用重要，它是红军各部相互联系、上传下达、获取情报、掌握敌情、了解形势，和中央保持联系的信息工具，又属于秘书工作的范畴。

早在1930年，红一方面军总部就下达过注意收缴敌方无线电台的命令。次年1月，红一方面军在歼灭谭道源的战斗中，缴获了一部无线电台，并俘虏、留用了几名报务员和机务员，党中央又派来了曾三等几名电讯业务人员，就此建立起了自己的无线电台。他们一面编制自己的密码，一面又注意搜寻敌方的密码，开始了红军的无线电通讯工作。

无线电台的建立，马上使红军指挥员感到耳聪目明。于是，他们决定首先在红一方面军总部组建无线电队，然后再在全军中尽快建立无线电通讯网。为此，朱德和毛泽东亲自下令，从各部队抽调有一定文化程度、忠实可靠、聪明好学的青年到总部学习机务和报务，培训结束后即派往各部队，作为无线电通讯业务的骨干力量。从此，无线电通讯就成为红军各部队之间的主要联络、沟通工具，处理电文也就成为红军秘书人员最重要、最频繁的工作，为此，红军中又设置了专门处理电文的部门——机要科。

（三）长征中红军的秘书工作

1934年10月，红一方面军开始长征，为了轻装上阵，中共中央秘书处、军委秘书处都被精简撤销，红军总部的秘书工作由中央军委机要科承担。由于一切工作实行军事化，各地方党政机关的秘书部门也被精简撤销，它们的职能也被各军团机要科承担。

长征中，党中央和中央军委的主要工作是指挥红军行军、作战，冲破敌人的围追堵截，进行战略转移。为了适应大规模军事行动中形势瞬息万变的状况，使信息的传递能做到及时、准确、安全，所以，党中央和中央军委下达指示，各部队、地方向他们请示工作，大多采用电报，电讯业务激增，中央军委机要科的秘书工作也主要是处理电文和保管电文。

在战斗频繁的情况下，首长办理的文件，由首长秘书（此时称政治秘书）将它们分类，把未办完的文件分成机密、普通两类，已办完的文件分成常用、待查两类，全都放置于机要箱中，出发前，由秘书对里面的文件清点检查。行军、打仗时，由身强力壮的战士挑着，并由秘书或特务员监护。到了宿营地，再由秘书或机要科的工作人员将箱子送给首长。首长将未办完的文件取出，继续批办，或授权秘书承办。

那时，保管电文也是一项重要的工作。随着电文数量的日益增多，中央军委于1934年10月10日，专门发出《中央军委关于转移中的文电处理和保管办法》一文，指示："电本由政委负责保管，电报底稿一经翻译随时抄存，原稿烧毁。"这种办法，使一个电报本能抄录成百上千条的电文，便于保管和轻装携带。

长征中，所有的文电都是机密的，保密成为相当严重的问题，所以，中央军委特地发文要求秘书和机要人员强化保密观念，"养成其机警精神之特长"，并规定了一系列保密措施，以防泄密。

三、中共地方组织的秘书机构

大革命时期和土地革命时期，为了便于发动和领导全国人民群众的革命斗争，中共在全国各地设立了中央局、省委、特委等地方组织，中华苏维埃共和国临时中央政府和其他苏维埃政府也设置了下属地方政府，这些地方组织和地方政府中也设有秘书机构。

1. 地方党组织的秘书机构

起初，各中央局和省委内的秘书机构名称不一，职责范围也不一，有的设置了秘书厅，负责军事、组织、宣传、秘书等多方面的工作，如1927年12月《江苏省委给中央的信》中就写道："在常委下设秘书厅，由常委一人负责。"由于军事、党务、宣传等工作任务日益加重，并越来越专业化，秘书厅很难包容，所以，从1929年初开始，所有中央局、省委、特委等地方党组织机关内的秘书机构，一律改称秘书处，并不再承担军事、组织、宣传等方面的工作，专事秘书工作。这些秘书处下设有文书、交通、会计、发行等部门，如1929年1月17日《四川临时省委给中央的报告》中写道："秘书处下设文书、交通、会计和出版分配四科。"

2. 地方苏维埃政府的秘书机构

根据1931年11月中华苏维埃中央执行委员会通过的《苏维埃地方政府的暂行组织条例》的决定，各地方苏维埃政府内设立的秘书机构称总务处或总务部，下设有文书、印刷、会计、收发、事务等股。总务处或总务部在秘书长的领导下，承担政府的秘书工作。

此外，在中共领导下的共产主义青年团、工会等组织中，也建立起了类似的秘书机构。

这些各级各类的秘书机构承担着参谋助手、联系枢纽、机要工作三大职能，对本领导机关起着重要的辅助作用，保证了机关日常工作的正常进行。

第四节　文书档案工作

中国共产党建立之初，其领导机构的文书工作，在制作、文种、传递、处理等方面，就带有自己鲜明的特点，与旧政权截然不同；其档案工作则在相当困难的处境下，以安全保密为首要任务。

一、文书工作

（一）文书制作的特点

1. 强调实事求是的文风。

党中央要求各地党组织撰写文件必须有实际材料，要对实际问题进行分析，站在正确的立场上，观察问题，推究其因果，这样以实事求是为原则写出的文件，才能反映出客观情况，准确可靠，简明扼要，才能指导实际工作。党中央再三强调反对空洞无物的文风。早在1922年《中国共产党加入第三国际决议案》一文中就指明：书写文件绝不能照搬旧政权那套"流行的烂熟公式"。1930年

《中央对各省空洞报告的批评及空洞报告实例》中，则举例批评了漫无边际地谈形势而无实质性内容，标题为全面情况而内容仅涉及某一局部，好似文艺小说、充满“彩色祥云”的文件，指出这种文风对党的工作有百害而无一利，必须摒弃。

2. 政治性和事务性文件分开写。

中央指示各地，一份文件中不得有政治性和事务性的内容同时存在，这是因为政治性文件机密性强，事务性文件则机密性较弱，分开书写，有利于在地下斗争状况下维护党的机密和安全。如1929年《中共中央秘密工作委员会关于秘密技术工作规定》中就再次要求各地撰写文件时，“政治的与事务的必须分开”。

3. 以白话文书写。

中国共产党从成立之时起，其文件包括方针、政策性的文件，上级的指示，下级的请示报告，就提倡用白话文书写，反对用文言文。1921年7月，党的一大上通过的《中国共产党第一个纲领》、《中国共产党第一个决议》，同年11月中共中央局颁布的第一个“通告”，使用的全是白话文。

4. 使用标点符号。

在中国共产党成立之前，旧政权的公文都是没有标点符号的，或者是只用一个圆圈符号，从头圈到底。中国共产党从正式行文之时起，就使用标点符号，常用的有逗号、顿号、引号、问号、惊叹号、括号、破折号、着重号、句号等。

上述两个特点，对以前的一切旧公文而言，是一个革命性的变革。之所以会产生这一变革，是由于以下原因：

第一，因为中国共产党是无产阶级的政党，它的文件必须适应大众化的要求，使工人、农民、城市贫民等文化程度较低的阶级、阶层能看懂，才能产生影响和作用。

第二，受五四运动的影响。提倡白话文，反对文言文，文风大众化，使用标点符号是五四运动的内容之一，它对当时社会的影响很大。中国共产党早期的领袖人物和骨干，深受其影响，有的还是五四运动的中坚人物，他们平时的书信就用白话文书写，建党后的文件自然也如此。

5. 运用代号和暗号。

由于中国共产党是秘密建立的，处于封建统治者、军阀、帝国主义反动势力的包围之中，为了党组织的安全，各级党组织在文件书写中逐步拟制了一套专用代号和暗号，来替代组织、党员、领导人的称呼。比如，从1921年到1927年，中国共产党的代号有"C·P"、"我校"，中共中央的代号有"钟英"、"大校"、"大兄"，中国共产主义青年团的代号有"C·Y"、"青哥"、"中校"、"刘洪顺"等，中共党员称"大学生"，男党员称"男学生"，女党员称"女学生"，党员被捕称"得病"，入狱称"入院"，党员统计表称"每月决算表"，党的决议案称"总校年鉴"，政治报告称"经济试卷"等等。各种暗号大多由秘书部门和组织部门联合拟定，然后通知使用，这些代号和暗号经常变换，以防文件被敌人识破而泄密。

（二）文书工作制度

1. 签发制度

根据1923年《中国共产党中央执行委员会组织法》的规定："党内文件由委员长和秘书签发。"如1923年9月党中央给团中央的《关于中共中央执行委员会由委员长与秘书出席团中央会议的通知》一文，就是由陈独秀和当时的秘书毛泽东共同签发的。如果中央发的文件内容属于某一部委的，就由总书记和部委的主要领导人一起签发。如1925年2月25日的《中共中央通告第九号》，其内容是有关组织工作方面的，是由总书记和组织部长一起签发的。

2. 文件的收发登记及保管制度

1924年以前，党的机关在文件发出后，为了保密，往往将底稿和存根烧毁，甚至连目录也没有，不便查考。对于收到的文件材料，也往往是任其堆积，或一扔了事。所以，从1925年开始，党中央机关逐步建立起文书工作制度。

首先，设置了文件底稿簿，即将发出的一切文稿和存根编制成册。1925年11月18日中国共产主义青年团中央在《关于加强文书技术工作的通告》中就作了这方面的规定。

其次，设置了收文、发文登记簿，无论是发出的文件，还是收到的文件，都得编号，登录收件人、发件人、收发时间、文件名称、备考等内容。

同时，又设置了文件材料保管簿，将机关形成的所有文件材料都登记在册，对销毁的文件也须在簿中注明。这些制度有效地克服了文件材料管理的混乱现象，提高了机关的工作效率和文件材料的保密程度。

3. 文件的分发

建党初期，由党的主要负责人收受文件，并交有关人员办理。其后，由秘书或秘书长负责文件的分发。1926 年秘书处建立后，就由秘书处负责文件的分发，各地党组织也仿照之。如 1926 年 6 月 8 日的《中共上海区执委会秘书处第一次会议记录》规定：各种收到的文件“概由秘书处分配”。

4. 文件的传阅

当时规定党内文件分级阅看，属于中共区执委会委员看的文件，不得向下传达；属于正式党员看的文件，不得让新入党的党员看；正式党员看文件，须经过支部通过和地委批准。

(三) 文件传递制度

党建立后，在地下斗争的状况下，党中央和各地党组织文件材料的传递，大致经历了如下阶段：

1. 秘密邮寄

即采用双信封，外信封上写委托转交的单位或个人，内装一般的家信，内信封上写真实的收信地址和收信人，内装文件。如 1921 年建党后一段时间内，各地党组织寄送上海党中央的文件材料，有的外信封上写“上海宝山路商务印书馆编辑处董亦湘收”，内信封上则写“请送交中央局瞿秋白收”。这种方法用于传送一般性的文件，绝密文件不用此法，而是由专人传送。

2. 设置秘密交通员

秘密邮寄文件的方法被敌人发觉后，邮局实行了严密的检查制度，迫使党中央设置起秘密交通员，专职传递机密文件材料。1925 年 1 月，中共第四次全国代表大会决定在党内建立内部交通。同年

4月30日，中共中央执行委员会又专门发出《中央关于建立和健全党内交通问题通告》，指示全党完全停止上述邮寄机密文件材料的方法，改而设立交通员，并指出："党在秘密活动之下，使本党的印刷物传递到党的群众和深入到党外群众中去，是非常重要的工作，这种工作在组织上的重要等于人身上的血脉，血脉流滞影响于人的生死。"还规定了交通员以传递机密文件材料为主的职责，要求他们对传递的文件负绝对安全之责。同时，还设置了交通干事，专门负责上下级之间的通讯联系工作。

3. 建立交通网

随着交通员的产生，党内设置起了交通机构。1925年初，首先在中共中央组织部建立了交通处，负责党中央全部的交通工作。中共中央秘书处设立后，处内又设置了交通科，负责与各地交通机构密切联系。同时，各地党组织内也设置起了相应的交通部门。如1927年7月，中共中央南方局制定了"交通处工作条例"，要求各省、县都建立交通股、交通科、交通处等等。这样，在党内，从中央到地方就建立起了初步的交通网。这一网络，使党内上下行文的传递比较迅速和有序地发展起来。

4. 运用秘密电台

1928年，由于形势的发展，这时的党中央既要和共产国际保持联系，又要和白区的各级党组织联系，还要指挥红军作战，指导各苏维埃政府的工作，单靠秘密交通员传送文件、沟通联系已经无法满足党中央领导工作的需要，而迫切需要建立秘密电台。中央决定由政治局常委兼秘书长的周恩来负责这一工作。1928年6月，在莫斯科参加党的六大的周恩来，就从莫斯科东方大学抽调了一批是中共党员的学员，到共产国际无线电训练班学习电讯业务。次年1月，党中央再从东方大学抽调一批是中共党员的学员到列宁格勒的伏龙芝军事通讯联络学校学习电讯业务。这些同志学成回国后，成为党和红军建设电台的骨干力量。同时，在周恩来的领导下，党在上海以"电器公司工厂"的名义作掩护，开办了秘密的无线电训练班，从各地抽调人员前来接受培训，学成后回各地负责建立秘密电台。1929年秋，党的第一部秘密电台在上海组装成功，次年1

月，这部电台与中共南方局的电台首次秘密联络成功。从此，党中央和红军，各苏维埃政府，各中央局、省委、特委建立起了无线电台联系，用以敏捷地传递各种文件和信息。

(四) 文件保密制度

在地下斗争的环境中，为了保证文件的机密性，党建立了一整套文件保密制度。建党初期，中央就多次指示各地要高度重视这一问题，1928年12月的《中共中央给各省委的通知——关于文书工作的技术问题》中，更详细规定了文书工作技术，即文书保密工作的性质、作用、内容和特点。其内容主要有：

1. 密写技术

规定将机密文件用牛奶、碘酒、米汤和特制的药水书写在白纸、书刊、衣服里子、器皿上。收件人收到后，立即用特制的药水洗出字迹。中央要求各地"秘件到后，即洗即誊，誊后即将原件销毁，以免被敌人觉察此项技术"。如果敌人已经觉察了某种密写技术，我们应当立即改变方法，并将新方法和新的特制药水告知对方，配制药水的材料可以就地购买，但写的和洗的药水材料不得在同一商店购买，也不准同时携带，以免被敌人发觉。同时，中央还规定无论是收文还是发文，都必须拟制一张发票，用以说明此文件是用什么药水密写的，应当用什么药水洗出来。这样，即使密写文件被敌人搜获，没有发票，他们也无法破译。

文件除了采用密写技术外，还得运用密语和暗号，以增加保密程度。

2. 文件材料的伪装

为了安全传递、保管、使用秘密文件、刊物，当时党的秘书部门对发出的文件和出版物采用了各种方式的伪装。常见的有：

商品化：即将文件材料伪装成各种广告、商品说明书等，并运用公司、商店的包装。

教科书式：即将文件和书报刊物装订成教科书式样。如1929年中共中央出版的《党的生活》，封面装订成《国语课本》；中共中央秘书处出版的《秘书处通信》，封面装订成《国术教范》等等。

小说式：即将文件材料装订成文艺小说式样。如1928年中共第六次全国代表大会在莫斯科举行，为了将大会文件传递回国内，组织专人将大会的重要文件汇订成集，封面装订成小说《国色天香》。在国内出版的党中央和各地党的机关的书报刊物，常将封面装订成《摩登女郎》等小说的式样。

3. 文件传递中的保密

当时，为了确保文件的安全流通，对交通员传递文件时的保密也作了不少规定。如要求交通员应当打扮成小商小贩，或工人模样，不引人注意。要妥善收藏好文件材料，经常变换收藏方法，到达接头地点时要看清是否有人跟踪，接头时要对暗语，联系上后，彼此要交换假口供，以便发生意外时可以应付敌人等等。

（五）常见文种

中国共产党早期常见的文件文种有：

1. 决议案

这是党的方针、政策性的文件，它由党的代表大会、常委会、扩大会议、中央全会或临时特别会议讨论通过的重要文件。如1922年党的二大通过的《政治决议案》、《组织问题决议案》，1925年1月13日中共中央通过的《政治局对于善后会议之决议案》等。决议案是权威性的文件。

2. 宣言

这是中国共产党及其领导的群众团体阐述政治主张、评论时局、揭露敌人阴谋、公布党的方针政策、鼓动号召群众而使用的一种文种，它大多是公开的，除向人民群众公布外，还可以散发给敌方。如1921年7月7日的《中国劳动组合书记部宣言》、1922年的《中国共产党第二次全国代表大会宣言》等。宣言使人民群众了解、拥护共产党，了解敌人的真面目，在引导群众跟着党与敌人作斗争方面，起了巨大作用。

3. 纲领

这是中国共产党及其领导的群众团体的高级领导机关概述自己政治纲领、奋斗目标、组织原则等的文种。如《中国共产党第一个纲领》就概述了党的性质、任务、组织、近期和最终目标、组织原则、纪律等，又如1921年11月的《中华女界联合会纲领》、1922年5月的《中国社会主义青年团纲领》等等。

4. 章程

这是颁布组织规程的条例性文种。如1922年的《中国共产党章程》、《中国社会主义青年团章程》等。其基本内容是组织的性质、任务、主张、组织原则、机构、会议制度和参加者的条件、权利及义务、民主与纪律等等。这些文件都由代表大会产生，组织的最高权力机关或执行机关有权修改，但最后仍需经下一次代表大会通过或追认。

5. 通告

这是建党初期党内普遍使用的文种，一般是上级发给下级的指导性文件。如1926年2月13日的《钟英通告第77号》。

6. 报告

这是下级向上级汇报工作、请示问题的常用文种。1921年11月的《中央局通告》中，要求北京、上海、广州、长沙、武汉建立中共区执行委员会，并向中央报送材料，就此产生了报告这一文种。1926年2月13日的《钟英通告第77号》，即在《按时按要求做各种工作报告》中，中央要求各区执委会必须向中央每月作一次政治、组织、宣传、工运、农运、统战、青年运动、妇女运动等十种报告，以使上下级联系密切，让上级及时、充分地了解下情，以便作出正确的指导，如逾期不报告，以组织纪律论处。报告一般分为综合报告、专题报告、请示报告、工作报告等，所以，这是党内使用最多、内容最为广泛的文种。

7. 组织法

这是党和群众团体内部用以规定机构序列、职能作用等的文种。如1923年6月的中国共产党第三次全国代表大会通过的《中国共产党中央执行委员会组织法》、1923年10月15日中共中央执行委员会颁发的《中共中央执行委员会教育宣传委员会组织法》、1925年1月中国社会主义青年团第三次代表大会通过的《本团各级执行委员会组织法》等。

8. 指示信

这是上级对下级作工作指示时使用的文种。当时，上级对下级作书面工作指示时，常加一“信”字，它大多由最高领导人签名，是一种比较具有权威性的文件。

9. 会议记录

这在当时是一种正式的文种，根据1923年《中共中央执行委员会组织法》的规定，凡正规的会议都得由秘书作记录，会后将其整理后，经负责人审核，作为正式文件上报上级领导，下级的会议记录必须报送上级。

除了上述文种外，当时使用的还有通知、计划、统计表等文种。

二、档案工作

办理完的文件就成为档案，它反映了党的历史，是查考的依据，也是敌人千方百计想得到的机密材料。在地下斗争的环境中，保证安全就成为党的档案工作的首要任务。为此，中共中央一再强调对文件材料要秘密收藏，保证安全。

1923年的《中共中央执行委员会组织法》规定：党内一切文件材料必须由秘书妥为保管，秘书对文件、档案的安全负有责任。中共中央秘书处成立后，下属的文书科负有档案保管的责任，后又在文书科下专门设立了文件保管处，并设置了专门的档案秘密贮藏处。

1931年，中央革命军事委员会抚恤委员会颁布的《红军抚恤条例》中规定：秘书负责“处理一切文件档案”。将办理完集中保存的文件称为档案，这在党中央和红军的文件中似乎是首次。

（一）档案秘密贮藏处的规定

当时规定，贮藏档案要选择绝对安全可靠的地方，不能和机关处所在一起。1929年3月28日《中共中央秘密工作委员会关于秘密技术工作的规定》中就要求：“存文件必须用单栋房子”，室内的布置装饰要讲究，像一个“职业家”的住处，住在这里的档案保管人员要有公开的职业，穿着打扮、风度举止要和其公开的职业相协调，工作人员之间宜装扮为夫妻、家人、主仆，组成一个临时家庭以作掩护，相互之间要准备一致的问答词，以应付敌人的查户口等意外情况；

知道秘密贮藏处的人越少越好，但要保证档案保管人员一旦被捕后，仍有人知道；

要约定报警的暗号，遇到意外情况时迅速发出暗号；

秘密贮藏处不能居住过久，需要迁移，以保证安全；

各种档案送到秘密贮藏处时，不能让无关的人看见，档案要锁在自己的箱子里，埋在地板下，藏在屋顶上或墙壁内等不易被发觉的地方。

（二）一文多套收藏制度

当时还规定，党的文件不能只在某处独存一份，而应在数处各存一份，以免该处遭到破坏后文件全受损失。自 1929 年起，中共中央秘书处收到的文件，其右上角均标明"存文组宣毛"，即中共中央秘书处文件保管处（文）、中共中央组织部（组）、中共中央宣传部（宣）、共产国际（毛）各存一份。

后来，由于形势的变化，中央组织部、中央宣传部难以承担长期保管越来越多的秘密档案，实际上由共产国际、中央文库、中共中央秘书处文件阅览处各保存文件一份。

（三）中央文库

中共中央秘书处的文件保管处原先只有一两个工作人员，和秘书处在一起。根据中央的指示和中央秘密工作委员会的规定，存放文件档案的库房必须和机关分离，用单独一栋房子，工作人员组成"家庭"以作掩护，这样，文件保管处就成为中央各机关文件的存放库，即档案库，习惯上被称为中央文库。

中共中央 1930 年发布的《关于秘密工作的指示》中规定："不需要的文件必须随时送保管处保存。"这样，中央文库积累了 15 000 多份珍贵的文件档案和一部分珍贵资料，这些材料被分成中央、苏区、红军、地方等类，共有二十多箱。在中央类的文件中，有党的一大和以后多次会议的文件，有 1928 年至 1930 年中央政治局一百余次会议的记录，有共产国际给中共中央的指示和中共中央给共产国际的报告，有党中央的决议、纲领、宣言和对地方党组织的指示等等。这些是党极为珍贵的历史财富，必须长期保存。它也是敌人千方百计想得到的党的机密。

如此多的档案存放在敌人统治区，其困难是可想而知的。为了保护这一机密，有的同志不惜献出了生命。如1928年4月，经手将使用完的文件送往中央文库的中央秘书处交通科的工作人员张宝泉不幸被捕，他任凭敌人严刑折磨，决不吐露机密，最后英勇牺牲。

1933年初，中共中央机关撤往苏区，中央文库仍留在上海，由上海执行局代管。中央文库的负责人陈为人和其妻韩慧英、妻妹韩慧如装扮成富商家庭，保管和整理着中央文库的档案。他们白天从事公开的社会职业，晚上常常通宵达旦地整理文件，如将厚纸文件抄在薄纸上，把大字抄成小字，剪去文件四边的空白纸，以尽量缩小档案的体积，减轻档案的重量，便于保管和转移。1935年2月，上海执行局的一些机关遭到严重破坏，韩慧英也在和联系人接头时被捕，陈为人立即租下了小沙渡路合兴坊15号一栋二层的房子，将档案安全转移到新址。由于当时经费缺乏，身患肺病的陈为人不但无钱治病，连日常生活也很难维持，只能每天以稀饭度日，加上日夜操劳，于1937年3月病逝于岗位上。

此后，刘钊、李念慈等同志先后受命保管这些档案。

1942年夏，党组织委派陈来生负责保管中央文库的档案。他接受任务后，就以其弟弟的名义租下了新闸路944弄弄口的过街楼。当时，上海被日本侵略军占领，日军在主要街道的十字路口设置岗哨、铁丝网，对来往行人严格搜身。陈来生将档案化整为零，藏在篮子、面粉袋里，由他和父亲、弟妹轮番搬运，每天两三次，用了半个多月，终于将所有档案从李念慈处转移到过街楼上，沿两边墙堆放整齐，外面钉上木板，木板上糊上旧报纸，砌成双层夹墙。后来，为了安全起见，他又先后两次转移档案，仍用夹墙存放档案。其间，1943年，在延安的党中央为了供整风使用，曾通过地下交通网，从上海的中央文库调过大量档案到延安。

抗战胜利后，中央文库又经历了几年的国民党反动派统治时期，终于安全保存下来。1949年，其全部档案移交给党中央，转交到中央档案馆保存。

中央文库能够安全地保存下来，直到新中国成立，真是一个令人赞叹的奇迹，它反映出新中国成立前党的秘书人员的忠诚坚贞和大智大勇，也反映出党对档案工作的高度重视。

复习思考题：

1. 中共中央最早的秘书的特点是什么？
2. 技术秘书的职责是什么？
3. 概述中共中央秘书处初建时的结构。
4. 党的早期中共中央秘书长的职责、地位怎样？
5. 概述重建后的中共中央秘书处的结构、地位、职能。
6. 什么是中共中央秘书处“五个一切”的观念？
7. 建党初期文件制作有何特点？
8. 建党初期有哪些文书工作制度？
9. 建党初期有哪些文件传递方式？
10. 建党初期有哪些主要的文件保密制度？
11. 建党初期有哪些常见的文件文种？
12. 简述中央文库的概况。

第十一章　中国共产党的秘书工作
（1936～1949 年）

抗日战争和解放战争期间，党政军各级机关都设立了秘书机构，中共中央的秘书机构从中央秘书处发展为中央办公厅，各级秘书机构趋于健全，文书档案工作、保密工作逐步形成了一套行之有效的制度，积累了宝贵的经验。这些机构、工作制度和经验，为新中国成立后的秘书工作奠定了基础。

第一节　中央秘书机构的发展

一、中央秘书处的恢复

红军长征胜利结束，1935 年 12 月，党中央到达陕北瓦窑堡，召开了中央政治局会议，决定恢复、增建中央各部委，中央秘书处也被恢复。恢复后的中央秘书处发出的第一份中央文件是《转 12 月 23 日政治决议案内容致国焘电》。

（一）中央秘书处的内部结构

恢复后的中央秘书处，内部结构逐步健全起来。除像以前一样设有秘书长、副秘书长以外，处内又增设了处长、副处长。处下起初设文书、机要、会计三科，后逐步增设了材料科、电讯科、交通科和速记室、收发室，各科室的职责如下：

1. 文书科

负责抄写、油印、校对文件等。1941 年后，还承担《中央通讯》、《党的资料》刊物的编辑、分发。

2. 机要科

负责党中央一切电报的收发、管理秘密电台、编制密码、培训机要人员等工作。科下还设有收报股、发报股、译电股、电信汇编股、电报整理股，分别承担收报、发报、译电、办报、电报的汇编、电报的整理和电台的管理工作。该科在长征中是中央军委的机要科，是中央军委精干的秘书部门。中央秘书处恢复后，它是人员最众、业务最忙的部门，而且，它从1936年至1945年的十年间，几经变动，曾改为机要处、机要局，又改为机要科。

3. 会计科

负责中央书记处及各直属机关的财政收入与开支、生活管理、物质供应等工作。

4. 材料科

负责收集和集中统一管理党中央的一切文件材料，接收部分中央机关移交的档案；发借文件材料，接待前来阅读文件材料者；摘录各地上报文件的主要内容，呈报中央书记处书记和政治局委员阅览；对文件材料分类、整理、编目。

5. 电讯科

抗战时期，党中央和各地、各部队大多以电台联系，使电报数量猛增，中央领导成员无法一一详细阅读所有的来电，为此，中央书记处指示中央秘书处设立此科，负责摘抄各地来电的主要内容，分类汇编成《军事电讯》、《政治党务电讯》、《情报电讯》，分送中央领导成员和有关机关、部队的高级领导成员阅读、使用。此外，该科还为新华社内部的党务广播电台提供广播材料，如重要的方针、政策和新闻等；临时保管机密材料，以备中央随时调阅和查考。

6. 交通科

负责建立和管理秘密交通工作。

7. 速记室

专门从事中共中央各种会议的记录。当时的记录采用两种方法：一是汉字记录；二是速记。事后，该室将两种记录相互比较、补充，整理成稿，送秘书长审定。如果是首长的讲话，还须经首长过目，然后，作为正式材料保存、使用。

8. 收发室

负责接收和分发文件材料、书报刊物，并承担中央机关工作人员来往信件的收发事务。该科时废时立，撤销时，其职能由文书科承担。

这样，中央秘书处的结构趋于健全。

(二) 中央秘书处职能的拓宽

健全起来的中央秘书处，其承担的职能，除上述以外，还增加了如下一些：

1. 受命制定机关工作制度

随着中央各部委的恢复、健全，需要健全各方面的制度，中央秘书处受命制定了一系列规章制度。如1939年6月19日，以中央秘书处的名义印发了《中央直属机关暂行工作规则》，其前言中指出："根据过去检查工作的经验教训是应该适当地改革工作机构，应建立健全的工作制度，以便使复杂的机关工作更加科学合理化，适应目前新的工作环境与党的需要，此规则暂适用于中直机关。"《中央直属机关暂行工作规则》中规定了"行政制度"、"办公会客制度"、"工作制度"、"会议制度"等等。

2. 转发文件材料

中央秘书处负有根据中央的指示，以本机关的名义转发文件之责。如1928年，依据上海党组织报送的材料，中央秘书处整理成《上海党的工作经验》，发给各地党组织作参考。这些以中央秘书处名义印发的文件材料，有中央的，也有地方的；有党内的，也有党外的；有文件、电报，也有情报资料。

3. 指导全国的电讯业务

中央秘书处负责对全党、全军、解放区政府秘书部门电讯业务的指导。它对电报的收发、处理，电台的设置，密码的管理等方面都作了统一规定，并及时进行检查和督促。这些属于秘书工作业务方面的指导，多数是以中央书记处的名义发出的。如1939年8月21日的《中央关于通讯联络工作的决定》、1940年11月1日中央书记处发出的《对秘密环境下的机要工作指示》等。

4. 增设印刷业务

抗战时期，在延安的党中央除在清凉山上组建了光华印刷厂以外，中央秘书处还另设立了小印刷厂，专门印刷党中央和中央军委的各种文件。

二、中央书记处办公厅的设立

随着解放区的扩大，人口的增多，军队的壮大，中央秘书处除了和全国各地方党组织、抗日民主政府、各部队保持密切的电讯联系和上下行文关系以外，还承担着部分与其他方面来往公文的处理事务，日常工作也越来越多，其规模、职责范围已难以适应中央书记处领导工作的需求。1941 年 9 月，中央决定在中央秘书处的基础上，“组织中央书记处办公厅，执行书记处的日常工作”。中共中央书记处办公厅就此设立，人们简称为“中央办公厅”，或“中办”。

(一) 中央办公厅的结构

据王若飞在 1941 年 9 月起草的《中央书记处办公厅的组织机构》记载，中央办公厅由如下部门组成：

秘书处：包括机要处、总务处和中央保卫委员会，机要处下隶机要、材料、文书、收发、会计等科室；总务处下隶总务、管理、会计、医务、政治教育等科室。

中央直属机关管理局：简称中央管理局，包括财政经济处、中央总卫生处、中央医院、保育委员会、保健委员会、中央招待所。

中央直属机关党委。

特别会计科。

中央直属机关管理局、中央直属机关党委、特别会计科、中央保卫委员会是兼管党中央各部委的总务、党务、财务、安全保卫等项工作的，其中规模最大、职责最广的是中央直属机关管理局，它负责中央各直属机关的财政收支、决算和财务检查；管理中直机关的保健工作和幼儿保育工作；管理中央医院；接待各地来中央汇报、联系工作的人员。

和原先的中央秘书处比较，中央办公厅中的中央直属机关管理局、中央直属机关党委、特别会计科、中央保卫委员会是增加的部门，它们承担的中央各部委的总务、党务、财务、安全保卫等项工作是增加的。但是，可以看出，中央办公厅中最核心的部门仍是原先的中央秘书处，所以，在配备领导干部时，也注重于这一部门。

(二) 中央办公厅领导干部的分工

中央办公厅的主要领导干部及其分工是：

1. 中共中央秘书长

是党中央的领导成员，主管中央办公厅，负责批阅重要的和各地上报中央的文件、电报，筹办书记处会议，提出议程；负责书记处机关的其他日常重要工作。中央办公厅首任秘书长由任弼时担任，并设有副秘书长，协助秘书长工作。

2. 中央办公厅主任

中央办公厅首任主任由中央办公厅副秘书长李富春兼任。其职责是：领导秘书处、中直管理局、中直机关党委；协助秘书长管理行政事务；负责将中央的决定通知各有关部门和全党，并收集反映，检查执行的结果；管理中直机关的财政工作。

3. 秘书处处长

据 1941 年《中央秘书处的任务及其组织》中规定，秘书处长的职责是：管理机要处的工作，包括校正和处理例行事务电报、负责电台机要事务、管理会议记录及决议的整理、材料管理、文件抄写等。

4. 秘书处副处长

兼任总务处处长，负责中央办公厅内的行政事务工作。

综上所述，新组建的中央办公厅比原先的中央秘书处规模更大，职能更宽泛，更充分发挥了为中央领导机关服务的作用。

(三) 中央办公厅的分合与发展

在解放战争初期，当敌人进犯延安时，1947 年 3 月，党中央根据形势的需要，将中央办公厅一分为三：

第一部分跟随毛泽东、周恩来、任弼时留在陕北，下有机要科、文书科、行政科、警卫处等，负责党中央的文书处理、电讯收发、警卫和生活管理；

第二部分跟随中共中央工委书记刘少奇和朱德总司令撤出延安，经长途跋涉，转移到河北省平山县西柏坡村，在那里组成中央工委秘书科、机要科、行政科等，承担中央工委的全部秘书工作；

第三部分跟随叶剑英、杨尚昆领导的中央后方工作委员会，转移到山西省临县三交镇，中央办公厅的大部分人员在这一部分。他们承担起中央文件处理、电报办理的中转任务，凡中央下达的文件，各中央局、省市委上报的文件由他们受命处理和转达。

1948 年 4 月，这三部分随党中央和中央后方工作委员会，会合于西柏坡，恢复原建制，重新组合成中央办公厅。

经过大转移的考验和锻炼，重新组合的中央办公厅进一步健全了内部结构，尤其是对原先承担行政事务的部门，作了较大的充实调整，除原有的中央直属机关管理局以外，又设立了：

行政处：下设行政科、财务科、供给科、修建科、招待科，分别承担中央书记处和中央办公厅本身的行政事务、财务管理、物资供应、房屋修缮和来往人员的接待工作。

警卫处：下设四个科和一个室，主要负责中央机关和中央首长的安全保卫工作。

原先的特别会计室也作了充实，下设会计科、出纳科、审计科，管理财务。

经过这样的充实调整，中央办公厅为党中央领导工作服务的思想更加明确了，各项职能的发挥也更加充分了。

第二节　其他秘书机构的发展

一、抗日民主根据地的秘书机构

(一) 边区政府的秘书机构

抗日战争爆发后，中国共产党领导的八路军、新四军挺进敌后，浴血奋战，先后开辟了几十块抗日民主根据地，并分别建立起了抗日民主政府，习惯称为“边区政府”。在各边区政府内，普遍设置起了秘书机构。这些秘书机构的结构不完全相同，有的简单些，有的复杂些，其中较为健全而具有代表性的是陕甘宁边区。

1937年9月6日，党中央将中华苏维埃临时政府驻西北办事处改为陕甘宁边区政府，成为最早建立的一块抗日民主根据地，同时，也设立了秘书处，所以，它的秘书机构也是各边区政府中最早建立的。据《陕甘宁边区政府秘书处组织系统表》规定，该秘书处受边区政府秘书长的领导，设秘书主任一名，协助秘书长领导秘书处的全部工作。秘书处内主要设有如下部门：

收发科：负责一切文件材料的收发。

文书科：负责一切公文的起草；一切文书的缮写、印刷；开会时的记录；印信的保管和监印。

材料科：设主任一人，科员三人，负责保存机密文件材料。

档案室：负责保管档案。

书报室：负责书籍报刊的管理。

统计科：下设调查、统计两个股，负责调查、统计工作。

除此之外，处内还设有教育、法保、财经、民政各组，共配备秘书十一人、助理秘书两人，负责干部教育、财务、事务等工作。有些边区的秘书处内还设有交际科，负责联络、接待工作。

随着形势的发展，在一些跨数省的大抗日民主根据地的边区政府下划出行署、专员公署、县府等多级地方建制，这些地方政府内也普遍建立起了秘书机构，它们的结构大体仿照边区政府的秘书处，当然，规模要小些。

(二) 边区党组织的秘书机构

在各抗日民主根据地形成的过程中，首先建立的是党的组织。如早在1936年，就建立了中共中央北方局，稍后，中共陕甘宁边区党委、中共中央西北局、中共晋冀鲁豫省委、中共晋察冀边区党委、中共中央中原局、中共中央南方局、中共中央长江局、中共中央东南分局等党组织相继成立，它们内部都设有秘书机构。根据1938年11月6日中共中央发出的《关于各级党委暂行组织机构的决定》中规定，区党委以上的党组织设立组织部、宣传部、秘书处等六个部处。

这些秘书处由秘书长领导，设秘书处处长、秘书处副处长协助领导全处，处内设文书科、机要室、材料室、收发科、会计科、供给科等部门，各司其职。

中央局或省委下属的地委，由于抗战时期各机关精兵简政，秘书机构也作了相应的精简，大多是将原秘书处和调查研究科、总务科、会计科等相应的部门合并成文书机要科，它承担着以文书处理和电讯业务为主的秘书业务，实行了文件和电报的统一管理。其具体职责正如1942年9月中共中央西北局所规定的，地委文书机要科的任务是：

第一，在地委秘书长领导下，办理地委的一切文书机要工作；

第二，写印、校对和登记地委的一切文件；

第三，收发（包括交通）与登记、保管一切文电及文件材料的管理；

第四，翻译往来电报。

县委内一般设秘书科，在县委及县委书记领导下承担秘书工作。其具体任务是：

第一，设科长一人，助理员和管理员各一人，科长领导全科，并在县委会议上负责记录；

第二，秘书科根据县委的决定，处理日常的秘书工作；

第三，负责日常的调查研究工作；

第四，负责文书（包括信件）处理及文件材料的管理。

（三）参议会的秘书机构

在边区各级政府中都设有参议会，它们是中国共产党领导下的统一战线组织，其职权是团结各阶层、各党派、各民族共同抗日建国，研究有关法令；宣传、解释、推动人民群众执行政府法令；深入群众，听取意见，改进政府工作。

参议会设有常设机构，即参议会主席团，在参议会主席团内设有秘书处。根据规定，参议会主席团秘书处由参议会秘书长领导，下设文书科、收发室、总务科、会场管理科、招待室等部门。其中比较重要的部门是文书科、会场管理科、总务科。

文书科下设有：

文书股：负责起草文件，处理来往信函，制定表册，制作有关证件等工作。

编辑股：负责发布消息，参与起草重要文件，出墙报等工作。

印刷股：负责缮写、印刷、装订文件材料。

记录股：负责会议记录，分发文件材料等工作。

会场管理科下设：

布置股：负责会场的布置和管理。

登记股：负责与会代表及贺电的登记和物资的管理。

文化娱乐股：负责组织娱乐性活动，如组织文艺晚会，邀请和接待剧团等。

纠察股：负责会场秩序、检票和会场勤务等工作。

总务科负责参议会的预决算，购置办公用品，生活管理，伙食管理，勤杂人员的管理，对代表、来宾的招待等。

二、解放区人民政府的秘书机构

抗日战争胜利后，各级抗日民主政府改为人民政府，并纷纷加强了政府机关的职能，其中的秘书机构也得到了发展。

从1946年起，各大区人民政府和省市人民政府中先后设立了秘书厅，行署设秘书处或办公室，专员公署、县政府设秘书处或秘书科。政府各部委中也设立了秘书科、文书股，基层单位中也普遍配备了秘书、文书、技术秘书。秘书处、秘书科、文书股这些名称在以前已经出现，而秘书厅、办公室却是新产生的机构名称，兹作一简要介绍。

1. 秘书厅

各大区人民政府和省人民政府中的秘书厅，由秘书长领导，秉承人民政府主席的命令，处理政府机关具体的日常事务。秘书厅下设秘书处、调查研究室、新闻发布室、行政处、人事处、训练处等部门，各部门职责如下：

秘书处：下设秘书科、收发科、议事科、文印科。分别负责秘书厅承担的文书处理，文电管理，文件传递、缮印、收发分配和承担会务等工作。

调查研究室：负责政策的研究和重大事件的调查。凡有政策性的文件下颁后，该室人员就受命赴各地了解调查执行情况；平时，各地上报的文件材料，要分送该室一份，由他们进行深入的研究，提出自己的原则性意见，供人民政府委员会的领导成员参考。

新闻发布室：主要负责通过报刊发布方针政策性的文件或重大的消息。

行政处：负责秘书厅和直属机关的总务工作。下设有总务科、交际科、交通科、警卫科、卫生科、房管科等，各司其职。

人事处：主要管理人民政府直属机关内的干部工作，这是地方政府秘书机构增添的一项新业务。它下设干部科、组织科、社会科、秘书科，各司其职。

可见，地方政府秘书厅是一个职责宽广的办事机构。

2. 办公室

1948 年 5 月，中共中央书记处将原枣园办公处改称办公室，不久，此办公室与中共中央办公厅机要室合并。但是，这一名称却被省、市、行署政府所运用，成为当时政府秘书机构的普遍名称。办公室一般分为三个层次，它们的职能、结构有所不同：

主席办公室：专为省、市、行署政府主席、副主席提供工作服务的秘书机构，主席办公室主任由政府秘书长兼任，办公室的主要职责是调查研究，对政策性的重大问题提出预案，提交主席会议讨论；奉主席之令，检查下属对政策的执行情况；草拟综合报告；编辑内部出版物；负责新闻发布；管理文电。

政府办公室：是政府的秘书机构，直接接受政府主席的指令，由政府秘书长领导，与部委厅局平级。它下设有秘书处、行政处、人事处、调查研究室等部门，其结构和职责类似于秘书厅。

部委厅局办公室：部委厅局的秘书机构，下设秘书、文印、行政、人事、交际、总务等科，其职责和结构类似于政府办公室。

三、军队的秘书机构

（一）八路军、新四军的秘书机构

1937 年 7 月，抗日战争爆发，国共两党第二次合作实现。北方的红军改编为国民革命军第八路军，在南方坚持游击战争的红军改编为国民革命军新编第四军，开赴前线抗击日寇。在八年抗战中，八路军、新四军抗击着五十余万侵华日军和近百万伪军，建立了十几块抗日根据地，经过浴血奋战，最终取得了抗战的胜利。期间，八路军、新四军的秘书工作发挥了重要的作用。

八路军、新四军从组建之日起，就在原有的基础上，建立起了自上而下、联系左右的秘书工作系统。上至八路军司令部和新四军总指挥部，下到连队，都设置有秘书机构或秘书人员。

从1937年起，八路军司令部、新四军总指挥部相继设立了秘书处，由秘书长领导。在各兵团、师、军区司令部中，也设立了秘书处（有时称总务处），由于军队的机关必须精干，所以，这些秘书处下都只设有秘书科（或称文书科）和机要科（或称机要室）。各级秘书处的基本职责是：

第一，承办和管理一切重要文件和电报。

第二，承担会务事宜，负责会议记录。

第三，起草、缮写、校对、印发、传递各种公文。

第四，管理秘书人员。要求在秘书处（包括在参谋部领导下的机要科）工作的人员，应该是政治上可靠的党员。秘书处对他们的管理，要使他们安心工作，遵守纪律，保守机密，提高文化和业务水平，发挥积极性、创造性，以做好本职工作。

八路军、新四军的营、连等基层单位中，普遍设有文书，负责文书工作。

八路军、新四军的秘书工作系统，使八路军、新四军和党中央、中央军委及各方面保持了密切联系，使八路军、新四军的高级指挥机关与下属各部队保持着密切的联系，成为部队战斗力的有机组成部分。

（二）中国人民解放军的秘书机构

抗战胜利后，八路军、新四军改称为中国人民解放军。由于中国人民解放军的人数增加，规模扩大，战斗力提高，其秘书机构也必然随之发展，更加健全，自上而下形成为一个完整的系统。在中共中央军委、中央军事委员会和中国人民解放军总部中都设有办公厅；在大军区、兵团、军的机关中，设有秘书处；军以下单位中都设有秘书科、秘书股；在连、营则设有专职文书。

以秘书处为例，其结构是：由秘书长领导秘书处和总务处，秘书处设处长，处下设秘书科、材料科（或研究室）和机要秘书。秘书科下设秘书、油印、发行各股，分掌速记、打字、文印、收发、传达事务。

秘书处总的职责是：

第一，对外负责上下行文事宜、业务指导和上下级机关的联络工作；对内负责文书处理，慎重、仔细审阅下级机关呈送的报告、文件，并提出自己的处理意见，供首长参考。

第二，起草文件，组织电报和各种重要文件的传阅，负责文件的收发、传递、保管。

第三，负责会务工作。

第四，下部队调查研究，了解情况，督促部队贯彻、落实上级的指示、决议、命令，并将调查情况书面报告秘书长。

第五，监印，即根据首长的指示和发文的规定，对要发出的文件予以验证，准确无误后才加盖机关印章。

在中国人民解放军的秘书工作中，机要工作有着相当重要的地位，从中央军委到各野战军司令部都设有机要处，兵团和军一般设有机要科。

以机要处为例，其职责是：

第一，统一制定全单位使用的密电码，研究密码，培训电讯人员。

第二，统一管理全单位的电台，以保证电报往来的畅通。

第三，负责往来电文的收发、登记和电报档案的保管。

第三节　文书档案和保密工作

一、文书处理

1937 年，中共中央进驻延安，处于相对稳定的环境，为了适应日益发展的形势，党在文书处理方面要求更加规范化。中央政治局成员和书记处书记们对文件的起草、签发、收文、分配、传阅、交办等等都作了具体规定。同年 12 月下达的《中央书记处工作规则和纪律（草案）》、《政治局工作规则和纪律（草案）》两个文件，为全党、全军和边区政府文书处理工作的规范化作出了示范。此后，各中央局、八路军、新四军和各边区政府都制定了相应的公文处理条例，如《陕甘宁边区政府关于新公文程式》等。解放战争中，这一趋势得到继续发展。

解放战争后期，在总结经验的基础上，中央对文书处理工作作出了一系列进一步的指示，对文书处理工作中的各个环节作了具体规定。如 1948 年初的《中共中央关于中央各部委处理机密文件的制度》、同年 9 月的《中央办公厅承办和收发电报及归档程序》、1949 年新中国成立前夕颁发的《中央办公厅关于文电处理工作的几项规定》等文件，在这些文件的指导下，文书处理工作的程序化臻于完善。

与以前一切政府的文书处理工作相比，当时中国共产党的文书处理工作具有如下主要特点：

1. 处理程序完整

当时，中国共产党的收文、发文程序已趋于完整。收文的程序是：签收、登记、分配、批办、传阅、承办、催办、办毕归档。发文的程序是：秘书起草、主管领导修改核稿、首长签发、秘书缮印、校对、用印、登记、发出、原件存档。

2. 集体签发

1937 年以后，中国共产党进一步强调集体领导制度，凡有关方针、政策和重大问题的发文，必须经集体讨论、集体修改、集体决定。

1937 年 12 月下达的《中央书记处工作规则和纪律（草案）》中明确规定：凡以中央书记处名义下发的文件、电报，“非经半数以上的书记签名同意后不得发出”。

《政治局工作规则和纪律（草案）》中也规定：“会议之决定或通过之文件，经半数以上政治局委员签字后认为有效。”

1938年11月颁发的《扩大的中央第六次全会关于中央委员会工作规则与纪律的决定》中规定：凡以中央委员会名义下发的决议、文件，必须经到会中央委员的多数通过才有效。

这种民主集中制的领导方法，反映在文书处理程序中，就是发文的签发这一环节表现为集体签发。有时，也有以首长个人名义下发的文件，但是，这些文件也必须经集体审定后，个人受组织的委托才能下发。

3. 建立文件传阅制度

与集体领导、集体签发文件制度相配套，产生了文件传阅制度。凡重要的文件，都在上面附一张传阅单，单子上除写明文件编号、简要内容、发出时间、送件人以外，罗列阅读人的姓名，让他们依此传阅，并在所附白纸上签注意见。

4. 文种简明划一

根据党中央和中央军委的指示，当时的文种，下行文有：命令、指示、训令、指令、决定、批答、批复、布告等；上行文有：呈文、报告、请示等；平行文有：公函、通知、快邮代电等，显得简明划一。

5. 印章规格统一

印章代表着一个组织的权威，起着凭证和依据作用，文件上加盖印章，能证明文件的真实性、权威性。中国共产党建立后很长一段时期内，有些机关发文不用印章，只写上机关名称或只签署首长姓名（代号）。使用印章的机关，其印章的式样大小也不统一。

解放战争的后期，一些中央局开始注意印章的统一性和规范性，作了统一规定。如1949年5月，中共中央西北局办公厅发布了《关于统一各级党委印章的通知》；同年9月，中共中央华东局发布的《关于华东区各级党委印章暂行规定的通知》等。这些文件中规定了中央局的印章为圆形，直径为60厘米；省委的印章为圆形，直径为50厘米；省委以上各部委机关的印章为长方八角形，长53厘米、宽27厘米，也有用圆形的；处级机关的印章为椭圆形，长53厘米，宽36厘米；科级机关用长方形印章。印文一般用老宋体、阳文。还规定印章在启用之前，要"拓具印模，标明暗记，做好印鉴”，呈报上级审定，然后将印模发各有关部门备案。印章的统一使用，使文书工作更趋规范化。

二、档案工作

(一) 抗日战争中的档案工作

在抗日战争中，中国共产党很重视档案的收集、保存。

1938 年 8 月，以毛泽东、滕代远的名义签发的《致各兵团首长训令》中就指示说：“所存密本应由兵团首长和指定可靠专员负责保管。”当时的保管，是将档案材料集中起来，一部分存放在根据地的安全地带；使用中的文件材料则随时整理成案卷，随军携带，便于使用、查考。

1940 年 3 月发布的《八路军各级司令部暂行工作条例（草案)》中的第五章是《司令部的案卷》，其中规定，八路军从总司令部到团司令部都必须建立案卷，以服务于战争的需要，案卷要齐全，便于携带、使用等等。

在边区政府机关中，档案工作更制度化些，建立了归档制度、调阅制度等。

归档制度是指所有使用完毕的文件材料，都必须送交档案部门统一整理、保存。1939 年的《陕甘宁边区政府秘书处工作检查报告》中写道：“一年以前政府的文件不存稿、不存案，现在做到了一切文件归档案，开始建立了案卷保管和等级制度。”

调阅制度是指各单位因工作需要查阅档案，须经单位主管人批准；如外借，得按时归还等。这样，既让档案发挥作用，又保证档案的安全。

1945 年 8 月，日本宣布无条件投降，中共中央、中央军委和八路军总部立即发布了接受日伪军投降的命令，其中也包括接受日伪军的档案。为此，各边区政府专门成立了日伪文献接收处，负责此项工作，除此以外，还从日伪企业、单位中广泛搜集档案，并将这些接收、搜集到的档案进行整理、分类，保管起来。

(二) 解放战争中的档案工作

解放战争期间，党的档案工作中的突出事件是党中央组织的对档案的三次大转移。

1. 第一次转移

中共中央机关从1937年到1947年一直设在延安，十年间，积累下了几窑洞珍贵的档案，延安的各机关、单位也各自积累下许多档案。1947年3月，由于国民党胡宗南军将进犯延安，党中央在撤离延安时，经中央后方工作委员会决定，由中央办公厅秘书处的材料科和中共中央组织部材料科、总政治部秘书处资料室组成材料保管委员会，携带中央的档案撤离延安，将九十多箱档案运过黄河，到达晋绥根据地的兴县刘家曲，在此处对这批档案进行了整理，将它们分成甲、乙、丙、丁四类。

甲类是“极重要极秘密的文件”，包括党中央历次会议的记录、决议、决定、指示，中央首长的手稿、讲话报告，重要的历史文件材料，秘密照片等。它们是这批档案中的精华，数量不多，指定专人保管，危急情况下，它们是重点保护的对象。

乙类是“次重要的秘密文件”，包括各地报送中央的文件材料等。这类档案较多，也得重点保护，但在危急情况下，可以先作处理。

丙类是“不重要的秘密文件”，主要为经费账目等事务性的档案，将它们单独装箱，危急时可以毁掉。

丁类是“重要的公开文件”，包括宣言、布告、条例、公开的书报等。它们虽属公开性质，但内容重要，要求精心保管，危急时或带走，或就地隐藏，但不能轻易销毁。

经如此整理后的档案，被装成64个铁皮箱，并编制了目录。这次整理工作，将档案按重要性和机密性的不同而分类，以便在遭遇危险时舍弃次要的，保护重要的。这是战争状态下创造的档案保管方法。

2. 第二次转移

1948年3月，中国人民解放军已在各个战场上展开了反攻。在刘家曲的材料保管委员会随同中央后方工作委员会各机关，携带着64箱档案，离开驻地，翻山越岭，经过一个多月，到达河北省平山县，完成了第二次转移任务，材料保管委员会也随即撤销，各组成单位归还原建制。

3. 第三次转移

三大战役后，全中国的解放已经指日可待。中共中央七届二中全会后，党中央立即开始从河北省平山县西柏坡向北京进发，党中央的档案也随之进行了第三次转移。在转移之前，中央办公厅秘书处在刘家曲整理的基础上，对这批档案再次作了整理，即将重要的、机密的档案再按照党务、组织、宣传、经济、军事、文化教育、政权建设、职工运动、农民运动、青年运动、妇女运动分类，类下再分目，并编制目录，以方便查找使用。1949 年 3 月，这批中央的档案终于被安全运送到了即将成为新中国首都的北平（今北京）。

三、保密工作

在地下斗争的年代中，保密工作与组织的安危、革命者的生命安全息息相关，容易被大家重视。抗战开始后，由于实行了第二次国共合作，中国共产党又建立起了抗日根据地，党内有些同志就产生了轻敌麻痹思想，保密观念淡化了，导致一些秘密联络点被敌人破坏，秘密交通线被截断，密电码被敌人破获。这些都给我国军民的抗日事业带来了损失，也引起了中共中央的重视，遂多次重申保密工作的原则。

1937 年 5 月，中共中央组织部重新制定了《保守党内秘密条例》。1938 年 7 月，刘少奇专门写了《论秘密工作及其与公开工作的关系》，为党政军确定了公开工作和秘密工作的基本原则，以保守组织的机密。1939 年 4 月，中共中央再次发出《中央关于秘密工作的几个决定》，要求大家增强保密观念，遵守保密纪律。各中央局、边区党委、省委、特委也都根据中央的精神，纷纷下达了保密工作的文件。1942 年初春，毛泽东曾为中央办公厅机要部门题词：“保守党的机密，慎之又慎”，告诫工作人员必须高度重视保密工作。

解放战争期间，中共中央也发布了许多有关保密工作的文件。如 1946 年 11 月发布的《中共中央办公厅关于保密问题的通知》、

1948 年 7 月发出的《中共中央关于各部委处理机密文件的制度》、1949 年 7 月发出的《中央关于中央各部委处理机要文件的规定》等。

这些文件中规定的保密工作制度，归纳起来主要有这样一些：

1. 严格审查秘书人员

秘书人员，尤其是机要秘书，是保密工作的关键环节。根据中央书记处的指示，首先要对秘书人员进行严格的审查。审查主要从三方面着手：

第一，审查阶级成分、历史、社会关系；

第二，审查思想，查有无自由主义、平均主义、主观主义、官僚主义等不良思想；

第三，审查工作中有无泄密、失密、丢失文件的事件，是否执行保密制度和遵守保密纪律，工作态度是否端正等。

通过审查，保证秘书人员的政治、思想、工作作风方面的素质，必须由可靠的人从事秘书工作，以防泄密。

2. 划定文件密级

即根据文件内容的机密程度，将文件划分成不同的等级。但当时划分的标准尚不一致，有的分为"绝密"、"机密"、"秘密"三类；有的分为甲、乙、丙、丁四类；有的分为"绝密"、"机密"、"特要"、"要件"、"平件"几类。

中共中央后方工作委员会于 1947 年 8 月发布了《管理电台保密指示》，规定电文用英文字母"A"来表示机密程度，"A"表示普通电报；"AA"表示机密急电；"AAA"表示加急密电；"AAAA"为特急绝密电。

3. 确定阅读秘密文件的范围

即由组织依据党政军干部的职务与工作需要，决定他们可以阅读、使用哪一级的秘密文件。如中央的绝密文件阅读范围为中央局以上的领导干部和军队高级干部。这一制度限制了文件的知密面，能有效防止泄密。

4. 设立秘密文件贮藏室

党政军机关都设立有秘密文件贮藏室，或机要室、档案室，负责保管秘密文件。规定保管人员每月要清点文件数目，每三个月总检查一次，并将检查情况汇报上级。

5. 运用代号

代号代字是第二次国内革命战争时期文书处理中常用的手段，目的是保护机密。

抗战之初，党中央就规定了中央领导人的代号和代字，各部队首长也都用代号和代字来称呼，一些机关也以代号相称。到了解放战争时期，代号代字在党政军机关已被普遍使用了。1948 年 1 月，中共中央办公厅秘书处发出了《送中央文件均用代字》的通知，再次要求各部队、各地给中央的文电中必须使用代字代号，并规定中共中央的代号为“亚洲部”；对中央各部委也规定了代号，或简称，如中央宣传部称为“中宣”或“宣”，中央组织部称“中组”或“组”；对中央领导人也规定了代字，如毛泽东的代字是“李得胜”，周恩来的代字是“胡必成”等等；解放军总部、各中央局、各部队对高级首长也规定了代号，如将司令员称为“01”号首长，政治委员称为“02”号首长等等。

6. 健全文件处理制度

各级秘书处都规定，凡是绝密文件、机密文件和电报，从起草、誊写、收发、传递、承办、保管，各个环节都得注意保密。1943 年邓小平为一二九师机要科编印的《机要工作手册》题词时就写道：“保护机要，就是保护我党我军的生命，所有同志必须愉快地担负起这个责任。”

不少秘书机构还规定，绝密、机密文件须由秘书长亲自或指定的机要人员处理，尤其对收发、传递环节更为重视。收文是文件进入本机关处理的第一道关口，发文是本机关文件流出的第一道关口，传递是机关间文件流通的渠道，都是保密工作中的重要环节。所以，秘书部门对这些环节十分重视。制定有相应的规则，如华东局秘书处制定了《收发员守则》、《交通员守则》，西北局办公厅秘书处制定了《西北局交通科关于机要交通员出发事宜及纪律的规定》，西北军区司令部秘书处制定了《关于收发工作条例》等等。这些规则、条例对收发员、交通员的工作提出了具体的、详细的要求。如要求收发员遵守工作纪律，收发文要严格登记，细心检查，建立分类登记簿，一切机密件和绝密件都得严密包装，并在封口处盖章才能发出，凡发出保密文件都要有发单，发单由收文单位签字，返回发文单位，一切收发文单据都得妥善保存。收发员每天熄灯前必须将自己收发的所有文件整理、检查一次，以防差错。规定传递绝密文件，一定得由政治上绝对可靠的机要通讯员承担，他们要学会对保密文件的伪装、收藏技术，携带文件必须办理交接手续，传递文件过程中绝不允许暴露自己的身份、机关和番号，在外住宿不准住店等等。

7. 经常检查秘密文件

对秘密文件要定期检查，不但检查有无泄密、丢失，还要分清哪些是需要严格控制的，哪些应当停发，哪些应该收回，以便分别妥善处理。

军队中的保密工作更为严格。1938 年 8 月，以毛泽东、滕代远的名义签发的《致各兵团首长训令》中就指示说：机要人员要“绝对保守军事机密”。除了上述七项保密制度外，还规定机要译电人员的驻地要注意警戒，严禁无关人员来往；未经允许，机要人员不得和外人接谈等等。1942 年 4 月发出的《中央军委关于机要工作指令》中规定，各部队党组织要指定党委书记、各兵团要指定政治委员直接负责机要工作，“遇机要发生意外，则唯上述负责人是问”。上述制度，在当时有效地保护了各级党政军机关的机密，并为新中国成立后的保密工作提供了宝贵的经验。

复习思考题：

1. 恢复后的中央秘书处有哪些职能？
2. 概述中央办公厅的设立、结构、分合、发展。
3. 除中央秘书处外，中国共产党领导下的其他秘书机构有哪些？
4. 解放区人民政府中的办公室有哪几类？
5. 八路军、新四军中秘书处的基本职责是什么？
6. 中国人民解放军中机要部门的基本职责是什么？

7. 简述解放战争中党中央档案的三次转移。
8. 简述解放战争中党的保密工作制度的主要内容。
9. 新中国成立前党的文书处理工作有哪些主要特点?
10. 试评价党在抗日战争和解放战争中的秘书工作。

第十二章　历代秘书工作的经验和鉴戒

我国的秘书工作源远流长，国家秘书工作已有四千多年的历史。在这漫漫的历史长河中，秘书工作总的趋势是沿着其固有的规律在发展，既给我们留下了丰富的经验，也有着许多深刻的教训。对这一宝贵的历史遗产，应该进行认真深入的研究。尤其是新中国成立前中国共产党二十八年的秘书工作经验和思想更需要总结、研究，以资借鉴。本章就此作一些探索和总结。

第一节　秘书机构设置的经验和教训

一、中央秘书机构的演进规律——“膨胀回位”

(一) 历代中央秘书机构的嬗变循环

我国最早的中央秘书机构产生于商朝末年，称太史寮。其职掌为拟写册命、组织祭祀等。当时，它的结构尚很简单，仅为雏形。西周初年，由于政务日繁，太史寮被扩展，臻于成熟，有了太史、小史、内史、外史、御史等不同等级、不同职责的秘书官员，承担着拟制文书、处理文书、保管档案、调查研究、组织会议、典礼、宣布政令、联络接待、提供下情、接受咨询等事宜，成为中央政府的一个重要辅助机构。到了西周后期，太史寮的作用越来越大，与中枢政务机构卿事寮合称为卿史寮。东周时期，由于王室衰落，诸侯国崛起，中央政府难以向各诸侯国发号施令，太史寮的地位、作用才与卿史寮一样不那么重要了。

秦朝攻灭六国、一统天下后，秦始皇设立丞相府，作为协助自己处理日常政务的辅助机构。凡朝廷百司和地方郡县上呈朝廷的公文，一律送交丞相府，由丞相府整理后送呈皇帝裁决；凡皇帝下颁的诏书，也由丞相府分发各官署执行。由于秦始皇集军事、政治、经济大权于一身，事无大小，一决于己，因此，此时的丞相府没有决策权，仅有参谋权，规模也很小，以协助皇帝处理日常政务为主要职责，成为联系上下的桥梁和纽带，相当于皇帝的办公厅，丞相则相当于皇帝的首席参谋兼办公厅主任。丞相府实为中国历史上第一个统一的封建君主集权制度的中央秘书机构。

秦亡后，西汉承袭秦制，起初也以丞相府作为中央秘书机构。由于国家行政管理事务的增多，此时的丞相府机构开始扩大，下属部门明显增多，属官大量增加，最多时达三百六十多人；其职权也扩大，凡选用、罢黜百官，执行诛罚，郡国的上计、考课，丞相府都可以拍板处理，开始拥有相对独立的决策权，丞相也开始演化为手握重权的秉政大臣，这就和君主专制的政体发生了冲突。于是，自汉武帝起，开始逐步分散、抑制、削弱丞相府的职权，将丞相府划为“外朝”，官衙设于皇宫外，属政务系统，即将职权已膨胀的丞相府转化为政务机构。同时，汉武帝又起用原先为皇帝收发章奏、保管档案、传达旨令的亲信秘书小吏尚书，组成小规模的秘书机构尚书署，以协助他处理文书等事务，官署设于皇宫内，属皇帝的近侍机构——“中朝”系统，取代了昔日丞相府的地位。尚书署逐渐发展，其职掌从起初的收发奏章，发展为允许拆读奏章，《汉书·霍光传》记载：“光与群臣连名奏王，尚书令读奏。”进而，又允许初步裁决奏章，《汉书·魏相传》记载：“诸上书者，皆为两封，署其一曰副，领尚书者先发副封，所言不善，屏去不奏。”到了东汉，尚书署除了掌理奏章的收发、拆读、初步裁决、审查、诏书的起草、封印、转发、记录、皇命的传宣以外，还增加了选用、奖罚百官等权限，膨胀为无所不统的权力机构，被称为“今陛下之有尚书，犹天之有北斗也”（《后汉书·李固传》）。其机构也自尚书署扩展为尚书台，分六曹，配备了大批官员。

为此，东汉末年，曹操又将尚书台转化为中央政务机构，另以自己的亲信幕僚为秘书令，下隶秘书左丞、右丞，负责收发、处理文书和拟制、颁发命令，以取代昔日的尚书台，组成新的中央秘书机构。曹丕称帝建魏后，又改秘书令为中书令，增设中书监一职，组建成中书省，负责起草诏书，掌管章奏，成为新王朝的中央秘书机构。

魏晋南北朝时期，中书省的职权再度扩展、膨胀，从最初的“掌赞诏命，记会时事，典作文书”发展为参与机密、处理政务，执掌二十一方面的事务，其人员也猛增，仅抄录、誊写文书的书吏就有一二百名。统治者为此分别增设了门下省、尚书省，以分散中书省之权，使三省各承担部分中央政府的秘书事务，使之既相互配合，又相互制约。

唐朝，三省扩展为中央政府机构，皇帝又起用翰林学士，作为自己的机要秘书。后又发展为翰林学士院，成为皇帝的机要秘书机构，并为宋朝所承袭。

明朝，由翰林学士组成内阁，作为皇帝的机要秘书机构。内阁从明成祖时的七人，发展到清初，已扩展为有三百多人的分十二房办事的大衙门，其职掌也从最初的收阅奏章、充当顾问，膨胀为“赞理机务，表率百寮”（《乾隆会典》卷22），总理政务。为此，清康熙帝、雍正帝先后设立南书房、军机处作为中央政府的秘书机构，而将内阁转化为政务机构。军机处的职权从起初的办理往来军报，颁发皇帝任命将帅、出师征剿等命令，发展为拟写诏旨、收受奏折、参与政务、审理大案、奏补文武官员等，权力又一次膨胀，成为决策中枢。由于辛亥革命推翻了清王朝，才终止了新的封建中央秘书机构的产生。

综上所述，历代中央秘书机构的职权、规模总是由小到大，逐步增强，最后膨胀。而它一旦膨胀，封建统治者就要予以抑制、削弱、解散，或将其转化为政务机构。然后，重新起用身边的职位低微的秘书官吏，组建成新的秘书机构。这一现象自秦朝起，直至清末，两千多年中反复出现，形成为一条规律，导致封建王朝的中央秘书机构处于建立、扩展、膨胀、削弱、解体或转化，又重新建立的周期性演变之中，形成一道循环轮回的怪圈，使中央秘书机构的名称不断变更，权限时弱时强，具有明显的不稳定性。这一规律我们可以称之为“膨胀回位”。

(二)“膨胀回位”的原因

历代中央秘书机构“膨胀回位”的根本原因是封建君主专制，分析其具体原因，可有以下几方面：

1. 皇权周期性地由强转弱

封建社会中，皇帝通过颁布诏书、下达口谕来处理国事。凡开国帝王、中兴之主或有为之君，无不力求强化皇权，事无大小，都须经自己过目，由自己批阅裁定。如秦始皇严令各级地方政府凡事都须层层上报，规定该行文的事项极为烦琐，《秦律十八种·田律》中明令，凡下了及时雨、谷物抽穗及遇旱、涝、虫灾等事都得行文上报，以致“日夜有呈，不中呈不得休息”(《史记·秦始皇本纪》)，他每天亲自批阅的简牍奏章就重达一百二十斤。又如精明强干的明成祖曾斥责秘书机构通政司自行将认为不重要的事不上报，语重心长地对秘书官员说：“欲周知民情，虽细微事不敢忽。盖上下交则泰，不交则否，自古昏君，其不知民事者多至亡国。”明令通政司“凡书奏关民休戚者，虽小事必闻，朕于所受不厌倦也”(《明史·成祖本纪》)，以此牢牢控制政权。这些皇帝统治时期，皇权很强。

但是，如此一来，朝廷公文骤增。如西汉武帝时，仅刑事文书就“盈于几阁，典者不能偏睹”(《汉书·刑法志》)，公文堆满房间，连刑事吏员们也来不及阅读，大量积压。又如朱元璋为强化皇权，取消中书省，废除丞相一职，自己以皇帝兼行宰相职权，直接指挥六部，处理国事，导致面临的事务千头万绪，他除了每天设早朝处理外，又增设午朝，仍忙不过来。他试图事事过问，件件公文由自己批阅，无论从个人精力上，还是从时间上，都是不可能的。为此，朱元璋设立起内阁、六科、通政司等众多的秘书机构，来协助自己处理公文。

起初，这些帝王只是将大量文书交给秘书机构初阅，分别其轻重缓急，将重要的、急迫的公文筛选出来，呈送皇帝批答。重要的、急迫的公文增多，又迫使皇帝授权秘书官员对这些公文提出初步意见，如明代内阁大学士的“票拟”权。后来，又发展为由秘书官吏代拟批答，经皇帝过目，以皇帝的名义颁发。如南朝齐、梁时期的中书舍人，几乎包揽了皇帝诏命的拟制、章奏的批答等权力。这样，皇帝客观上将决策权一步步授予秘书机构，自己通过公文处理国事的作用相对削弱，逐渐成为一具尊贵而神圣的偶像，政令都由权臣控制的秘书机构拟制，加盖皇帝的御玺下颁。至此，皇权完全象征化了。

随着皇权的弱化，从贫民百姓到政府官员对皇权的崇拜也日益淡化。如北宋末年，中书省的一些秘书官员公然指出：“至于君，虽得以令臣，而不可违于理而妄作，臣虽所以共君，而不可贰于道而曲从。”（罗大经：《鹤林玉露》）“所谓君者，非有四目两喙、鳞头羽臂也，状貌或与不同，则夫人固可为也。”（邓牧：《君道篇》）“政事由中书则治，不由中书则乱，天下事当与天下共之，非人主所可得私也。”（《宋史·刘黻传》）这些言论大胆地表明了，皇帝并非神，而是人，秘书官员对皇帝的错误命令不必屈从，凡政务应当经过中书省官员的商议，不应由皇帝一人说了算。这是皇权衰弱时期秘书官员要求扩大职权的具有代表性意愿。因此，无论从实际上还是从观念上，皇权都在周期性地由强转弱，而这就为秘书机构的扩权创造了条件。

2. 实务性的秘书机构周期性地由弱转强

自秦始皇建立起统一的中央集权的封建君主专制王朝后，历代统治者为了管理幅员辽阔、人口众多的大国，其管理系统必须大大加强纵向沟通，即由统治者发出指令，经过沟通渠道，将指令传递给朝廷百司和各级地方官衙，付诸实施，再由朝廷百司和各种地方官衙将实施情况通过沟通渠道，反馈给统治者。沟通渠道担负的职能是：将统治者的指令以文字拟制成各种公文，或以口语传达给接收者，并通过调查、了解等方法将指令实施情况拟制成公文，或以口语反馈给统治者。沟通渠道的表现形式就是中央秘书机构。

因此，中央秘书机构是封建王朝政体中必不可少的一个辅助机构，王朝可以更迭，帝王可以废立，它却始终存在，使封建国家机器得以连续运转。它从事着公文拟制和处理、命令传颁、调查研究、情况上报等具体事务，与象征性的皇权相对照，它是一个脚踏实地的实务性的办事机构。实务性成为秘书机构的一个重要性质。

这一性质决定了秘书机构的组成成员必须是实干家，而不是空发议论的清谈家。历代中央秘书机构吸收的成员，或是子承父业、弟承兄业，代代积累起经验的世袭秘书官吏，或是以科举考试等形式层层选拔出来的优秀人才，以保证他的业务素质。这些秘书官吏在长期从事大量实务性事务中，使其专业水平日益增进，经验越来越丰富，更重要的是他们既熟悉了统治者的决策意图、方式，又熟悉了执行机构的实施方式、技巧，培养了参政、理政能力，所以说每一个王朝的中央秘书机构总是由弱至强。

这样，历代中央秘书机构在皇权强盛、皇帝直接指挥政务时，它一般只从事公文收发、命令宣达等事务，附属性明显，服从性很强，职权较弱；当皇帝无法处理全部政务，将越来越多的公文拟制、初阅、处理及交办事项委托给它时，它的职权开始扩展，机构扩大，人员增加，地位、作用也随之提高；当皇权衰弱时期，它的附属性、服从性减弱，独立性增强，遂逐步以自己的能力部分或全部地替代了统治集团中的决策、执行职能，插手政务，导致职权膨胀。

象征性的皇权总是由强至弱，实务性的秘书机构总是由弱转强，这对矛盾的双方呈反向同步发展。当皇权衰弱，秘书机构职权膨胀时，统治集团经过激烈的内争或外争，推举出中兴之主或开创新王朝后，再度强化皇权，将已膨胀的秘书机构转化为政务中枢或解散，重新设立起附属性、服从性很强的秘书机构，由此，又开始了下一轮的循环。如此循环往复，就形成了规律性的“膨胀回位”的怪圈。尽管封建统治者力图吸取前朝的教训，采取种种措施，试图制止中央秘书机构职权膨胀，消除这一怪圈。但是，由于他们无法解决这对矛盾，其结果，至多只能延长一个时期，而始终阻遏不住这怪圈的循环规律。

3. 权限不明为秘书机构扩权推波助澜

历代中央秘书机构权限界定不明确，是形成“膨胀回位”怪圈的又一原因。

在封建王朝的政体中，其统治中枢以地位、作用而论，分为三个层面：皇帝处于第一层面，其权利至高无上，是统治中枢的核心，其他两个层面遵照他的旨意运转；以宰相为首的朝廷百官处于第二个层面，秉承皇帝的旨意办事；第三个层面是中央秘书机构，它是为第一、第二层面服务的，附属性很强的辅助机构，它上无决策之权，下无执行之权。如果这一结构保持稳定的话，那么，它将一直是个辅助机构，不可能出现职权膨胀。

然而，由于封建帝王只是将中央秘书机构视为个人得心应手的工具，常随心所欲地授予一些决策权、执行权，使这一结构常被打破，致使第三层面和第二层面出现交叉、混杂的状况。其最典型的例子是南朝宋、齐时期的典签。典签本是中央秘书机构中处理文书的小吏，由于经常接近皇帝，受到信用，常被派往各地，监视方镇、宗室诸王及各州刺史，名为去典领文书，实是去控制地方的行政权、兵权，使他们揽权一方，势倾一地，号称"签帅"。

如果说典签的大权加身只是帝王对个别秘书官吏的特殊任用的话，那么封建帝王派遣御史去巡视地方和监军，允许尚书台官员可以裁决奏章，唐代的翰林学士被称为"内相"，内阁大学士可以"票拟"，则是从制度上授予中央秘书机构以决策权。据《明史·职官志》和《明会典·通政使司》记载，通政使司有六项职掌，前五项可归纳为"掌受内外章疏敷奏封驳之事"，即收发、处理各方公文，是典型的秘书业务；第六项则规定它可以参与议决大政、大狱及"廷推"（即商议任命朝廷重要官员），允许它参与决策、处理重大案件，具有一定的人事权，即授予了它决策权和执行权。

当皇权逐步象征化，皇帝授予中央秘书机构的决策权与执行权就越多、越大。因此，从历史上看，历代中央秘书机构职权的扩展、膨胀，并非它本身在夺权、侵权，而是皇帝在向它放权、授权。正由于这些职权是皇帝明文授予的，见诸于规章制度，使它带有合法性，因此，历代中央秘书机构职权的扩展、膨胀没有受到朝官集团的非议、阻止，而是潜移默化地在接受着。当皇权衰弱时期，它就能理直气壮地承担起统治集团中的决策、执行职能，使职权膨胀到顶峰。

纵观以往秘书机构的职责范围，可以清楚地看出，历代中央秘书机构在其权力弱小时，其职能基本上限定在文书、档案等秘书事务范畴内；当其权力扩展时，增加了一些决策、执行权，已不是纯粹的秘书机构；当其权力膨胀时，它实际上已嬗变为一个政务中枢。由此可见，职权界定不明确，为历代中央秘书机构的扩展、膨胀铺设了阶梯，起了推波助澜的作用。

（三）宦官秘书机构“膨胀回位”的原因

封建皇帝视天下为一家之私产，视宦官为贴身家奴，他们在戒备朝臣的同时，却认为常年侍奉于自己身边的宦官既能体察自己的心意，又与朝官无瓜葛，往往引为心腹，选取其中通文墨者，委以秘书官职，组成宦官秘书机构，托付机要。这些宦官秘书机构的职权也一步步发展至膨胀，然后被粉碎，而后又建立、膨胀。这种现象自秦朝赵高弄权始，中经西汉的中书令、东汉的中常侍、唐代的北司，直至明代的二十四衙门，反复出现，也成为一条规律。

导致宦官秘书机构“膨胀回位”的主要原因，跟秘书机构“膨胀回位”的原因一样，是宫廷权力之争的反映，是封建权位斗争的必然结果，是象征化的皇权与实务化的秘书机构之间的矛盾。由于宦官秘书贴近皇帝，能最先感觉到皇权的衰落，每到此时，它就能利用挟天子以令诸侯的政治优势，扩权弄权，操纵朝政，危害国家，而且能将职权膨胀到主宰皇帝的生死废立，如东汉中后期的不少皇帝多由中常侍集团废立，唐朝肃宗以后的13个皇帝也由宦官废立。

另一个原因是宦官与朝官的矛盾。

按照封建正统观念，宦官秘书机构干预政事是非法的。明朝朱元璋开国后就明令：“内宦不得干预政事，预者斩。”因此，宦官秘书职权的扩张不但受到强盛时期的皇权所抑制，也为士大夫组成的朝官集团所不允。朝官集团相对而言是代表了封建王朝的整体利益，它们多少有利于社会秩序的稳定、生产力的发展；而宦官秘书机构的扩权往往只为了一部分宦官的私利。因此，它在扩权过程中势必遭到朝官集团的极力抵制，东汉的宦官和朝官之争、唐朝的南衙北司之斗、明朝的司礼监与内阁之争都是这种扩权和抵制的表现。为了冲破这种强大的抵抗，宦官秘书机构在扩权过程中使用极端残酷的手段，带有浓厚的血腥味，如东汉的宦官秘书集团就往往将朝官集团中反对他们的骨干斩尽杀绝。它的扩权导致朝政昏暗，社会动荡，具有严重的破坏性。

朝官集团具有广泛的社会基础，也具有相对的合法性，而宦官秘书集团恰恰缺少这两个条件，从总体上相比，两个集团的力量悬殊，所以每一朝代的斗争，都以宦官秘书集团的失败、机构被粉碎而告终。

二、历代地方秘书机构相对稳定发展及其原因

与中央秘书机构的循环嬗变相反，历代地方官衙的秘书机构却很少出现“膨胀回位”现象，其机构和秘书人员的名称长期趋于稳定。

（一）历代地方秘书机构的演进

自秦朝建立中央集权的统一帝国后，为加强统治，在全国推行郡县制，也随之设置了统一的地方秘书官职，以后历代地方秘书机构即在此基础上稳步发展。

历代地方行政区划大多分为三级，其中少数为两级或四级。大致情况是：秦朝分为郡、县两级；汉朝在郡上设州，遂为州、郡、县三级；魏晋南北朝沿袭两汉；隋唐时复改为州、县两级；宋朝在州上设路，为路、州、县三级；元代设行中书省（简称行省）代表中央政府管理地方事务，共有行省、路、府、县四级；明朝为布政使司（俗称省）、府、县三级；清朝则为省、府、县三级。总体上变化不大。

与地方行政机构相适应，历代均设有地方秘书官职和机构。“县”在各代均为最基本的地方行政区划单位，秦朝开始在县府设“主簿”一职，负责处理日常事务和典领文书，为府中总管，地位相当于现在的办公室主任。后世历代相袭，直至清朝仍为县府的秘书首脑。秦在主簿下设“书吏”，为专职秘书人员。汉朝进一步发展，设立了主记室为县府秘书部门，内有不同名目、等级有别、数量众多的秘书人员，如洛阳县署中就有书佐等员吏九十人，可见其

规模已相当庞大，趋于完备。以后各代略有变化，其趋向是分工更细，到清代，县衙内也分为六房办事。

县之上的郡、州、路、府、省，其级别虽然不尽相同，但其秘书机构的设置却相差不大。秦朝时也以主簿为郡府秘书首脑，汉代后州、郡均设此职，尤其魏晋时主簿所起的作用极大；南北朝战乱频繁，隋唐行府兵制，州刺史多带军职，因此秘书首脑的名称也带军事色彩，为录事参军和录事参军事；元代改为经历，明、清两代继续沿用。秘书部门自汉朝设记室后，沿用了相当长的一个历史时期，元朝才废记室，在路、府、州内均设经历司，明朝因袭，清朝除袭用外，另增照磨所、理问所。

（二）历代地方秘书机构相对稳定发展的原因

与中央秘书机构的频繁更迭相比较，地方秘书机构则相对稳定，比较巩固地向前发展。究其原因，主要有以下几点：

首先，地方主官与地方秘书机构间的关系，与皇帝和中央秘书机构间的关系存在着区别。虽然秘书部门都是直接为皇帝或主官服务，辅助其理政。但封建社会是家天下，皇帝有权决定一切，而地方主官则没有这种权力，在其辖区内也不能为所欲为，必须受朝廷和上级的制约及其他监督。因此，当皇帝认为大权旁落时，他可以随意地采取措施变换秘书机构；而地方主官被架空后，也只能采取其他措施，并不能任意另设机构。

其次，地方秘书机构是由各地、各级秘书机构组成的集合体，这与中央秘书机构也不相同。某一个地方的秘书机构扩权，并不能代表整个地方秘书机构都有扩权现象，它也就不可能引起机构的更迭。只有出现普遍性的情况和整个国家机构都有重大变动时，才使其发生变化。例如隋唐时行府兵制，多以军人为刺史，故州府秘书首脑也由原主簿改为录事参军事；又如元代废记室而改设经历司，但这种变化也并不多。

第三，地方秘书首脑和一般秘书人员有着正常的逐级升补途径，大多数能忠于职守。尤其是前者，为了在仕途上的升迁，多不愿越职行事以误前程。

三、历代秘书机构设置的启迪

探究历代中央秘书机构的设置规律，有助于古为今用，对进一步明确我国现代秘书机构的性质、界定职责范围、制定规章制度，乃至精简机构、提高效率、防止文牍主义等都有一定的借鉴作用。今天，我国的社会制度和领导体制已从根本上为秘书机构的正常发展奠定了基础，在社会主义的集体领导制度下，不再存在秘书机构因胀权而嬗变的现象。社会主义制度下的秘书机构与专制时代的秘书机构有着本质的区别，两者不能相提并论，这是必须指出的。但是，既然同为秘书性质的工作机构，它们之间必然具有某些共性，因此，探索古代秘书机构的演变与发展规律，对我们仍然有所启迪。从历代秘书机构设置的教训中，我们认识到：

第一，秘书机构是领导机关的办事机构，应紧紧围绕领导工作服务，它不适宜兼负其他职能任务，以免形成尾大不掉的局面和影响其做好为领导服务的工作。

第二，设置秘书机构应因事设人，根据工作的需要和事务的繁简，设置相应的机构和人员。力求精干，避免重叠，减少环节，提高效率。

第三，明确规定秘书机构和秘书人员的权限，规定的权限既要有利于充分发挥其参谋助手作用，又要防止越权而干扰领导的工作。

第四，机构相对稳定，减少人员流动，以保证工作的连续性和稳步发展。

第二节　秘书官吏的选拔和管理

一、历代秘书官吏名目的演变

国家秘书工作起始后，秘书人员开始分工。

商代，史官的名目已多达十几种，分成不同的层次，各有不同的职掌，大致可划分为贞卜史官、祭祀史官、作册史官、记事史官四类。

西周朝廷秘书机构中的史官，其层次、职掌更为分明，自上而下，分为太史、小史、内史、外史、御史。地位最低的御史到了东周后期，上升为各诸侯国国君身边的重要秘书官员。

春秋战国时期，由于周天子势力衰弱，诸侯国势力逐渐强大，史官也逐渐衰落。此时，大批士充实到秘书队伍中，各诸侯国因而设置了一批新的秘书官职，如秦国设立了尚书；齐国设立了掌书；魏国设立了主书；鲁国设立了令正。秦汉时期，尚书成为朝廷中重要的秘书官员，一般秘书吏员有令史、掾史，还有专掌传达皇帝命令的谒者，专门保管皇帝印章的符玺令（也称符节令），专事记录皇帝言行、由女子担任的女史等。

东汉末年，曹操专政，自任大丞相。他在丞相府中创设了秘书令一职，并配备了秘书左丞、秘书右丞为其助手，负责收发、处理章奏文书，拟制、传发教令（丞相的命令）。这三个官职是我国历史上首次出现的名实相符的秘书官职。

曹操之子曹丕废汉建魏后，将秘书左、右丞改称中书监、中书令，作为朝廷秘书机构的首脑，中书监、中书令之下有中书舍人、主书、书吏、书助等秘书官吏。

魏晋南北朝时期，中书舍人是地位颇为重要的秘书官员。如萧齐时，有中书舍人四人，轮流值宿于皇宫，起草诏书，收转章奏，出宣帝命，参与机密，作用重要。当时身居三公高位的太尉，都自感权力不如中书舍人。朝廷和军队中的一般秘书官吏称令史，如掌记起居注的秘书官称起居令史，军队中将军幕府的文字秘书称记室令史。

唐、宋时期，秘书官吏的名目繁多。皇帝的御用秘书官是翰林学士，中书省内的重要秘书官员有中书舍人、通事舍人、起居舍人、起居郎；门下省内的重要秘书官员有给事中、典仪、符宝郎；尚书省中则有左司郎中、右司郎中、都事、主事等。三省中一般的秘书人员有令史、制书令史、录事、记室史等。军队中的秘书官有掌书记、判官、孔目、记室参军、记事参军等。宋代最高的地方行政建制称路，各路分设帅、漕、宪、仓四司，四司中的重要秘书官有主官机宜文字官、主官书写机宜文字官等。在县衙中，则有贴司，在押司指挥下，负责文书书写、档案保管等工作。

辽、金、元是历史上少数民族南下中原建立的王朝，它们的秘书工作既带有本民族的特点，又融合了唐、宋的经验，这在秘书官吏名称上也有所反映。

辽代中央政府分为管理契丹人的“辽官”系统（也称“北面官”），管理汉人的“汉官”系统（也称“南面官”）。统治中枢在北面官系统，它下设有大林牙院，设置林牙、林牙承旨及左、右林牙等秘书官员，负责拟写诏书等事务，作为皇帝的机要秘书机构，相当于唐、宋的翰林院。朝中的秘书官员则有知院贴黄、知圣旨头子事等，一般的秘书官吏有令史、笔译公文的译史等。南面官系统中的秘书官名目则仿照唐、宋。

金代，朝廷中的重要秘书官有奏事官，负责传达皇帝的命令，将需要皇帝裁决之事上奏皇帝；地方政府内的秘书官则有知事、都目、典吏、书吏、抄事、主文、贴书、知印等名目。

元代，官衙中处理公文的人员称案牍吏员，有院掾、台掾、司吏、书吏、笔赤、照略案牍、提控案牍、主案、写发等名目；传达主官旨意、催促各项事务落实的人员称传达吏员，有奏差、宣使等名目。

明代，六科给事中、中书舍人、前朝的内阁学士、司礼监的秉笔太监都属秘书之列。

清代，内阁中的中书、贴写中书、笔帖式、六科中的给事中、军机处的军机章京都属秘书官吏。

二、历代秘书官吏的选拔制度

选拔秘书人员是秘书队伍建设的首要环节。历代统治者都很重视这一环节，并积累了许多有价值的经验。

秦朝是我国第一个统一的中央集权的封建王朝，它对各级各类秘书人员的任用有严格的规定。凡从事文书工作的史，其职务是世袭的，史的子弟从小就有资格被送入这类培养读写能力的学校，接受教育，继承父业。不是史的后代一律不准进入这类学校，如违犯即依法惩处。秦律规定："非史子（也），毋敢学学室，犯令者有罪。"如不是秘书人员，即使能拟写文书者，也不准代史草拟文书。《内史杂律》中规定："下吏能书者，毋敢从史之事。"至于犯过罪的人，更严令不准任用为史。这些史的子弟学成后即被派往中央政府各部门任秘书官吏。至于地方官衙的秘书官吏，秦朝则采用吏试法，即根据各地的民意反映，对地方闲散人才的政治态度、道德人品、才干技能进行调查、了解，然后，聘请有关人士，由县以上官员对他们进行面试，选其优秀者分配至县以下官衙担任秘书官吏。秦王朝采取这些措施，显然是为了按封建统治思想和要求来选用秘书官吏，以保证他们政治上的可靠、工作上勤政廉洁，客观上起了提高秘书队伍整体素质的作用。

汉代，由于中央集权的统一的封建王朝已趋于巩固，选用秘书人员则着重于业务能力。

当时，中央政府机构尚书台和御史府任用秘书，需经过严格的考试。《汉书·艺文志》和《说文解字》卷15引《尉律》中均有记载。这些部门的秘书，年龄须在十七岁以上，要能背诵籀书九千字以上，并考其大篆、小篆、刻符、虫书、摹印、署书、殳书、隶书等八种字体。每年年底，先在郡一级考试，合格者由郡守移送于京城，再经太史面试，取其中优秀者派至尚书台和御史府任尚书令史，掌写文书。

对尚书台中为朝廷起草公文的尚书侍郎要求更高，除注重其文采外，还很重视实际工作的锻炼。初入台时只能任尚书郎中，为见习官员，满一年后升为尚书郎，协助侍郎办理文书事务，三年后才能任尚书侍郎。

魏晋南北朝时，秘书写作已发展为一门专业性很强的技艺。统治者在选用秘书时要求精于业务，以提高文书工作的质量和使文书卷面字迹美观。

当时，士人中出现了文、笔之分。文即文章诗赋，需有情辞声韵。笔即公文，不需有韵，也不必具有文采，只需直言，着眼于叙事达意，适于实用。凡表、奏、书、檄等公文皆称笔，它有一定的格式，多为四字一句。能写文章诗赋的士人不一定能拟写公文，为此，产生了许多专以拟写章、表、书、奏的著名人才，统治者都竞相招纳，礼聘他们担任秘书。如陈琳、阮瑀被曹操所聘用，曹丕赞誉他们为“章表书记，今之也”。又如南朝善作表、奏、书、记的任昉，先后为宋、齐、梁三朝所任用，当时王公的表奏、朝廷的文诰多出其手，时人将其与当时著名诗人沈约并称为“沈诗任笔”。这些秘书落笔神速，拟稿精确。如阮瑀在曹操大军出发讨伐韩遂时，受命作檄文。他在马背上一挥而就，撰成《为曹公作书与韩遂》，曹操审阅时，竟无法增减一字。

同时，由于魏晋南北朝时书法的发展，出现了许多书法家，统治者纷纷聘请他们担任秘书。如曹操四处募求，聘得梁鹄为选部尚书，掌管文书奏章；梁武帝聘用王褒为秘书郎；北齐尚书令司马子如任用赵彦深为文吏，掌抄写文书，参与机密；著名书法家王羲之、王献之、王徽之各被聘为内史、中书令、黄门侍郎等秘书官。

唐代，选用秘书的要求已趋于全面，不但要求他们文化水平高，工于书法，擅长写作，还要求其娴于辞令和有处理公文的能力，且考虑到了外貌的要求。

唐代以科举考试取士，凡应试士人须经所在学馆或地方政府初试，合格者送礼部参加省试。省试录取者为进士及第，他们还须通过吏部主持的释褐试才能授官。释褐试包括身（身材相貌）、言（口才）、书（书法文理）、判（判理政事的能力），先考书、判，凡“楷美遒美”、“文理优长”，即书法工整、文理通顺、判事能力强者，才能再看其是否“体貌丰伟”、“言辞辨正”，即相貌端正、口齿清楚。四项全通过者授官，其中大多数授予九品小官，派往地方政府任文吏，即从事文书工作的秘书人员，日后再逐渐提升。

宋代以直接考试拟写应用公文的能力选用秘书，选拔目的具体，要求明确，将秘书选拔制度大大推进一步。

在王安石改革科举时，考试内容由重文学诗赋改为重经义、策论，录取者虽通晓经学而文学水平降低，且不熟悉公文拟写，使朝廷在起草诏、诰、章、表等公文时，极感缺乏专门人才。为此，三省上书皇帝，陈述其严重性，指出：“今进士既纯用经术，如诏诰、章表、赦敕、檄书、露布、戒谕之类，皆朝廷官守日用不可缺者，若悉不习试，何以兼收文学博异之士。”宋哲宗采纳此建议，特设宏词科，专门选拔朝廷所需的文字秘书，规定只有取得进士资格者才能报考，以要求考生必须博览古今，熟悉经史，有很高的文学修养，在此基础上再试其公文写作能力，相当于今天在有高学历的知识分子中考选文字秘书。自此形成了两宋选拔朝廷文字秘书的制度。

南宋高宗时，改宏词科为博学鸿词科，并放宽报考限制，以扩大生源，不论有无出身者皆可应试。但是，考试规则愈加严格，考试的内容应用性更强，规定“以制、诏、书、表、露布、檄、箴、铭、记、赞、颂、序十二件为题”。凡报考者，须依这十二种文体各作应用公文二篇，于报名时递交礼部，由学士院中的学官审阅，合格者才准予考试。京城外的应试者，若为现任官，须将作文交上司审阅，合格者才允许离任赴京应试。考试时从十二种文体中取六种命题，答卷要求准确、通顺、简练。录取者分上、中、下三等授职，并可减少磨勘（升迁的考授期）年数。

元代，秘书选拔制度已趋于成熟，不但要求秘书须有良好的品行、业务能力、实际工作经验，而且还创立了逐级升补的办法，有效地保证了上一级机构中秘书人员的素质。元代各级官员大多由蒙古人、色目人担任。他们中多数人不通文墨，难以胜任政务，遇有政事，往往以旧例为准处理。而抄写、检寻旧例、援引条法的都是通文墨的掾史、令史、书写等秘书人员。他们俸禄极薄，难以维持生计，因此往往利用职务之便，徇私舞弊，以致“刀笔下吏，遂致窃权势，舞文法”。统治者这才认识到秘书人员的重要，“名分虽微，所系甚重”（《元典章·吏部》），于是，制定了严格选用秘书人员的条例，规定各官衙秘书须从“年深通晓刑名、练达公事、廉慎行止、不作过犯”的吏员中挑选，其要求为“首论行止，次取吏能，又计月日多者为优”，即首先要求业务能力，再次要求曾担任过公职多年、有实际工作经验的人。根据这些条件挑选出来的秘书，还须历史清白、身份可靠的人担保具结，最后经监察官审查合格，方可任用。而在职秘书中不符合上述条件者，一律“罢官”。

对于中央政府机构的秘书，要求则更严。除了上述条件外，还规定，凡国家政务中枢中书省的秘书须从枢密院、御史台的秘书中选用，而枢密院、御史台的秘书须从六部的秘书中选用，六部的秘书则从诸路岁贡（各地每年按规定向中央贡献的人才）中任用，岁贡须通吏事、知经史。同时，内外职官中有足以胜任秘书工作者，也可擢用，后规定半数的秘书须由在职官吏充任。

明代，科举制度臻于完善。统治者通过层层考试，将最优秀的人才选拔出来，任用为朝廷各部门重要的兼职或专职秘书，并由进士、举人担任地方政府中的秘书，普遍提高了秘书的文化素质和各级官府的秘书工作质量。

明代科举考试分数级，最后通过殿试（皇帝亲自主持的考试）的被称为进士。进士的前三名，即状元、榜眼、探花，授予翰林院修撰、编修之职，负责记录皇帝的起居注、进讲经史及草拟朝廷册诰等公文，为带有秘书性质的官职。他们如升任翰林院学士，则往往入内阁，成为朝廷拟制公文的高级秘书。其余的进士再经过一场考试，称馆选，考取者入翰林院，称庶吉士，三年期满，成绩优秀者授编修、检讨，次一等的用为六科给事中、主事、中书舍人、行人等秘书官和其他官员。地方各官衙中的秘书官也多任用进士、举人。

清代，设立了协助皇帝处理军政事务的军机处，相当于皇帝的机要秘书处。军机处人员十分精干，除若干名军机大臣外，具体处理文书等事务的秘书官称军机章京，俗称“小军机”，名额仅为三十六人，由军机大臣从内阁、六部、理藩院等部门的中书、郎中、员外郎、主事、笔帖式等职官中初选，予以考试，合格者被引见给皇帝，由皇帝亲自决定是否任用。其任用的条件有四：“人品端方”、“年富力强”、“字画端楷”、“庶官之敏慎者”。由于军机处办事以迅速、慎秘为准则，所以，特别要求“敏”、“慎”。“敏”，即处理事务敏捷，拟写公文迅捷；“慎”，因军机处为掌管国家核心机密所在，军机章京必须办事谨慎，守口如瓶。同时，为防止结党营私，泄漏机密，还规定凡曾跟随过三品以上官员者，不得任用为军机章京；如现任者其原来跟随的主官已为从三品，则令其退出军机处。

清代用这些条件精选出来的军机章京，以区区三十六人，协助皇帝处理着庞杂的军机事务，其机构之精干、效率之高，实为历代皇帝的机要秘书处之最。这表明了清代秘书选拔制度的高度完善。

综上所述，我国古代的秘书选拔制度是由低级至高级、由简单至复杂逐步完善起来的。就其选拔方式而论，有学校培养、科举考试、聘用，还有从具有实际经验的职官中简选和从下级机关的秘书中提拔等。就其选拔标准而论，有政治上可靠、文化水平高、博学多才、工于书法、业务能力强、实际工作经验多、年富力强、敏捷、能够保守机密等要求。这些宝贵的经验都是值得我们借鉴的。

三、历代秘书官吏的考核制度

历代王朝对秘书官吏奖优罚劣、奖勤罚懒，都制定有考核制度，以督促他们守职尽责、勤政廉洁，防止和反对以权谋私、营私舞弊、敷衍搪塞等腐败现象产生，力求保证秘书队伍的素质和工作效率。

秦建立起封建君主专制政体后，在“明主治吏，而后制民”思想的指导下，指定了对秘书官吏的考核标准，在全国施行。

据云梦秦简《为吏之道》中记载，秦朝对秘书官吏的原则要求是“凡为吏之道，必精洁正直，谨慎坚固，审悉无私，微秘纠察，安静毋苛，审当赏罚”。为了使秘书官吏便于理解和执行，又将这些原则要求分解为具体标准，颁令于秘书官吏，让他们必须遵守。这一具体标准称为“五善”和“五失”。

“五善”为：“忠信敬上”，就是忠顺朝廷，尊敬、服从上司、主官；“清廉毋谤”，就是要廉洁奉公，不以权谋私、贪赃枉法，工作要任劳任怨；“举事审当”，就是办事要谨慎、妥当；“喜为善行”，就是思想境界要高，要自觉地多做利国利民的好事；“恭敬多让”，就是凡事谦虚礼让，与同事们和睦相处，敬重别人。

“五失”为：“夸以”，就是夸夸其谈，好唱高调而不务实；“贵以大”，就是喜欢自我吹嘘，为自己摆功而不实事求是；“擅制割”，就是好自作主张，乱表态，随便许诺，越权行事；“犯上弗知害”，就是目无王法，犯上作乱；“贱士而贵贝货”，就是轻视士人，贪婪好利。

凡是能遵守“五善”而无一失的秘书官吏就予以升迁、授爵；如有“犯上弗知害”之失者，处以死刑；有其他一失或多失者，分别处以罚款、降职、削爵，直至罢职、治罪。

汉朝在秦朝的基础上，发展了对秘书官吏的考核制度，规定朝廷百司中的秘书官吏由主官每年考核一次，称为“常课”或“小考”；每三年大考核一次，称为“大课”。

“常课”是根据秘书官吏一年中的德行、勤懒，是否忠顺朝廷、服从主官、忠于职守，对之作出书面鉴定，好的评定为“最等”，差的评为“殿等”。“大课”是根据三次“常课”的评定等第予以综合，分出好、差等第，然后分别予以赏或罚。郡、国的秘书官吏则由郡守或国相考核而鉴定，好的评定为“最等”，差的评为“殿等”；县衙中尉丞以下的秘书官吏由县长（或县令）考核，依据他们的表现、实绩作出评定、记录，这种记录称为“集簿”，据此分别予以赏、罚。可见，汉朝已建立起了对秘书官吏负责定期考核的制度，比秦朝更制度化了。

魏晋南北朝时期，北魏孝文帝吸取汉族政权的统治经验，为了“令愚滞无妨于贤者，才能不雍于下位”（《魏书·高祖纪》），也建立起对秘书的考核制度，规定每三年考核一次，分为上、中、下三等，据此升迁或罢职。

隋朝再度统一全国后，制定了对秘书官吏的考核制度，由于隋朝短命而亡，这些制度由唐朝继承、发展，形成了一套完整的制度。

唐太宗贞观年间，修定了考课法，颁布施行，规定四品以下的秘书官吏由吏部考功郎中与考功员外郎负责考核，后改为由给事中、中书舍人各一人任监考使，考功郎中考核京城百司中的秘书官吏，考功员外郎则考核京外各地的秘书官吏。德宗贞元年间，又改为由给事中考核京城百司中的秘书官吏。

至于州、县官衙中的秘书官吏，则由功曹参军事和司功负责考核，并接受吏部考功司的指导。

考核的标准包括“德”、“行”两方面：“德”包括秘书官吏的道德品行，对君主是否忠顺；“行”包括其才能、守职的勤懒和实绩。

德的基本标准称“四善”，即德义有闻、清慎明著、公平可称、恪勤非懈，简称德、慎、公、勤。

行的标准依据业务的不同，分成二十七类，称“二十七最”，其中专对秘书官吏的标准有：“献可替否，拾遗补阙，为近侍之最”，即要求皇帝身边的亲信秘书官要能献计献策，注意朝政的得失，防止失误，起参谋、咨询作用，做到者即为最好的参谋式秘书官员；“承旨敷奏，吐纳明敏，为宣纳之最”，即能及时、准确地收发、传递奏章、诏书，不出差错，这是最好的从事公文收发事务的秘书官员；“详录典正，词理并举，为文史之最”，即记注朝廷大事详细、正确，起草公文说理深刻，文辞优美者，是最好的文字秘书官员。根据“四善”和“二十七最”的标准，视各人所得“善”、“最”的多少进行考核，分为九等，即：上上——四善一最；上中——三善一最，或四善无最；上下——二善一最，或三善无最；中上——一善一最，或二善无最；中中——一善无最，或一最无善；中下——善最皆无，职事粗理；下上——爱憎任情，处断乖理；下中——背公向私，职务废缺；下下——居官诈诌，贪浊有状。

考核的程序是每年一小考，五年一大考。

小考时先由本人写出一年中德、行表现，称“书考”，然后由主官当众宣读，大家评议，定出等级，再张榜公布于官署门口三日，如有不当，本人可以申诉，别人也可以补正，供主官参考后最后划定等第，然后将考核结果报送吏部。

大考则综合各次小考的等第，决定奖罚。凡四次小考总评为中中以上者，升官一级；凡总评为上下以上者则升官二级；凡总评中下以下者，则降官或扣发数月俸禄以示贬斥。可见，唐朝对各级秘书官吏的考核制度已相当完整，有效地调动了他们的积极性，起到了督促作用。

宋朝，朝廷专门设立了审官院、考课院，主持对包括秘书官吏在内的全国官吏的考核。其考核标准参照唐朝，列为“四善四最”，分为三等：上等——四善一最或三善二最，中等——一善一最或二善无最，下等——善最皆无。规定每年考核一次，每一任为三年，考核三次。先由朝廷百司、地方官衙的主官对下属秘书官吏的德、绩予以记录，称为“历纸”，作为考核依据，然后评定等第。最后将考核结果报送朝廷，由审官院、考课院进行审定，称“磨勘”，据此予以奖或罚。宋朝对秘书官吏的考核，采取下对上层层汇报、上对下层层审核，比唐朝的考核制度又前进了一步，更为严格。

元朝，由中书省主持对包括秘书官吏在内的全国官吏的考核，地方道、府、州、县的秘书官吏，每人都发给一份统一印制的表格，称“历子”，由本人填写姓名、出身、简历、功过、德能表现，即自我鉴定，然后交上级审查。规定朝廷百司的秘书官吏每三十个月考核一次，地方官府内的秘书官吏每二十个月考核一次，考核及格，即可升职，不及格者就罢职。这种考核方法以年资为主要依据，使秘书官吏但求无过，不求进取，只图熬到年资合格，就可升迁，弊端显著，因此，元朝秘书官吏的素质普遍不佳。

明朝对秘书官吏的考核方法发展为考课和考察两种形式并用。

考课即以传统的形式对秘书官吏的德、能诸方面进行考核。规定每三年一次，九年中考课三次，然后决定奖罚升降。考课时由主官对他们的表现进行评估，送上级审阅，再由吏部复核，鉴定其表现优劣。考课的评定分称职、平常、不称职三等。后来，凡九年三次考课后，还须由吏部等部门对秘书官吏进行书面考试，再参照考课情况定出等第。考试内容分三方面：一为文理粗晓，即公文写作能力基本过关；二为行移得当，即行文、发文能合乎规章；三为书札不谬，即草拟报告、文书时内容真实，不浮夸、溢美。三方面都合格者为第一等，二方面合格者为第二等，其余为第三等。

考察即由吏部会同都察院，派员对京城百司和地方官衙中的秘书官吏进行检查，看其是否犯有“八条”罪过。“八条”即“贪”（贪污受贿）、“酷”（对百姓严酷，民愤很大）、“浮躁”（轻浮急躁，办事不踏实稳重）、“不及”（不称职）、“老”（年老力迈）、

"病"（患有疾病，不能胜任本职）、"罢软"（疲软涣散，办事吊儿郎当）、"不谨"（作风不严谨，不能保守机密）。凡犯有"八条"之一者，就予以淘汰。

清朝，对秘书官吏的考核基本上承袭了明朝的制度，稍有改进。规定每三年考课一次，每逢子、卯、午、酉举行。考课的措施称"四格八法"。"四格"指："才"——知识、才能，分长、平、短（缺）三等；"守"——品行、操守，分廉、平、贪三等；"政"——出勤、劳绩，分勤、平、怠三等；"年"——年龄、资历，分青、中、老三等。

凡才长、守廉、政勤、年轻者为第一等；凡才平、守平、政平、年中者为第二等；凡才缺、守贪、政怠、年老者为第三等。"八法"就是明朝的"八条"，凡犯其中一条者都遭淘汰。清朝考核后的奖惩制度很严格，凡评为第一等者予以加官；对评为第三等者，分别扣除一个月至两年的薪俸，以示警告，称为"罚薪"。至于犯了"八法"中"贪"这一条，只要贪污十两银子以上者，就要处以极刑。

四、防止秘书官吏舞弊腐败

防止和打击秘书官吏的舞弊、腐败，是加强秘书队伍建设必不可少的一个方面。中国的封建社会漫长而黑暗，作为各级官衙辅助人员的秘书官吏，腐败现象比比皆是，在封建社会没落时期，腐败现象尤为普遍，表现为以权谋私，贪赃枉法，公文长期积压，公事累年不决，遇事推诿拖拉，敷衍失责，结党抱团，要挟主官，操纵政务等，所谓"公行贿赂，变是为非，挪上撵下，悉由于己。使亲戚盘扰乡都，影占人户，走变粮田，脱放盗贼，私和人命，无所不为"（《元典章·迁转人吏》）。历代有为的统治者多少认识到：秘书官员"名分虽微，所系甚重"，仅仅用封建伦理道德是无法制止这些腐败现象的。于是，他们为了稳定统治秩序，都力图消除这些腐败现象，实施过许多措施，主要是把牢三关：秘书官吏的任用关、严格考核关和制定法规制度。

制定法规和制度，是防止腐败的有力措施。历代统治者对秘书工作都制定有一些法规、制度，其中以唐朝较为全面。据《唐六典》和《唐律疏义》等记载，唐朝已制定了一系列秘书工作的制度，其中以要求中央政府的秘书官员中书舍人遵守的“四禁”制度最为典型。四禁内容为：“一曰漏泄，二曰稽缓，三曰违失，四曰忘误，所以重王命也。”（《旧唐书·职官志》）即文书工作必须做到保密、及时、不发生差错、不遗忘误事。“四禁”虽然是为中书舍人制定的，但是，凡从事文书工作的官吏，身处各级机要部门，显然也应参照遵守。“四禁”中以“漏泄之禁为急”，它与律令中的泄漏机密罪相配合，起了防止、制裁高级秘书泄密的作用。如天宝十二年（公元753年），安禄山进京朝见，玄宗计划授予他同中书门下平章事的官衔，以笼络、制约他，命翰林学士张垍拟制任命诏书，结果事未成，安禄山离京而去，不愿接受，玄宗很不高兴。杨国忠密告说是张垍泄漏的消息，造成如此后果，玄宗以张垍违犯“四禁”，贬至卢溪郡任司马。

封建制度本身就是产生官场腐败的土壤，尽管有严格的秘书选拔、考核制度，尽管制定有“四禁”之类的秘书工作法规，但是，秘书队伍中的腐败现象始终存在，有的时期还相当严重，迫使统治者不得不予以打击。这方面，清朝是一个典型。清王朝已处于我国封建社会的没落、崩溃时期，秘书官吏的腐败现象达到登峰造极的地步，统治者在反腐败上做了颇大的努力，其打击的重点是各官署内作弊枉法的书吏。

清代前期的几位皇帝，如顺治、康熙、雍正、乾隆都勤于国事，孜孜求治，是历史上的有为之君。但是，各级政府机构中的许多官员则不然，他们随着王朝的巩固，开始追求、沉湎于享乐，特别是依仗身势、背景而得官的八旗子弟，更是饱食终日，无所用心，愚昧、腐化日甚一日，缺乏理政能力，他们的所谓当官理政，只是有事发一公文，出一告示，往往流于形式，敷衍而已。这样，处理政务的实权遂逐渐被从事具体文书工作的书吏所把持，这种现象在六部内表现得最明显。六部中有主事、知事掌管文案章奏，司务掌出纳文移，调派司员担任主稿，负责办理文牍，相当于秘书科长。由于主稿常处于升迁、补充的过程中，流动性很大，资历深者往往热衷于钻营升官，新补充来的又不熟悉部务，而其下属书吏（称部办）却长期任职，相对稳定，他们熟悉、精通文书的处理业务，善文墨，有辩才，而且都是父子、师徒自相授受，将文书档案工作视作“家传之秘”，加以垄断，作为要挟主官的利器，以秘不示人的业务技能作为维持职位的手段，使主稿、司务、知事、主事及至主官，都不得不依靠他们处理公文，不敢得罪，否则，就会受到刁难。他们往往趁主官谈笑会饮之际，递上公文，许多主官不加详阅，手握大笔，画押签署而已，于是，他们逐渐控制了处理政务的权力，有的甚至独掌一司之事，称为“缺主”，事无大小，一手握定，时称“书尚有更换，缺主总无改移，子孙世业，遂成积”。他们上下串通，内外勾结，把持案卷，包揽讼词，舞文弄墨，作弊枉法。如嘉庆年间，工部有一书吏伪制假印，冒领银子数十万两，竟长期未被人发觉。

书吏的作为加深了吏治的腐败，影响了皇权的集中，成为对统治者极为不利的内在威胁，为此，雍正于即位之初屡颁诏旨，严令打击书吏的枉法行为。规定书吏不得干预政务，其职责仅为“缮写文书，收贮档案”，任职以五年为期，期满遣返回原籍，不许更换姓名窜入别地重任书吏；中央和地方各级监察机关有责严加查访，发现问题及时上报；招用书吏时，应聘者必须持有原籍地方官的证明，证实其确未假冒姓名、籍贯，才可录用，否则，应聘者及地方官一并问罪。这些严禁“缺主挂名、冒籍”的措施，一度压制了书吏的气焰，改善了吏治。但是，由于封建制度的没落，各级官员的腐败，处理文书档案工作仍离不开书吏之手，“百弊丛生，莫可究诘”的状况时有出现，书吏的危害并未根绝（上述引文皆见《大清会典事例》）。

道光、咸丰年间，书吏之害重新严重起来，至19世纪末期，随着封建制度日趋没落，官员多不亲理政事，一任书吏舞文弄墨，勾结官府，“与吏分肥”，愈演愈烈。如光绪二十一年（公元1895年），浙江省遭受大灾荒，清政府迫于人民的反抗，下令减收租税，而该省书吏却串通地方官员，仍以原来的文卷册籍为依据，横征暴敛，私自分肥，致使民变迭起，社会动荡，书吏之害再次严重影响了清王朝的稳固。一些有见地的官员上书力陈书吏之害的严重性，指出：“公卿大夫，不准不能除，且倚若左右手而听其指挥。”(《光绪朝东华录》第四册）生动地描绘出清政权与吏胥共天下的情形。有的将书吏比喻为虎，其掌管的文书档案为爪牙，建议剥夺书吏实际上处理文书的权力，以断其爪牙。公元1901年，清政府鉴于内外交困的局面，不得不宣布“变法”，推行“新政”，其中重要的内容之一就是打击书吏的作恶。清廷连下三道谕旨，令“无论大小衙门，事必躬亲。书吏专供钞缮，不准假以事权。严禁把持、积压、串通牟利诸弊”，而且，要将枉法的书吏“尽行裁汰”。谕旨下达后，中央和地方官署纷纷淘汰书吏，一切事宜均由司员亲手处理。一些县衙门也规定，案卷不得假手书吏办理，由知县亲自批办。这次裁减书吏也一度起了些限制书吏作弊的作用，但是，此时的清王朝已从根本上腐朽不堪，日薄西山，面临崩溃，仅靠几道谕旨自然不可能解决二百多年来的这一顽症。而且，由于官员与书吏往往相互勾结，谋取私利，加上“所有公事，皆倚办于若辈，一旦去之，如失左右手”（《东方杂志》光绪三十年第九期）。如兵部裁减书吏后，接办公事的司员茫无头绪，无从下手，无奈，只得召回二十名书吏，但所有书吏却联名要挟说：要用必须全部召回任用，并担保以后永不裁撤，态度十分强硬。所以，这次裁撤书吏极不彻底，真正实行的衙门寥寥无几，书吏之害一直延续到清王朝覆没。

第三节　历代秘书人员的优良传统

一、秉笔直书

自西周初年起，秘书官吏在记录天子、大臣言行，朝廷政事时，产生了一定的规则，称为“书法不隐”，“书法”的核心是“君举必书”和“秉笔直书”。“君举必书”是指凡天子、诸侯的言行都得直录，“秉笔直书”是指凡政事都得如实记载。

这一规则使秘书官吏的记录保持了事件的原貌，具有真实性和可靠性；同时，对天子、诸侯的言行起了一定的约束作用，要他们遵循礼治制度，非礼莫动，以维护封建政治制度。

从此，这一“职业道德”成为古代秘书的一大优良传统，代代相传。

公元前607年，晋灵公欲杀害执政的正卿赵盾，赵盾被迫逃亡，未及逃出国境，他的族弟赵穿发动政变，攻杀了灵公，他得到此消息，就返回国都，迎成公继位。当时的太史董狐记录了此事件，称“赵盾弑其君”，并在朝堂上当众宣读。赵盾叫屈，董狐批驳道：“你身为正卿，避难逃亡未出国境，返朝后又不讨杀逆臣，弑君之罪理应由你承担。”却不说此事是非曲直如何，董狐不畏权臣，敢于记载其有罪，其胆识实为可嘉。所以，孔子称赞他“书法不隐”，是“古之良臣”。

公元前548年，齐国大臣崔杼弑齐庄公，另立景公为君。齐国太史据此直书：“崔杼弑其君。”崔杼威逼他删改，太史严词拒绝，崔杼大怒，杀害了他。他的弟弟接任为太史，依然秉笔直书：“崔杼弑其君。”又遭杀害，另一小弟接任后，再次如此直书。崔杼慑于太史兄弟的凛然正气，加上朝野舆论的指责，只得罢手。与此同时，正在都城外的另一太史南史氏，闻知朝中太史因秉笔直书而被杀，毅然手执记录用的竹简，兼程赶回都城，准备接替第三个被杀的太史，直书此事，赶到半路，得知此事已被记载，才返身回去。

齐国太史们为秉笔直书而不畏强暴、前仆后继、视死如归的精神，千百年来为人们所传颂。

秉笔直书制约统治者言行的史实也屡见不鲜。如春秋时的鲁庄公，感到在国内呆着闷得慌，准备去齐国玩玩。有臣子劝谏，说这不合礼仪，史官是要记录下来的，庄公一听，吓得只得作罢。

又如宋太祖赵匡胤，见天下太平，就懈怠于理政，常在后花园弹鸟取乐。一次，一位官员前来奏事，他玩兴正浓，不予理睬，那官员再三请求，才得以奏说，赵匡胤一听并非大事，大怒，训斥道：“如此小事也来烦扰朕！”那官员辩解说：“臣以为最小的政事也比弹鸟重要。”赵匡胤气得抽出腰间小钺，以钺背击其嘴，打落了他的一粒门牙。那官员也不求饶，只是弯下腰捡起门牙，赵匡胤见了，更加发怒，骂道："你还想去告朕不成?"那官员俯首对答说："臣无权告陛下，只是将牙交给史官，史官自会记录下来。"赵匡胤一听，忙陪着笑脸说："算了，算了，朕知错了。"赶紧批办了所奏之事，生怕史官真的会记录下来，有损自己的名声。

二、忠于职守、严守制度

历代建立有许多秘书工作制度，一些秘书官吏忠于职守，严守制度，一丝不苟，令人钦佩。

如西汉昭帝时，有一天，皇宫中出现了异常现象，群臣整夜惊恐不安。执政重臣霍光担心会发生变故，命掌管皇帝御玺的符节令，将御玺交给自己来保管，符节令按照制度予以拒绝，霍光发怒，欲自行去取，符节令猛然拔剑，挡住他去路，说："要想夺走御玺，除非先取走小臣的头颅!"霍光大惊，仔细一想，符节令的做法是忠于职守，严守制度。于是，次日，他特地奏请皇帝，赏赐了那符节令。

古代不少秘书官吏为了严守制度，忠于职守，甚至对皇帝的不合理要求也敢于拒绝。

唐高祖李渊的内史令肖禹，平时就敢于依据制度，驳正高祖批发的诏书，曾将高祖考虑不周的诏书压下不下颁，高祖生气，训斥他，他以隋朝"内史宣敕，前后相乖"，致使"百司行之，不知何所承用"的史实，陈述政令不经仔细审核而颁发的危害性，说明自己每收到高祖的诏书，都仔细审核，使它不和以前下颁的诏令相矛盾，以保证政令前后的一致性、连贯性。高祖听后心服口服，赞扬他尽心尽职，为自己分忧。

唐德宗贞元年间的门下省给事中李藩，掌文书封驳之权，每当皇帝下颁的制诏有失宜之处，他都在上面批改意见。同僚提醒他小心谨慎为好，说这是御笔亲批的诏书，你还是另用白纸写上自己的意见，附于其后为妥。李藩却不以为然，依据给事中有权在认为不当之处"涂窜而奏还"的"涂归"制度，仍然在诏书上批改意见，其敢于尽职的精神令人感动。

隋、唐时期，朝廷有关会议记录的制度颇为健全。每当皇帝召集大臣议事，都有“起居郎一人执笔记录于前”，记录必须真实，记录后任何人不得更改。记录日积月累，按季度转交史官，编撰成册，无关人员不得阅读，连皇帝要查阅也不容易。

唐文宗李昂在位时，统治集团骄奢淫逸，为此，文宗特地召集宰相们讨论此事。起居郎郑朗在场记录，宰相们的谈话中涉及不少内部丑闻，郑朗都一一记录下来。事后，文宗担心这些丑闻日后见诸于史书，会受到后人耻笑，想查看一下记录。郑朗据理拒绝道：“微臣所记录之事，要编入史书，按照制度，陛下是不能索取去看的。”文帝只得作罢。

又如记录文宗日常生活的起居舍人魏謩，有一次，文宗想看起居注，命人去取。魏謩拒绝说：“记录陛下言行是为了监督告诫，陛下有善行，臣不会不记；陛下有错事，即使臣不记，天下人也会记下的。”文宗不甘心，再命人传话说：“朕以前曾经取阅过。”魏謩据理答复道：“那是因为史官废坏制度，渎职行事，这样做是陷陛下于非法，会导致善恶不辨，失去记录的真实性，后人会不相信它。”文宗自知理亏，也只得作罢。

三、落笔神速

拟写公文是古代秘书的主要职责之一。古代不少秘书都来自于士人，具有很高的文字修养，撰写公文的技能都很过硬，大多能落笔神速。

三国时期的阮瑀，曾受学于大学者蔡邕，擅长拟写公文，被曹操礼聘为司空军谋祭酒之职，掌管记室。一时，曹操府中的章、表、教、令、军国书檄多出于他和陈琳之手。有一次，他奉命作檄文《为曹公作书与韩遂》，在大军待发之际，他在马背上飞笔疾书，文不加修改，一挥而就，一气呵成。曹操审阅时，竟不能增损一字，大加赞叹。可见，阮瑀撰拟公文的技能已达到炉火纯青、下笔成章的境地。

南朝任昉，少年时即以好学而闻名乡里，16岁时就被丹阳尹刘秉聘为府中主簿，开始了他的秘书生涯，后在齐、梁数朝中一直任高级秘书官。他才思无穷，以撰拟表、奏、书、记等公文而著称。他写公文，也是不加点窜，下笔即成，令人叹服。当时，不但朝廷的制、诏多出于其手，连许多王公大臣的表、奏也以请他撰制为荣。他是南朝最负盛名的文字秘书官，与当时著名诗人沈约并称为“沈诗任笔”。

南朝梁时的裴子野，一生中历任录事参军、记室参军、尚书比部郎、中书舍人等秘书官职。他学识广博，文思敏捷，落笔神速，起草文书、撰写檄文都不拟草稿，一挥而就，首尾贯通，颇具气势。他对自己之所以能够落笔神速曾作过说明：一曰文书“人皆成于手，我独成于心”，即腹稿酝酿充分；二曰“剪截繁文，删撮事要”，即反对辞饰，提倡文风简练朴实，辞能达意。

唐朝的陆贽，德宗时被召为翰林学士，负责撰拟诏书，参与机要。他擅长撰写表、疏、奏、议等公文，为此行之大家。德宗建中四年（公元783年），朱泚叛乱，他随德宗避乱于奉天，当时军政事务繁忙，一天中要下颁数十道诏书，都由他撰写。他写诏书时，略加思索，操笔即成，而且诏书能忠实地表达出德宗的原意，文笔又洗练畅达，议论深切，说服力、感染力甚强，同僚无不钦佩。著名的《奉天改元大赦制》就是其杰作之一。此诏书原由别人草拟，他看后不满意，改由自己动笔。他一开头就为德宗引咎自责，痛切检讨。所以，诏书一宣喻，士卒无不为之感动哭泣，效果显著。陆贽的这些公文被后人编辑成《陆宣公奏议》二十二卷传世，成为古代公文的精华。

宋朝的翰林学士多是落笔神速的快手，当时规定，凡遇拜相或进行重大决策时，皇帝于当晚宣他们进宫，口授机宜，他们神速记下，回到学士院，锁门撰写，当晚必须拟毕，立即呈送宫中，让皇帝审阅，再由他们誊清于白麻纸上。清晨，即由阁门使将诏书送出，交中书舍人宣读。诏命的撰制于一晚上即完成，不可谓不神速。

清朝军机处的军机章京，在挑选时就要求具有撰文迅速的能力。他们承担谕旨的拟写，从接折、拆阅、进见请旨、草拟、审阅、誊清，整个过程多在当天完成，非常讲究时效性。有时遇到紧急谕旨，当时交下，他们必须立即撰拟，动笔千言，从起草到誊清只需一个多时辰；有时遇到夜间送来的紧急军报，皇帝宣他们入宫授意，命他们当场撰就，由皇帝审阅后立即发出。如果皇帝出巡，或出征途中，有所旨意，向他们授意后，他们立即歇马路旁，摆开纸笔，挥笔撰写，写成再上马，赶到下一行在进呈皇帝，其速度着实惊人。

古代秘书官吏的落笔神速，对今天的秘书人员应颇有借鉴。

四、处变不惊

处变不惊是我国古代秘书的又一优良传统。他们中有很多人遇变不乱，临危不惧，或以高超的专业技能，补救窘局；或以聪明才智，化解危机。

南朝高帝萧道成在位时，专掌起草诏书的是中书舍人。当时，萧道成欲废撤苍梧郡这一地方建制，以加强中央集权。这天，他命值班的中书舍人虞整起草诏书，次日早朝就得颁告天下。不料，虞整因整夜狂饮，昏睡不醒，失职误事。

清晨，萧道成只得另召中书舍人刘素宗拟制。刘素宗仓促受命，却不慌不忙，当即挥笔拟就，经萧道成审阅后，刘素宗又立即指挥主书十人、书吏二十人，抄录数十份，完成了任务，补救了同僚的失误。萧道成为此对刘素宗大加赞扬，说："今天地重开，赖卿之力也！"

唐武则天天授元年（公元690年），寿春郡有五兄弟受藩封，得在朝堂上举行仪式，同时接受册命。朝廷各部门作了许多准备，忙乱中却独独遗忘了制作册文，待百官到齐，仪式即将开始，才发现此失误，宰相们相顾失色。中书舍人王教得知此事，处变不惊，立即召来五名书吏，命他们各执毛笔，由自己口授，书吏分别录写，不一会儿，就写成五份册文。宰相们审阅时，见册文写得既合礼仪，文辞又美，大为叹服。此事在朝中一时传为美谈。

唐朝名士令狐楚曾任节度使郑儋的掌书记，负责起草奏章、公文，他文才极佳，凡他写的奏章，德宗能从文辞上辨认出来。而且，他随机应变的能力也相当强。

当年，郑儋暴卒时，因未能及时处理后事，部下的骄兵悍将喧哗骚乱。当时，唐中央政府力量削弱，各地节度使拥兵自重，形成一股股军阀势力，主将一死，部下稍有不满，就聚众反叛。一天深夜，郑儋的部下持刀胁迫令狐楚至辕门，要他立即拟写成让他们满意的遗表。眼见悍将环立，兵变一触即发，令狐楚镇定自若，在白刃相迫的险境中，挥笔疾书，顷刻拟就，并声情并茂地向三军宣读，将士们听了，无不被遗表的内容感动得落泪，甚感满意，军心就此稳定下来，将士们安心等候朝廷的安排，一场暴乱就此被制止。这是古代秘书处变不惊的又一典型例子。

五、具有民族气节

民族气节是爱国主义的重要基础，具有民族气节是我国古代秘书的一大优良传统。由于古代秘书官吏来自于士大夫阶层，以治国安民为己任，所以，他们中的大部分人民族气节都很强。了解古代秘书的民族气节，对提高今天秘书人员的政治素质当有所裨益。

古代秘书的民族气节，在两宋时期表现得尤为突出。

两宋由于长期处于辽、金、元的威胁之下，大片土地被夺，靖康之难时京城被破，钦、徽两帝被俘往北方，宋王朝蒙受了巨大的耻辱，人民遭受了深重的灾难，民族矛盾十分尖锐。处于中央政府内的秘书官员，因为比其他官员和百姓更了解政治内幕和国家形势，加上都是士人出身，长期受到传统的尊汉贬夷思想的熏陶，所以大多忧国忧民，崇尚民族气节，渴望收复失地，恢复大宋河山。

宋代规定，起居舍人和起居郎仅为六品官，虽陪侍于皇帝左右，但如欲发表政见，须先求得中书省长官的允准。从神宗时起，他们面对深重危机，开始争取向皇帝面陈政见的权利，当时，兼修注王存就请求给予起居舍人和起居郎这一权利。南宋苟安于江南一隅后，面对破碎山河，他们的这一要求更为强烈。绍兴二十八年(公元1158年)，高宗终于答应了这一要求，明令："用起居郎洪遵言，起居郎、舍人自今后许依讲读官奏事。"(《宋史·职官一》)自此，秘书官纷纷进言，如起居郎胡寅上疏，痛切地指出：目下二帝被俘，国家蒙辱，陛下理应纠合义师北上收复失地。然却只顾偷安，畏缩层敌，唯思远逃，致使军民怨愤、失望。他提出七大建议："罢和议而修战略"，"大起天下之兵以自强"，"存纪纲以立国体"，"务实效，去虚文"，整顿内政，修明政治，然后恢复大宋故土。虽然胡寅为此而被免职，然而，他不顾个人安危，敢于直言不讳地指责皇帝，慷慨激昂地陈述复国之策，其拳拳爱国之心溢于言表，实为可嘉。

先后任给事中、中书舍人兼侍讲学士的胡安国，曾上《时政论》二十一篇，陈述"恤民"、"治国"的政见，劝谏高宗励精图治，恢复大宋。绍兴二年（公元1132年），高宗欲升绍兴府朱胜非为都督，胡安国愤然上奏，斥责朱胜非与黄潜善、汪伯彦等人同为投降派，是丢去大宋半壁江山的罪人，且至今还和汉奸张邦昌及金国通好，为天下人所憎恨，决不能委以重任。绍兴八年（公元1138年），金国派使者入临安，要南宋以称臣的条件谈和，高宗、秦桧接受条件，命翰林院直学士院曾开起草国书。曾开极力劝谏，无效，乃请求辞官，拒绝起草。秦桧劝他要识时务，他凛然回答："士人所争的是义，不义之事，虽高官厚禄也不干！"并反诘秦桧为何要南宋称臣求和，秦桧无耻地回答说，这就和当年高丽臣服大宋一样。曾开怒斥道："你身为大臣，理当尊主庇民，辅助陛下富国强兵，想不到你无耻到这等地步，真是闻所未闻！"秦桧恼羞成怒，乃将曾开降职，曾开继续联络了许多朝臣，联名上书，反对屈膝求和，表现出坚贞不屈的民族气节。

历任起居舍人、起居郎、中书舍人、直学士院、翰林学士等秘书官职的洪迈，于绍兴三十二年（公元1162年），受遣出使金国，国书中对金国持强硬态度，以敌国相称，高宗亲手将国书交于他手，寄予厚望。洪迈至金后，金主见国书不悦，命令他删改，并须以臣礼拜见，洪迈坚决拒绝，金国遂封锁使馆，三日不供应水食，洪迈仍不屈服，金人无奈，只得放他回宋。洪迈出使敌国，不辱使命，为时人所赞誉。南宋秘书官员在危难当头，置个人生死荣辱于度外，以各种方式反对屈膝求和、主张抗敌的气节是令人钦佩的。当然，他们的着眼点只是为了赵宋封建王朝的复兴，而且，古代的民族和国家的概念与今天有所不同，这是需要分清的。

六、擅长书法艺术

记录帝王、长官的言行，编撰大事记，实录朝廷大事，撰写与誊抄文书，这是古代秘书的主要的业务。因此，他们离不开书写，在长期的实践中，他们对文字的改进、书法艺术的发展作出了重要贡献，古代秘书与祖国的书法艺术结下了不解之缘。

早在西周初年，历事文王、武王、成王三朝的史官史佚就创制出一种受动物形体启示而成的“虎书”。武王时，他依据鸟的形状，又创制出“禽书”。武王伐纣，大军渡孟津时，有鱼跃入武王船中，随从在侧的史佚又得启发，创制出“鱼书”。

周宣王时，太史史籀制出“籀书”，又称大篆，并授命教授贵族子弟写籀书。

秦朝，秦始皇的高级秘书官李斯和宦官秘书赵高，受命以古籀文为基础，创制出王朝的统一字体——小篆，推行于全国。

古代秘书因书法成就而入仕或名垂青史者不计其数，但因书法影响到个人的生死荣辱、命运大起大落者，当首推秦朝的程邈。

程邈，字元岑，下杜（今陕西省西安市南）人。起初，他担任县衙中管理监狱事务的小吏，一直喜欢研究书法。后来，他因触犯了秦朝的刑律，被判处长期监禁，囚于云阳（今陕西省淳化县北）牢中。秦朝的法律繁细而严酷，像程邈那样的重刑犯，即使不囚死于牢中，也会被遣送出去服苦役，十有八九死路一条。面对绝境，他没有颓丧悲伤，而是仍然潜心研究书法。他发现当时推行的小篆笔画仍很复杂，写起来颇为费事，于是，他将自己多年搜集的民间流传的字体加以整理，去其繁复之处，省减篆书笔画，将长形改成方形，圆折改为方折。经过整整十年的努力，他终于成功地将小篆改造成一种新的字体，有三千个字，先在徒隶（地方官衙中办理文书的小吏）中试用，人皆称便，大受欢迎，故称为“隶书”。然后，他又将隶书上呈皇帝。

正在实行“书同文”的秦始皇，正苦于小篆的笔画繁复，加上他实行君主集权制，全国各地的官员，事无巨细，都得具文奏报，一时公文浩繁，他每天得阅读、批示一百二十斤重的竹简文书，感到十分吃力。因此，一见程邈上呈的隶书，他十分高兴，立即下令释放了程邈，并破格升任他为御史大夫。

秦朝的御史大夫为朝廷最高官爵“三公”之一，为副丞相，掌收受和处理公卿奏章、四方文书，并监察百官等，相当于皇帝的秘书长，位尊权重。秦始皇还命程邈在全国文书工作中迅速推行简捷易写的隶书，使隶书很快取代小篆，成为文书工作中流行的字体，并奠定了我国汉字发展的基础，对我国书法艺术、文化和文书档案工作产生了重大的促进作用。程邈因书法成就而从阶下囚一跃为高官，成为中国秘书史上一大趣闻。

到了汉朝，朝廷对秘书官吏书法上的要求更高，尚书台、御史府等中央秘书机构选拔秘书人才时，须考其大篆、小篆、刻符、书、摹印、署书、殳书、隶书等八种字体，合格者才能被录用。东汉灵帝光和年间，朝廷还特地设立了鸿都门学，专门教授辞赋、书法等，毕业后授官，其中不少学子被用为秘书官员，使秘书官吏的书法水平显著提高。

魏晋南北朝时，书法艺术大有发展，楷书、行书、草书流行，加上朝廷规定公文一律用纸制作，字体也趋于讲究，要求具有书法艺术。因此，统治者都聘请书法家担任秘书官吏。如东汉末年擅长写隶书的梁鹄，汉灵帝时被任用为审核文书的选部尚书，后为刘表所用。曹操攻克荆州时，仰慕其名，四处寻访，聘任他为选部尚书，掌管文书章奏，还将他的弟子毛弘也聘来，安置于秘书省中，教授官吏书法。

梁武帝萧衍时，曾聘请书法家王褒为秘书郎，还将侄女嫁给他，后又擢升他为太子舍人、秘书丞。

北齐著名书法家赵彦深被尚书令司马子如任用为秘书官员，专掌抄写文书，后又参与机务，拟写军令，最后官至丞相。

著名书法大师王羲之、王献之、王徽之等人也都担任过郡府内史、中书令、黄门侍郎等秘书官职。

自此，任用书法家为秘书 ，成为历朝一大特色，它大大提高了公文字体的艺术性，使公文面貌整洁、美观。

这一切都说明，掌握书法艺术是我国秘书人员的优良传统。今天的秘书人员必须注重书法的学习和训练，以有益于秘书业务。

古代秘书的优良传统还有知识广博、富有谋略、敢于直谏等。

由于历代秘书具有这些良好的素质，所以，往往为皇帝、主官所赏识，成为不离左右的得力助手。而他们通过秘书工作的锻炼，往往承担起重任，自秦朝始，皇帝身边的亲近秘书升任为本朝或下一朝的丞相者比比皆是。唐代，宰相多自翰林学士中提拔，至明代，“非翰林不得入内阁”成为定例，清代的军机章京升任为军机大臣的数以十计。同时，由于秘书官员涉足政界，见多识广，能查阅各种典籍、档案，洞察社会，往往容易出成果。刘向编《汉书》，蒲松龄写成《聊斋志异》，都得力于他们的秘书生涯。所以，历代秘书官职是招纳人才、储存人才和造就人才的岗位。

但是，由于历代封建统治者长期重儒学而鄙视科学技术，导致秘书官员中通晓科学技术者甚少，直至鸦片战争后，随着外国科学技术的传入，这一现象才缓慢地有所改变。这是历代秘书素质中的一个缺陷。

今天的秘书工作与历史上的秘书工作性质不同，责任的深度、广度和要求均不可同日而语，但是，同样可以从历代秘书的素质中获得启迪。就秘书素质的共性而言，古今都同，可归纳为两部分：德、才。今天的秘书工作者必须具备的“德”，就是具有马列主义的理论修养，依据党的路线、方针、政策，全心全意地为人民服务，作风正派、不谋私利。“才”大致可以分为两类：“博”和“专”，“博”即应当具有广泛的知识，秘书工作是综合性的工作，涉及上下左右各方面，往往要与各行各业接触、联系，没有广博的知识，很难承担这一工作，在科学技术迅速发展的当今世界，尤其要注意学习新知识，力求成为唐代虞世南之类的“行秘书”，随时自如地接受领导的咨询，起参谋助手作用，以尽快实现秘书工作的四个转变；“专”即要精通秘书业务，掌握过硬的专业技能，尤其是掌握公文写作的技能，成为阮瑀、任昉、裴子野那样的文思敏捷，落笔神速，行文规范、准确，“不能增损一字”的“秀才”。在改革开放的形势下，还要注意学习、掌握现代秘书工作技术，尽快实现秘书工作的规范化、制度化、科学化。

第四节　主要秘书业务的经验教训

一、文书管理和保密制度

我国古代自殷商开始，历代的文书档案工作长期混为一体，由同一机构、人员承担，唐代开始初步分离，宋代全面分离，蒙古族进入中原建立元朝后，又出现两者合一的倾向，明代虽一度重新分离，但清代又有混合的状况。

每次改朝换代后，新王朝都继承了前朝的文书档案工作制度，加以增补，使文书拟定、运转、监督、催办、保密，档案的收集、整理、鉴定、保管、利用、保密等各个环节逐步健全，发展完备，形成一套严密的制度。

(一) 文书工作制度

远在殷商，甲骨文书的拟制已有了一定的格式；西周产生了副本制度；春秋战国时，文书拟制已初步分有起草、讨论、修改、润色、定稿等环节，并产生了文书用印和传递制度；秦朝，建立了避讳、校勘等制度，并初步以法律的形式予以固定下来；汉代，产生了发文、收文登记和转发等制度；魏晋南北朝时期，有了文书勾检、骑缝、押缝、卷轴等制度；唐代，出现了公文用纸、一文一事、签押、判署、誊录、催办、折叠、装封、编号、移交、传送期限、贴黄等制度，并以法律形式详细规定了文书工作制度；宋代，产生了实封、批答、进草、录百、录黄、引黄等制度；元代，创设了照刷、磨勘、朱销文簿、缮写翻译、当面交卷、周年交案等制度，传递制度尤其成熟；明代，产生了票拟、贴黄等制度；清代，在总结历代经验的基础上，加强了催办、稽查等环节，使文书工作制度臻于完备。

(二) 保密制度

历代文书工作中最重视的莫过于保密。商代，已将甲骨文书收贮于宗庙的地窖内；周代，将全国人口、地图的档案正本收藏于

“天府”，并由世代相袭的人员保管、守护；春秋后期，开始以封泥盖印、封合文书；秦朝，机密军事文书由专人传送，沿途各地方官不得查问、阻拦；汉代，公文已产生密级，凡机密文书称“合檄”，由专人专送；唐代，则以名目繁多的法律条文来防止公文泄密；明代，产生了由内阁直达皇帝的机密文书“揭贴”；清代，创设了实封进奏、廷寄等文章保密方法，雍正帝建立的密奏制度，则集历代文书保密措施于一体，达到完备的程度。

(三) 历史上的文牍主义

在我国古代文书工作中存在着文牍主义的弊端，这是我们应当吸取的主要教训。自秦朝开始，随着中央君主专制的建立，皇帝为了控制全国的军、政、财权，命令各级官员经常具文申报、请示，并发布大量的命令性文书，导致文牍主义，官僚主义的流行又加剧了文牍主义，两者相互影响，恶性循环，使许多时期国家机构的行政效率低下。古代关于文牍主义的记载颇多，如武帝时“文书盈于几阁，典者不能编睹”；《隋书·刘炫传》云：“今之文簿，恒虑复治，锻炼若其务不密，万里追证百年旧案。”《宋史·选举志二》云：“寸晷之下，唯务贪多；累牍连篇，何由精妙。”无论有识之士如何惊叹，甚至对如何消灭文牍主义出谋划策，封建社会中的文牍主义始终无法根绝，成为一大痼疾。

此外，历代文书制度中同名异实者不少，如贴黄制度，在唐代是对诏书中写错之处的纠误办法，在宋代是摘由叙事之法，在金代则是官职名称，在明代为章奏摘要之法，显得混淆不清。历代公文文体名目繁杂，其使用对象、范围经常变化，界限不明。这一切都是我们应当引以为戒，予以避免的。

二、公文文体的演进

对公文的总称，历代也不尽相同，大致情况是：商代叫“典册”；西周称为“官书”、“治中”；春秋战国和秦代叫“典籍”；汉代始称“文书”、“文案”；唐、宋、元时期通称“文卷”，有时也叫“案卷”、“案牍”和“簿籍”；明、清时期则称“文牍”、“案牍”。

公文种类在西周以前很简单，有典、谟、誓、诰、命、训等，基本上是指示性公文。西周时，随着国家管理活动的需要，开始形成由下行文、平行文、上行文三类文种组成的文书体系，但名目不太多，至战国时仍然比较简单。下行文除沿用上述名目外，还有策、典（与夏以前的名同实异）、檄、令；平行文有盟书、移书、载书（由盟书演化而来，但有实质区别）；上行文有丁籍、事书、上书等。

自秦朝开始，建立了统一的封建君主专制王朝，全国地方行政机构整齐划一，从中央到地方也随之建立起一套秘书工作制度，对各种行文分门别类，作了严格的限定，并且等级森严。随着君主专制的日益加强，公文文体也越来越复杂，名目越来越多。

皇帝下达的文书，主要有制、诏、策、戒、敕、册、诰命、御札、宣命、诰、符、檄、谕、旨等。

秦始皇统一六国后，觉得其功盖天下，应与前代帝王有别，采用王绾、冯劫、李斯等人建议，将颁布重大制度的命令称为制，一般性命令、指示等叫做诏。制、诏从此为帝王专用。

汉代增加策、戒，策是册封、罢免诸侯王和“三公”大臣时用，戒是指示地方军政长官的文书。这些文体也可分别叫制书、诏书、策书、戒书。

魏晋南北朝及以后各代，文书名目有增有减，对前代的择用一部分，并对其使用对象和范围也有所变更。如敕，汉代已有，为下行文，官方、民间通用，为长官对下属、祖父对子孙时所用的文书，南北朝开始只限于君主用，后发展成多种文体，例如敕书、敕旨、发敕、敕牒、敕命、敕谕等，均是皇帝下达的文书。

唐代多用制、敕，另一重要文体是册，封立皇后、太子、王公和任命三品以上高官时用。

宋代有册书、制书、敕书、诏书和诰命、御札、敕榜，诰命为新增，是授官职和封赠命妇的文书。

元代增设宣命，为封赠百官的文书。

明代有诏、诰、制、敕、册、符、令、檄、谕，其中谕演称为圣谕、上谕、谕旨、谕告等，另在习惯上又将谕作为皇帝颁发的文书之总称。

清代主要有制书、诏书、诰书、敕书，仍用明制，将皇帝颁发的文书统称谕旨，谕与旨有所区别，雍正后则将皇帝在处理政务中下达的所有指示性文书分为两种：一是明发谕旨，为处理例行政务的文书；一是寄信谕旨，为机密文书。

呈送皇帝的文书，主要有奏、章、表、疏、议、状、书、启、榜、札、题、揭贴等。

秦代用奏，为臣下阐述政见、弹劾官员的报告。

汉代除沿用秦朝的奏以外，猛增章、表、疏、议、状、书等文体，用章以谢恩；用表陈述事情；疏类似表，但分条论述；用议表示不同看法；用状进行申诉；用书报告情况。

魏晋南北朝又增启事和笺，都是陈述事情时用。

唐代增榜子、熟状，后者只是宰相上呈皇帝审批处理一般政事的文书。宋代又增奏状、札子、榜子，分别为不同官署和不同身份的官员用以奏事的文书。上述文体的大多数在明代仍沿用，明、清时使用最多的是题本和奏本，题本是以官署名义上呈皇帝的文书，内容多属例行公事；奏本是以个人名义上呈的文书，内容涉及广泛。清初沿用明制，乾隆后一律用题本，清季又废题本，改用奏折。

各级官府的下行文，主要有告、令、教、符、帖、判、告身、宣、札、刺、牒、指挥、照会等。

汉代主要有告、令、教、敕；魏晋南北朝时多用符、帖；唐代仍主要有符、帖，增用堂判、告身，前者是宰相处理事务的文书，后者类似现代的委任状；宋代时文书的名目繁多，有宣、劄、堂帖、札子、部符、省札、敕、敕牒、符等等；元代主要有答付、指挥等；明、清时则用照会、札、下帖、故牒等。

各级官府的平行文，主要有移、品约、关、刺、书、咨报、密白、牒、平咨、平关、平牒等。

汉代主要用移，有移文、移书、檄移等，另有品约，类似今之公约；魏晋南北朝时用关、刺、书，刺类似汉代的移，关多用于质询，书为南北朝时各小国间往来文书；唐代沿用关、刺、移；宋代除关、移外，增加咨报、密白、牒，前二者为部分中央部门间移文使用，后者为内外不相统属的官府间使用；元代主要有咨、平牒等；明、清时则用平咨、平关、平牒。

各级官府的上行文，主要有牒、笺记、行状、辞、申状、白札子、呈、呈状、咨呈、牒呈等。

牒、辞是请求、报告类文书，前者是唐以前用，后者为唐朝增设；行状在汉是门生旧友对亡故人一生的叙述，魏晋时中正官对士人所作的评语也称行状；申状、白札子是宋代所用；元代有呈、申、牒上、牒呈上等；明、清时则用咨呈、呈状、申状、牒呈、牒等文体。

古代的公文文体，由简到繁，越来越多。尤其是由皇帝下达的和呈送皇帝的公文，名目繁多，十分复杂。不仅不同用途的公文名称有异，同一用途的公文因事者的地位、级别不同，从而名称也不一样。相比之下，在各级官府之间使用的公文名称则相对简单得多，但数量仍不少。从古代公文文体中充分显示了森严的封建等级。武昌起义后，孙中山领导的南京临时政府，在文书制度上也进行了一场革命，废除了几千年来封建王朝使用的公文名称，并将公文种类简化为五种，其中保留了长期在古代官府间使用的一部分公文名称，如令、咨、呈、状。而有的名称，如令、告，到现代仍在使用，例如命令、令、公告、布告、通告等等。

三、档案的管理与利用

历代对档案的管理均高度重视。夏代，设有保管档案的官职“太史令”；商代，按照一定的规则收藏、保管甲骨档案；周代，建立了我国最早的档案机构“天府”，并首创“金藤之匮”制度；秦朝，筑有“藏府”、“书府”等档案库，并建立了防火、防盗和定期检查等保管制度；汉代，建造了石渠阁、兰台、东观等颇具规模的档案库；魏晋南北朝时，各政权都有档案科，另盛行谱牒档案；唐代，档案工作与文书工作开始分离，建立了归档、鉴定、一案一卷、检查修缮、查阅等制度；宋代，档案工作与文书工作全面分离，各级官衙普遍设立档案库，档案的集中、整理、保管、鉴定、销毁、查阅、保密等制度发展完备；明代，修建了“皇史宬”等规模巨大、具有很高建筑水平的档案库，其保卫、保密制度十分严格，档案的分类、装订、保管、查阅等制度进一步发展；清代，产生了档案上缴、分类存放、定期修缮等制度。

远在夏代，先民们便已认识到了档案的重要作用，商代已利用档案作为施政的重要工具，春秋战国以后，档案更被广泛利用，将其归纳起来，大致如下：

第一，直接利用为施政的工具。

历代统治者常以档案为处理某些政事的依据，或参照档案中的做法进行处理。这是其主要的作用，且利用率越来越高，涉及的范围也越来越宽。从商代开始，已在施政过程中查阅档案资料，据此来处理某些政务。西周时，还重视诸侯、贵族的世系家谱，即利用人事档案，以此作为承袭爵位、封授官职的依据。春秋战国时，侧重于利用变法过程中形成的法令档案，以备国君查用。秦朝，尤其重视户籍档案，以作为征调赋税、徭役的依据。魏晋南北朝时推行九品中正制，谱牒档案最为统治阶级所重视。唐代以后，随着档案工作趋于完备，档案在施政过程中的用途更加广泛，使用者增多，因此，制定了越来越严密的查阅制度，以提高其利用率。另外，每当改朝换代时，新王朝大多重视接收前朝档案，以备日后施政时查用。

第二，利用档案修史和汇编典籍。

从春秋战国开始，已利用私人搜集的档案汇编典籍和史书，例如传说孔子删定“六经”；左丘明编纂《左传》、《国语》；石申、甘德以自然科学档案编著了《甘石星经》等。汉代以后，则主要是依靠官方的档案来修史和编纂典籍，如著名的二十四史，便是历代官方修成的所谓“正史”；又如《东观汉记》、《唐六典》等书。越到后世，其史书、典籍越为浩繁。

第三，利用档案进行教育。

春秋战国时，孔子等人便四处搜集档案，利用档案开办私学，广招弟子，首开“学在私门”之先风，打破了“学在官府”的垄断局面。秦朝时虽恢复了“学在官府”的局面，严禁私人讲学，但出于巩固封建王朝的政治目的，也以法律档案为教材，对官民进行教育，以便推行法治。后世各代在官府办事者，均是“以吏为师”，最好的教材自然莫过于档案。

历代文书档案工作的经验，是历史给我们留下的丰富遗产，其中有许多已被我们加以改造和利用，现在文书档案工作中的某些制度，便可以从中找到其源流。但是，还有不少的经验有待于我们去挖掘、整理，吸取其精华，做到古为今用。

四、信访活动经验

（一）历代信访机构的演进

历代统治者为了防止官逼民反，巩固自己的统治，大多不同程度地注意体察民情，设置有听取臣民谏议、接待百姓申诉冤屈的官职或信访机构。

早在原始社会末期的尧舜时期，就已经产生了进善旗、华表木、敢谏之鼓等方式，由部落联盟首领直接听取民众的意见，开我国信访工作之先河。舜时的纳言，其职责之一为“听下言纳于上”，即听取民众的建言陈事，汇报给首领，兼管信访事务。

进入阶级社会后，历代王朝继承了上述一些信访活动的形式，并予以发展。其中最常用的是民众可击鼓求见官员，反映情况，申诉冤屈。周代在朝门外置肺石，供平民上访；悬置大鼓，凡吏民有事，即可击鼓，由御仆接待，将来访者反映的事由向主管大鼓的太仆汇报，再由太仆上奏天子。约自晋代始，此鼓称为“登闻鼓”，一直沿用至清代，成为信访活动中的一项重要制度。据《文献通考·刑考》记载，隋代已将击鼓者申诉的内容由专人记录下来，上奏皇帝，可视为信访活动中登记制度的起始。唐初于朝堂左右分置肺石、登闻鼓，上访者可立于肺石之下，由左监门卫入内奏报；也可击登闻鼓，由右监门卫通报，等待负责信访事务的官员的接见。

历代信访机构的演进经历了先由某些官员兼管，到由某一机构兼管，最后设置起专职信访机构，并逐步健全的过程，信访活动制度也随着这一过程逐渐完善。

纳言、太仆是早期兼管信访事务的官员。

秦汉时，宫城外门设有公车司马令一职，其副手为公车司马丞，他们的职责之一是接待和安排上书或请求面见皇帝陈言的吏民，也是兼管信访事务的官员。

隋代，炀帝设置了谒者台，以谒者大夫为主官，下隶有通事谒者等属官，负责吏民申奏冤屈等事，可视作早期兼职的信访机构。

唐代，武则天怀着一定的政治目的，创设起专职的中央信访机构——匦使院，首开了一条使民间下情大量上达中央政府的渠道，掀起了一个历史上信访活动的高潮，在此高潮中建立起了比较正规的信访制度，如地方官员不得查询上访者投书内容；接待人员在受理上访时，须及时办理，否则，将受处罚；上访投书，须备两份，正本呈皇帝，副本交知匦使。

宋代，中央信访机构分为两个，鼓院为初级机构，检院为高级机构，隶属门下省，规定吏民须先投诉鼓院，遭拒绝或认为处理不公，可再至检院上访，使上访者多了一个申诉机会，以防被一个部门所压制，也使信访机构相互制约，趋于合理。检院处理上访件，规定急事当天将奏报皇帝，一般的每五天呈进一次，以便区分其轻重缓急而受理之，后又专置匦函，命御史中丞为理匦使，负责处理屡经申诉而未得解决或事关机密的投书，相当于今天专门处理老大难信访案件的小组，这都说明信访制度已很严密，臻于成熟。

明代，由于皇权高度集中，皇帝对中央信访活动直接指导、过问，将其提高到十分重要的地位，由中央总收文机构通政司兼理信访事务，直接对皇帝负责。在承袭前代制度的基础上，还创设了一些新制度，如凡吏民的信访书函均须实封递入，由通政使初阅、节写副本密封呈送皇帝；凡应引见的臣民，接待官员不得刁难；百姓如受豪强欺凌，地方官员不予受理的，可以直接进京向皇帝申诉。为此，朱元璋特地下令在通政司门口放置了一块红牌，上写“奏事使”三字，吏民取了此牌，就有权直入内宫，各门卫不得阻拦。如黄州府同知安贞被诬陷入狱，再三申诉，地方大员不予受理，他的女儿就赶进京城，大胆取下红牌入宫，终于告赢了御状，使父亲官复原职。

清代，顺治帝在开国初年就仿效前代制度，设立登闻鼓厅，康熙年间将其并入通政司，负责信访事务。规定凡军民有冤屈，可投书申诉，也可至通政司前击鼓鸣冤，由通政使亲自接待、受理，如确有冤屈，即奏报皇帝，获准后交有关官衙平反。这一制度一直延续至清末。此外，历代信访事件除由行政机构综理外，凡属刑事案件的，还可向监察机关上访申诉。

（二）历代信访制度

我国古代在长期的信访活动中，逐渐形成了一套信访制度。主要内容有：

1. 逐级上访制度

历代只在中央政府设置有信访机构，各级地方政府中行政、司法不分，故不设信访机构，其信访事件由地方行政长官或僚属处理。小民百姓有冤屈，须先至县衙门申诉，然后逐级上诉，不许越级上访，更严禁动辄赴京城告状。如明初规定：凡民间词讼，皆须自下而上，或府、州、县、省官及按察司不为审理，及有冤抑，方许进京击登闻鼓申诉。

清初也规定：自今以后，凡有奏告之人，在外省应先于各该管司、道、府、州、县控诉，若司、道、府、州、县不予审理，应于该管总督、巡抚、巡按内控诉，若总督、巡抚、巡按不准或审断冤枉，再赴都察院衙门击鼓鸣冤。

此外，有些朝代规定，赴中央信访机构投诉，也要逐级上访，不得越级申诉。如宋朝规定，先得去鼓院投诉，不行，方能再去检院申诉。不少朝代还规定，平民百姓即使冒着九死一生的危险，进京击鼓上访，也得先挨一顿杀威棒。明宣德年间进一步规定，凡违例越级上访者为有罪，如所诉经查属实者，可予免罪，不实者戍边。景泰年间更严令，凡赴京告状者，不论冤屈是否属实，一概发配口外充军。如此明文规定不问青红皂白一律严惩，可见禁止越级上访制度之严厉。

2. 交办制度

古代凡中央信访机构收受的信访事件，一般交原告所在地的上级衙门办理；有的则交原告所在地的衙门办理。如明代就有规定：来皇宫门外击鼓鸣冤者，由值班官员收受状纸，待皇帝批示后，即派校尉带着状纸、御批，押着原告，回原衙门审理。

3. 派员审理制度

有些重大的上访案件，经皇帝审阅后，为弄清事件真相，委派朝官，赴地方调查处理，这些朝官常被冠以“钦差大臣”的名衔。有时，也指派地方大员审理。

4. 会审制度

古代对一些重大的冤假错案，信访机构无法解决的，就由皇帝命朝廷各职能部门共同审理。明朝称为“园审”，清朝称为“九卿会审”。

5. 御裁制度

古代中央政府的信访机构权力很小，凡所收受的诉状，一般都进呈皇帝裁决，皇帝为了表现自己的尊严，大多及时批阅，并能使原告的冤屈得到解决。历代告御状成功者不绝于史书，如宋代王元吉获罪，嘱其妻张氏击登闻鼓告御状，皇帝召见张氏，当面讯问，了解其夫的冤情后，遂予以平反。

分析历代信访制度，就客观而论，逐级上访制度、交办制度，减轻了中央信访机构的压力；派员审理制度和会审制度有助于提高信访处理的质量；御裁制度则使信访活动置于天子的恩威之下，起震慑作用，有助于整肃吏治。然而，由于封建社会大多数时期政治黑暗，贿赂风行，平民百姓有理无钱，有冤屈而无背景，上访能得到伸张正义者，实属少数。所以，历代的信访活动中，自然也是黑暗大于光明，邪恶多于正义。

(三) 历代信访活动对我们的启迪

历代信访工作对统治阶级了解民情、调整方略、制定政策、整肃吏治、缓和各种矛盾、稳定统治起了重要作用。

无产阶级革命家在建立新政权后，都十分重视信访工作，将它作为密切党和政府与广大人民群众之间关系、监督各级干部、克服官僚主义、打击违法乱纪行为、纠正不正之风、发扬民主的重要渠道。列宁曾对苏维埃政府的信访工作作过许多详细、严格的规定。新中国成立初期，毛泽东同志曾指示：“必须重视人民的通信，要给人民来信以恰当的处理，满足群众的正当要求。要把这件事看成是共产党和人民政府加强和人民联系的一种方法，不要采取掉以轻心置之不理的官僚主义态度。”（1951年5月16日对中共中央办公厅秘书室《关于处理群众来信情况的报告》的批示）周恩来曾明确指示各级政府机关要“切实加强处理人民来信和接待人民来访工作，充分发挥它的作用，以便更有效地密切联系群众，克服官僚主义，加强社会主义建设事业的领导”。（1957年11月19日周恩来签发的《国务院关于加强处理人民来信和接待人民来访工作的指示》）党的十一届三中全会后，面对新形势，邓小平指出：“要注意听取群众的呼声……有许多群众上访，往往是我们工作跟不上，没有做好工作引起的。”（《邓小平文选》第201页《高级干部要带头发扬党的优良传统》）五十多年来，我国各级政府机构都设置了兼管或专管信访工作的秘书人员或机构，取得了很大的成绩。当前，随着形势的发展，产生了大量新问题、新情况，信访工作的任务越来越繁重，作用也越来越大，在总结现实工作经验的基础上，我们还可以从历代信访工作中吸取有益经验，如借鉴唐代设置匦的方法，广泛设置意见箱；借鉴宋代两院的经验，设置不同层次的信访机构以相互制约；运用宋代“匦函”的方式，建立专门处理老大难信访案件的小组等等，将信访工作做得更好。

五、发挥秘书的参谋作用

（一）历代秘书发挥了参谋作用

纵观历史，历代有作为的封建政治家，无不鼓励秘书官吏积极出谋划策，或补正自己的缺失，以有益于政事。所以，我国秘书的功能，历来包括助手性的事务工作和参谋性工作两部分，参谋助手是秘书的传统功能。

早在殷商时期，我国秘书的鼻祖——史官就包括这两方面功能：一方面，他们记录帝王言行、朝廷发生的大事、拟制文书，从事事务性工作；另一方面，他们起着参谋咨询作用。由于商朝统治者笃信鬼神，“殷人尊神，率民以事神，先鬼而后礼”（《礼记·表记》），所以，当时史官的参谋功能是在神权统治中以解释天意、神意的形式表现出来的。商王每逢要征战、筑城、任官、婚娶，都自己先作计划，再和卿士们商议，最后占卜询问天意。占卜有两种方法：一种用筮（蓍草）占卦以询问吉凶；一种用龟甲询问天意。解释蓍草排列或龟甲被炙后纹路所显示的预兆，是由贞卜史官负责的，“天道鬼神灾祥卜筮梦之备书于策者何也？曰此史之职也”(汪中：《述学》)，如果商王和卿士都同意干某件事，而贞卜史官认为从占卜的预兆来看不可行，商王往往要慎重考虑，一般遵从天意而作罢。因此，史官实际上对军国大政、重大行动起了参谋作用，且这一作用是举足轻重的。可见，我国的秘书从诞生之时起就具有参谋功能。

随着社会生产力的逐步提高，人们能解释的自然现象和社会现象日益增多，神权统治随之日渐淡化，统治者注重人治，对秘书官吏的参谋作用，也转向于要求在人治上出谋划策，提供信息。

西周朝廷中设置有行人一职，此官除了安排天子接见诸侯事宜之外，还负责直接了解民情，以接受天子的问询，提供咨询。为此，他每年阳春三月巡游各地，站在交通要道，摇着木铎（一种铜口木舌类似铜铃的乐器），征求真实地反映社情民意的民歌，以向天子提供社会信息，名为采风，实际上对统治者的决策、施政起着参谋作用。

三国时蜀国丞相诸葛亮是善于发挥秘书官员参谋作用的典型，他除了要求秘书官员忠于职守外，还对他们提出了违覆、直言、进人的要求，称为参署制度。违覆，即发现公文中主官的批示有与国家政策相违背之处，秘书人员应提出自己的看法，陈述理由，送回主官处，建议重新审改。秘书官董和任职七年中敢于违覆，有时同一件公文竟十次向诸葛亮汇报，建议修改，诸葛亮十分赞赏，要僚属学习董和对公文认真负责的态度。由于长官受精力、时间、才识的限制，处理公务中难免有考虑不周之处或失误，秘书人员要在工作中善于发现这些缺陷和遗漏，建议长官修正之，使长官的失误降至最低限度，失误次数尽可能减少，这是秘书人员应当具备的基本能力。诸葛亮提出的“违覆”，鼓励秘书人员善于发现长官的失误，敢于提出自己的见解，就是要求他们培养这种能力。直言，即要求秘书人员对主官直谏不讳，凡发现主官在处理公务和行为言论中有不当之处，都要及时指出，以避免过失。由于诸葛亮心胸宽广，待下属诚恳，身边的秘书人员都乐于上谏。诸葛亮曾说，崔州平能指出自己的“得失”，徐庶能给自己“启诲”，董和能“尽言”，胡济能“谏止”。主簿杨颙见诸葛亮事无巨细什么都亲自处理，连“校簿书”、罚二十板等琐事也过问，认为大可不必，诸葛亮感到正切中自己的短处。杨颙死后，他难过了好几天，叹息说：“掾属丧杨，为朝中损益多矣！”要求秘书敢于直言，不但有助于弥补主官的不足，修正主官的过失，而且有利于融洽主官和秘书人员之间的关系，使秘书人员尽可能地发挥自己的作用。进人，即要求秘书人员，如主簿、书佐、掾属主动向主官推荐人才。掾史姚曾推荐文武人才给诸葛亮，受到赏识，自己也被升为参军。秘书人员在主官身边工作，了解全局情况，知道各种人才的需求，且他们经常与下属部门接触、联系，较熟悉各种人才，因此，由他们推荐人才是一条可行的途径。诸葛亮属下的文臣武将中，不少是秘书人员推荐来的。诸葛亮的参署制度，发挥了秘书官员的参谋功能，起到了集思广益、减少决策失误的作用。

唐太宗李世民也善于发挥秘书官员的参谋作用，他的方法是鼓励秘书官员积极进谏。

《贞观政要·政体》中记载唐太宗对中央秘书官员的要求时说：“中书门下，机要之司。擢才而居，委任实重。诏敕如有不稳便，皆须执论……若惟署诏敕，行文书而已，人谁不堪，何须简择，以相委付？自今诏敕有不稳便，必须执言，无得妄有畏惧，知而寝然。”这就是说，中书、门下两省是执掌机要的部门，被简选出来担任其官员者责任十分重大，如果你们只会在公文上签签字，发发文书，那谁不能办，何必要选你们出来充此重任。所以，从今凡有不妥的诏敕，你们必须无所畏惧，敢于直率地指出，不能沉默。并明令：凡中书舍人在处理有关军国大政的公文时，必须“各执所见，杂署其名”，即提出各自的意见，分别签名，这一制度称为“五花判事”。

更重要的是唐太宗还设置了主要职责为进谏的众多的官职，如散骑常侍、谏议大夫、给事中、拾遗、补阙、起居舍人、起居郎等等，这些官员分隶于“机要之司”的中书、门下两省，他们一般无具体职掌，以“规谏”为业，实际上起着参谋、顾问的作用，具有秘书性质。这些官员进谏的途径颇多，仅制度上规定的就有：第一，随宰相入阁议事。《资治通鉴》卷192“太宗贞观元年”条记载，此年，太宗诏令：“自今中书、门下及三品以上入阁议事，皆命谏官随之，有失辄谏。”王夫之在《读通鉴论》卷20《唐太宗》中评论这一制度时说：“太宗制谏官随宰相入阁议事，故当时言无不尽，而治得其理。”第二，给事中有权“驳正违失”，凡发现皇帝批发而有失宜之处的制诏、书敕，给事中可以涂窜、封还，令中书省重议。这种审议之权，也是进谏的重要制度。此外，起居郎、起居舍人等经常随侍皇帝的官员可以当面向皇帝进谏，至于作为皇帝亲信的谏官，如魏徵，则随时可面见皇帝进谏。谏官上谏的内容几乎无所不包，对内的各项政策，如征收赋役、任免官员、施行刑法，对外的和战、怀柔、靖边，甚至皇帝个人的私生活，凡发现有不妥的都可进谏。唐太宗的虚心纳谏和秘书官员以进谏为主要方式所起的参谋作用，对防止王朝内外政策的失误、约束皇帝的行为起了重要作用，使当时的政治较为清明，政令上下畅通，君臣关系较为协调，是形成“贞观之治”的一个重要原因。

明、清的通政司，是中央的高级秘书机构。无论内外大小官署，士人平民的章奏上书，都必须通过它才能上达皇帝，是呈文皇帝的咽喉之处，也是皇帝与臣民、中央与下属部门及地方官衙的联系机构，地位相当重要。所以，明朝历代皇帝对它都十分重视。朱元璋要求通政司“审命令以正百官，达幽隐以通庶务，当执奏者毋忌疑，当驳正者毋阿随，当陈者毋隐蔽，当引见者毋留难”。洪武十三年，虽然废除中书省，但是，通政司仍然保留下来。明成祖时，通政司收受的四方章奏上书中，凡属不重要的事务都不上奏皇帝，而直接送六科处理，成祖责备说：“设通政司所以决壅蔽达下情，今四方言事，朕不得悉闻，则是无通政矣。”他让通政司充分发挥沟通上下的作用，尤其让来自下层的情况能畅通无阻地直达皇帝。

（二）历代秘书发挥参谋作用的途径

上述史实说明历代开明的、有远见的政治家无不要求其身边的秘书官员发挥主观能动性，起参谋作用。历代秘书官员发挥参谋作用主要有四种形式：

第一，提供信息。为统治者决策前提供依据和决策实施后反馈修正的参考意见。如西周行人的职责、明朝皇帝对通政司的训令中就作了这样的规定。

第二，校正公文。在公文拟制、传发过程中，发现有误，有责任指出、修正。如唐朝中书舍人的五项职责中，有一项是“制敕既行，有误则奏而正之”（《旧唐书·职官志》）；门下省的给事中对失宜的诏命有封还之权，对臣子有违误的奏章有驳正之责，合称“封驳之权”。

第三，规劝进谏。就政事乃至统治者个人的言行进谏。

第四，参与政务。高级秘书官有权参与军国大事的谋划，直接参与决策。如明朝通政司主官通政使有权议决大政、大狱和推荐文武大臣人选。

纵观历史，历代秘书官吏在发挥参谋作用上表现出一些不同的现象，如参谋职能发挥得如何，取决于统治者开明的程度；在特定的历史条件下，如宋朝出现过秘书官员争取参谋权的情况；中、下层秘书官员发挥助手作用的形式，多在提供信息、拟文把关等方面，高级秘书官员才有资格参与谋划、决策。

第五节 新中国成立前中国共产党的秘书工作经验

中国共产党的秘书工作在新中国成立前的二十八年中，积累了不少宝贵的经验。与历代相比，这些经验突出表现为产生了秘书工作的基本原则、秘书工作思想和对秘书队伍的建设等方面。对此做一归纳总结。

一、秘书工作的基本原则

中国共产党的秘书工作在新中国成立前的二十八年的实践中，

逐步形成了一些基本原则，包括秘书工作为领导工作服务的原则、秘书工作要发挥参谋助手作用的原则、秘书工作要做到保密、准确、及时的原则。

(一) 为领导工作服务的原则

秘书工作的职能是什么？由此决定的秘书工作的地位如何？对这一问题，中国共产党是经过正反两方面的教训后才获得正确认识的。

1. 纠正“秘书专政”的状况

建党初期，党中央的秘书由中央一名主要领导人兼任，他是党中央第一把手书记或委员长的助手，处于协助者的地位，而非主要决策者。1926 年前后，一些机关的主要领导人被捕或暂时离职，由秘书代行最高领导职权，主持机关工作；也有些机关的最高领导人出身于工人、农民，不识字，文化水平、工作能力低，他们在拟制决策性文件、发布指示、贯彻执行上级决议时，主要依赖秘书，秘书成为实际上的决策者、领导人；有的秘书受命去督促检查工作，自比“钦差大臣”，擅自决断，发号施令。这种种秘书越权的情况，一时造成了“秘书专政”的局面，严重违反了党的组织原则，干扰了机关领导工作。

为了纠正这种不正常的状况，党中央采取了两项措施：

一是将中共中央执行委员会秘书、中央各部委秘书、各区执行委员会秘书一律改称秘书长，作为领导班子的一员，并负责秘书部门，此举是为了防止秘书个体越权；

二是各级机关普遍设置秘书机构，中央秘书处也在此时设立，明确它们的职责是“总揽各种技术工作”，即全面承担机关的秘书工作，这是为了防止秘书机构越权。

这两项措施，纠正了“秘书专政”的状况，但是，秘书机构又一度产生了“纯技术观念”的倾向。

2. 纠正“纯技术观念”

由于秘书工作是一项技术性很强的工作，如文件的刻写、油印、印刷技术，密写密洗技术，文件伪装技术，秘密传递技术，秘密保管技术，代号、暗号技术，密码制作技术，电报收发技术等等。秘书工作的技术化，使当时的秘书工作质量有所提高，同时，也导致许多秘书机构、秘书人员埋头研究各自的秘书技术，束缚于技术工作的范围内，机械的分工，墨守技术，工作无计划、无方向，对领导班子的工作帮助不大，甚至使领导不得不自己来处理本该由秘书机构承担的事务，秘书机构未能有效发挥自己的职能。一些省委机关向中央提出了这一问题，并希望中央秘书处提出可行的解决方法。

1929年10月的《中共中央秘书处过去的缺点和最近的工作计划》中提出了“五个一切”，即以“一切工作政治化、一切工作集体化、一切工作科学化、一切工作系统化、一切工作执行必须带督促性”的新观念来从事秘书工作，改变以往单纯技术工作的观点，更好地为党中央服务。

同时，中央秘书处经过研究，在1929年10月的《中共中央关于省委秘书处的工作给江苏省委的指示信》中提出了：秘书部门应在“党的路线之下”进行工作，应当“帮助省委加强全省的政治指导”，不但要重视技术工作，更要重视政治，要在“政治化”的前提下做好工作。

各地秘书机构遂按照这一精神，“帮助党委工作”，各省委也指示下属地委、县委的秘书部门要“帮助”领导机关工作。这种认识将秘书工作和政治工作紧密结合起来，纠正了秘书机构的“纯技术观念”。但是，将秘书机构定位为“帮助”领导部门工作，使它们处于“客卿”的地位，领导有事交办，先得对秘书部门客气一番，总感到关系不顺，使用不便。

3. 纠正秘书机构“帮助领导部门工作”的观念

1930年1月的《中共中央秘书处的组织及其工作报告大纲》中，明确提出了中央秘书处的三大职能：

秘书部门“是指导机关经常工作的执行机关”。也就是说，它是领导部门日常事务的承担者，它附属于领导部门，必须忠实地执行领导部门的指令，为领导部门服务，它不是决策机构，而是办事机构。

秘书工作是机要工作的总汇。秘书机构的一切工作都具有机密性，关系到组织的安危；它为领导部门办理日常事务，涉及的是有关大局的要务，机密性和要务结合，就成为机要工作；上传下达的文件、指令都得汇集到秘书部门，由它收发、分配办理。因此，它成为机要工作的总汇。

秘书部门是维系上下关系的枢纽。这是党中央在大革命失败后交给秘书处的一项新任务。规定党中央和中央各部委、各地党组织的联系，都必须经过中央秘书处，为此，中央秘书处特地加强了交通科的建设。这种联系采用书面文件、面谈、汇报、电报、电话、邮件等方法。在维系上下级关系中，中央秘书处承担着具体任务，所以说它是上下关系的枢纽。

这三大职能明确了秘书机构的任务是为领导工作服务，确定了它附属于领导部门的地位，也揭示出秘书工作具有政治性、机要性、服务性的特点。

从此，这就成为中国共产党秘书工作的基本原则之一，并不断丰富、发展。如 1941 年 1 月，毛泽东在中央政治局会议上提出“加强中央秘书处”的建议，并根据当时党中央领导工作的迫切需要，提出了秘书机构的五项任务：

在政治上要为党的“政策、时局问题服务”；

在军事上要起“参谋助手作用”；

在党务工作上要“研究各地报告提出意见”；

在情报工作上要“研究国际和中国的政治经济”；

在上下级关系上应加强与“各机关工作联系”。

同年 9 月，党中央在关于成立中央书记处办公厅的通知中，进一步指出：办公厅是“执行书记处日常工作”的办事机构，进一步充实、丰富了秘书机构“为领导工作服务”这一基本原则的内涵。

（二）发挥参谋助手作用的原则

秘书工作要发挥参谋助手作用，是中国共产党秘书工作的又一基本原则。

在新中国成立以前，秘书工作要发挥参谋助手作用，除了处理日常事务性工作以外，主要表现于如下几方面：

1. 搜集、提供信息和预案

早在土地革命战争时期，首长专职秘书的第一项任务就规定为：通过积累、接收、征集等方法，为首长搜集各种文件材料，作为参考，以帮助首长决策；为首长搜集各种书报刊物，供首长了解形势，参考使用。

红军建立无线电台后，其任务之一是获取情报、掌握敌情、了解形势。

在抗日战争和解放战争中，各级秘书厅、秘书处中常设有调查研究室，负责政策的研究和重大事件的调查，凡有政策性的文件下颁，该室人员就受命赴各地了解调查执行情况；平时，各地上报的文件材料，要分送该室一份，由他们进行深入的研究，提出自己的原则性意见，供领导部门参考。

1941 年 1 月，毛泽东提出中央秘书处五项任务中的在政治上要为党的“政策、时局问题服务”；在军事上要起“参谋助手作用”；在党务工作上要“研究各地报告提出意见”；在情报工作上要“研究国际和中国的政治经济”，更具体地阐述了当时要求秘书机构搜集、研究、提供信息和意见、预案的内容。

2. 督促检查

督促检查是指秘书机构对各方面执行领导部门政策、指示、决议的情况，具有督促检查的责任。在建党初期，各级领导机关存在着发文多、指示多、布置多而检查少或不检查的状况，影响了党的事业的发展。

党中央发现这一问题后，在 1929 年 10 月形成的《中共中央秘书处过去的缺点和最近的工作计划》中，提出了秘书工作的“五个一切”，其中有“一切工作执行必须带督促性”，即中央秘书处有责任督促各地经常向中央报告工作，经常请示，及时检查和督促，以保证工作效率。

1941 年中共中央书记处办公厅成立时，中央明确授权办公厅具有督促检查的职责，这一职责一般由秘书机构中的调查研究室承担。

（三）保密、准确、及时的原则

约在 1933 年初夏，时任红军总政委的周恩来提出了“保密、准确、迅速”的军队行动准则，红军中的秘书机构、机要部门自然也以此为行动准则。1947 年，周恩来在中央机要处的《机要保密问题的报告提纲》中批示，将“迅速”改为“及时”，并指出要达到保密、准确、及时，必须在认真、勤奋、求实、严谨上下工夫。自此，这一准则成为全党秘书工作的一大原则。

这三大基本原则中，“为领导工作服务”的原则，确定了秘书工作的职能、地位和性质；“发挥参谋助手作用”的原则，要求秘书机构发挥主观能动性，在从事日常工作的同时，为领导部门提供高层次的服务；“保密、准确、及时”的原则是对秘书工作的质量要求，也是衡量秘书工作优劣的标准。

二、秘书工作思想

新中国成立前中国共产党的秘书工作实践，升华出了秘书工作的基本原则，除此以外，还升华出了一系列秘书工作思想，成为指导秘书工作实践的准则。这一系列秘书工作思想的形成，是党的领袖们对秘书工作的一大贡献。毛泽东作为党内第一位秘书，在建党初期三次出任秘书，在此后长期革命生涯中，他重视、关心秘书工作，作过许多有关指示。周恩来是党早期秘书工作的领导者，还兼任过中共中央秘书长，他对秘书机构、秘书队伍、秘书工作制度的建设作出了重要的贡献。邓小平在党的早期负责过中央秘书处的工作，长征期间任中共中央秘书长，直接领导中央秘书机构的工作，在秘书工作思想上多有建树。由他们所形成的秘书工作思想主要有如下内容：

（一）正确处理秘书与领导的关系

1929 年纠正了“秘书专政”的倾向后，秘书与领导的关系基本理顺：秘书是为领导工作服务的参谋助手。这有效地防止了秘书越权，但也导致相当多的秘书人员唯唯诺诺地盲从，或消极地等待领导拨动。周恩来 1938 年在南方局工作时，注意并着手解决这一问题。他从三方面来解决此问题：

第一，提倡服从，反对盲从。他要求领导和秘书将“必须照办”和“听取意见”结合起来。即领导发指示、交办任务时应该周密考虑，既符合政策，又切合实际。秘书对这些指示、任务要不折不扣、准确及时地完成；如果秘书对指示、任务有意见，可以向领导提出，领导对好的意见要接受，对不对的意见要指正，最后秘书得按领导的意见去办。

第二，秘书要事前请示、事后汇报。周恩来要求秘书在接受任务时不明白就请示，不懂就问，以做到心中有数。任务完成后，要向领导汇报。

第三，秘书虽不能擅自作主拍板，但领导要鼓励他们出主意、想办法，积极主动地做好工作，多做工作，也就是在总体被动的秘书工作中，力争主动。这样，就能使秘书和领导之间具有民主气氛，上下沟通，步调一致。

（二）秘书人员要调查研究

调查研究是中国共产党提倡的基本工作方法之一。1930 年毛泽东写了《调查工作》（后改名《反对本本主义》）一文后，“没有调查就没有发言权”成为全党的共识，党内开始盛行调查研究之风。领导部门凡要解决问题、判断形势、制定政策、发布指示、了解贯彻执行政策的情况，都得进行调查研究。领导人受精力、时间的限制，无法事事亲自去调查，大量的调查研究工作委托自己的助手秘书去进行。于是，秘书和调查研究就结下了不解之缘。抗日战争中，秘书要调查研究被制度化。1941 年 8 月，毛泽东批发了《中共中央关于调查研究的决定》，自此，从中央办公厅起，各级秘书部门建立起了调查研究机构，专事调查研究工作，重点是对方针、政策进行综合性调查研究。它们并与党委调查研究部门建立了密切联系，如 1941 年 8 月后，中央设置起中央党务研究室，原中央秘书长任主任。这个研究室和中央秘书处共同负责调查收集和分析研究敌我友的情况，并将研究结果书面报告中共中央书记处。

（三）反对党八股

中国共产党成立之初，在文件体裁、用语中就摒弃了旧政权的一套，采用了新文体白话文。

抗日战争中，由于国共两党再次合作，与国民党常有公文往来，有些同志受了影响，在党内也套用起国民党行文时的套语来，如开头称“钧座”，结尾称“鄙职”；同时，由于受王明路线的影响，有些同志发文、发电报照搬名词术语，空洞理论，言之无物。这种种不正确的文风在党内蔓延。

为了整顿文风，毛泽东写了《反对党八股》一文，严厉批评了这些不正确的文风，斥之为“党八股”、“洋八股”，说用它们来写文件，发电报，如果还要贴在墙上，或油印出来，或登上报纸，就会害人匪浅。他要求秘书人员在拟制文件时要牢记几条要求，即：

留心各种事物，多看多思；

没有的事不要写；

要有负责态度；

写完后至少看两遍，将可有可无的字、句、段删去；

文字简练但要反映事物的本质；

不用怪字；

必须调查分析和理论联系实际。

中央办公厅组织秘书人员认真学习了毛泽东的指示，还召开了中央各部委秘书处长座谈会，并将几条要求作为秘书人员的座右铭，贯彻落实在工作中。

1949 年 3 月，毛泽东在《党委会的工作方法》中又指出：写文章、写决议都应当简明扼要。

邓小平也一贯主张拟写文件、电文要用开门见山的直叙述法，他指示秘书人员写时要抓住根本，讲究逻辑，语言简明，讲究实效。

反对党八股，拟写文电开门见山、语言简明，讲究实效，就成为中国共产党文件的特点。

三、秘书队伍的建设

（一）秘书人员的选用

1. 坚持政治上的高标准

秘书是领导的参谋和助手，秘书机构是领导部门的办事机构，涉及大量机密，在地下斗争环境中，它们关系着党的安危和事业的成败。因此，在中国共产党建立初期，对秘书人员的选用就非常重视其政治上的绝对忠诚。

1930 年 1 月的《中央秘书处的组织及其工作报告大纲》中规定：选择和调换秘书，必须选用“共产主义思想坚定”、“党籍要深、出自群众斗争、积极细心、社会关系不复杂”的党员，而且规定用人唯慎，宁可少些，但要知根知底，宁可文化水平低些，也要坚持政治上的高标准，以防用错人而产生不堪设想的后果，一旦选定，就不要轻易调动。

此后，选用秘书必须坚持政治上高标准的条件不断提高，到了解放战争时期，1948 年 7 月的《中共中央关于各部委处理机密文件的制度》中附有《机要秘书选择条件》，规定担任机要秘书的条件是：

第一，经过整风、“三查”运动，或经过政治机关及保卫部门审查，“认为政治上纯洁与来历清楚者”；

第二，经过五年以上实际工作考验，“证明忠实于党的事业，且思想意识正确者”；

第三，具有五年以上正式党龄；

第四，有相当于初中以上文化水平；

第五，选出后须经秘书长批准方能任用。

由于选用秘书的条件如此严格，所以，新中国成立前党的秘书队伍保持了政治上的高度纯洁，是领导部门非常信赖的助手。

2. 要具有献身精神

秘书工作是一种隐性劳动，它需要秘书人员具有献身精神，这种献身精神包括如下多方面：

第一，任劳任怨，埋头苦干，不为名利，无私奉献。

新中国成立前党的秘书队伍中，个人服从组织，为了秘书工作而牺牲个人利益者不胜枚举。如中央文库的保管员陈为人，是 1921 年入党的党员，先后担任过中共中央北方区执行委员会组织部长、满洲临时省委书记。1932 年因工作需要调任中共中央秘书处文书科中央文库任保管员。从省委书记到保管员，落差太大了。

而他却认为担任省委书记是党的工作的需要，担任档案保管员同样是党的工作的需要，一切服从党组织的需要，并抱定“与档案共存亡”的决心，一干就是五年，在白色恐怖的险恶环境中，多次使中央文库化险为夷，并默默无闻、夜以继日地整理了大量珍贵档案，最后因积劳成疾而殉职于秘书工作岗位上。

第二，严守机密，不惜献身。

在地下斗争的岁月里，党组织强调秘书人员，尤其是负责传递文件的交通员，要做好与文件共存亡的思想准备，宁可牺牲自己，也不能损失文件。到了解放战争时期，这些要求被列入秘书机构制定的《交通员守则》中。有不少秘书人员为了保守党的机密而英勇献身，如中央秘书处交通科负责人张宝泉，1928 年在向中央文库传递文件的过程中被捕，帝国主义的巡捕将他打得皮开肉绽，他坚贞不屈，后被引渡到敌人的特务机关，受尽严刑拷打，他视死如归，严守机密，最后壮烈牺牲。

(二) 培养优良的作风

中国共产党在建立初期就重视培养秘书队伍的优良作风。

1929 年 10 月初的《中央秘书处工作报告大纲》，批评了秘书队伍中纯技术观念和雇佣观念，提出了秘书人员必须注意几个反对，即：

反对腐化，要有艰苦的精神；

反对官僚化，要有认真做事的精神；

反对机械化，要有政治生活的修养；

反对简单化，要有虚心学习的精神；

反对浪漫化，要有日常生活的规律。

提出这一些要求，目的是培养秘书队伍谦虚谨慎、踏踏实实、尊重他人的工作作风。

1944 年，毛泽东在《中央机要科 1943 年工作总结及 1944 年工作计划》的批示中，对中央机要科，也就是对中央办公厅的优良工作作风作了评价：“由草创到科学，由盲目性到自觉性，由不正常作风到布尔什维克作风。”并提出了希望：“继续努力，必大有成绩。”

经过长期的努力，中央办公厅逐渐形成了如下优良作风：

具有热爱党中央、全心全意为人民服务的政治觉悟；

具有不计名利、任劳任怨、无私奉献的革命精神；

具有默默无闻、埋头工作的思想情操；

具有忠于职守、严肃认真、团结协作的工作作风；

具有艰苦奋斗、勤俭办事、清正廉洁的优秀品质；

具有严守机密、自我约束的组织纪律。

由于中央办公厅对全国的秘书工作具有指导、示范作用，因此，这些优良作风也逐渐为各地、各部队秘书机构所具有。

(三) 壮大秘书队伍

随着革命形势的发展，革命阵营的壮大，秘书队伍也需要不断扩大。从大革命时期开始，经土地革命时期、抗日战争时期，中国共产党都举办过电讯人员培训班、交通员培训班、机要秘书培训班，既向秘书队伍输送生力军，又有效地提高了秘书人员的业务素质。

解放战争时期，秘书队伍的建设步伐随着形势的大发展而加快了。党举办了各类训练班，培养包括秘书人员在内的各方面人才和干部，其中，仅中央办公厅就为全国各地、各部队培训了成千上万的秘书、机要干部和速记员。

面对即将取得全国胜利的大好形势，1949 年 1 月发布的《中央办公厅关于机要工作暂行条例》，对加强秘书队伍建设作出了明确指示：

第一，要稳定秘书队伍。必须根据秘书工作的需要，尽量配齐秘书、机要人员。任免科以上的机要人员要经野战军总部和中央局以上机关批准；任免处以上的秘书、机要人员需要报告中央批准。机要人员不得随意调做其他工作，以便让秘书队伍相对稳定，有利于提高他们的工作技能和秘书工作的效率。

第二，加强对秘书、机要人员的政治、文化、理论、纪律和气节教育，使秘书人员的政治、理论、业务水平不断提高，以适应形势发展的需要。

第三，要坚持奖罚制度。凡是完成任务好，文电处理技术精，有独创性，遵守纪律好，保密工作好，埋头苦干，成绩显著者，应给予表扬和奖励；而对于泄露机密，遗失密件，不遵守纪律，违抗命令者则要予以处分。

这一些措施，提高了秘书人员的政治、思想和业务素质，壮大了秘书队伍，为取得解放战争的胜利作出了贡献，也为新中国的秘书队伍准备了骨干力量。

复习思考题：

1. 简述历代中央秘书机构“膨胀回位”的原因。
2. 历代选拔秘书人员有哪些途径和标准？
3. 历代对秘书官吏的考核制度有哪些可借鉴之处？
4. 历代秘书人员有哪些优良传统？
5. 简评历代公文文体。
6. 简述历代档案管理工作的发展脉络。
7. 简述和评价历代信访活动。
8. 党在新中国成立前有了哪些秘书工作基本原则？
9. “为领导工作服务”的原则是怎样形成的？
10. 党在新中国成立前有了哪些秘书工作思想？

后　　记

经全国高等教育自学考试指导委员会同意，由秘书专业工作小组负责全国高等教育自学考试秘书类专业教材的组编工作。

《中国秘书史》自学考试教材由杨剑宇先生在其同名原著和其论文的基础上撰写而成。

参加本教材审稿会的有湖北大学饶士奇教授、武汉大学陈广胜教授、苏州大学王铭副教授，在此谨表谢意。

全国高等教育自学考试指导委员会

秘书专业工作小组

2000 年 1 月

附　录

全国高等教育自学考试指导委员会

高等教育自学考试

中国秘书史自学考试大纲

秘书学专业

（含考核目标）

出版前言

为了适应社会主义现代化建设事业对培养人才的需要，我国在20世纪80年代初建立了高等教育自学考试制度，经过近20年的发展，高等教育自学考试已成为我国高等教育基本制度之一。高等教育自学考试是个人自学、社会助学和国家考试相结合的一种新的高等教育形式，是我国高等教育体系的一个组成部分。实行高等教育自学考试制度，是落实宪法规定的“鼓励自学成才”的重要措施，是提高中华民族思想道德和科学文化素质的需要，也是造就和选拔人才的一种途径。应考者通过规定的考试课程并经思想品德鉴定达到毕业要求的，可以获得毕业证书，国家承认学历并按照规定享有与普通高等学校毕业生同等的有关待遇。

从80年代初期开始，各省、自治区、直辖市先后成立了高等教育自学考试委员会，开展了高等教育自学考试工作，为国家培养造就了大批专门人才。为科学、合理地制定高等教育自学考试标准，提高教育质量，全国高等教育自学考试指导委员会（以下简称全国考委）组织各方面专家对高等教育自学考试专业设置进行了调整，统一了专业设置标准，全国考委陆续制定了几十个专业考试计划。在此基础上，各专业委员会按照专业考试计划的要求，从造就和选拔人才的需要出发，编写了相应专业的课程自学考试大纲，进一步规定了课程学习和考试的内容与范围，有利于社会助学，使自学要求明确，考试标准规范化、具体化。

全国考委根据国务院发布的《高等教育自学考试暂行条例》，参照教育部拟定的普通高等学校有关课程的教学大纲，结合自学考试的特点，组织制定了《中国秘书史自学考试大纲》，现经教育部批准，颁发试行。

《中国秘书史自学考试大纲》是该课程编写教材和自学辅导书

的依据，也是个人自学、社会助学和国家考试（课程命题）的依据，各地应认真贯彻执行。

全国高等教育自学考试指导委员会

1999 年 12 月

目　录

Ⅰ　课程性质和设置目的……………………………………………… 399
Ⅱ　课程内容与考核目标……………………………………………… 400

第一章　我国秘书工作的起源………………………………………… 400
一、学习目的和要求……………………………………………………… 400
二、课程内容……………………………………………………………… 400
第一节　孕育于部落联盟的昌盛时期…………………………………… 400
第二节　萌发于夏朝……………………………………………………… 401
第三节　形成于殷商……………………………………………………… 401
三、考核知识点与考核要求……………………………………………… 401

第二章　两周时期的秘书工作………………………………………… 403
一、学习目的和要求……………………………………………………… 403
二、课程内容……………………………………………………………… 403
第一节　秘书机构的形成………………………………………………… 403
第二节　秘书官吏………………………………………………………… 403
第三节　文书档案工作…………………………………………………… 404
第四节　社会调查制度…………………………………………………… 404
三、考核知识点与考核要求……………………………………………… 405

第三章　秦、汉时期的秘书工作……………………………………… 407
一、学习目的和要求……………………………………………………… 407
二、课程内容……………………………………………………………… 407
第一节　秘书机构的确立和演进………………………………………… 407

第二节　秘书官吏……………………………………………… 408
第三节　文书档案工作　………………………………………… 408
三、考核知识点与考核要求……………………………………… 408

第四章　魏晋南北朝时期的秘书工作………………………… 410
一、学习目的和要求……………………………………………… 410
二、课程内容……………………………………………………… 410
第一节　秘书机构和官职……………………………………… 410
第二节　主官和秘书的关系…………………………………… 411
第三节　文书档案工作………………………………………… 411
三、考核知识点与考核要求……………………………………… 411

第五章　唐、宋时期的秘书工作……………………………… 413
一、学习目的和要求……………………………………………… 413
二、课程内容……………………………………………………… 413
第一节　朝廷的秘书机构……………………………………… 413
第二节　皇宫的秘书机构……………………………………… 414
第三节　秘书官吏……………………………………………… 414
第四节　文书档案工作………………………………………… 414
三、考核知识点与考核要求……………………………………… 415

第六章　辽、金、元时期的秘书工作………………………… 417
一、学习目的和要求……………………………………………… 417
二、课程内容……………………………………………………… 417
第一节　辽、金的秘书工作…………………………………… 417
第二节　元朝的秘书机构和官职……………………………… 417
第三节　元朝的文书档案工作………………………………… 418
三、考核知识点与考核要求……………………………………… 418

第七章　明朝的秘书工作……………………………………… 420
一、学习目的和要求……………………………………………… 420

二、课程内容………………………………………………………… 420
第一节 秘书机构和秘书官吏…………………………………… 420
第二节 秘书人员的来源和地位………………………………… 421
第三节 文书档案工作…………………………………………… 421
三、考核知识点与考核要求………………………………………… 421

第八章 清朝的秘书工作…………………………………………… 423
一、学习目的和要求………………………………………………… 423
二、课程内容………………………………………………………… 423
第一节 中央秘书机构…………………………………………… 423
第二节 秘书官吏 ……………………………………………… 424
第三节 文书档案工作…………………………………………… 424
三、考核知识点与考核要求………………………………………… 424

第九章 中国近代的秘书工作……………………………………… 427
一、学习目的和要求………………………………………………… 427
二、课程内容………………………………………………………… 427
第一节 南京临时政府的秘书工作……………………………… 427
第二节 北洋政府的秘书工作…………………………………… 428
第三节 国民党政府的秘书工作………………………………… 428
三、考核知识点与考核要求………………………………………… 429

第十章 中国共产党的秘书工作（1921～1935年） ……………… 431
一、学习目的和要求………………………………………………… 431
二、课程内容………………………………………………………… 431
第一节 党内秘书和秘书机构的出现…………………………… 431
第二节 中共中央秘书处的扩展………………………………… 431
第三节 苏维埃政府和红军中秘书工作的建立………………… 432
第四节 文书档案工作…………………………………………… 432
三、考核知识点与考核要求………………………………………… 432

第十一章　中国共产党的秘书工作（1936～1949年）…… 434
一、学习目的和要求…………………………………… 434
二、课程内容…………………………………………… 434
第一节　中央秘书机构的发展…………………………… 434
第二节　其他秘书机构的发展…………………………… 434
第三节　文书档案和保密工作…………………………… 435
三、考核知识点与考核要求…………………………… 435

第十二章　历代秘书工作的经验和鉴戒………………… 437
一、学习目的和要求…………………………………… 437
二、课程内容…………………………………………… 437
第一节　秘书机构设置的经验和教训………………… 437
第二节　秘书官吏的选拔和管理……………………… 437
第三节　历代秘书人员的优良传统…………………… 438
第四节　主要秘书业务的经验教训…………………… 438
第五节　新中国成立前中国共产党的秘书工作经验…… 438
三、考核知识点与考核要求…………………………… 439

Ⅲ　有关说明与实施要求………………………………… 441

附录　题型举例………………………………………… 445

Ⅰ　课程性质和设置目的

“中国秘书史”是全国高等教育自学考试秘书学专业的必修专业课，属基础理论课。它是在秘书学科的发展中，为提高秘书人员的专业理论水平而开设的全国统一考试的新课程。

设置该课程的目的是：使考生了解我国历代秘书工作的现象，理解其发展脉络和规律，以加深对秘书工作重要性的理解，并取其精华，古为今用，为做好现实的秘书工作服务。

该课程的内容大致包括如下几部分：

历代秘书机构：即历代各级各类秘书机构的设置、职能、作用、地位和演进过程；

历代秘书人员：他们的来源、培训、选拔任用、考核监督、素质、优良传统；

历代秘书工作制度：包括文书工作制度、历代公文文体、档案工作制度、信访制度、调查制度等，以资借鉴。

要求考生全面、系统地学习上述几部分。

Ⅱ 课程内容与考核目标
（含考核知识点与考核要求）

第一章 我国秘书工作的起源

一、学习目的和要求

通过本章学习，理解秘书工作的产生需要两个社会条件：有了社会组织的领导部门；有了文字和公务文书；理解我国秘书工作的起源经历了一个漫长的渐进过程，大致经历了三个阶段，即孕育于部落联盟的昌盛时期，萌发于夏朝，形成于殷商。

二、课 程 内 容

第一节 孕育于部落联盟的昌盛时期

（一）秘书工作产生的社会条件

有了社会组织的领导部门；有了文字和公务文书。

（二）社会组织领导部门的形成

氏族公社时期。部落联盟的昌盛时期。

（三）原始文字的演进

原始文字演进的过程。部落联盟的昌盛时期有原始文字的史证。

（四）有关秘书活动的记载

黄帝左右有不少史官。纳言。进善旌、华表木、敢谏之鼓。

第二节　萌发于夏朝

（一）国家的建立

关于我国国家形成时间的多种说法。夏朝是我国国家的起始。

（二）夏朝的文字和公务文书

夏朝的文字。夏朝的公务文书。

第三节　形成于殷商

（一）商朝的史官

史官的分工与名目。史官的来源。

（二）中央秘书机构太史寮的诞生

太史寮的草创。

（三）甲骨文与甲骨文书

甲骨文的发现与研究。甲骨文书的认定。

（四）甲骨档案的保管

收藏于都城宗庙、社稷。简单的分类收藏法。简单的编号。简单的“归档”。

三、考核知识点与考核要求

（一）孕育于部落联盟的昌盛时期

1. 识记：（1）原始文字演进的过程；

（2）部落联盟的昌盛时期有原始文字的史证；

（3）有关秘书活动的记载。

2. 领会：社会组织领导部门的形成。

3. 简单应用：秘书工作产生的社会条件。

（二）萌发于夏朝

1. 识记：（1）关于我国国家形成时间的多种说法；

(2) 夏朝是我国国家的起始。

2. 领会：(1) 夏朝的文字；

(2) 夏朝的公务文书。

(三) 形成于殷商

1. 识记：(1) 商朝史官的分工与名目；

(2) 太史寮的草创；

(3) 甲骨文的发现与研究。

2. 领会：(1) 史官的来源；

(2) 甲骨文书的认定。

3. 简单应用：甲骨档案的保管。

4. 综合应用：为何说我国的秘书工作孕育于部落联盟的昌盛时期，萌发于夏朝，形成于殷商。

第二章　两周时期的秘书工作

一、学习目的和要求

通过本章学习，了解自西周起，中央及地方政府的秘书机构初步建立起来，秘书工作的各项业务起步，并产生了初步的规则、制度；理解史官为何衰落，产生了哪些新的秘书官职；两周秘书人员有哪些职业道德、形成了哪些职业个性；两周时期，是我国秘书工作的初创时期。

二、课 程 内 容

第一节　秘书机构的形成

（一）中央政府的秘书机构

太史寮成形的社会背景。太史寮的“五史”。王宫秘书机构。

（二）其他秘书机构出现

诸侯国内的秘书机构。中央政府各部门内的秘书人员。地方政府中的秘书人员。

第二节　秘 书 官 史

（一）史官的素质、特点

史官的宗教色彩。史官的分工和层次。史官的职业道德。史官的职业个性。史官的文化素质。

（二）史官衰落的原因

人治观念的增强。史官与国君在观念上产生冲突。选官制度的变化。

（三）新秘书官职的产生

从低级史官中提拔高级秘书官。重新设置秘书官职。

（四）士充实秘书队伍

士加入秘书队伍的历史背景。士担任秘书工作的特点。士充实秘书队伍的意义。私人秘书的出现 。

第三节 文书档案工作

（一）文书载体

甲骨文书。金文文书。简牍文书。缣帛文书。

（二）文书工作的初步规则

文书运转有了初步程序。根据文书运行方向分类。拟文的规则。用印制度。公文传递制度。

（三）公文文体

下行文。上行文。平行文。

（四）档案工作

中央档案机构天府设立。副本制度和金縢之匮。档案被广泛利用。

第四节 西周的社会调查制度

（一）社会调查兴起的原因

商灭亡的教训。对新统治区缺乏了解。西周重人治。社会调查是周民族的传统。

（二）社会调查制度的内容

调查人员和调查方法。调查情况的上报程序。调查地域和延续时间。调查内容。社会调查制度的意义。

三、考核知识点与考核要求

（一）秘书机构

1. 识记：（1）诸侯国内的秘书机构；

（2）中央政府各部门内的秘书机构；

（3）地方政府中的秘书机构。

2. 领会：（1）太史寮成形的社会背景；

（2）太史寮的“五史”；

（3）王宫秘书机构。

（二）秘书官吏

1. 识记：（1）史官的宗教色彩；

（2）史官的分工和层次；

（3）史官的文化素质；

（4）私人秘书的出现。

2. 领会：（1）史官的职业道德；

（2）史官的职业个性；

（3）新秘书官职的产生。

3. 简单应用：史官衰落的原因。

4. 综合应用：士从事秘书工作的历史背景、特点、意义。

（三）文书档案工作

1. 识记：（1）文书载体；

（2）公文文体；

（3）副本制度和金藤之匮。

2. 领会：（1）文书处理的各项规则；

（2）档案被广泛利用。

3. 简单应用：叙述天府的概况。

（四）西周的社会调查制度

1. 识记：（1）调查人员和调查方法；

（2）调查情况的上报程序；

（3）调查地域和延续时间；

（4）调查内容。

2. 领会：社会调查兴起的原因。

3. 简单应用：社会调查制度的意义。

4. 综合应用：为何说两周时期是我国秘书工作的初创时期。

第三章　秦、汉时期的秘书工作

一、学习目的和要求

通过本章学习，理解秦、汉时期是我国古代秘书工作的确立时期。这是因为随着统一的中央集权政权的建立，从中央到地方，全国范围内统一的秘书机构也随之建立，同时建立起全国划一的秘书工作制度，并尝试着以法律的形式使这些制度稳定下来；继秦而起的汉对秦的秘书工作增损变通，予以充实，使之逐步趋于稳定，并随着统一封建王朝的确立而确立下来，成为我国封建社会秘书工作的基本模式。

二、课 程 内 容

第一节　秘书机构的确立和演进

（一）从丞相府到尚书台

秦朝丞相府。西汉削弱相府，起用尚书。尚书台的设立。尚书台取代丞相府。尚书台的结构、地位。

（二）其他中央秘书机构

御史寺秘书职能的盛衰。皇宫、朝廷秘书机构的分流。皇宫其他秘书官职。宦官秘书。信访机构。

（三）地方政府和军队中的秘书机构

地方政府的秘书机构。军队中的秘书机构。

第二节　秘书官吏

（一）秘书官吏的选拔

秦朝秘书官吏的来源。两汉秘书官吏的来源：察举、征召、辟除、学校培养。

（二）秘书官吏的任职资格

秦朝秘书官吏的任职资格。汉朝秘书官吏的任职资格。

（三）秘书官吏的考核制度

秦朝秘书官吏的考核制度。汉朝秘书官吏的考核制度。

第三节　文书档案工作

（一）文书载体

简牍文书。缣帛文书。铁质文书。纸质文书。

（二）文书工作制度

行文制度。书写格式。避讳制度。文书运转程序。文书校勘制度。用印制度。文书传递制度。

（三）公文文体

皇命文书。上行文。地方政府的下行文。平行文。机密文书。

（四）档案工作

档案的收集。档案的利用。档案库的建立。档案保护制度。

三、考核知识点与考核要求

（一）秘书机构的确立和演进

1. 识记：（1）地方政府的秘书机构；

（2）军队中的秘书机构。

2. 领会：（1）御史寺秘书职能的盛衰；

（2）皇宫、朝廷秘书机构的分流。

3. 简单应用：从丞相府到尚书台的过程。

4. 综合应用：中央秘书机构的“膨胀回位”。

（二）秘书官吏

1. 识记：（1）秘汉秘书官吏的考核制度。

2. 领会：（1）秦朝秘书官吏的任职资格；

（2）汉朝秘书官吏的任职资格。

3. 简单应用：秘书官吏的选拔。

（三）文书档案工作

1. 识记：（1）文书载体；

（2）公文文体。

2. 领会：（1）档案的收集；

（2）档案的利用；

（3）档案库的建立；

（4）档案保护制度。

3. 简单应用：文书工作制度。

4. 综合应用：为何说秦汉是我国秘书工作的确立时期。

第四章　魏晋南北朝时期的秘书工作

一、学习目的和要求

通过本章学习，要求理解魏晋南北朝时期是我国古代秘书工作的大发展时期。这是因为魏晋南北朝时期中央秘书机构分解为中书、门下、尚书三个初步相互监督、制约的部门，以防职权膨胀；有作为的政治家注意协调和秘书的关系，充分发挥其作用，导致优秀秘书辈出；公文写作开始成为独立的应用文体，并对公文写作进行了经验总结和理论研究；纸张成为公文唯一载体后，导致一系列文书制作制度的产生。

二、课 程 内 容

第一节　秘书机构和官职

（一）设中书省替代尚书台

曹操设置秘书令、秘书丞。我国古代“秘书”一词的几种含义。曹丕设置中书监、中书令。中书省的主要秘书官员。

（二）设门下省分中书省之权

门下省的组建。门下省的主官。尚书省职能的转化及其主要官员。皇宫秘书官职。

（三）其他秘书机构

地方政府的秘书机构。军队中的秘书机构。

第二节　主官和秘书的关系

（一）曹操招纳、信用秘书人才

广纳秘书人才。信用秘书人才。知人善任。

（二）诸葛亮对秘书的要求和提拔

诸葛亮选用秘书的方法。诸葛亮对秘书的要求，参署制度。诸葛亮善于提拔秘书人员。

（三）寒门掌机要

寒门掌机要的成因。寒门掌机要的后果。

第三节　文书档案工作

（一）文书工作大发展的原因

主观原因。客观原因。

（二）公文拟写成为专门技能

公文成为一种独立的文体。出现了专写公文的“手笔”。对公文开始了理论研究。

（三）文书制作制度

用纸制度。卷轴制度。用印制度。骑缝、押缝制度。连署制度。勾检制度。一文一事制度。

（四）公文文体

下行文。上行文。平行文。

（五）档案工作

档案工作概况。利用档案私家修史盛行。

三、考核知识点与考核要求

（一）秘书机构和官职

1. 识记：(1) 我国古代“秘书”一词的几种含义；

（2）地方政府中的秘书机构；

（3）军队中的秘书机构；

（4）皇宫秘书官职。

2. 领会：设门下省分中书省之权。

3. 简单应用：尚书省职能的转化。

4. 综合应用：叙述尚书台演变为三省的过程。

（二）主官与秘书的关系

1. 识记：（1）曹操广纳、信用秘书人才，知人善任；

（2）诸葛亮善于提拔秘书人员。

2. 领会：（1）参署制度；

（2）诸葛亮善于提拔秘书人员。

3. 简单应用：寒门掌机要的成因和后果。

（三）文书档案工作

1. 识记：（1）公文文体；

（2）档案工作。

2. 领会：（1）文书制作制度；

（2）对公文开始了理论研究；

（3）公文拟写成为专门技能。

3. 简单应用：魏晋南北朝时期文书工作大发展的原因。

4. 综合应用：为何说魏晋南北朝时期是我国古代秘书工作的大发展时期。

第五章　唐、宋时期的秘书工作

一、学习目的和要求

通过本章学习，理解唐、宋时期是我国古代秘书工作的成熟时期。这是因为唐、宋时期朝廷三省中的秘书机构形成为专门化的系列；高素质的翰林院为皇宫秘书机构；地方各级秘书机构健全；以律令的形式制定了全面又详细的秘书工作制度；秘书官吏来源多样化，素质高，职责明，选拔、考核制度规范化；文书工作和档案工作全面分离。

二、课程内容

第一节　朝廷的秘书机构

（一）唐朝的秘书职能

唐朝三省各自的秘书职能。唐朝三省内主要的秘书官职。三省中秘书官吏的结构。

（二）宋三省中的秘书部门

中书省的秘书部门。门下省的秘书部门。尚书省的秘书部门。枢密院的秘书部门。三司中的秘书部门。

（三）政事堂

唐朝的政事堂。宋朝的政事堂。

（四）地方及军队中的秘书机构

唐地方政府及军队中的秘书机构。宋地方政府中的秘书机构。

第二节 皇宫的秘书机构

（一）唐朝的翰林院

唐朝的翰林学士。宋朝的翰林院。

（二）唐、宋时期的信访机构

唐朝的匦使院。宋朝的检院、鼓院。

第三节 秘书官吏

（一）唐代秘书官员的主要来源

从科举考试中选拔。从文士中聘请。从名士中征召。从下级秘书官吏中提拔。自荐。

（二）宋朝秘书人员的来源概述

秘书官吏来源概述。选拔朝廷秘书的制度。

（三）秘书官员的素质

文化素养高。忠于职守。应变能力强。宋朝秘书官吏的民族气节。秘书官吏的参谋作用。考核制度。

第四节 文书档案工作

（一）文书档案工作法律化

公文拟制法规。公文处理、传递法规。伪造、破坏公文、印章的处罚。保密法规。

（二）文书工作制度

“四禁”制度。用纸制度。公文折叠制度。公文装封、编号制度。贴黄制度。公文拟制、誊录制度。公文签名、判署制度。引黄制度。公文移交制度。保密制度。宋文书工作的一些规则。

（三）公文文体

皇命文书。地方政府的下行文。上行文。平行文。

（四）文书档案工作分流

唐朝的甲库。宋朝的架阁库。各项档案工作制度。唐、宋时期档案工作比较。

三、考核知识点与考核要求

（一）朝廷的秘书机构

1. 识记：（1）唐、宋政事堂；
（2）唐、宋其他秘书机构；
（3）宋朝枢密院中的秘书部门；
（4）宋朝三司中的秘书部门。

2. 领会：（1）唐朝三省中主要的秘书官职；
（2）唐朝三省中秘书官吏的结构；
（3）宋朝三省中的秘书部门。

3. 简单应用：（1）唐朝三省各自的秘书职能；
（2）宋朝三省中的秘书部门。

4. 综合应用：唐、宋三省秘书工作职能比较。

（二）皇宫的秘书机构

1. 识记：（1）宋翰林学士的名目；
（2）宋翰林学士起草诏书时的保密措施；
（3）唐翰林学士的待遇。

2. 领会：（1）唐翰林学士产生的原因；
（2）唐、宋翰林学士的来源。

3. 简单应用：唐、宋翰林学士的职权范围。

4. 综合应用：唐、宋翰林学士的作用、地位。

（三）信访机构

1. 识记：唐朝的匭使院。

2. 领会：宋朝检院、鼓院职能的不同。

3. 简单应用：唐、宋信访机构比较。

（四）秘书官吏

1. 识记：（1）唐、宋秘书官吏的来源；

（2）秘书官吏的考核制度。

2. 领会：（1）宋朝选拔朝廷秘书的制度；

（2）宋朝秘书官吏的民族气节。

3. 简单应用：秘书官吏的素质。

（五）文书档案工作

1. 识记：（1）文书档案工作法律化；

（2）公文文体；

（3）唐朝的甲库；

（4）宋朝的架阁库。

2. 领会：（1）文书工作制度；

（2）各项档案工作制度。

3. 简单应用：唐、宋时期档案工作比较。

4. 综合应用：为何说唐、宋时期是我国古代秘书工作的成熟时期。

第六章　辽、金、元时期的秘书工作

一、学习目的和要求

通过本章学习，理解辽、金、元时期是我国秘书工作的融合时期。这是因为它们的秘书工作既带有原有的民族特色，又吸取了唐、宋的经验，表现出两者融合的特点；其总体水平没有超过唐、宋，但是，在某些方面有所创建，如秘书业务中翻译工作的加强；辽代中央秘书机构分为南、北两套班子，以适应不同民族地区的行政管理；金代的急递铺制度；元朝的秘书官吏选拔制度等。

二、课 程 内 容

第一节　辽、金的秘书工作

（一）辽的秘书工作

秘书机构和人员。文书档案工作。

（二）金的秘书工作

秘书机构和人员。文书档案工作。

第二节　元朝的秘书机构和官职

（一）秘书机构

中书省的秘书部门。其他秘书部门。

（二）秘书官职

案牍吏员。翻译吏员。传达吏员。其他重要的秘书吏员。

（三）秘书吏员的来源

见习秘书吏员的来源。地方官衙中秘书吏员的来源。中央政府中秘书吏员的来源。秘书吏员的地位及舞弊现象。

第三节　元朝的文书档案工作

（一）文书工作制度

照刷磨勘制度。朱销文簿制度。翻译缮写制度。当面交卷制度。催办制度。周年交案制度。印章制度。公文传递制度（急递铺制度）。档案工作。

（二）公文文体

皇命文书。各级官衙的上行文。下行文。平行文。

三、考核知识点与考核要求

（一）辽的秘书工作

1. 识记：南、北两套秘书机构。
2. 领会：辽代吸取宋朝的文书档案工作经验。

（二）金的秘书工作

1. 识记：秘书官吏的名目。
2. 领会：急递铺制度。
3. 简单应用：辽、金秘书工作的比较。

（三）元朝的秘书机构和官职

1. 识记：（1）秘书机构。
   （2）秘书官职。
2. 领会：秘书官吏的来源。
3. 简单应用：秘书吏员的地位及舞弊现象。
4. 综合应用：归纳元朝对秘书官吏逐级升补的制度。

（四）元朝的文书档案工作

1. 识记：（1）公文文体。

（2）档案工作。

2. 领会：急递铺制度。

3. 简单应用：文书工作制度。

4. 综合应用：为何说辽、金、元时期是我国秘书工作的融合时期。

第七章　明朝的秘书工作

一、学习目的和要求

通过本章学习，理解明朝是我国古代秘书工作的强化时期。这是因为明初废除了丞相制度，皇帝依靠秘书机构直接指挥国事，导致全力强化秘书机构和秘书工作制度，其中央秘书机构数量多、规模大、地位高、作用大，紧紧被皇帝所控制；秘书官吏主要来自科举出身的文士，业务水平高，提高了秘书工作的质量；明中后期，由于宦官秘书部门职权膨胀，屡屡操纵朝政，一度导致秘书工作的混乱。

二、课 程 内 容

第一节　秘书机构和秘书官吏

（一）中央秘书机构

内阁。六科。通政司。行人司。尚宝司。司礼监。文书房。

（二）其他秘书机构

中央政府各部的秘书机构。地方政府的秘书机构。

第二节　秘书人员的来源和地位

(一) 秘书官吏

秘书官吏的来源。监生“历事制度”。秘书官吏的地位。

第三节　文书档案工作

(一) 文书工作制度

票拟制度。贴黄制度。公文格式。公文字体。行移勘合制度。其他文书工作制度。

(二) 公文文体

下行文。上行文。

(三) 明中后期文书工作的混乱和张居正的整顿

明中后期文书工作的混乱。张居正改革的措施和效果。

(四) 档案工作

规模宏大的中央档案库。档案工作制度完备。

三、考核知识点与考核要求

(一) 秘书机构和秘书官吏

1. 识记：(1) 各中央秘书机构介绍；

(2) 中央政府各部和地方政府的秘书机构。

2. 领会：内阁、六科、通政司的职能、地位。

3. 简单应用：强化中央秘书机构的背景。

(二) 秘书人员的来源和地位

1. 识记：(1) 秘书官吏的来源；

(2) 监生“历事制度”。

2. 领会：秘书官吏的地位。

(三) 文书档案工作

1. 识记：(1) 各项文书工作制度；

（2）公文文体；

（3）规模宏大的中央档案库。

2. 领会：档案工作制度完备。

3. 简单应用：明中后期文书工作的混乱和张居正的改革。

4. 综合应用：为何说明朝是我国古代秘书工作的强化时期。

第八章　清朝的秘书工作

一、学习目的和要求

通过本章学习，理解清朝是我国古代秘书工作的完备时期。这是因为在清初，统治者在吸取历代经验的基础上，扭转了明后期秘书工作的混乱局面，解决了宦官秘书机构膨胀干政的问题，采取了有效措施，控制了中央秘书机构的越权问题；其秘书机构逐步趋于精干，办事迅速，效率甚高；秘书官吏的选拔制度、各项秘书业务工作制度均臻于完备。但是，由于我国封建制度此时已走向没落，在地方官衙和京城部院中的秘书吏员操纵政务，营私舞弊，是官场黑暗的原因之一，造成“清与吏胥共天下”的现象，标志着封建社会的秘书工作在达到完备的时候，也开始走向衰退、没落。

二、课 程 内 容

第一节　中央秘书机构

（一）内阁

从内三院到内阁。内阁中的秘书部门。内阁的职掌及其变迁。

（二）军机处

军机处的产生和演进。军机处的结构。军机处的秘书职能。军机处的特点。

（三）其他中央秘书机构

通政使司。奏事处。中书科。六科。南书房。翰林院。

（四）其他秘书机构

朝廷部院中的秘书机构。地方官衙中的秘书机构。鸦片战争后产生的秘书机构。

第二节　秘书官吏

（一）军机章京的选拔

军机章京的职责。军机章京的来源。军机章京的条件。

（二）书吏

书吏的名目。书吏的流弊。对书吏的整顿。

（三）幕僚

幕僚的名目及由来。清朝幕僚盛行的原因。清朝幕僚的来源。幕僚的职掌。幕僚与主人的关系。

第三节　文书档案工作

（一）文书工作制度

清初文书工作的跃进。题本处理程序。文书工作制度。公文文体。

（二）密奏制度

密奏的产生。密奏的行文程序。密奏的特点。

（三）档案工作

入关前的档案工作。档案库的建立。档案成分的变化。档案工作制度。

三、考核知识点与考核要求

（一）内阁

1. 识记：（1）从内三院到内阁；

（2）内阁中的秘书部门。

2. 领会：内阁的职掌及其变迁。

（二）军机处

1. 识记：军机处的结构。

2. 领会：军机处的产生和演进。

3. 简单应用：军机处的秘书职能。

4. 综合应用：军机处的特点。

（三）其他秘书机构

1. 识记：（1）奏事处；

（2）中书科；

（3）六科；

（4）南书房；

（5）翰林院；

（6）朝廷部院中的秘书机构；

（7）地方官衙中的秘书机构。

2. 领会：（1）通政使司；

（2）鸦片战争后产生的秘书机构。

（四）军机章京的选拔

1. 识记：（1）军机章京的职责；

（2）军机章京的来源。

2. 领会：军机章京的条件。

（五）书吏

1. 识记：书吏的名目。

2. 领会：（1）书吏的流弊；

（2）对书吏的整顿。

（六）幕僚

1. 识记：幕僚的名目及由来。

2. 领会：（1）清朝幕僚盛行的原因；

（2）清朝幕僚的来源。

3. 简单应用：（1）幕僚的职掌；

（2）幕僚与主人的关系。

4. 综合应用：归纳清朝幕僚的特点。

（七）文书档案工作

1. 识记：（1）清初文书工作的跃进；
　　　　（2）公文文体；
　　　　（3）入关前的档案工作；
　　　　（4）档案库的建立。

2. 领会：（1）题本处理程序；
　　　　（2）文书工作制度；
　　　　（3）密奏的产生；
　　　　（4）档案成分的变化；
　　　　（5）档案工作制度。

3. 简单应用：密奏的行文程序。

4. 综合应用：（1）密奏的特点；
　　　　　　（2）为何说清朝是我国古代秘书工作的完备时期。

第九章　中国近代的秘书工作

一、学习目的和要求

通过本章学习，了解我国近代秘书工作的概况，理解与古代秘书工作相比近代秘书工作呈现出的特点：南京临时政府首开我国近代秘书工作之先河，其秘书工作体现了反封建的民主思想，各项制度多有创新，为近代各政权所仿效；北洋政府的秘书工作总体上承袭南京临时政府，秘书机构的设置逐步健全并趋于一致，部分秘书业务技能有所提高；国民党政府的秘书工作有所开拓，机构设置健全，秘书人员的选拔较为严格，业务技能有所发展，开展了对秘书工作的学术研究，并学习、吸收国外的经验。然而，由于国民党政府的腐败，其秘书工作也同样存在着弊端和腐败现象。

二、课程内容

第一节　南京临时政府的秘书工作

（一）临时机构的秘书机构与官职

临时大总统府秘书处。总统直属机关。行政各部的秘书机构与官职。参议院秘书厅。

（二）地方政府的秘书机构

湖北军政府的秘书机构。其他省政府的秘书机构。府、县政府的秘书机构。

（三）秘书人员

秘书人员的种类及地位。秘书人员的来源。

（四）文书工作

文书工作制度。公文文体。

第二节　北洋政府的秘书工作

（一）中央秘书机构

总统府的秘书机构。国务院的秘书机构。国会的秘书机构。司法机关的秘书机构。中央各部的秘书机构。

（二）其他秘书机构

省署的秘书机构。道署的秘书机构。县署的秘书机构。司法机关的秘书机构。军事机关的秘书机构。北洋政府秘书机构的特点。

（三）秘书人员

秘书人员的名目。秘书人员的职级地位。秘书官员的选拔、任用制度。

（四）文书档案工作

文书工作制度。公文文体。档案机构。档案工作制度。档案工作的发展和腐败。

第三节　国民党政府的秘书工作

（一）秘书机构和人员

中央秘书机构。侍从室。其他秘书机构。秘书人员的培养。秘书人员的选用。

（二）对秘书工作的改革

第一次改革。第二次改革。第三次改革。第四次改革。开展学术研究。

（三）文书档案工作

公文处理程序。公文格式。公文文体。文书工作的弊端。档案工作的发展，档案工作的弊端。

三、考核知识点与考核要求

（一）南京临时政府的秘书工作

1. 识记：（1）临时大总统府秘书处；
（2）总统直属机关；
（3）行政各部的秘书机构与官职；
（4）参议院秘书厅；
（5）地方政府的秘书机构；
（6）公文文体。

2. 领会：（1）秘书人员的种类及地位；
（2）秘书人员的来源。

3. 简单应用：文书工作制度。

（二）北洋政府的秘书工作

1. 识记：（1）中央秘书机构；
（2）地方秘书机构；
（3）公文文体；
（4）档案机构。

2. 领会：（1）秘书人员的名目；
（2）秘书人员的职级；
（3）档案工作制度；
（4）档案工作的发展和腐败。

3. 简单应用：（1）北洋政府秘书机构的特点；
（2）秘书官员的选拔、任用制度。

（三）国民党政府的秘书工作

1. 识记：（1）秘书机构；
（2）公文格式；
（3）公文文体；
（4）档案工作的发展。

2. 领会：（1）秘书人员的培养；
（2）秘书人员的选用；

(3) 文书工作的弊端；
(4) 档案工作的弊端。

3. 简单应用：对秘书工作的改革。

4. 综合应用：(1) 国民党政府秘书工作的评价；
(2) 我国近代秘书工作的评价。

第十章　中国共产党的秘书工作

（1921～1935 年）

一、学习目的和要求

通过本章学习，了解中国共产党秘书工作的产生过程和党在初期以及红军中、苏维埃政府中秘书工作的概况，理解党在初期秘书工作的特点；党在初期秘书工作的主要经验教训。

二、课 程 内 容

第一节　党内秘书和秘书机构的出现

（一）党内秘书的出现

党内最早的秘书。党中央最早秘书的职责和特点。技术书记。

（二）党中央秘书机构的建立

中央秘书处的产生。中央秘书处的结构。中央秘书处的职责。中共中央秘书长。

第二节　中共中央秘书处的扩展

（一）中央秘书处重建后的结构

文书科。翻译科。内埠交通科。外埠交通科。

（二）中央秘书处观念的更新

一切工作政治化。一切工作集体化。一切工作科学化。一切工作系统化。一切工作执行必须带督促性。

(三) 中央秘书处职能的拓宽、地位的提高

中央秘书处的地位、作用。中央秘书处的职能。

第三节 苏维埃政府和红军中秘书工作的建立

(一) 苏维埃政府秘书工作的建立

总务处的建立。首长专职秘书的出现。

(二) 红军中秘书工作的建立

红军中的秘书机构。红军无线电台的建立。长征中红军的秘书工作。

(三) 中共地方组织的秘书机构

地方党组织的秘书机构。地方苏维埃政府的秘书机构。

第四节 文书档案工作

(一) 文书工作

文件制作的特点。文书工作制度。文件传递制度。文件保密制度。常见文种。

(二) 档案工作

档案秘密贮藏处的规定。一文多套收藏制度。中央文库。

三、考核知识点与考核要求

(一) 党内秘书和秘书机构的出现

1. 识记：(1) 党内最早的秘书；

(2) 技术书记。

2. 领会：(1) 中央秘书处的产生；

(2) 中央秘书处的结构。

3. 简单应用：(1) 中央秘书处的职责；

（2）中共中央秘书长。
4. 综合应用：中共中央最早秘书的职责和特点。
（二）中共中央秘书处的扩展
1. 识记：中央秘书处重建后的结构。
2. 领会：中央秘书处职能的拓宽、地位的提高。
3. 简单应用：中央秘书处观念的更新。
（三）苏维埃政府和红军中秘书工作的建立
1. 识记：（1）总务处的建立；
（2）红军中的秘书机构；
（3）地方党组织的秘书机构；
（4）地方苏维埃政府的秘书机构。
2. 领会：（1）首长专职秘书的出现；
（2）红军无线电台的建立。
3. 简单应用：长征中红军的秘书工作。
（四）文书档案工作
1. 识记：（1）常见文种；
（2）一文多套收藏制度；
（3）中央文库。
2. 领会：（1）文件制作的特点；
（2）文书工作制度；
（3）文件传递制度。
3. 简单应用：（1）文件保密制度；
（2）档案秘密贮藏处的规定。

第十一章　中国共产党的秘书工作

（1936～1949年）

一、学习目的和要求

通过本章学习，了解中国共产党在抗日战争和解放战争时期秘书工作的概况，理解这一时期中国共产党各级党政军组织中的秘书机构逐步发展，秘书工作制度逐步严密，秘书工作经验积累丰富，为中华人民共和国建立后的秘书工作奠定了基础。

二、课 程 内 容

第一节　中央秘书机构的发展

（一）中央秘书处的恢复

中央秘书处的结构。中央秘书处职能的拓宽。

（二）中央书记处办公厅的设立

中央办公厅的结构。中央办公厅领导干部的分工。中央办公厅的分合与发展。

第二节　其他秘书机构的发展

（一）抗日民主根据地的秘书机构

边区政府的秘书机构。边区党组织的秘书机构。参议会的秘书机构。

（二）解放区人民政府的秘书机构

秘书厅。办公室。

（三）军队中的秘书机构

新四军、八路军的秘书机构。解放军的秘书机构。军队机要处、机要科的职责。

第三节　文书档案和保密工作

（一）文书处理

文书处理制度。

（二）档案工作

抗战中的档案工作。解放战争中的档案工作。

（三）保密工作

保密工作制度。

三、考核知识点与考核要求

（一）中央秘书机构的发展

1. 识记：（1）中央秘书处的结构；

　　（2）中央办公厅的结构。

2. 领会：（1）中央秘书处职能的拓宽；

　　（2）中央办公厅领导干部的分工。

3. 简单应用：中央办公厅的分合与发展。

4. 综合应用：试比较中央办公厅和中央秘书处的不同。

（二）其他秘书机构的发展

1. 识记：（1）边区政府的秘书机构；

　　（2）边区党组织的秘书机构；

　　（3）参议会的秘书机构；

　　（4）新四军、八路军的秘书机构；

　　（5）解放军的秘书机构。

2. 领会：（1）秘书厅；

(2) 办公室。

3. 简单应用：军队机要处、机要科的职责。

(三) 文书档案和保密工作

1. 识记：抗战中的档案工作。

2. 领会：(1) 文书处理制度；

(2) 解放战争中的档案工作。

3. 简单应用：(1) 保密工作制度；

(2) 中国共产党的秘书工作（1936～1949 年）的评价。

第十二章　历代秘书工作的经验和鉴戒

一、学习目的和要求

通过本章学习，归纳全书内容，在此基础上理解我国历代秘书工作的演进脉络、基本发展规律和秘书机构设置，秘书官吏的选拔、管理，各项主要秘书业务的经验、教训，以及秘书人员的优良传统；理解新中国成立前中国共产党形成的秘书工作原则、思想和秘书队伍建设的经验。

二、课 程 内 容

第一节　秘书机构设置的经验和教训

（一）中央秘书机构的演进规律——“膨胀回位”

历代中央秘书机构的嬗变循环。嬗变循环的原因。

（二）历代地方秘书机构相对稳定发展及其原因

历代地方的秘书机构的演进。历代地方的秘书机构相对稳定发展的原因。历代秘书机构设置的启示。

第二节　秘书官吏的选拔和管理

（一）历代秘书官吏名目的演变

（二）历代秘书官吏的选拔制度

历代秘书的来源、选拔。历代秘书选拔制度的启示。

（三）历代秘书官吏的考核制度

历代秘书的考核制度及其启示。

（四）防止秘书官吏舞弊腐败

历代秘书官吏舞弊腐败的现象。历代防止秘书官吏舞弊腐败的尝试。

第三节　历代秘书人员的优良传统

（一）历代秘书人员的优良传统

秉笔直书。忠于职守、严守制度。落笔神速。处变不惊。具有民族气节。擅长书法艺术。

第四节　主要秘书业务的经验教训

（一）文书档案工作的经验

文书管理和保密制度。公文文体的演进。档案的管理与利用。

（二）信访活动经验

历代信访机构的演进。历代信访活动制度。历代信访活动的启示。

（三）发挥秘书的参谋作用

历代秘书发挥参谋作用的史实。历代秘书发挥参谋作用的途径。

第五节　新中国成立前中国共产党的秘书工作经验

（一）秘书工作的基本原则

为领导工作服务。发挥参谋助手作用。保密、准确、及时。

（二）秘书工作思想

正确处理秘书与领导的关系。秘书工作和调查研究。反对党八股。

（三）秘书队伍的建设

秘书人员的选用。培养优良作风。壮大秘书队伍。

三、考核知识点与考核要求

（一）秘书机构设置的经验和教训

1. 识记：地方秘书机构相对稳定发展及其原因。

2. 领会：历代中央秘书机构的“膨胀回位”。

3. 简单应用：“膨胀回位”的原因。

4. 综合应用：历代秘书机构设置的启示。

（二）秘书官吏的选拔和管理

1. 识记：（1）历代秘书官吏名目的演变；

（2）历代秘书的来源、选拔；

（3）防止秘书官吏舞弊腐败的尝试。

2. 领会：历代秘书的考核制度及其启示。

3. 简单应用：历代秘书选拔制度的启示。

（三）历代秘书人员的优良传统

1. 识记：（1）忠于职守、严守制度；

（2）落笔神速；

（3）擅长书法艺术。

2. 领会：（1）秉笔直书；

（2）处变不惊。

3. 简单应用：具有民族气节。

（四）主要秘书业务的经验教训

1. 识记：（1）历代文书工作制度；

（2）档案的管理和利用；

（3）历代信访机构的演进。

2. 领会：（1）历代信访活动制度；

（2）历代秘书发挥参谋作用的史实。

3. 简单应用：（1）历代信访活动的启示；

（2）历史上的文牍主义。

4. 综合应用：（1）历代公文文体概况；

（2）历代秘书发挥参谋作用的途径。

（五）新中国成立前中国共产党的秘书工作经验

1. 识记：秘书队伍的建设。

2. 领会：（1）秘书工作离不开调查研究；

（2）秘书工作要反对党八股。

3. 简单应用：正确处理秘书和领导的关系。

4. 综合应用：（1）秘书工作的基本原则；

（2）秘书工作为领导工作服务原则的由来。

Ⅲ　有关说明与实施要求

一、课程内容与考核目标

1. 大纲与教材的关系

本大纲是学习和考核“中国秘书史”课程的依据，其教材《中国秘书史》是学习、掌握课程知识的基本内容和范围，教材的内容是大纲所规定课程内容的具体化。

本大纲与教材所体现的课程内容是一致的。本大纲中的课程内容和考核知识点，在教材中都有。

2. 对考核目标的说明

（1）本大纲对各章规定了考核目标（包括考核知识点与考核要求），凡列出的考核知识点都作为考核内容。

规定考核目标，能使考试内容具体化和考核要求标准化；能使自学考生明确考试内容和要求，更有目的地系统学习教材；能使社会助学者更全面地、有针对性地分层次进行辅导；能使考试命题者明确命题范围，准确地安排试题的知识能力层次和难易度。

（2）本大纲的考核目标中，按照识记、领会、简单应用、综合应用四个层次规定其应达到的能力层次要求。对此四个层次，解释如下：

识记：要求考生能知道本课程中有关名词、概念、原理、知识的含义，并能正确认识和表述。

领会：要求在识记的基础上，能全面把握本课程中的基本概念、基本原理、基本方法，能掌握有关概念、原理、方法的区别和联系。

简单应用：要求在领会的基础上，能运用本课程中的基本概念、基本原理、基本方法中的少量知识点，分析和解决有关的理论问题和实际问题。

综合应用：要求考生在简单应用的基础上，能运用本课程规定的多个知识点，综合分析和解决比较复杂的问题。

二、自学教材与主要参考书

自学教材：《中国秘书史》（全国组编本），杨剑宇主编

主要参考书：《中国秘书史自学指导》（全国组编本），杨剑宇主编

三、自学方法的指导

根据考生以自学为主的特点，学习本课程时，应注意如下几点：

1. 全面、系统地阅读教材。

这是自学本课程最基本的环节。

第一步，先仔细研读大纲。即认真阅读、理解本大纲中每一章的学习目的和要求、课程内容、考核知识点与考核要求；

第二步，粗读全书。即逐章、逐节、循序渐进地阅读全书，了解各章的基本内容，明确其重点、难点；

第三步，精读全书。即在粗读的基础上，再次细致、深入地阅读全书，理解各章内容。对粗读中发现的重点、难点，要反复阅读，逐一攻破，理解掌握。本课程教材中的章节内容安排是有一定的体系的。精读时，不但要仔细阅读各章节，还应当将其与其他章节的内容联系起来学习和思考。这样，才能全面、系统地理解、掌握本课程的基本理论、基本知识和基本方法，也有利于加深对重点、难点的理解。

2. 认真完成习题。

精读了全书后，还只是理解了教材内容，离能理想地答题，考出预期的成绩尚有距离。因此，还必须参阅《中国秘书史自学指导》一书，认真完成各章的习题，既巩固了学习内容，检验了自学效果，又熟悉了试题形式，这对实际应考能起很大的作用。

3. 正确处理一般和重点的关系。

本课程内容有一般和重点之分，但是，考试内容则是全面的，而且，重点与一般是紧密联系的，重点是建立在一般的基础上的。所以，考生必须在全面、系统地学习一般内容的基础上，再着重理解重点内容。切忌不顾一般，只顾孤立地抓重点，这容易使自己产生猜题、押题的不良学习心理，势必降低自学效果和考试成绩。

四、对社会助学的要求

社会助学是促进高等教育自学考试的重要因素，社会助学单位和辅导教师在辅导本课程时，除了参照上述“自学方法指导”以外，还得注意如下几点：

1. 本课程是秘书学专业的基础理论课程，其内容以基本理论和基本知识为主。社会助学者应根据本大纲规定的考试内容和考核目标，认真钻研教材，明确本课程与其他课程不同的特点和学习要求，对自学考生进行切实有效的辅导，特别要注意全面、系统地辅导课程内容，防止猜题、押题，避免将“助学”变为单纯的“助考”。

2. 处理好知识和能力的关系。社会助学者既要重视基本理论、基本知识的辅导，又要注重能力的培养，应在全面辅导的基础上，引导自学考生将识记、领会和简单应用、综合应用联系起来，将学到的知识转化为分析、解决、处理问题的能力。

五、关于命题考试的若干规定

1. 本课程考试采用闭卷笔试，考试时间为150分钟。

2. 本大纲所规定的考核知识点都属于考核的内容。考试命题覆盖到章，并适当突出重点章节，加大重点内容的覆盖密度。

3. 本课程在试卷中对不同能力层次要求的分数比例大致为：识记占30%，领会占30%，简单应用占20%，综合应用占20%。

4. 本课程试题中的难度分为：易、较易、较难、难四个等级。每份试卷中不同难度试题的分数比例一般为：2∶3∶3∶2。

要特别注意：试题的难易程度不等于能力层次，因为，对不同的考生而言，在各个能力层次中都存在着不同的难度。两者切勿混淆。在命题中要兼顾这两种不同的层次结构。

5. 本课程考试命题的主要题型一般有：单项选择题、多项选择题、简答题、论述题。

附录：题型举例

一、单项选择题（在备选答案中只有一个是正确的，将其选出并把它的标号写在题后括号内）

1. 我国最早的档案机构是：

A. 太史寮

B. 天府

C. 秘书省

D. 石渠阁 （ ）

2. 中共中央的第一个秘书机构是：

A. 总务处

B. 中央秘书科

C. 中央秘书处

D. 中央办公厅 （ ）

二、多项选择题（在备选答案中有二至五个是正确的，将其全部选出并把它们的标号写在题后括号内。错选或漏选均不给分）。

1. 汉代的皇命文书有：

A. 制书

B. 策书

C. 诏书

D. 戒书

E. 揭贴 （ ）

2. 南京临时政府大总统府秘书处的秘书官职有：

A. 秘书长

B. 秘书

C. 参事

D. 助理秘书

E. 秘书科长 （ ）

三、简答题

1. 明代各级秘书的来源如何？

2. 中共中央早期的秘书有何特点？

四、论述题

1. 军机章京的选拔条件有何借鉴作用？

2. 试论党的“秘书工作为领导工作服务”原则的形成。